Collection dirigée par Olivier Roland
Suivi éditorial : Yannis Chevalier
Maquette : Sébastienne Ocampo

10, place des Cinq-Martyrs-du-Lycée-Buffon
75015 Paris – France
ISBN : 978-2-37935-029-0

Sébastien Night
Fondateur du Mouvement des Entrepreneurs Libres

PROFESSION : ENTREPRENEUR LIBRE

Le guide pratique pour gagner votre liberté en vous mettant à votre compte !

ALISIO

Féminin/masculin : Afin d'alléger le texte et de faciliter la lecture, nous n'avons pas systématiquement indiqué la forme contractée masculin/féminin – le fameux « (e) » à la fin de chaque mot, ou le polémique point médian (·) – lors des nombreux passages qui s'adressent au lecteur. Le choix de mots épicènes a été préféré, ainsi que l'emploi de nombreux exemples personnalisés aussi bien au masculin qu'au féminin. Pour les mêmes raisons, le mot « Entrepreneur » et l'expression « Entrepreneur Libre », mentionnés des centaines de fois dans cet ouvrage, et sur lesquels l'usage n'a pas tranché entre « Entrepreneur », « Entrepreneure », ou « Entrepreneuse », sont exprimés avec l'unique graphie « Entrepreneur ».

Ce livre est dédié à Cécile,
pour qui je l'ai commencé ;
à Carine, Morgane et Thierry,
pour qui je suis allé jusqu'au bout.

Olivier Roland présente :

Entrepreneur depuis l'âge de 19 ans, blogueur, Youtubeur, globe-trotter, et conférencier international, c'est avec les conseils de Sébastien Night qu'Olivier Roland a lancé son activité sur Internet.

À travers ses vidéos, ses livres et ses articles de blog, il a su convaincre plus de 450 000 fans qui le suivent aujourd'hui, et forment la communauté des « rebelles intelligents ».

Auteur du best-seller phénomène *Tout le monde n'a pas eu la chance de rater ses études* (nouvelle édition entièrement revue, Alisio, 2019), il partage désormais les clés de sa réussite avec les lecteurs d'Alisio, en proposant une collection de livres et d'idées qui l'inspirent et qui vous aideront à devenir libre et à vivre la vie de vos rêves !

AVIS DES LECTEURS

« Un livre de référence clair et passionnant pour tous ceux qui envisagent de se lancer à leur compte ! »

Olivier Roland, ***blogueur, globe-trotter, auteur*** *du best-seller*
Tout le monde n'a pas eu la chance de rater ses études

« L'entrepreneur, comme le manager, c'est celui qui importe le stress et exporte de la confiance. *Profession : Entrepreneur Libre* vous aidera à prendre confiance en votre projet entrepreneurial, et à transmettre cette précieuse confiance à vos partenaires et clients. Un message important, qui arrive au bon moment. »

Jean-Pierre Letartre, ***président d'EY (Ernst&Young),***
instigateur en France du « Prix de l'Entrepreneur de l'année »,
Chevalier de la Légion d'honneur

« Sébastien Night est un entrepreneur précoce qui s'est frotté aux plus grands entrepreneurs anglo-saxons. Il porte en lui réflexion et sagesse.
Par ses conseils, il m'a amenée à repenser mon projet d'entreprise qui était alors au point mort.
Aujourd'hui, mon activité de fabrication de perles s'est développée avec la fabrication et la vente de bijoux haut de gamme.
Grâce aux exemples concrets donnés par Sébastien Night, j'ai réorganisé mon entreprise et aussi gagné en qualité de vie. »

Nathalie Simon, ***artisan,*** *dernière fabricante*
française de perles nacrées, Biarritz

« Ce livre *Profession : Entrepreneur Libre* m'a aidé à y voir plus clair dans mon projet, et comprendre comment je peux booster mon chiffre d'affaires, et développer une activité pérenne.
Les conseils qui y sont prodigués demeurent à mes yeux d'une grande valeur. Je le conseille à tous les porteurs de projet ! »

Emmanuel Chapin, ***photographe***

« Si j'avais eu ce livre entre les mains lorsque je me suis mis à mon compte en tant que graphiste indépendant il y a 25 ans, je me serais certainement beaucoup plus intéressé à mes objectifs et à mes rêves. Je me serais certainement plus écouté et je serais devenu entrepreneur libre beaucoup plus tôt ! »

Patrice Blaineau, ***gérant d'une agence de communication*** *et architecte indépendant*

« J'ai découvert le livre de Sébastien Night il y a seulement quelques mois et j'ai une seule chose à dire : ce livre est une vraie mine d'or ! J'ai eu la chance d'avoir ce livre entre mes mains à l'âge de 16 ans. Aujourd'hui, je l'ai lu plusieurs fois et résultat ? Je suis aujourd'hui entrepreneur sur le web alors que je ne suis même pas majeur. Vous n'avez donc aucune excuse pour échouer. Si j'ai un conseil à vous donner, dévorez ce livre et passez à l'action sans plus attendre ! »

Matéo Roux, ***jeune créateur d'entreprise***

« *Profession : Entrepreneur Libre* est le livre qui m'a permis d'oser lancer un nouveau projet professionnel après avoir optimisé et automatisé le plus gros du premier.
Contrairement aux autres livres au sujet de l'entrepreneuriat, il s'agit d'un vrai GUIDE avec des parenthèses de vie incroyables de gens qui ont vécu ce que l'on veut souvent éviter et une méthodologie claire et facile à mettre en place !
Ce qui est certain, c'est que ce livre ne finira pas sur votre étagère à prendre la poussière ; il vous sera réellement utile et vous apportera des résultats pour peu que vous vous essayiez aux exercices proposés. Je le recommande d'ailleurs à toute ma clientèle !
Prenez votre liberté, découvrez la profession d'Entrepreneur Libre. »

Julie Rachel Ferrier, ***consultante*** *formation & communication*

« *Profession : Entrepreneur Libre* est un de ces livres qui vous poussent à agir en vous donnant les outils indispensables pour bâtir une entreprise solide ! Sans aucun doute un livre de référence à relire régulièrement ! »

Cédric Coustellié, ***développeur Web***

« Le plus dur quand on lance un projet d'entreprise, c'est souvent de dépasser le "syndrome de l'imposteur" : qui suis-je pour oser me mettre en avant ainsi ?
Profession : Entrepreneur Libre regorge d'astuces qui me permettent de me sentir à l'aise dans mon rôle d'entrepreneur. Le style du livre et la personnalité de Sébastien font que ces astuces nous semblent évidentes et qu'on les adopte sans problème. Le résultat est qu'on se sent légitime dans notre fonction d'entrepreneur. Ce livre est un levier indispensable pour dépasser le syndrome de l'imposteur. »

Micheline Malanda, ***fondatrice du cabinet conseil***
Ubuntu Consultant Belgium

« Ce livre de Sébastien est l'unique moyen qui m'a permis de sauter le pas et franchir la porte de l'entreprenariat.
Simple à lire mais très percutant, il m'a fait réfléchir et permis de trouver ma voie d'entrepreneur.
Aujourd'hui, je sais ce que je veux, je sais où je vais et comment procéder. Merci Sébastien. »

Noureddine Zerrouki, ***créateur d'une plateforme***
dans le domaine de l'équitation

« Sébastien Night a un véritable don pour rendre l'entreprenariat à la fois simple, léger... et efficace ! C'est un pédagogue né qui sait à la fois rassurer tout en vous tirant vers le haut. Confiance et bienveillance sont aujourd'hui les deux mots qu'il m'inspire... Et quand on sait les réserves que j'avais vis-à-vis de l'entrepreneuriat, c'est un véritable challenge !
Merci Sébastien de nous encourager à devenir libres à notre tour ! »

Thérèse Collinet, ***formatrice***

« Dans ce livre, on retrouve le professionnalisme incarné de son auteur, à la croisée de l'utile, du captivant, et des théories marketing de haut vol – le tout enrobé de sa bienveillance caractéristique. Je me sens guidée et soutenue pas à pas pour lancer mon projet ! »

Aurélie Combe, ***en cours de création*** *en partant de zéro*

« Les conseils de Sébastien m'ont permis d'attirer des centaines de prospects et de devenir une as du marketing digital alors que je n'y connaissais rien. »

Claire Lab, ***entrepreneure,*** *coach et fondatrice de « la Stratégie du Bonheur »*

« Ce livre est une mine d'or pour quiconque veut se lancer et devenir un entrepreneur libre. J'y ai trouvé quantité de pépites pour me lancer, soutien et motivation. Les explications sont claires et bien organisées. Pour les débutants et les confirmés, chacun y trouvera son bonheur. Merci Sébastien ! »

Odile Speth-Lepetitcolin, ***psychologue***

« Après avoir eu une entreprise classique et vécu le poids des charges, je suis devenue une "entrepreneur libre" grâce à Sébastien, ce qui a changé ma vie.
Il vit tellement en lui cet entrepreneur libre que par ces écrits, il le transmet, nous rassure, nous facilite la tâche en étant si didactique. Il sait rendre simple ce qui peut paraître compliqué. Merci Sébastien de partager ton expertise et de participer au changement du monde de l'entreprise ! »

Tina d'Incayas, ***coach de vie***

« Ce livre permet enfin de dévoiler la vérité aux futurs entrepreneurs. Loin des clichés ou tabous sur l'entrepreneuriat, Sébastien nous dit tout et nous aide sur le chemin pour devenir Entrepreneur Libre. Je le recommande à tous ceux qui comme moi franchissent le pas. »

Gérald Couvent, ***entrepreneur d'ici quelques semaines*** *!*

« Avez-vous une envie profonde de vivre une vie différente ? Devenir entrepreneur est une des aventures les plus extraordinaires que vous pouvez démarrer. Une aventure qui brise votre routine, votre confort, vos habitudes et qui vous plonge dans un nouveau monde où la seule limite réside dans votre imagination… »

Anthony Nevo – ***Auteur*** *du roman best-seller*
Il suffit d'une rencontre pour changer de vie *aux éditions Alisio*

SOMMAIRE

AVIS DES LECTEURS VII

POURQUOI EST-IL URGENT DE VOUS LANCER ? XIII

ACTE I.
ÊTES-VOUS ASSEZ FOU POUR CRÉER VOTRE ENTREPRISE ? 1

ACTE II.
TROUVER L'IDÉE, COMPRENDRE VOS FUTURS CLIENTS 83

ACTE III.
VALIDER LE PROJET, TÂTER LE TERRAIN, FIXER VOS PRIX 173

ACTE IV.
LANCER L'ACTIVITÉ ET CONVAINCRE LES PREMIERS CLIENTS 259

ACTE V.
COMMENT DÉMARRER AUJOURD'HUI AVEC LES RESSOURCES QUE VOUS AVEZ DÉJÀ 299

ACTE VI.
ÇA Y EST, VOUS AVEZ LANCÉ VOTRE ENTREPRISE ! QUE PEUT-IL VOUS ARRIVER DE PIRE ? 381

ACTE VII.
COMMENT TROUVER LA FORCE D'ALLER TOUJOURS DE L'AVANT 413

POUR ALLER PLUS LOIN... 443

REMERCIEMENTS 458

BIBLIOGRAPHIE, NOTES ET RÉFÉRENCES 461

TABLE DES MATIÈRES 471

RESSOURCES ET BONUS EN COMPLÉMENT DE CE LIVRE

En complément de ce livre, je vous offre une formation accessible via Internet, dans laquelle vous allez découvrir comment lancer votre entreprise, automatiser vos ventes, et devenir un Entrepreneur Libre !

J'organise, une à deux fois par an seulement, un « atelier en vidéo » pour mes abonnés et pour les lecteurs de mes livres. Lors du dernier atelier, plus de 16 000 entrepreneurs originaires d'une vingtaine de pays ont participé à l'atelier via Internet !

Et parce que vous avez ce livre en main, cette formation vous est offerte.

Non seulement vous pourrez suivre mes conseils en vidéo, mais vous pourrez également me poser vos questions, interagir sur le site privé de formation avec moi et mon équipe, et échanger avec nous lors d'une web-conférence.

Cette page centralise également toutes les ressources qui vous sont offertes au long du livre (études de cas, outils pratiques et quiz).

Tout ceci est accessible ici :

www.ProfessionEntrepreneurLibre.com/bonus

Ou en scannant ce QR code :

POURQUOI EST-IL URGENT DE VOUS LANCER ?

PROLOGUE
« PAPA, QUAND EST-CE QU'ON PART EN VACANCES ? »

Daniel Tuyizere est un homme courageux, mais cela fait maintenant trois jours qu'il évite le regard de son fils.

Tout a commencé dimanche matin avec une question anodine pour un enfant de cinq ans :

« Papa, où est-ce qu'on part en vacances ? »

Pour Daniel, il est impensable d'annoncer à son fils Guy* qu'il n'y a pas, sur les comptes de la famille, de quoi faire un plein d'essence… et qu'ils n'ont donc aucune chance de se payer des vacances où que ce soit.

Alors, depuis trois jours, il invente excuse après excuse pour détourner la conversation et éviter de voir la déception dans les yeux de son fils. L'insistance du petit garçon ne fait que redoubler la frustration de Daniel et sa colère contre lui-même. Entre la rancœur à peine voilée de sa femme et les questions innocentes de son fils, le jeune demandeur d'emploi a les larmes aux yeux de ne pas réussir à apporter sa contribution aux charges du ménage.

Cette pression, il s'en sert pour renforcer sa détermination. Il redouble d'efforts : démarcher, envoyer des CV qui insistent bien sur ses diplômes et qualifications – et même s'inscrire dans des boîtes d'intérim. Il fait toutes ces démarches le cœur plein d'amertume, car il est évident que tous ces petits jobs précaires ne le rapprochent pas de la vie dont il rêve pour ses enfants. Au contraire, il ne fait que vendre à ces employeurs le temps qu'il voudrait passer avec sa famille, simplement pour pouvoir payer ses factures en retard

* Le prénom a été changé.

et subsister jusqu'au lendemain. Ce cercle vicieux semble ne pas avoir de fin.

Ses beaux rêves de carrière se sont vite effacés devant la dure réalité. Le parcours du combattant pour obtenir des diplômes prestigieux (et être le premier de sa famille modeste à y arriver), était une sinécure à côté de la lutte acharnée qu'il allait devoir mener pour gagner sa vie.

Ses amis n'ont pas la vie plus facile. Tous se posent les mêmes questions : « Mes études ne m'ont donc servi à rien ? Pourquoi est-ce si compliqué de se créer une situation stable ? Est-ce que le problème vient de moi ? »

Ses parents, eux, se posent une tout autre question : « Pourquoi notre fils ne fait-il pas les efforts nécessaires pour s'en sortir ? Il aurait déjà réussi depuis longtemps s'il n'était pas aussi fainéant ! »

Autant dire que son entourage n'est pas des plus encourageants. Les discussions houleuses en famille ne font que lui retourner le couteau dans la plaie en rabâchant toujours le même reproche : il ne peut s'en vouloir qu'à lui-même.

Et puis, un jour, Daniel touche le fond.

On vient de lui proposer un emploi de balayeur de rue à Anvers. C'est à mille lieues en-dessous de ses qualifications, mais à ce stade, il est prêt à accepter n'importe quelle opportunité pour s'en sortir. Quand il annonce la nouvelle à sa femme, sa réaction n'est pas celle qu'il attendait. Elle lui répond simplement d'un air désabusé : « Essaie si tu veux… mais même ce travail, ne le prends pas comme acquis. Je ne suis pas sûre que tu y arriveras, car il faut un minimum de compétence et de sérieux. »

Ce dernier coup de poignard au cœur provoque un violent « déclic ». Sa propre femme – qui récemment encore jurait de l'aimer et le chérir jusqu'à ce que la mort les sépare – a tellement perdu confiance en lui qu'elle ne croit pas à ses chances en tant que *balayeur de rue…*

C'en est trop. Daniel réalise qu'il faut agir – en urgence – pour redresser la barre.

Le choix est simple : continuer la descente aux enfers, péter les plombs, laisser sa maison aux mains des créanciers, sombrer dans la détresse la plus totale et la noyer dans l'alcool, en perdant famille et amis au passage…

… Ou tracer sa propre voie, ne plus être dépendant du marché de l'emploi, se mettre à son compte. Prouver à tous et toutes de quoi il est capable.

Nous sommes le 30 mai 2011, juste avant les vacances scolaires du petit Guy. Cette date, Daniel s'en souviendra toujours. C'est le jour où il a décidé de devenir entrepreneur.

Ce livre raconte l'histoire de Daniel, mais aussi celles de Peggy, David, Jeanne, Yvan, William, Aurélien, et des dizaines d'autres. Au fil de votre lecture, vous allez découvrir chaque épisode de leurs parcours d'entrepreneurs. Ces personnes sont bel et bien réelles ; je vous transmets leur histoire telle qu'elle m'a été racontée. Vous partagerez leurs réussites, leurs stratégies et astuces, mais aussi leurs échecs. Certains ont même fini par mettre la clé sous la porte ! Il est important pour vous de comprendre pourquoi et comment l'éviter. Vous allez probablement vous reconnaître dans certains de leurs portraits, vous inspirer de leurs histoires et trouver plus d'une leçon utile pour surmonter à votre tour les obstacles qu'ils ont affrontés avant vous.

Ce livre, c'est donc aussi votre histoire.

I. LA CLÉ DE LA LIBERTÉ

Devenir votre propre patron, c'est le seul moyen de devenir libre, prendre votre destin en main et vivre la vie dont vous rêvez.

Ce livre s'adresse à vous :

- **Si vous envisagez de lancer votre entreprise**. Vous êtes peut-être comme Daniel : vous en avez ras-le-bol d'être à la merci des autres, marre de ne pas pouvoir fixer vos propres règles. Que vous soyez **salarié**, mal à l'aise dans un poste avec un patron tyrannique, que vous ayez des horaires inhumains et un salaire étriqué… ou **demandeur d'emploi**, fatigué de quémander des postes toujours plus précaires pour joindre les deux bouts… ou **même si vous avez une situation confortable**, et percevez que cette zone de confort ne vous permettra pas d'accomplir vos rêves. Pour chacune de ces situations, ce livre apporte des conseils et ressources pratiques, ainsi que des exemples de personnes comme vous qui y sont parvenues.
- **Si vous avez déjà lancé votre entreprise**. Vous trouverez dans les pages suivantes la motivation et les outils pour surmonter les obstacles, développer votre activité et faire en sorte que cette entreprise soit au service de votre vie et non l'inverse.
- **Si vous avez un proche qui se lance dans l'aventure un peu folle de « créer sa boîte ».** Je vous emmène en immersion pour comprendre les motivations, les doutes et les états d'âme de ceux qui lancent leur entreprise. Vous pourrez mieux appréhender ce « Feu Sacré » qui les anime, afin de les soutenir au mieux.

VOUS ÊTES EN BONNE COMPAGNIE

Il vous suffit de mentionner le sujet de ce livre pour découvrir combien de vos amis ont en tête l'envie ou le projet de se mettre à leur propre compte. Vous serez sans doute surpris ! 37 % des Français actifs ambitionnent de créer ou de reprendre une entreprise*. Parmi eux, un tiers a prévu de concrétiser ce projet dans les deux années à venir. Cela veut dire que parmi vos proches, une personne sur trois a ce rêve entrepreneurial… Pourtant le nombre de créations d'entreprise ne reflète pas cet engouement : sur 9 millions de Français tentés par l'idée, à peine un demi-million (5 %) sautent le pas chaque année, et la moitié de ces entreprises (entre 200 000 et 310 000 selon les années) sont des autoentreprises ou microentreprises rarement viables. Sur 100 autoentrepreneurs déclarés en 2010, 38 n'ont jamais encaissé un euro de chiffre d'affaires ; et seulement 23 étaient encore actifs cinq ans plus tard – avec un chiffre d'affaires moyen de 12 800 euros brut sur l'année pour ceux qui ont entrepris en activité principale (à peine trois quarts du SMIC)[1].

Si vous faites partie des millions de personnes tiraillées entre l'envie et la peur de se lancer, et si votre rêve de liberté inclut l'envie de gagner plus (ou beaucoup plus) que le salaire minimum, alors j'ai de bonnes nouvelles pour vous. Ce livre est là pour éclairer votre chemin. Quand vous saurez à quoi vous attendre, vous pourrez prendre votre décision en toute connaissance de cause et vous lancer en toute sécurité – et je vous donnerai les outils pour que votre entreprise soit rentable dès le premier jour.

* Source de l'ensemble de ces statistiques : Insee, 2018 ; L'Express, 2017 ; sondages OpinionWay, 2016 et 2017, auprès de plus de 2 000 Français ; Étude du Mouvement des Entrepreneurs Libres auprès de 201 porteurs de projet.

EN RÉSUMÉ

Dans ce livre, vous découvrirez :

- comment réagir face au « déclic » qui vous pousse à devenir votre propre patron… ou au « ras-le-bol » qui vous pousse à vous débarrasser du patron actuel ;
- les arguments qu'utilise la petite voix dans votre tête (et qui sont souvent répétés à voix haute par vos proches !) pour vous dissuader de vous lancer dans un projet d'entreprise ;
- des outils concrets qui vous aideront à préciser votre projet avec le maximum de chances de réussir ;
- comment parler de ce projet autour de vous afin d'avoir le soutien de vos proches, mais aussi du banquier ou des investisseurs ;
- les difficultés que l'on rencontre après s'être lancé, ainsi que les moyens d'y faire face ;
- et de nombreux exemples concrets d'entrepreneurs de tous horizons qui se sont lancés dans le projet fou de devenir « chef d'entreprise »… et ont brillamment réussi !

AVEZ-VOUS L'ÉTOFFE POUR DEVENIR ENTREPRENEUR ?

Paradoxalement, dans la première partie de ce livre, je vais tout faire pour vous **décourager** de créer votre entreprise. Après tout, il faut un grain de folie pour se lancer dans cette aventure. Je préfère que vous sachiez à quoi vous attendre. Si votre motivation est encore intacte après cela, alors je vous montrerai comment réussir !

Quasiment tous les livres du rayon « Entreprise » des librairies s'adressent à des personnes qui ont **déjà** mis sur pied une entreprise – ou alors à ceux qui savent avec certitude qu'ils comptent le faire et veulent apprendre comment concrétiser leur projet.

Aucun ne traite la question du « Faut-il le faire ? », du « Pourquoi le faire ? » ou du « Et si je me plante, que se passera-t-il… ? ». Au mieux, ils survolent la question en quelques statistiques et platitudes rapidement débitées en préambule. Le plus gros de ces ouvrages est consacré à des pavés de théorie sur le « business plan » et 100 000 considérations administratives dont vous n'avez que faire. Pas de ça ici !

Tout au long du livre, nous suivrons plusieurs histoires vraies d'entrepreneurs – parmi ces profils très divers, beaucoup ont réussi, mais pas tous. Ils ont généreusement accepté que je vous raconte leur histoire sans fard ni retenue. Les astuces et outils, les pièges à éviter et les leçons que nous en tirerons ensemble au fil de votre lecture sont donc basés sur des histoires réelles de personnes qui ont risqué tout ce qu'elles avaient : leurs économies, leur temps, leur vie de famille, leur amour-propre… afin de devenir libres et vivre leur rêve.

Je vous présente chacun de ces entrepreneurs dans l'acte I, nous les retrouverons par la suite à chaque étape de leur parcours. Toutes ces personnes sont réelles : dans certains cas, de petits détails de leur histoire ont été anonymisés pour protéger la vie privée de leurs proches. Vous trouverez plusieurs de leurs interviews et études de cas en vidéo sur le site des bonus offerts avec ce livre.

J'espère sincèrement que leurs histoires inspirantes vous motiveront à vous investir, corps et âme, dans votre projet. Ma mission est d'aider des millions de personnes à devenir « Entrepreneurs Libres ». Rien ne me fera plus plaisir que d'entendre vos témoignages de succès ! (Mon adresse e-mail est indiquée plus loin dans le livre, voir p. 457.)

Si, en revanche, l'entrepreneuriat n'est pas fait pour vous, alors les sacrifices et les risques nécessaires pour réussir vont probablement vous horrifier. Dans ce cas, j'aurai aussi accompli ma mission en vous évitant de sortir de votre zone de confort. Comme dit souvent un de mes amis montagnards : « C'est AVANT d'entrer dans la forêt qu'il faut se procurer une carte ! » Quelquefois, un simple coup d'œil à la carte nous dissuade de nous lancer dans l'expédition… C'est tout aussi bien, et cela m'évitera de devoir venir en hélicoptère vous extraire d'un fossé avec une jambe cassée !

Donc, accrochez-vous : au cours des prochaines pages, nous allons découvrir si cela vaut le coup de vous lancer dans cette expédition !

II.
FAUT-IL ÊTRE FOU POUR CRÉER UNE ENTREPRISE ?

L'AVENTURE D'UNE VIE

J'ai écrit ce livre pour vous, pour trois raisons.

1. Un message trop important pour être ignoré

Ce sont les entrepreneurs qui changent le monde. Ce sont eux qui introduisent de nouveaux produits et services, qui améliorent notre quotidien, qui prennent les risques que personne d'autre n'ose prendre, et qui font tourner l'économie.

Malheureusement, la société ne nous jette pas vraiment des fleurs pour nous remercier. Au contraire, l'entrepreneur débutant est souvent la cible de remarques acerbes, d'indifférence et, bien sûr, d'une avalanche de taxes et d'impôts.

Trop de livres pour entrepreneurs parlent du « comment » : comment créer, comment financer, comment immatriculer, comment vendre… mais trop peu s'attardent sur la question fatidique de la décision : « Est-ce un bon choix de créer mon entreprise ? Quelles seraient mes raisons pour le faire ? D'ailleurs, en suis-je capable ? »

2. Pour traverser le désert, mieux vaut avoir un guide qui connaît le désert

Ma seconde motivation pour écrire ce livre : je ne pense pas qu'un professeur de fac, ou quelqu'un qui a seulement une connaissance théorique de l'entrepreneuriat, puisse vous aider comme vous en avez besoin.

Je suis entrepreneur depuis plus de 10 ans. J'ai traversé les mêmes difficultés et les mêmes galères que vous allez rencontrer sur votre parcours. J'ai été assailli des mêmes doutes que vous :

- « Est-ce que j'en suis capable ? »
- « Et si je me plante ? »
- « Comment faire face à la pression de mon entourage, qui ne soutient pas forcément mon projet d'entreprendre ? »

Je pense que nous sommes plus facilement convaincus quand la personne qui nous donne des conseils a elle-même vécu ce que nous traversons, n'est-ce pas ?

3. Quitte à traverser le désert, autant être sûr qu'il y a une oasis au bout

Dernière raison et non des moindres : des entrepreneurs, il y en a beaucoup, mais des entrepreneurs **libres**, il y en a malheureusement trop peu. Ce qui me différencie de beaucoup d'auteurs dans la rubrique « business » de votre librairie, c'est que j'ai mis mon entreprise au service de ma vie et non l'inverse.

Non seulement mon entreprise m'a rendu millionnaire, mais surtout je n'ai pas eu à sacrifier ma vie et ma santé pour cela. Depuis que j'ai quitté le salariat en 2006, personne ne me dicte mon emploi du temps. Il m'a fallu six ans pour comprendre que je pouvais donc m'affranchir du modèle classique de l'entrepreneur qui multiplie les heures « parce qu'il aime ça ». J'adore mon travail, mais j'aime ma vie et ma famille encore davantage. Par conséquent, j'ai changé complètement mon emploi du temps depuis plusieurs années. Je ne travaille qu'un jour par semaine (le jeudi) et je m'épanouis vraiment dans mon travail.

Qu'est-ce que je fais des six autres jours de la semaine ? Je voyage – j'ai fait deux fois le tour du monde avec ma femme*. Je passe énormément de temps à jouer avec ma fille Alice (qui aura bientôt deux ans). Je prends des cours de guitare. Je lis une à trois heures par jour. Je fais des spectacles et matchs de théâtre d'improvisation.

* Ma femme et moi avons dansé dans 204 des endroits les plus magnifiques du monde et rassemblé toutes ces images dans une vidéo que vous trouverez sur ce lien, ainsi que quelques-unes des expériences extraordinaires que j'ai eu la chance de vivre depuis que je suis « Entrepreneur Libre » : www.ProfessionEntrepreneurLibre.com/vivrelibre

J'écris un roman. J'apprends des langues étrangères (j'en parle six couramment). Je fais de longues siestes. Je cours ou fais du vélo sur la promenade des Anglais ou le long du Var pendant une heure chaque jour. J'habite face à la plage et vais chaque matin prendre un bain de mer. En traversant la route qui sépare mon domicile de la plage, serviette de bain autour du cou, je fais un coucou de la main aux automobilistes qui endurent les bouchons pour aller au travail.

Tout cela est rendu possible par l'entreprise que j'ai créée en suivant la méthode que je vais vous détailler au cours de votre lecture. Dans ce livre, je partage donc avec vous ce petit secret que peu de personnes ont compris :

Oui, il faut être fou/folle pour se lancer dans le projet d'entreprendre… mais le jeu en vaut la chandelle !

QUI SUIS-JE POUR VOUS DONNER DES CONSEILS ?

Les conseils que je prodigue sont avant tout tirés de mon expérience personnelle : j'ai créé ma première *start-up* à 21 ans en Irlande, puis j'ai été à la tête de plusieurs entreprises dont une école de danse latine, une maison d'édition d'infoproduits et une activité pionnière de « coaching en séduction » pour célibataires.

La première leçon que j'ai apprise de ces expériences ? La paperasse doit être le dernier de nos soucis si nous voulons voir notre boîte décoller. Ce livre se concentre donc sur les stratégies pour bien choisir votre marché, trouver vos premiers clients et être payé pour vos produits ou services. Je ne m'attarde que très peu sur les démarches administratives et fiscales. Pour ces démarches, je vous indiquerai des ressources approfondies en complément du livre. Ma spécialité, c'est la stratégie et le marketing – ce qui vous permettra de vous lancer, vous faire connaître et vivre de votre activité !

J'ai également une expérience concrète de l'accompagnement de créateurs d'entreprise dans des secteurs très variés. Par mon métier (créateur et gérant d'entreprises, consultant et formateur), j'ai eu la chance d'accompagner plus de 10 000 clients entrepreneurs depuis 2010, dans 35 pays.

UNE PAROLE ENCOURAGEANTE AU BON MOMENT PEUT TOUT CHANGER

En effectuant un sondage en 2017 auprès de plusieurs centaines « d'entrepreneurs en herbe », j'ai constaté qu'ils sont souvent confrontés aux mêmes interrogations, aux mêmes doutes, aux mêmes objections soulevés par leurs proches.

L'entourage d'un entrepreneur a une importance cruciale au début du projet : quelques mots ont le pouvoir d'encourager ou de décourager. Et, à force d'entendre « Tu es fou ! », beaucoup de gens perdent leur enthousiasme et renoncent à leur rêve. J'ai décidé d'écrire ce livre pour vous dire la vérité du métier – mais aussi les paroles encourageantes que vous avez besoin d'entendre : « Tu es fou… et ça tombe bien, c'est la première étape pour réussir ! »

MA PROMESSE « TOUT COMPRIS »

Permettez-moi d'être transparent : je suis consultant et formateur, mon métier est de vendre des formations et de l'accompagnement. La tentation pourrait être forte d'écrire un livre qui survole le sujet, puis de vous renvoyer à l'une de mes formations (payantes) pour connaître les « vraies » stratégies à appliquer. C'est un modèle classique : un livre est un bon moyen pour les coachs, consultants et formateurs de se faire connaître et de vendre leurs services. **Ce n'est pas le cas du livre que vous tenez entre vos mains.**

Le but de ce livre est de vous fournir la feuille de route complète. Je mentionnerai donc de nombreux liens vers mes sources, ou vers des compléments gratuits offerts en bonus avec votre lecture – par exemple pour télécharger le modèle du Business Plan Express, ou pour faire le quiz *« Avez-vous les 8 qualités d'un entrepreneur ? »* et connaître votre profil d'entrepreneur.

En échange de tous ces bonus et compléments, je vous demande aussi un engagement ! J'y reviens dans un instant.

LE MOUVEMENT DES ENTREPRENEURS LIBRES

Les entrepreneurs que je vous présenterai dans ce livre ont bâti leur réussite dans les secteurs suivants :

- import/export de produits agroalimentaires ;
- cours de yoga ;
- coaching en développement personnel ;
- orthophonie et secteur paramédical ;
- distribution de magazines papier sur le bien-être ;
- captation, montage et vente de DVD pédagogiques ;
- hypnothérapie ;
- blogging sur le Web ;
- vente de logiciels par abonnement « SaaS » ;
- marketing de réseau ;
- cours de séduction pour les célibataires ;
- services de nettoyage et maintenance de jets privés ;
- école de danses latines ;

Ces entrepreneurs dont je vais vous raconter les péripéties viennent des quatre coins de la France bien sûr, mais aussi de Guadeloupe, de La Réunion, du Québec, du Mali, du Burundi, de l'Arizona, pour ne citer que ceux-là !

Pourquoi une telle diversité ?

Parce que je veux vous ouvrir les yeux sur une révolution qui a déjà commencé, qui affecte tous les secteurs d'activité, partout dans le monde (même dans les pays en développement). Il est plus que temps de rejoindre ce mouvement !

Je vous demande donc de mettre en « pause » pendant quelques heures le scepticisme, les peurs et le cynisme qui sont tellement à la mode aujourd'hui. J'ai choisi d'inclure des exemples très variés, mais je ne peux bien évidemment pas couvrir 100 % des situations de 100 % des lecteurs. Le but des études de cas est de vous inspirer et vous inviter à adapter chaque conseil à votre situation. Ne faites pas partie de ces personnes qui lisent l'histoire d'Yvan, à la recherche d'annonceurs pour lancer un magazine papier gratuit, et qui disent « Zut, mon cas à moi est différent ! Car moi, je suis à la recherche d'annonceurs pour mon **podcast gratuit sur Internet** ! » Ne soyez pas comme ceux qui lisent l'exemple de Daniel, qui fait de l'import/export de produits agricoles en Afrique, et s'exclament « Mince, cet exemple n'a rien à voir avec moi ! Je veux faire de l'import/export, **mais en Europe seulement** ! »

Au contraire, faites preuve de souplesse et d'inventivité en adaptant les conseils et histoires qui vont suivre pour trouver comment vous en servir dans votre secteur, pays ou situation. Après tout, vous aurez besoin de cette même souplesse et cette même inventivité pour que votre entreprise réussisse !

III. COMMENT TIRER LE MAXIMUM DE CE LIVRE EN UN MINIMUM DE TEMPS

Je recommande de faire une première lecture d'ensemble, pour avancer rapidement et comprendre les concepts. Ne restez pas bloqué sur un exercice particulier. Vous pourrez toujours y revenir en seconde lecture. Si l'une de vos questions reste sans réponse, la solution se trouve probablement quelques pages plus loin.

N'hésitez pas à prendre des notes en marge, à souligner ou surligner des passages, à corner des pages, à noter les questions qui vous viennent à l'esprit et à me les poser lors des échanges en direct durant la formation que je vous offre en bonus (*cf.* encadré en fin de chapitre). Si vous lisez actuellement la version numérique du livre, tous les exercices et ressources sont également téléchargeables et imprimables directement sur le site réservé aux lecteurs.

D'ailleurs, c'est un point important : au fil du livre, je ferai souvent référence à des vidéos ou des outils que j'ai mis en ligne pour vous sur le site bonus qui accompagne ce livre. Le format « livre », malgré tous ses avantages, est forcément limité. Je veux que vous tiriez le maximum de votre lecture, et pour cela j'ai ajouté de nombreux bonus et ressources afin de vous aider à passer à l'action et obtenir des résultats concrets.

VOTRE ENGAGEMENT

Je vous ai parlé de mon engagement envers vous. Voici maintenant ce que je vous demande de faire, pour garantir votre succès avec ce livre.

Prenez l'engagement de ne PAS reposer ce livre avant de l'avoir vraiment entamé. La libraire et auteure Nancy Pearl explique dans ses livres que personne ne devrait lire un livre qui ne lui convient pas. Elle a créé la règle suivante pour déterminer si vous devez persévérer ou non jusqu'au bout :

Prenez le nombre 100. Soustrayez votre âge. Cela vous dit combien de pages vous devez lire avant de prendre la décision de continuer ou d'arrêter votre lecture.

(Chaque année, le nombre de pages que vous devez vous engager à lire diminue d'une unité. Cela veut dire que lorsque vous aurez 100 ans, vous pourrez juger un livre à sa couverture sans culpabiliser !)

Oh, et maintenant que vous avez entamé ce livre, ne le reposez pas sur une étagère (où il se retrouverait condamné à rejoindre les « bouquins-que-je-finirai-plus-tard ») ! Conservez-le à un endroit incongru et bien visible (au milieu de la table de la salle à manger, sur votre oreiller, avec votre carte de transports) afin qu'il constitue un rappel quotidien pour avancer dans vos projets.

Enfin, dernier piège : Ne vous contentez pas de lire en hochant la tête. Pour que ce livre vous apporte beaucoup, il faut prendre des notes, faire les exercices, appliquer les conseils. On a tous eu cette expérience de découvrir une idée géniale dans un livre et de nous dire « waouh, **il faudrait que** je fasse ça ! »... Mais, comme dit l'auteur James Altucher, souvent « ça rentre par un œil et ça ressort par l'autre ». De nombreuses études montrent que le fait de discuter de ce que vous avez lu avec **au moins une** personne, augmente significativement votre apprentissage[2] et la valeur que vous allez en retirer[3] !

Alors voici la solution :

1. Premièrement, entamez votre lecture en démarrant le chapitre suivant, ou même en prenant une page au hasard dans le livre.
2. Tant que vous n'avez pas lu les **100 pages moins votre âge** (ou le livre en entier !), « laissez-le traîner » à un endroit visible, afin qu'il soit physiquement présent dans votre environnement et se rappelle à votre attention.
3. Parlez à quelqu'un de ce que vous avez lu afin de cimenter cet apprentissage* !

Attaquons tout de suite avec le premier chapitre.

RESSOURCES COMPLÉMENTAIRES

J'ai créé de nombreuses ressources complémentaires, gratuites, pour vous aider à mettre en place les conseils de ce livre dans votre activité. Elles sont mises en avant dans chaque chapitre par un encadré comme celui-ci :

RESSOURCES EN COMPLÉMENT DU LIVRE

Pour accéder à l'ensemble des ressources, visitez simplement le site qui réunit l'ensemble des bonus :
www.ProfessionEntrepreneurLibre.com/bonus
Faites le dès maintenant !

* On appelle cela le *Protégé Effect*, démontré par des scientifiques de l'Université de Stanford en 2009. Le plus impressionnant, c'est que vous améliorez déjà votre compréhension par le simple fait de savoir que vous allez devoir enseigner ce que vous apprenez à d'autres (je vous ai piégé !).

MES ACTIONS

- ❑ Je démarre ma lecture dès aujourd'hui et je lis au moins un chapitre (n'importe lequel !) avant de reposer ce livre.

- ❑ Tant que je n'ai pas fini ce livre, je le « laisse traîner » à un endroit visible, afin qu'il soit physiquement présent dans mon environnement et se rappelle à mon attention.

- ❑ À la première occasion, je raconterai à quelqu'un ce que j'ai appris, afin de cimenter mon apprentissage et récolter des idées pour mon projet.

- ❑ J'ai créé mon compte sur le site privé avec les bonus gratuits du livre !

- ❑ J'ai rejoint la communauté des lecteurs (le groupe d'échange « Profession : Entrepreneur Libre ») accessible depuis le site des bonus.

Acte 1

ÊTES-VOUS ASSEZ FOU POUR CRÉER VOTRE ENTREPRISE ?

1.
MÉTRO, BOULOT, DODO : LE GRAND MALAISE

Je suis au téléphone avec mon père, et il vient d'éclater de rire.

De mon côté, je suis à mille lieues de trouver ça drôle. J'ai les mains si crispées sur le téléphone que mes articulations en blanchissent. Parce que pour moi, ce moment est un tournant majeur.

Nous sommes en septembre 2006, et j'ai décidé d'abandonner ma carrière toute tracée d'ingénieur centralien, dans l'une des plus grandes sociétés informatiques d'Europe. Mais quand j'annonce à ma mère mon choix de renoncer à mon CDI* confortablement payé chez Unilog-Logica-CMG Group… elle passe le téléphone à mon père.

Et quand je lui annonce, à lui, que j'envisage de plaquer cette carrière pour devenir *coach amoureux pour les hommes célibataires*… il éclate de rire.

Pendant plus d'un an, personne de mon entourage (famille, amis, connaissances, anciens collègues… personne !) ne m'a pris au sérieux. Tout le monde pensait – sans oser me le dire – que j'allais sans doute finir par reprendre mes esprits, rappeler mon ancien patron chez Unilog et retrouver un « vrai métier ».

---

* Contrat à Durée Indéterminée : le type de contrat le plus « solide » traditionnellement recherché par les salariés français, car il n'a pas de date d'expiration programmée et l'employé est protégé contre une résiliation abusive de son contrat par l'employeur. Nombre de banques préfèrent ne prêter qu'aux salariés en CDI pour l'achat d'une voiture ou d'une maison.

Est-ce que cela vous est déjà arrivé ? Ou peut-être que vous vivez cette situation d'incrédulité générale en ce moment même ?

Entreprendre, c'est déjà difficile en soi – mais quand, en plus, on se sent seul parce que personne de notre entourage n'a traversé ce que l'on vit pendant cette création d'entreprise, la solitude pèse très lourd.

J'ai dû affronter cette solitude parce que je n'avais pas d'autre porte de sortie. Au téléphone, pendant cette conversation fatidique de septembre 2006, j'avais fièrement promis à mon père qu'en « moins d'un an jour pour jour », j'aurais une entreprise viable et rentable, qui me rapporterait au moins autant que le salaire proposé par Unilog… Dans le cas contraire, je m'étais engagé à retourner voir mon ancien patron, CV en main, la tête basse et la bouche en cœur, pour le supplier de me reprendre.

Pour moi, cette option n'était pas acceptable.

TRAMWAY-BOULOT-DODO

La décision de me mettre à mon compte n'était pas prise sur un coup de tête. Cela faisait un moment que je vivais un malaise grandissant.

Imaginez ce scénario : depuis le collège, vous avez une passion – l'informatique, et cette technologie nouvelle que l'on appelle **Internet**.

Vous faites tous vos choix d'orientation dans un seul but : transformer un jour cette passion en métier. On vous dit que la voie royale pour cela est de passer par une classe préparatoire, puis une grande école (idéalement, la prestigieuse École Centrale) pour enfin être embauché dans une société de services informatiques (SSII) comme Unilog, leader du secteur. Tout un programme ! En revanche, pas de bol : vous vivez en Guadeloupe, un département dont les lycées se classent rarement dans le top 50 des lycées français. Alors vous suez sang et eau pour passer un Bac avec mention. Pas n'importe quelle mention : mention très bien, avec félicitations du jury ; la note la plus élevée du département avec presque un point d'écart sur le second au classement. Votre dossier est béton – vous avez même monté avec des amis un site Web qui vous a valu d'être invité à l'Élysée par le président de la République à l'âge de 14 ans*.

Vous décrochez une classe préparatoire prestigieuse à Bordeaux et arrivez la fleur au fusil pour découvrir avec effarement que vous avez à peine le niveau pour figurer dans le dernier tiers du classement de votre promotion, où vous êtes le seul Antillais.

Il vous faut pourtant absolument briller, car seuls les meilleurs élèves passent en « classe étoilée » en seconde année – la classe qui vise les écoles les plus prestigieuses comme Polytechnique et les Écoles centrales.

Ce n'est pas gagné d'avance : l'informatique est une matière optionnelle avec coefficient 1 ; les Sciences physiques ont coefficient 9 et dans cette discipline vous êtes 29e au classement sur 32 élèves (dont trois ont abandonné en cours d'année).

Par un miracle d'ingénierie sociale, vous arrivez à forcer un passage en « classe étoilée » (voir encadré ci-après).

L'ASTUCE DE L'ENTREPRENEUR EN HERBE

Une astuce qui peut être utile pour vos enfants : un conseil de classe est une discussion entre plusieurs professeurs ; même si les coefficients comptent pour beaucoup, l'humain est plus important ! En étant brillant et appliqué dans énormément de matières à coefficient minuscule (Français, Anglais, etc.) où les professeurs sont habitués au minimum syndical, vous vous retrouvez avec une majorité de « fans » dans le jury face à un seul professeur désabusé. « Vous êtes l'élève qui est passé en classe étoilée Maths-Physique

* Concours Cyberlycées organisé par M. Jacques Chirac, président de la République française en 1999. Pour la petite histoire, mes amis et moi avons passé tout le défilé du 14 juillet à dormir dans la tribune présidentielle, après avoir passé une nuit blanche à jouer sur une console Nintendo 64 ramenée sans autorisation dans nos bagages. Mais les petits fours de la *garden party* de l'Élysée sont les meilleurs que j'ai goûtés de ma vie !

avec la plus mauvaise note en Sciences physiques de l'histoire de ce lycée !, m'a dit l'enseignant narquois. J'ai voté contre vous sans succès. Bonne chance pour la suite. »

Cette seconde année de classes préparatoires est de la pure torture. Jamais de votre vie vous n'avez autant douté de vos capacités intellectuelles. Un de vos professeurs vous encourage avec ce petit joyau d'optimisme :

> **« Sébastien, quand on n'est pas doué, il ne faut pas chercher à se le cacher. »**

Vous parvenez à survivre à la préparation aux concours grâce à un régime alimentaire composé essentiellement de barres chocolatées Snickers (achetées en paquet familial de 32 barres) trempées dans du Nutella. Et vous décrochez une place à Centrale !

Vous n'êtes pas au bout de vos peines, mais au moins le rythme est moins soutenu qu'en classe préparatoire. C'est quand même un peu décourageant de découvrir qu'une fois de plus, l'informatique est une option et non un cursus principal – et que cette option ne commence qu'en **troisième** année. Vous passez deux années à lutter en Mécanique des fluides ; vous ne validez cette matière que parce que l'enseignant-chercheur déteste tellement enseigner, que tous ses élèves ou presque ont échoué dans la discipline – et l'administration décide d'effacer l'ardoise en validant tous les élèves d'un coup. En Résistance des matériaux, c'est pire – non seulement vous échouez dans cette matière en première année (il faut avoir 5/20 pour passer), mais en plus vous vous plantez aux rattrapages – six fois en deux ans. Désespéré, vous tentez de soumettre votre CV à Unilog en demandant s'il est possible d'être embauché sans diplôme à l'issue de la deuxième année, même avec une réduction de salaire s'il le faut. Votre candidature reste sans réponse.

Vous passez enfin en troisième année, option Informatique. Bon, entre-temps vous avez créé une WebTV (à une époque où YouTube n'existe pas encore), une messagerie instantanée (Skype n'existe pas non plus), un forum avec un demi-million de visites par mois et un hébergeur de blogs. Du coup, les cours d'informatique ne vous apprennent rien de bien utile. Malgré tout...

Vous décrochez enfin le Graal ! Un stage suivi d'une offre de CDI chez Unilog ! Le rêve devient enfin réalité !

AVANCE RAPIDE : QUATRE MOIS PLUS TARD

Me voici affalé sur un banc à un arrêt de tramway. Je suis trempé de sueur et j'ai dans la gorge la sensation métallique de l'adrénaline après un sprint assassin derrière le tram. Mince, je me demande même si je ne me suis pas rompu quelques capillaires dans les poumons ou mordu la langue, j'ai carrément un goût de sang dans la bouche. Ma chemise est défaite, mon sac s'est entrouvert et mes affaires sont étalées à mes pieds, mais je n'ai pas la force de les ramasser avant d'avoir repris mon souffle. Le soleil se lève paresseusement derrière moi, et je me sens déjà mourant alors que la journée n'a pas encore commencé.

Cela fait quatre mois que je travaille chez Unilog. Dix-sept semaines que je me lève à l'aube pour avaler un petit déjeuner en vitesse, quitter mon appartement trop vide et trop sombre, grimper la petite colline qui mène à l'École Centrale et son arrêt de tram. Quatre-vingt-quatre matinées où j'ai dû sprinter pour tenter d'attraper un des rares tramways matinaux qui me permettront d'arriver au travail à l'heure. Six cent soixante-quatre heures passées sous la lumière artificielle des néons à corriger les bugs sur les bornes libre-service d'un client* – un projet qui n'a rien à voir avec ma passion de connecter les gens grâce à Internet.

J'ai de la chance : mes collègues sont très sympathiques et l'ambiance de travail est bonne. Quand je propose de « faire quelque chose de fun ce week-end », leur réponse me déçoit quand même un peu : leur idée d'activité fun, c'est de **revenir au bureau** le week-end pour jouer à des jeux vidéo sur le réseau de la boîte. De mon côté, j'avais plutôt en tête une soirée salsa.

* Pour des raisons de confidentialité, je n'ai pas le droit de révéler le nom de l'entreprise cliente. Je peux uniquement dire qu'il s'agit « d'une grande société ferroviaire française gérant plusieurs milliers de gares en France ».

Je suis toujours sur ce banc à l'arrêt de tram, plongé dans mes réflexions, quand le tramway suivant s'arrête devant moi. Cela doit faire un moment que je suis pensif, car il n'y en a pas beaucoup à cette heure-ci.

Je laisse le tram repartir. Ce moment est trop important.

LA RÉALITÉ EN FACE

À quoi va ressembler ma vie si je continue dans la routine de ces quatre derniers mois ? J'ai 21 ans. En quatre mois, 2 % de ma vie viennent de s'écouler et rien n'a changé. J'habite encore à 1 km de l'École, dans l'appartement prévu pour une colocation avec mes anciens camarades de promotion.

Je stagne. Si je reste cinq ans à ce poste, j'aurai passé 20 % supplémentaires de ma vie sous les néons, et pour quoi ? Avoir un peu de ventre à cause de mon travail sédentaire. Perdre en pouvoir d'achat chaque année parce que mes petites augmentations ne suivent pas l'inflation. Prendre un crédit automobile pour pester dans les embouteillages au lieu de pester contre le tram et transformer Tramway-Boulot-Dodo en Bouchons-Boulot-Dodo.

J'en ai juste marre de devoir bosser à des horaires fixés par mon patron, dans des conditions fixées par **son** patron, pour un salaire fixé par **le patron de son patron**.

Si créer mon entreprise est le prix à payer pour sortir de cette prison dorée, alors je suis prêt à le payer. À ce stade, je préférerais ramper à genoux sur du verre pilé plutôt que de reprendre le tram une fois de plus pour aller bosser chez Unilog.

BESOIN D'AIR, ON ÉTOUFFE

La raison numéro 1 pour laquelle les Français s'interrogent sur l'entrepreneuriat est un désir de liberté[4].

Pourtant, ceux qui veulent créer une révolution dirigent souvent leur rage vers la mauvaise cible : l'ennemi de votre liberté, ce n'est pas votre patron. Ce n'est pas « le système ». Ce qui vous enchaîne dans un travail qui ne vous passionne pas, pour gagner un salaire qui ne vous convient pas, afin d'acheter une voiture et des gadgets qui impressionneront des collègues qui ne vous plaisent pas, c'est un piège beaucoup plus vicieux…

2.
COMMENT ÉCHAPPER AU CONFORMISME ET TRACER VOTRE PROPRE VOIE

Il existe un secret que les entrepreneurs à succès ont tous découvert à un moment clé de leur carrière. L'ignorance de ce secret empêche des millions d'autres de se lancer et force des centaines de milliers d'entrepreneurs en herbe à abandonner chaque année.

Voici le secret : face à vous, il n'y a **pas** des centaines d'obstacles à surmonter. Le chemin vers le lancement de votre entreprise et son succès n'est **pas** jonché de dizaines d'embûches et d'ennemis à affronter.

Les difficultés financières, le manque d'inspiration, la pénurie de compétences, les lenteurs administratives, le manque de confiance de la banque et des investisseurs, les critiques de vos proches, le manque de reconnaissance et de fidélité des clients… Tous ces « obstacles » sur votre route ne sont que des facettes d'un seul et même ennemi.

À toutes les étapes de votre projet, vous devrez affronter cet ennemi : le conformisme.

> **Conformisme, n.m.**
> **Sens 1. Tendance à se conformer aux usages, à accepter les manières de penser ou d'agir du plus grand nombre, les normes sociales.**
> **Sens 2. Absence totale de courage qui mène à passer sa vie sous les néons dans un job qu'on déteste, en blâmant les autres et en enviant secrètement ceux qui ont osé sortir du troupeau.**

Le conformisme s'apprend très tôt. Dans beaucoup de familles, on dissuade inconsciemment ou activement le rêve d'entreprendre, parce qu'après tout, « ce n'est pas pour nous, ce genre de choses ». Les familles qui, comme la mienne, comptent beaucoup de fonctionnaires (ou celles peuplées d'ouvriers ou de travailleurs agricoles) ont rarement des exemples d'entrepreneur à succès parmi leurs proches. Elles développent au fil du temps une étrange forme de superstition, un conformisme qui intègre leur ADN. Comme si la création et la gestion d'entreprise étaient génétiquement réservées « aux autres », ou, pire, comme s'il s'agissait d'un péché à éviter comme la peste.

Dans d'autres familles, où un « mouton noir » a eu le toupet de se déclarer indépendant et de lancer son entreprise, son histoire sert souvent d'avertissement plutôt que d'exemple à suivre ! Ce fut le cas pour mon client Erico Rocha, qui inspire aujourd'hui plus de sept millions de Brésiliens avec ses formations et ses vidéos sur Internet, mais qui a dû affronter à ses débuts le regard noir de sa famille. « Mon grand-père avait tenté l'aventure entrepreneuriale, mais son activité a échoué et a généré des dettes qui ont affecté la famille pendant des années », m'a confié Erico lors d'une de nos premières conversations, « du coup c'est comme si l'entrepreneuriat était devenu un tabou pour toutes les générations futures. » Cette réaction de vos proches, plein de bonnes intentions en voulant vous éviter la douleur qu'ils ont vécue par le passé, est en fait ancrée dans notre ADN de primates. En 1967, le primatologue George R. Stephenson[5] a été le premier à montrer qu'un singe à qui l'on apprend à craindre un objet transmet cette peur à d'autres singes, même quand la « punition » n'existe plus.

SINGER LES AUTRES NE REND PAS HEUREUX

Permettez-moi de vous parler sans langue de bois.

Si vous avez peur de choquer, d'offenser, de sortir du cadre établi, alors cette peur est normale et justifiée… mais ce n'est quand même pas une excuse valable pour ne pas se lancer.

Parce qu'en restant paralysé par le conformisme, non seulement vous ne vous aidez pas vous-même, mais vous faites désormais partie du problème au lieu de faire partie de la solution.

Quand vous laissez l'immobilisme et les peurs de votre environnement vous pétrifier, vous devenez à votre tour un obstacle pour les générations qui vous suivent. Comme le dit mon ami Mastin Kipp, conférencier et auteur du best-seller *Daily Love* :

> **« Bien souvent, on prend la raison précise pour laquelle on devrait se lancer, et on l'utilise comme excuse pour justifier qu'on ne se lance pas !**
> **Il ne faut jamais dire, "Oh, je ne peux pas… à cause de ma famille". Au contraire, dans cette situation, dites "Je dois le faire… à cause de ma famille". »**

SI VOUS AVEZ PEUR
DE CHOQUER, D'OFFENSER,
DE SORTIR DU CADRE
ÉTABLI, ALORS CETTE PEUR
EST NORMALE ET JUSTIFIÉE…
ET CE N'EST QUAND MÊME
PAS UNE EXCUSE POUR
NE PAS SE LANCER.

3.
QUAND ON EST JEUNE… ET QU'ON REFUSE D'ENTRER DANS LA PRISON DORÉE

On dit que les voyages forment la jeunesse… peut-être aussi que les voyages **déforment** un peu les jeunes, parce qu'en revenant de voyage, ils ne rentrent plus dans le moule.

Il y a deux ans, Aurélien a monté son blog pour permettre à sa famille de suivre les péripéties de son voyage à l'étranger. Ce voyage l'a amené en Australie principalement, mais aussi en Chine, au Japon, en Nouvelle-Zélande et à Singapour. Sur place, il a même goûté à l'aventure entrepreneuriale. Autant dire qu'à son retour, l'ex-ingénieur commercial a un peu de mal à rentrer dans le rang.

Il faut bien remplir le frigo, alors Aurélien a candidaté à quelques propositions d'embauche. Il n'a pas vraiment d'alternative : son blog ne reçoit qu'une poignée de visites par jour et a rapporté 2,55 euros en deux ans, et il ne dispose pas du capital nécessaire pour lancer une entreprise traditionnelle.

La mort dans l'âme, il attend le coup de fil de la responsable des ressources humaines qui doit le rappeler pour lui dire si la négociation du contrat a abouti. Si oui, sa vie reprendra le rail qu'elle avait quitté quand il a acheté son billet pour l'Australie : un emploi de cadre à La Défense à Paris, avec gros salaire, costume trois-pièces imposé, 42 annuités de cotisation retraite, et congés optionnels.

Par un coup du sort, ou peut-être l'avait-il inconsciemment planifié ainsi, Aurélien déjeune ce midi-là à la terrasse d'un restaurant de

La Défense avec un autre jeune blogueur parisien, prisonnier d'un travail de bureau lui aussi. La ressemblance s'arrête là : alors que le blog d'Aurélien est un méli-mélo de toutes les thématiques qui l'intéressent (les voyages, l'apprentissage des langues étrangères, les finances, le développement personnel et les livres), celui de Cédric est spécialisé sur la thématique de l'indépendance financière – qui est son objectif avoué. Autre contraste : le blog de Cédric rapporte 400 à 500 euros par mois.

Aurélien est tellement fasciné par la conversation qu'il ne se rend pas compte que la fourrière a emporté sa moto. Qu'à cela ne tienne, il rentrera à pied ! Lorsque la responsable des ressources humaines l'appelle pour lui annoncer que le contrat qu'il a négocié est prêt à signer – un contrat incluant stock-options, primes annuelles, et un salaire de 50 000 euros brut par an –, Aurélien répond…

Non merci.

Le moule ne lui convient plus.

Si d'autres peuvent vivre de leur blog, pourquoi pas lui ?

Il lui suffit de passer de 2,55 euros sur deux ans à 50 000 euros par an (une petite augmentation de **quatre millions de pour cent** du revenu de son blog !), et il gagnera autant qu'avec cet emploi salarié.

Nous sommes le 28 février 2010, il est 21 heures, et Aurélien Amacker vient de prendre la plus grosse – la plus stupide ? la meilleure ? – décision de sa vie.

Est-il vraiment possible de gagner davantage en étant à son compte, qu'en grimpant les échelons de la hiérarchie du CAC 40 ?

4.
EST-CE QUE CELA PAIE SI BIEN QUE ÇA ?

> **« La vie d'un entrepreneur est bien souvent plus dure que celle d'un salarié. »**
>
> **– Emmanuel Macron[6]**

COMBIEN PEUT-ON ESPÉRER GAGNER ?

Depuis la déclaration inquiétante d'Emmanuel Macron, alors ministre de l'Économie, les rémunérations des entrepreneurs sont sous le feu des projecteurs.

Est-ce qu'un indépendant gagne réellement davantage qu'un travailleur salarié (comme le pensent beaucoup de gens), ou bien est-ce que les fins de mois sont **plus difficiles** quand on est à la tête d'une entreprise ?

Sur les 2,7 millions d'entrepreneurs, indépendants et dirigeants salariés d'entreprise recensés par l'Insee en 2015[7], un million sont des « autoentrepreneurs » (très petite entreprise en nom propre) et les trois quarts n'ont pas de salarié.

Les revenus de ces entrepreneurs sont extrêmement variés, car la taille de l'entreprise influence le budget disponible pour rémunérer son dirigeant. Les 75 % d'indépendants (entreprises sans salarié) touchent un salaire 10 % inférieur au salaire moyen d'un travailleur dans le secteur privé. Une femme entrepreneur solo gagne en moyenne 1 740 euros net par mois (2 280 euros pour un homme*).

---

* L'inégalité financière entre les hommes et les femmes qui créent une entreprise est un autre sujet, que nous aborderons au chapitre 54, « Parlons argent ! Trouver le financement adapté à votre situation », qui contient des clés pour que les lectrices puissent compenser cet écart.

S'ils étaient dans le privé ou employés d'une entreprise publique, la moyenne des salaires auxquels ils pourraient prétendre serait de 1 986 euros pour elle et 2 438 euros pour lui[8].

Mais attention ! Pas de conclusions hâtives : le chiffre ci-dessus inclut les autoentreprises, qui sont souvent une activité complémentaire.

Les chiffres des entrepreneurs « classiques » (entrepreneurs individuels, gérants de SARL, dirigeants salariés) racontent une autre histoire : la moyenne de revenus nets mensuels est de 2 910 euros pour les femmes et 3 880 euros pour les hommes.

Le graphique suivant, paru dans le journal *Le Monde* en 2016, permet de se rendre compte du potentiel :

Revenus des entrepreneurs par type d'entreprise

Hors autoentrepreneurs, en 2013. La ligne noire matérialise le salaire médian net dans le secteur privé, 1772 euros par mois

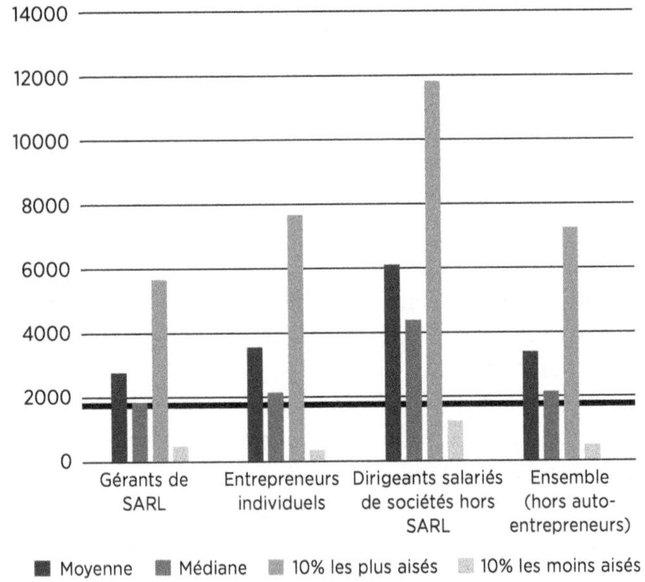

Source : Insee

Les 10 % de dirigeants d'entreprise les mieux rémunérés touchent entre 6 500 euros et 8 000 euros (dans les SARL et sociétés individuelles) et jusqu'à 12 000 euros net par mois pour les autres types de sociétés, comme les sociétés par actions.

CE QU'IL FAUT COMPRENDRE

Parlons franchement : si vous avez pris ce livre en main, et décidé de vous affranchir du conformisme, ce n'est pas avec l'objectif de se retrouver dans « la moyenne » !

J'ai partagé ces chiffres avec vous pour vous inspirer avec trois messages clés à retenir :

1. Si vous visez le top 10 % de votre secteur, ce qui est tout à fait possible en appliquant les conseils de ce livre, alors votre potentiel de revenus est quasiment sans limites et peut certainement financer tous vos rêves de liberté !
2. **Il n'est pas acceptable pour un entrepreneur de travailler sans être payé.** Les efforts et le risque que vous prenez en décidant de vous lancer à votre compte doivent être récompensés ; mais pour cela il faut en faire le choix conscient. Après tout, le graphique ci-dessus indique que les 10 % les plus pauvres gagnent 600 euros par mois en moyenne. Ce n'est pas une fatalité ! Et nous allons voir au chapitre 79, « Les quatre lois de l'argent » (voir p. 386), comment ne jamais se retrouver dans ces 10 % de situations difficiles.
3. Même si vous acceptiez de vous contenter de « la moyenne », posez-vous la question suivante : **« Est-ce que cela vaudrait le coup d'accepter une réduction de salaire de 10 %, si cela me permet de vivre mon rêve de liberté ? »**

LES RISQUES FINANCIERS

Si vous faites le calcul, vous verrez que les 10 % de dirigeants d'entreprise qui ont le mieux réussi (ce qui inclut les entrepreneurs en entreprise individuelle) gagnent un salaire qui les classe parmi les 1 % des revenus les plus élevés du pays[9].

Une des raisons de cette récompense surdimensionnée pour les entrepreneurs qui ont réussi, c'est la prise de risque.

Quand vous lancez votre boîte, vous prenez un risque financier triple :

1. **Le capital que vous avez personnellement investi dans le lancement de l'entreprise est en jeu.** Vous avez eu recours à des investisseurs ou contracté un prêt pour vous lancer ? Tous

vos créanciers seront payés avant vous en cas de liquidation de la société, vous laissant potentiellement les mains vides et avec de fortes tensions dans vos relations avec ces personnes désabusées. Nous parlerons des levées de fonds et des écueils à éviter au chapitre 54 (voir p. 268).

2. **Les incertitudes sur votre revenu représentent un « coût d'opportunité » par rapport à ce que vous auriez pu gagner dans un poste salarié.** Par exemple, en 2007 j'ai pu me payer, pendant les trois premiers mois de mon entreprise, le salaire net exact que j'aurais gagné dans mon emploi stable chez Unilog… mais en janvier 2008, je n'ai pas réussi à recruter le moindre client. Zéro euro de chiffre d'affaires égale zéro euro de salaire net, car je n'avais pas de réserves financières. J'explique comment éliminer ce risque au chapitre 79 « Les quatre lois de l'argent », p. 386.
3. **Vous êtes en grande partie responsable de votre propre protection sociale.** Si votre entreprise fait faillite, ce n'est pas vraiment comme un licenciement – ce qui veut dire qu'en général, vous ne pourrez pas percevoir d'allocation chômage. Vous ne pouvez probablement pas bénéficier d'arrêts maladie pris en charge par la Sécurité sociale. Si vous n'avez pas épargné par vous-même pour votre retraite, vous risquez aussi une très mauvaise surprise en fin de carrière.

Je vous présente tous ces risques pour vous faire comprendre que **le risque financier est significatif. Cela ne vaut pas la peine d'entreprendre si vous n'avez pas une stratégie solide pour compenser ce risque.**

PREMIÈRE ÉTAPE

La première action pour vous garantir de parvenir à destination… c'est de choisir la destination. Combien voulez-vous gagner avec votre entreprise au bout des 18 premiers mois ?

J'avais juré à mes parents que mon entreprise serait créée, viable et rentable, 365 jours après ma décision de quitter mon job chez Unilog. Mon engagement était clair aussi bien en termes de temps qu'en termes financiers : le 29 septembre 2007, un an jour pour jour après cette décision fatidique, je devais gagner 2 100 euros net par mois. Pour cela, je devais générer environ 3 000 euros TTC de chiffre d'affaires.* Au final, j'ai déposé le dossier de création de mon entreprise le 1er octobre 2007 (j'avais mal calculé, le 29 septembre était un samedi !) et j'avais déjà en main plus de 3 000 euros de chèques de mes premiers clients. L'objectif était atteint… et mes parents ne m'en ont évidemment pas voulu d'avoir eu deux jours de retard sur le plan d'origine !

Quel est votre objectif ? Je sais que les entrepreneurs sont souvent des optimistes et parfois des rêveurs. Nous voulons « viser la lune, pour atterrir dans les étoiles ». Quand vous fixez votre objectif à court terme, essayez cependant d'être fidèle à la réalité de votre train de vie actuel. Un à deux ans après avoir lancé votre projet, quel revenu minimum accepteriez-vous en échange de la totale maîtrise de votre destin ? Vous verrez plus loin dans ce livre que je recommande de vous donner un « tremplin » de 18 à 24 mois. Prenons donc un horizon de 18 mois. Notez votre objectif de revenu ci-dessous.

18 mois après avoir lancé mon entreprise, je veux gagner un revenu mensuel NET de :

……………………………………………………………………………………………

Vous verrez que cette décision est importante. Elle va influencer la conception de votre Business Plan Express ! Nous en reparlerons un peu plus loin.

---

* En tant que « micro-entrepreneur » je n'étais pas soumis à la TVA, et bénéficiant de l'Aide aux Chômeurs Créateurs ou Repreneurs d'Entreprise (ACCRE) j'étais exonéré de charges sociales pendant la première année ! On reparle des aides à la création d'entreprise au chapitre 54 « Parlons argent ! Trouver le financement adapté à votre situation » (voir p. 268).

5.
SI VOUS ÉTIEZ AU BORD DU BURN-OUT... FERIEZ-VOUS COMME JEANNE ?

Nos émotions sont comme une boussole qui nous indique si nous sommes à la bonne place et si nous allons dans la bonne direction.

En regardant la grisaille depuis l'étroite fenêtre de son bureau à la Commission Européenne, Jeanne a bien du mal à comprendre le signal que lui donne cette boussole.

Elle a tout pour être heureuse. Aux yeux de ses proches, elle a une situation et une vie en or. Pourtant, chaque journée lui pèse davantage, et elle passe de plus en plus de temps à ressasser des pensées sombres. L'année 2006 lui semble être la plus longue de toute sa vie ; mais pour son fils de neuf ans, elle se sent obligée de se lever chaque matin, faire semblant de vivre sa vie avec entrain et espérer que la grisaille se dissipe bientôt.

Et puis, un matin, Jeanne ne se lève pas.

Elle n'en a plus la force. Plus la force de se lever. Plus la force de sourire. Plus la force de mentir. Les cheveux défaits, les yeux rougis par les pleurs, elle contemple la porte fermée de sa chambre et se dit que d'autres personnes, dans la même situation, en finiraient avec leur vie.

Est-ce un exemple à donner à son fils ? Il faut que ça change. Et il n'y a qu'elle qui pourra faire en sorte que ça change. Ce n'est pas le moment de chercher des solutions – elle n'a pas l'énergie physique ni émotionnelle, pour cela. Ni ses collègues, ni ses amis, ni sa famille ne savent ce qu'elle traverse. La seule fois où elle s'est hasardée à prononcer le mot « démission » dans un repas de famille, on l'a traitée d'ingrate.

Qu'ils aillent tous au diable ! Aujourd'hui – ou demain – quand elle parviendra à se lever, sa journée sera simple comme un-deux-trois : UN. Je pose ma démission. DEUX. Je mets en vente ma belle voiture. TROIS. J'enlève mon fils de l'École européenne.

Quatre ? Impossible d'affronter les questions difficiles et le regard des autres pour le moment. Hier, un ami d'enfance de passage à Bruxelles lui a donné la nostalgie de son pays d'enfance. C'est décidé, Jeanne va tout plaquer et retrouver sa terre natale – le Burundi. La priorité est de fuir la grisaille. Ensuite, il y aura tout le temps de trouver un projet et, pourquoi pas, s'installer en indépendante.

Il doit bien exister des moyens de vivre selon ses propres règles. De travailler mieux. De travailler moins ?

6. PENSEZ-VOUS ENTREPRENDRE POUR TRAVAILLER MOINS ?

Les non-entrepreneurs pensent souvent que la motivation principale des créateurs d'entreprise et des « patrons » est l'argent… Ils sont très loin de la vérité. En fait, la majorité des créateurs d'entreprise se lancent parce qu'ils veulent la **liberté**.

C'est peut-être votre cas ? Comme Jeanne, vous voulez fixer vos horaires et faire un travail qui vous passionne, et c'est peut-être même plus important que la question de la rémunération.

Pouvoir enfin se libérer du carcan des heures de travail imposées par un patron – c'est un rêve qui vaut le coup d'être tenté. Si c'est aussi votre rêve, alors j'ai une bonne et une mauvaise nouvelle. Comme de coutume en France, je vais commencer par la mauvaise.

LA MAUVAISE NOUVELLE : LA RÉALITÉ DU TEMPS DE TRAVAIL

Si vous êtes comme Jeanne et voulez fuir le stress du salariat et des conversations étriquées autour de la machine à café, mauvaise nouvelle : entreprendre n'est pas **moins stressant**. Bien au contraire !

> **Entreprendre, ce n'est pas éliminer les problèmes ; c'est choisir ses problèmes soi-même et non qu'on vous les impose.**

Cela devient évident quand on pose la question du temps de travail. Pour un salarié, le temps de travail est assez clairement défini, en général fixé dans votre contrat de travail. Dans la plupart des cas, quand vous rentrez chez vous, vous êtes vraiment en repos – il n'y a pas de « devoirs à la maison »*. Pour un entrepreneur, la limite est plus floue :

- Est-ce du travail quand vous invitez un client potentiel à déjeuner ?
- Est-ce du travail quand vous prenez l'avion pour aller à une conférence dans le but d'apprendre à mieux communiquer ?
- Est-ce du travail quand vous passez l'après-midi à choisir une veste à porter pour négocier votre premier gros contrat ?
- Est-ce du travail quand vous prenez moult selfies sur la plage pour y ajouter une citation inspirante et poster l'image sur Internet dans le but d'attirer des **fans** sur votre page ?

Beaucoup d'entrepreneurs vous répondront qu'ils ne comptent pas tout cela comme du travail, parce que « j'aurais de toute façon dû déjeuner/voyager/acheter des vêtements/prendre des photos ». Ils se voilent la face, et le burn-out n'est jamais loin quand on se ment sur le temps qu'on passe réellement au travail.

Pour simplifier les choses, voici ma définition du travail :

> **Si je propose à une personne qualifiée lambda de me remplacer pour cette activité et que cette personne exige d'être payée pour cela, alors c'est du travail.**

Prendre une salade chez *Green Is Better* et manger sur le pouce en me baladant sur la Basse-Terre en Guadeloupe ? OK, je peux trouver quelqu'un qui accepterait de faire ça gratuitement, ce n'est pas du travail. Manger au *Green Is Better* de la zone industrielle de Jarry en tête-à-tête avec le patron d'une entreprise du quartier pour lui établir un devis ? Dur dur de me faire remplacer par un bénévole – **c'est donc du travail.**

* À l'exception des enseignants, bien sûr ; j'ai épousé une professeure des écoles donc je compatis. Oh, et exception faite des travailleurs des secteurs médicaux et hôtelier : certes ils ne ramènent pas forcément de travail à la maison, mais c'est parce qu'on ne les laisse jamais rentrer chez eux !

Vivre un après-midi de *kitesurfing* sous le soleil dans la magnifique baie de La Baule en compagnie de vos deux meilleurs amis ? Waouh, d'accord, on ne devrait pas avoir de mal à trouver trois volontaires pour profiter de l'air marin en ce mois de juillet. Ce n'est pas du travail. Passer la première heure à essayer de faire la photo parfaite avec votre caméra GoPro, puis devoir quitter vos amis prématurément parce que vous n'arrivez pas à capter le réseau sur la plage et que vous devez poster une vidéo *lifestyle* par jour sur votre compte Instagram ? Vous avez raté les meilleurs moments, vous avez raté l'apéro, vous avez raté votre vie (OK, je plaisante)… il n'y a aucun doute, **c'est du travail**.

QUAND ON REGARDE LE VRAI TEMPS DE TRAVAIL EN FACE…

En 2015, American Express et OpinionWay ont effectué un sondage révélateur auprès des dirigeants de très petites entreprises (TPE) : en incluant le temps de travail « masqué » que beaucoup d'entrepreneurs ont tendance à minimiser, le temps de travail moyen réel des chefs d'entreprise selon cette étude est de… 58 heures (cinquante-huit !) par semaine[10].

L'Institut national de la statistique et des études économiques (Insee) est plus optimiste : leur estimation est que les indépendants (entrepreneurs individuels, microentrepreneurs, et aussi professions libérales) travaillent 42 heures 39 minutes par semaine, si l'on prend en compte leurs congés et absences. Ce qui peut sembler beaucoup plus raisonnable – sauf si l'on compare au temps moyen de travail d'un salarié français en contrat long (32 heures 38 minutes) ou court (29 heures 01 minute par semaine)[11].

Toutes les études que j'ai pu trouver convergent vers cette même conclusion : en moyenne, les entrepreneurs et dirigeants d'entreprise travaillent plus, voire beaucoup plus, que les salariés.

MAINTENANT, LA BONNE NOUVELLE

Tout d'abord, il ne faut pas oublier qu'entreprendre, c'est choisir ses problèmes soi-même. Si les entrepreneurs travaillent davantage en moyenne, ils le font aussi par choix, par passion, ou par ambition.

Ensuite, permettez-moi de vous rappeler que vous n'avez pas en main un livre intitulé *Profession : Entrepreneur*, mais bien : *Profession : Entrepreneur* ***Libre*** ! Ce n'est pas parce que la « moyenne » des entrepreneurs travaille comme des fous, que vous avez l'obligation de faire de même. (Je suis bien placé pour en parler, je ne travaille que le jeudi !) Notre but n'est pas de remplacer un conformisme par un autre, en échangeant les 35 heures d'un CDI contre les 58 heures de l'étude OpinionWay sans réfléchir ni protester. Prenez un instant pour décider dès maintenant de la disponibilité que vous accepteriez de consacrer à votre entreprise sur, disons, les 18 prochains mois. Cette décision vous sera utile pour la suite des actions à effectuer pour votre projet, donc faites-le maintenant :

> Pendant les 18 prochains mois, je m'engage à consacrer à mon
>
> projet d'entreprise environ .... heures par semaine.

VOUS POURREZ ADAPTER CET ENGAGEMENT DANS LES PROCHAINS MOIS

Comprenez bien que vous pourrez toujours réévaluer plus tard votre implication horaire dans l'entreprise. Peut-être avez-vous une disponibilité limitée actuellement, à cause d'autres engagements professionnels ou personnels, mais quand l'entreprise aura bien décollé vous pourrez y passer à plein temps. Ou alors vous êtes à plein temps maintenant sur le projet, mais une fois que l'activité sera bien lancée, vous envisagez de lever un peu le pied – peut-être même de faire comme moi et de vous contenter d'une journée de travail par semaine.

Dans tous les cas, il est important de définir l'investissement de temps que vous comptez fournir **pendant la phase de démarrage** (que j'estime à 18 mois). Au tout début, votre capacité de travail et l'effort que vous êtes en mesure de fournir sont des atouts importants pour donner à votre projet toutes ses chances. Je travaillais bien plus d'un jour par semaine pendant la première année de mon activité !

Vous avez pris (et noté par écrit) votre décision ? Parfait ! Pour continuer notre périple, j'aimerais vous présenter un autre profil d'entrepreneur – et une question à laquelle vous devez répondre avant de chambouler votre vie en vous mettant à votre compte.

7. UNE QUESTION DE VIE OU DE MORT

Quand les types de 130 kilos disent certaines choses, ceux de 60 kilos les écoutent.

La pièce est froide, mal éclairée, et malgré son mètre-quatre-vingt-deux, Yvan Keyna a la malchance d'être le type de 60 kilos. On l'a piégé dans ce bâtiment isolé sous un faux prétexte, et face à la carrure de ses deux interlocuteurs il ne peut qu'obéir docilement et s'asseoir à la table qu'on lui indique.

Tout avait commencé avec des jeux innocents. À 18 ans, Yvan est un ado maigrichon, aux cheveux longs et au regard gentil ; on lui donnerait le bon Dieu sans confession. Pourtant, Yvan et ses amis ont un petit secret – ils sont accros à l'adrénaline.

PRENDRE DE L'ÉLAN

Après quelques après-midi à tenter des cascades debout sur le capot de la Peugeot 205 du père d'un de ses amis – pendant que le véhicule est en marche – les compères inventent un nouveau jeu. Ils trouvent une route de campagne peu fréquentée et en pente près de la commune de Saint-Pierre. Le jeu consiste à donner de l'élan au véhicule sur le haut de la colline, passer la seconde, et – quand le véhicule s'engage sur la pente descendante – sortir chacun par une des fenêtres avant… puis passer sur le toit, se croiser, et redescendre dans le véhicule en ayant échangé leurs places. À la charge du nouveau conducteur de redresser la trajectoire du véhicule et freiner à temps.

Ce n'est pas le genre d'aventures que le jeune Réunionnais serait fier de raconter à sa famille – mais c'est uniquement dans ces moments-là qu'il parvient à se sentir vivant.

Quand la bouffée d'adrénaline s'estompe, la petite bande cherche d'autres idées. Leur imagination est nourrie par les exploits d'Ethan Hunt et de l'IMF, son équipe d'acolytes du film *Mission : Impossible.* Dépasser leurs limites, prendre des risques, ils n'ont pas d'autre exutoire pour dépenser leur trop-plein d'énergie et calmer leurs démons. Leur logique d'adolescents est imparable : « Tant qu'on ne met personne d'autre en danger, et qu'on ne fait rien dans un but financier, on peut faire ce qu'on veut et les gens nous laisseront tranquilles. Pas d'argent, pas de complications. »

Cela marche pendant un temps – jusqu'à ce qu'une de leurs missions « impossibles » prenne pour cible le genre de personne qu'il vaut mieux éviter de se mettre à dos.

FREINER À TEMPS

Assis comme un écolier à cette petite table face à deux gaillards menaçants, Yvan garde les yeux fixés droit devant lui pour ne pas craquer. Le revêtement jaunissant qui se détache des murs en crépi lui rappelle que le bâtiment est désert et qu'il n'a pas d'issue. « Qu'importe ce qui se passe, je ne dirai rien et je ne dénoncerai personne. Dans le pire des cas, je prendrai tout sur moi. » Il est brisé à l'intérieur, mais joue au gars cool.

L'un des types frappe du poing sur la table, pendant que l'autre continue de hausser le ton.

Yvan, qui n'a pas la gouaille d'un Michel Audiard, reste muet et conserve son air buté. Une question commence cependant à le travailler : « Qu'est-ce que je fous là ? »

Si l'on sait qui il est, on connaît aussi forcément les noms de sa famille et de ses amis. Ses actes peuvent avoir des conséquences sur les personnes qu'il aime plus que tout. C'est pendant ce sale quart d'heure qu'Yvan se rend compte de la vraie menace : le futur vers lequel il s'avance. Alors que la peur pour lui-même ne l'a jamais freiné, cette inquiétude pour les répercussions de ses actions sur les autres lui fait l'effet d'une claque en pleine figure. Il a eu sa dose d'adrénaline – pour la vie. Tout ce qu'il veut maintenant c'est être une petite souris, et se faire oublier.

Après tout, il n'a jamais traîné avec de « vrais » criminels, mais si rien ne change tout de suite, et que les choses tournent mal, personne ne se souviendra de lui comme d'un Ethan Hunt. Il sera un *bad boy* comme les autres, et cela fera beaucoup de mal autour de lui.

Quelques heures plus tard, quand Yvan Keyna franchit à nouveau la porte du bâtiment, il est armé d'une résolution qui restera inébranlable pour le reste de sa vie. Rien de ce qu'il pourra traverser à l'avenir ne pourra être pire que ce qu'il a vécu. Il est jeune, mais il va se prendre en main ; faire quelque chose de sa vie. Il n'y a pas de plan B.

Yvan sourit. Pour la première fois, il se sent vivant simplement en respirant l'air paisible de l'après-midi.

8.
À QUOI RESSEMBLERA VOTRE VIE SI VOUS NE VOUS LANCEZ PAS

Dans quelle direction va votre vie ?

Si vous laissez ce projet d'entreprise dans un tiroir et que vous continuez à vivre votre vie actuelle, où vous retrouverez-vous dans 10 ans ?

LA VÉRITÉ EN FACE

Prenez les trois dernières semaines que vous avez vécues, et extrapolez dix années dans le futur – si vous viviez votre vie pendant 10 ans de plus, en faisant exactement comme vous l'avez fait ces trois dernières semaines.

Pourquoi trois semaines ?

- **Parce que c'est trop facile de se mentir en pensant que la semaine qui vient de s'écouler était un peu particulière.** Vous êtes rentré chez vous chaque soir après minuit et n'avez pas vu vos enfants de la semaine ? « Oh, c'est parce qu'on avait le dossier Durand à rendre avant samedi. C'était exceptionnel. » Vous avez dû consulter un médecin qui vous a diagnostiqué un ulcère de l'estomac dû au stress ? « Oh non, je pense plutôt que c'est lié au MacDo. J'ai un peu abusé en y mangeant tous les jours, je vais faire attention la semaine prochaine. En général j'ai une bonne digestion. » Vous avez mangé *fast-food* toute la semaine parce que votre boulot ne vous laisse pas le temps de cuisiner ? « Mais non, c'était exceptionnel Sébastien !

Je n'avais pas envie de faire la cuisine parce que j'étais sur un gros projet ces derniers jours, c'est tout. »

- **Parce que c'est tout aussi facile de se mentir si l'on prend en compte un trimestre ou une année.** Oui, bien sûr, vous n'avez pas appelé vos vieux parents au téléphone **récemment**, mais en octobre dernier vous avez passé la semaine chez eux, donc « pas de souci, on est proches. » Vous avez raté la kermesse où votre fils présentait sa première pièce de théâtre ? « C'est injuste de me parler de ça Sébastien ; c'était un vendredi qui tombait en même temps que notre audit financier. Par contre en mars l'an dernier j'ai assisté à sa finale de foot, donc tu vois, **en général** je suis présent quand le gamin a besoin de moi. »

En résumé, trois semaines, c'est une période qui force à regarder la réalité en face. **Les trois dernières semaines, c'est votre vie.**

DIX ANS DE PLUS AU MÊME RÉGIME, ÇA VOUS MÈNE OÙ ?

Voici l'exercice crucial que vous devez faire maintenant : je vous demande d'imaginer ce qui se passerait si vous viviez les dix prochaines années **exactement** comme vous avez vécu les trois dernières semaines. Le même emploi du temps, les mêmes priorités. Vous continuez sur cette lancée.

Prenez un instant et écrivez une petite description de cette vie dans 10 ans. Ci-dessous, je vous donne quelques pistes de réflexion.

Votre travail

- Au bout de 10 ans sur la même lancée qu'actuellement, est-ce que vous sentez que votre travail a un impact positif intense dans le monde ? Est-ce que vous êtes devenu un « capitaine d'industrie » dans votre secteur, grassement rémunéré pour vos compétences ? Est-ce que vous tirez une satisfaction quotidienne de votre travail ?
- Ou bien, après dix années vécues comme vous avez vécu les trois dernières semaines, est-ce que vous haïssez votre job, votre patron ou manager et vos clients ? Est-ce que vous passez chaque dimanche à déprimer en pensant au retour au bureau le lendemain ? Est-ce que vous avez l'impression de vivre dans

une impasse – et que ces dix années ont été dix fois la répétition de la même année, en étant payé un salaire de misère ?

Votre épanouissement intellectuel

- Si vous vivez 10 ans de plus comme vous avez vécu les trois dernières semaines, est-ce que votre vie est encore pleine de challenges après toutes ces années ? Est-ce que vous êtes encore enflammé par l'envie d'apprendre et de vous dépasser ?
- Ou alors, est-ce que vous vous sentez bloqué, ankylosé dans la routine, paralysé par un train-train quotidien dont vous ne savez pas vous défaire ? Après dix années à vivre la même routine que celle des trois dernières semaines, est-ce que vous finissez par carrément dormir tout habillé et revenir au bureau avec les mêmes vêtements ?

Votre vie de couple

- La ligne droite des trois dernières semaines, si on la prolonge pendant 10 ans, cela vous amène-t-il à une relation de couple passionnée et passionnante, où vous êtes plus unis et plus intimes chaque jour ? Vivez-vous pleinement une idylle où vous vous dites tout et résolvez les conflits rapidement ?
- Ou, à l'opposé, est-ce que vous finissez par divorcer parce que vous ne pouvez plus vous supporter ? Multipliez les soucis du quotidien, le manque de temps passé ensemble, le stress du travail des trois dernières semaines sur dix longues années – est-ce que ces épreuves vous ont séparés de jour en jour ? Finissez-vous célibataire dans 10 ans, parce que la vie vous a balancé tant de gifles que votre cœur est dur comme une pierre ?

Votre famille et vos enfants

- Si vous vivez les dix prochaines années comme vous avez vécu les trois dernières semaines, est-ce que votre relation avec vos proches est à toute épreuve, parce que vous passez énormément de temps avec eux et vous y donnez le meilleur de vous-même ? Est-ce que vos enfants sont confiants dans votre présence rassurante et partagent tout avec vous librement ?
- Ou bien est-ce qu'ils n'osent pas vous approcher dans les moments difficiles parce que « vous avez déjà vos soucis » ?

Est-ce que dix années (cinq cent vingt-deux semaines) sur la lancée des trois dernières semaines ont créé une situation d'hostilité réciproque et un gouffre impossible à combler ?

Vos amis

- Si, pendant 10 ans, vous voyez vos amis aussi souvent que vous les avez vus ces trois dernières semaines : est-ce que votre vie sociale est active, pleine de moments forts et de partages sincères ? Est-ce que votre entourage se compose de personnes qui soutiennent vos projets et vos rêves, et que vous inspirez par vos ambitions et vos aspirations ?
- Ou bien, au bout de dix années à ce régime, est-ce que vous êtes de plus en plus seul, avec des relations exclusivement par messagerie sur votre téléphone mobile ? Finissez-vous par avoir la sensation que vos relations sociales sont limitées à vos collègues de travail ?

Vos loisirs

- Après avoir consacré autant de temps à vos loisirs sur les dix prochaines années que vous ne l'avez fait sur ces 21 jours qui viennent de s'écouler, est-ce que vous avez l'impression de maîtriser votre temps ? Est-ce que vous êtes devenu un leader dans certaines de ces activités, est-ce que vous avez acquis l'aisance associée à la pratique régulière d'une discipline qui vous plaît ?
- Ou bien, si l'avenir ressemble à ces derniers 21 jours, est-ce que vous n'avez toujours pas une minute à vous – et votre vie consiste simplement en deux pôles : travail et famille ? Est-ce que votre guitare est tombée en poussière, votre planche de surf sert de tréteau dans le garage, et vous continuez de vous promettre chaque année que « l'an prochain » vous vous remettrez à la danse ?

Vos finances

- Si vos comptes en banque évoluent pendant 10 ans dans la même direction que lors des trois dernières semaines, est-ce que vous nagez dans l'abondance au bout de cette décennie ? Est-ce qu'après 10 ans à ce rythme, vous n'avez plus aucune dette, mais au contraire des investissements qui vous rapportent davantage que vos coûts de vie, au point de ne plus savoir que faire de tout cet argent ? Est-ce que, si vous continuez à donner à des œuvres caritatives le même pourcentage de vos revenus qu'aujourd'hui, vous êtes devenu un « mécène » qui a changé la vie de centaines ou de milliers de personnes ?

- Ou alors… Si vous vous rongez autant les sangs que maintenant sur des questions d'argent, aurez-vous dans 10 ans le front creusé de rides d'inquiétude pour vos finances et pour l'avenir ? Si les difficultés des trois dernières semaines continuent pendant une décennie, aurez-vous du mal à couvrir les besoins de votre famille ? Est-ce déjà un miracle lorsque vous arrivez à finir le mois sans avoir creusé encore le trou de vos dettes ? (Ne parlons même pas d'épargner de l'argent pour l'investir – quel argent ?)

Votre santé

- En gardant le même rythme de sommeil, les mêmes choix alimentaires, les mêmes habitudes de travail que ces trois dernières semaines, est-ce qu'on vous croise dans 10 ans : bien reposé, plein d'énergie, avec un physique de sportif qui s'entretient et un corps toujours plus vivant et plein de vitalité ? Est-ce que votre train de vie vous incite à continuer de faire les choix les plus sains pour vous et vos proches ? (Rappelez-vous, on se base sur la réalité de votre vie : alimentation, sport, repos des trois dernières semaines.)
- Ou au contraire, est-ce que la simple idée d'imaginer 10 ans de plus à ce rythme actuel vous rend fatigué, limite léthargique ? En arrivez-vous au point où le sommeil et les repas sont les meilleurs moments de votre journée ? Est-ce que 10 ans de ce stress vous poussent à vous réfugier dans les *comfort foods :* trop de sucré, trop de gras, et trop d'aliments transformés ? Est-ce que vous risquez de tomber dans le cercle vicieux de vous réconforter avec des choix nocifs (*fast-food*, sucreries, soirées devant la TV ou à surfer sur Internet) qui vous plombent le lendemain et vous retirent toute énergie de faire du sport et des choix plus sains ?

Et enfin, émotionnellement

- Au vu de vos réponses ci-dessus, si vous deviez résumer votre état émotionnel au bout de 3 652 jours à la suite vécus comme vos dernières 21 journées, diriez-vous que vous vous levez chaque matin optimiste ? Avec un grand sourire et une confiance sans limites ?
- Ou bien est-ce que le mot-clé résumant dix années de ce calvaire serait plutôt « tristesse » ? Manque d'énergie ? Perte de confiance en soi ? Inquiétudes ? Stress ? Un verre de trop, trop souvent ? Jalousie en voyant le succès des autres ?

DIX ANS PLUS TARD, EN SUIVANT VOTRE LANCÉE : QUE PENSEZ-VOUS DE CET AVENIR ?

Après tout, si votre vie est très bien comme elle est, autant être au clair maintenant et ne pas essayer de réparer ce qui n'est pas cassé. Si, en continuant de vivre comme vous l'avez fait sur les trois dernières semaines, vous arrivez exactement à la destination dont vous rêvez, sans avoir besoin de vous lancer dans un projet d'entreprise lourd et risqué, alors bravo ! Ne changez rien.

Sinon, cet exercice révélateur peut constituer une motivation supplémentaire, en relisant ce document quand vous traversez les moments de doute. Dans les deux cas, cet exercice est précieux, alors faites-le maintenant ! Je vous ai laissé de l'espace à cet effet ci-après. Comme vous le verrez à la page suivante, Yvan Keyna s'est posé exactement ces questions – et vous allez comprendre pourquoi, pour lui, continuer sans se reprendre en main n'était pas une option.

YVAN : « MA VIE SI JE NE ME LANCE PAS »

Si ma vie devait continuer sur la lancée de mes 18 ans, je sais que je ne pourrais jamais accepter de finir en prison. Après ma prise de conscience, dans le meilleur des scénarios, je finirais avec un petit job en tant que formateur, dans le domaine des handicaps. Je pense que je serais capable de m'orienter vers ce domaine, car il me passionne. Mais je sais d'avance que je serais extrêmement frustré, blasé, révolté, de ne pas pouvoir être libre d'aider les gens comme je l'entends.

Je pourrais passer ma vie à chercher toujours une promotion pour être plus indépendant, mais je serais de plus en plus prisonnier. J'aurais le sentiment d'être esclave de ma vie, et de bosser pour réaliser les rêves des autres.

Quel que soit mon choix, je sais une chose : que ma compagne continuera toujours de me soutenir. Ça, je n'en doute pas une seconde. Mais je ne peux pas lui imposer une vie où je ne suis pas heureux et où je me plains en permanence.

Si je ne me bouge pas, je continuerai de penser que 2 000 euros est un gros salaire, qu'un petit créole comme moi ne peut pas viser de grandes choses. Je ne rencontrerai jamais de personnes qui me poussent à grandir.

Si j'accepte de vivre une petite vie, je continuerai de m'entourer d'amis qui eux aussi ont des petites vies. Je sens déjà que certains de mes amis actuels ne croient pas à mes projets, et si je ne trace pas ma voie je risque de m'enfermer dans cet environnement nocif.

Je pourrais faire comme maintenant et trouver mon réconfort dans les jeux vidéo, ou la drogue. Je vivrais avec le sentiment de pouvoir accomplir quelque chose et d'avoir raté ma chance.

Ma vie serait une terrible routine : voir brièvement mes enfants le soir en étant trop fatigué pour eux ou ma femme, vivre avec l'idée de travailler jusqu'à 70 ans pour une retraite que je ne toucherai peut-être jamais. (Rien que de penser à tout cela, j'en ai mal à l'estomac.)

J'ai déjà de bonnes habitudes alimentaires, je fais du sport. Je pense que, quoi qu'il arrive, je garderai cette force. Mais je sens que je pourrais couver un cancer ou une dépression à cause de ce mal-être qui me prend déjà les tripes.

Je ne peux pas passer à côté de ma vie comme ça.

À VOTRE TOUR : « MA VIE SI JE NE ME LANCE PAS »

....

....

....

....

....

....

....

....

....

....

....

....

....

....

....

....

....

....

9. CE QUI VA CHANGER DANS VOTRE VIE SI VOUS CRÉEZ UNE ENTREPRISE À SUCCÈS

En contraste avec l'exercice précédent, prenons un instant pour définir une vision plus positive : qu'est-ce qui serait différent dans votre vie si vous lanciez votre entreprise et qu'elle réussissait ?

Projetons-nous maintenant dans votre vie d'Entrepreneur Libre. Imaginez que vous avez mis sur pied un projet qui s'avère viable et rentable !

Prenez quelques minutes pour décrire une journée ou semaine type, comme si vous y étiez, et notez en particulier comment vous vivez :

1. **Votre travail :** Quels sont vos horaires ? Avec qui travaillez-vous ? Comment interagissez-vous avec vos clients ? Travaillez-vous sur Internet, dans un magasin ou point de vente, ou au téléphone entre deux avions ?
2. **Les challenges de votre (nouveau) métier** : Qu'est-ce que vous adoreriez relever comme défis ? Quels problèmes (faciles à vos yeux) aimeriez-vous résoudre pour vos clients ?
3. **Votre vie amoureuse :** Quelle liberté supplémentaire vous donne cette nouvelle vie d'entrepreneur pour passer plus de temps avec la personne qui vous est chère (ou pour trouver cette fameuse âme sœur) ?
4. **Votre famille et vos enfants :** Quelles expériences pouvez-vous leur offrir ? Quel exemple d'accomplissement représentez-vous à leurs yeux ?
5. **Vos amis et votre vie sociale :** Quelles disponibilités ménagez-vous dans votre emploi du temps pour voir vos amis et passer de bons moments ensemble ?

6. **Vos loisirs :** Quels hobbies, sports ou passions pouvez-vous enfin pratiquer maintenant que vous avez du temps libre et les moyens de choisir ?
7. **Vos finances :** Vous avez choisi au chapitre 4 le revenu que vous souhaitez tirer de votre activité. Que ferez-vous de cet argent une fois que votre entreprise rapportera cette somme ou davantage, de façon stable, tous les mois ?
8. **Votre santé :** Quel sera l'impact sur votre corps, votre énergie, votre endurance, vos capacités physiques et mentales, une fois que vous aurez trouvé une activité professionnelle qui vous passionne, et que vous pourrez la pratiquer selon vos propres règles ?
9. **Vos émotions au quotidien :** Au vu de tous les points ci-dessus, comment décririez-vous en quelques mots votre ressenti en allant vous coucher chaque soir à la fin d'une journée aussi formidable que celle que vous venez d'imaginer ?

QUEL DÉLAI POUR DEVENIR ENTREPRENEUR LIBRE ?

Cette nouvelle vie que vous décrivez, je vous propose d'en fixer la date. Ma recommandation est de vous donner un horizon de 18 mois pour y arriver.

Soyons clairs : je ne vous dis pas de faire l'exercice en décrivant **votre vie telle que vous pensez raisonnablement la vivre dans 18 mois**. Je vous dis, au contraire, de décrire dans cet exercice votre vie d'Entrepreneur Libre idéale, telle que vous la voulez quand votre entreprise est lancée, stable, et en croissance… et ensuite, de lui coller un objectif de date : dans 18 mois maximum, cette vie de rêve doit être votre quotidien.

Que ressentez-vous quand vous imaginez ce délai ? Ça a l'air trop court ? Trop long ? En suivant le plan d'action de ce livre, vous pouvez y être encore plus vite – peut-être même dans 60 jours. Je vous le prouve un peu plus loin. En attendant, prenez un stylo et faites vraiment cet exercice en détail ! Dans les moments difficiles, avoir la description écrite de la vie d'entrepreneur que vous visez est à la fois une source de motivation et un outil de décision indispensable.

À VOTRE TOUR : MA VIE D'ENTREPRENEUR LIBRE DANS 18 MOIS !

10.
LA VALEUR N'ATTEND PAS LE NOMBRE DES ANNÉES

« Désolé David, mais on a cassé ton *paperboard* en le sortant de la Clio ; tu vas être obligé de le poser sur une poubelle publique pour faire ta présentation. »

Le jeune David est sur le point de présenter sa toute première conférence à Lyon, et les choses ne se déroulent pas exactement comme prévu.

Il vient de participer à un stage de programmation neurolinguistique quelques jours plus tôt, et ce stage a été une révélation. Il est possible d'apprendre à se tenir différemment, respirer différemment, se transformer ! David se sent obligé de partager tout cela avec ses amis et les amis de ses amis. D'où l'organisation de sa première conférence. Comme il n'a pas de budget pour louer une salle, il décide de présenter la conférence dans un amphithéâtre en plein air.

Malgré la mésaventure du *paperboard*, il persévère et présente sa conférence pendant une heure et demie. Sur la fin, cependant, un groupe de jeunes un peu éméchés, puis un sans-abri tout aussi imbibé, viennent casser un peu l'ambiance. Difficile de filtrer les entrées quand on organise son événement sur la place publique.

Sa seconde conférence, quelque temps plus tard, se solde aussi par une expérience mitigée quand on lui vole sa tablette numérique toute neuve. C'est un coup dur pour le coach en herbe. Chaque euro compte – il a besoin d'investir pour continuer de se former et envisage un voyage aux États-Unis. Malheureusement, la banque de David n'est pas très compréhensive sur ses projets de création d'entreprise.

L'avis de sa banquière est tranché : il est peut-être un peu trop tôt pour se lancer dans une carrière de conférencier – après tout, David Laroche n'a que 18 ans.

POURQUOI DEVRAIT-ON VOUS FAIRE CONFIANCE ?

Ce n'est pas facile d'inspirer confiance à ses premiers clients quand on pourrait être leur fils (ou leur petit-fils). J'en sais quelque chose.

David Laroche m'a raconté que, quelque temps avant l'épisode qui ouvre ce chapitre, il avait acheté de nombreux livres et DVD sur le charisme, la confiance en soi et le développement personnel – et en particulier, l'enregistrement d'un de mes séminaires, organisé à la Tour Eiffel. Je me souviens de ce séminaire comme si c'était hier. Si je n'avais aucun mal à projeter mon assurance et mon éminente sagesse (j'avais 23 ans) face à la minorité de stagiaires qui avaient l'âge de David, il en était autrement pour la majorité des participants. La plupart d'entre eux avaient la quarantaine révolue, et le plus âgé, plus de 60 ans. Un journaliste de la chaîne de télévision Cap24, qui m'interviewait au sujet du séminaire, m'a même demandé : « Comment justifiez-vous de donner des conseils de vie et de séduction à des personnes qui ont le double de votre âge et de votre expérience ? »

HIER VOUS ÉTIEZ TROP JEUNE, DEMAIN VOUS SEREZ TROP VIEUX

Les moins de 20 ans ne représentent qu'une création d'entreprise sur cinq. Les plus de 50 ans, une création d'entreprise sur six[12]. La création d'entreprise est donc majoritairement une affaire de trentenaires et de quadragénaires – l'âge moyen du « jeune créateur » est de 38 ans et demi.

Cette statistique peut sembler assez déprimante. Avant le cap des 35 ans, on se sent un peu dénué de ressources et inexpérimenté pour se lancer… et puis, à partir de la quarantaine, on bascule d'un coup de l'autre côté : le poids des habitudes, la routine d'une carrière pépère, et le manque de compétences informatiques figurent en haut de la liste des raisons pour ne pas créer une entreprise.

Bien sûr, on peut faire dire aux statistiques ce que l'on veut si on les considère de façon isolée. En creusant un peu, vous découvrirez que la répartition d'âge des créateurs d'entreprise est en fait... quasiment identique à celle de la population active.

Les créateurs d'entreprise par tranche d'âge

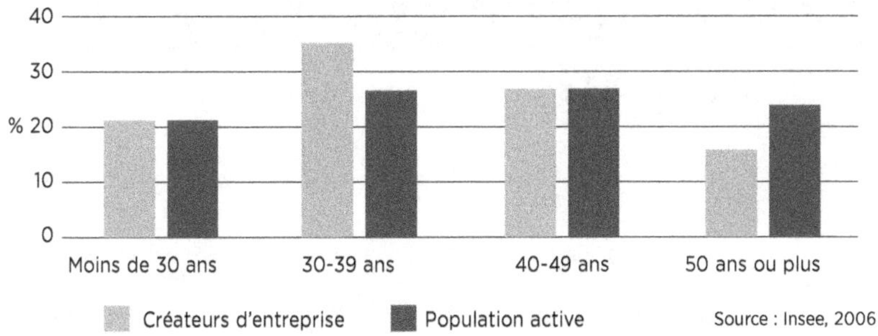

(Les 30-39 ans sont légèrement surreprésentés : un tiers des créations d'entreprise alors qu'ils forment un quart des actifs.)

Si vous êtes jeune – et en particulier si vous êtes plus jeune que les clients potentiels de votre entreprise –, vous aurez droit aux questions parfois condescendantes des « adultes » bienveillants. On vous conseillera de patienter un peu quelques années pour « vous bâtir un réseau ». Vous aurez parfois l'impression qu'on vous claque la porte au nez parce que vous n'avez pas d'expérience, alors que justement pour vous faire une expérience vous avez besoin qu'on vous donne votre chance. Une étude parue dans le *Journal of Business Management* montrait que l'âge du vendeur a une influence sur le comportement des acheteurs[13], et qu'un vendeur plus jeune a un léger désavantage. Vous êtes-vous préparé à cette éventualité ? Dans la suite de ce livre (et en particulier au chapitre 62, p. 309) je donne des solutions concrètes pour inspirer confiance à vos premiers clients si vous leur paraissez trop jeune... mais vous devez avoir la peau assez dure pour encaisser les réactions parfois indélicates comme celle du journaliste cité précédemment.

Que faire si vous êtes de l'autre côté de l'âge « magique » de 38 ans ? Le graphique ci-dessus indique bien que les plus de 50 ans sont sous-représentés parmi les créateurs d'entreprise (16 % des créations, alors qu'ils représentent 24 % de la population). Faut-il prendre vos cheveux blancs comme un signal qu'il est trop tard pour entreprendre ? C'est ce que nous allons voir en suivant le parcours de William O'Hanlon.

11. PEUT-ON DÉMARRER UN BUSINESS SUR LE WEB À... 59 ANS ?

Il faut du courage pour embaucher un jardinier qui a des pensées suicidaires et un léger problème avec les drogues hallucinogènes. Surtout quand vous, l'employeur, êtes paralysé par la poliomyélite, une maladie grave qui vous condamne à la chaise roulante.

Ces inquiétudes n'effleurent même pas l'esprit de Milton Erickson, un hypnothérapeute reconnu pour son approche novatrice de la « thérapie rapide », quand il recrute le jeune William.

Nous sommes à l'été 1973 et William O'Hanlon (que ses amis appellent Bill) en a marre d'être un **hippie**. Plusieurs années à user de drogues diverses en jouant de la guitare avec ses amis lui ont appris qu'on ne change pas le monde en se laissant pousser les cheveux et en rêvant autour d'un feu de camp. Bill est le fruit de son époque, mais ne supporte plus d'être un stéréotype vivant.

Quand il fait la rencontre fortuite de Milton Erickson et découvre la petite révolution que le thérapeute paralytique est en train de provoquer dans le monde de la psychologie et de la médecine, il décide de tenter l'impossible : devenir l'apprenti du docteur Erickson.

Ce n'est pas gagné d'avance : il lui faudrait voyager à Phoenix, en Arizona, pour aller frapper à la porte du docteur... Et Bill a piètre mine : un garçon maigrichon au visage émacié, auquel d'épais verres cul-de-bouteille n'arrivent pas vraiment à donner un air de John Lennon. Mais après avoir pris un peu de temps pour rassembler son courage (4 ans !), il envoie une lettre au thérapeute avec une offre irrésistible : « Donnez-moi des conseils, soyez mon mentor ! s'exclame-t-il, en échange, je m'occuperai gratuitement de votre jardin ! »

Erickson lui répond qu'il ne donne pas de conseils – mais qu'il accepte de permettre à Bill d'observer ses séances de thérapie et sa pratique de l'hypnose. À l'été 1977, les deux hommes échangent la poignée de main qui changera la vie de William O'Hanlon.

UN MONDE INFINI DE POSSIBILITÉS

En proposant à Erickson de travailler gratuitement en tant que jardinier (malgré son diplôme de psychologie !), Bill ne savait pas comment ce « job » bénévole lui permettrait un jour de sortir de la pauvreté. Mais il savait que sa vie ne pouvait pas continuer sur sa lancée. Dans le dilemme entre céder à la timidité maladive qui le conduisait doucement vers le suicide, ou forcer un changement, Bill avait choisi de vivre – et de changer. Et Milton avait accepté d'être un catalyseur de ce changement.

> **« La vie n'est pas un mystère dont tu peux trouver la solution aujourd'hui. Il faut profiter à fond de cette attente, de cette période où tu deviens la personne que tu es. Il n'y a rien de plus merveilleux au monde que de planter des graines dans un jardin sans savoir quels types de fleurs vont éclore. »**
>
> **– Milton H. Erickson**

En serrant la main d'Erickson, Bill avait planté une graine sans réaliser à quel point cette décision allait porter ses fruits – et à quelle vitesse. En quatre ans, le docteur à la mâchoire carrée et au regard perçant est devenu un mentor et un modèle pour Bill. Le jeune homme avait vu des patients phobiques guérir d'une terreur qui les avait affectés depuis la petite enfance, en quelques minutes d'une conversation qui paraîtrait tout à fait normale pour un observateur lambda. Il avait assisté en personne à une séance où Milton traitait une femme atteinte de trois phobies. Le thérapeute annonça à la patiente que ses phobies allaient être drainées hors de son corps et aspirées dans la chaise. Dès la fin de la transe hypnotique, la patiente sauta de sa chaise – et refusa catégoriquement de laisser quiconque toucher à la chaise. C'est seulement plus tard, après avoir été rassurée sur le fait que personne d'autre ne s'assiérait sur cette chaise, qu'elle s'est rendue compte qu'elle était guérie de ses phobies. Après avoir fait des études classiques de psychologie où l'on considère comme normal qu'un patient vienne en consultation pendant 20 ans sans amélioration visible, ce genre de traitement relevait du miracle aux yeux de Bill.

Malheureusement, Erickson avait plus de 75 ans, et Bill voyait bien que la santé de son mentor faiblissait de jour en jour. « Je n'ai aucune intention de mourir, rétorquait parfois Erickson d'un air amusé. D'ailleurs, mourir est bien la dernière chose que je ferais ! »

À chaque jour qui passait, la résolution de Bill se renforçait : il fallait faire connaître ce message d'espoir à beaucoup plus de personnes. Il est possible de sortir de la dépression, de vaincre ses phobies, de changer durablement et devenir la personne qu'on rêve d'être ! Une méthode riche de tant de possibilités ne devait surtout pas rester limitée à quelques centaines de patients « chanceux ». Il fallait écrire des livres, donner des conférences, en parler à la télévision et dans les journaux !

LE MESSAGE DEVAIT SURVIVRE AU MESSAGER

Le 25 mars 1980, le moment fatidique survient : Milton succombe à sa maladie.

Bill a choisi sa mission de vie. Il devient thérapeute à son tour, puis écrit un premier livre pour partager les leçons apprises aux côtés d'Erickson. De multiples organismes de formation le recrutent pour donner des conférences sur la « thérapie des possibles ».

Le jeune jardinier de 25 ans devient un thérapeute de 30 ans. Puis un auteur de 35 ans. Puis un conférencier international de 50 ans.

À 56 ans, ses années de hippie sont loin derrière lui, dans tous les sens du terme : ses cheveux (courts) sont maintenant blancs. Il est au Japon pour animer une énième conférence pour un institut de formation local, qui l'introduit sur scène en annonçant fièrement « William O'Hanlon, auteur de plus de 20 livres vendus à un demi-million d'exemplaires, que vous avez pu voir dans l'émission d'Oprah Winfrey ! ».

Grâce à lui et d'autres disciples de Milton, la thérapie ericksonienne a survécu, et même prospéré, avec des dizaines de milliers de praticiens dans le monde. Sur le plan professionnel, la vie de Bill est un énorme succès – et il tire une grande satisfaction d'avoir transformé cette mission de vie en réalité.

LA PIRE DES IRONIES : RÉUSSIR… ET ÊTRE MALHEUREUX

« Vous êtes impliqué, dévoué, toujours prêt à en faire davantage pour comprendre nos besoins. Nous vous renouvelons avec plaisir notre engagement à continuer notre relation dans les années à venir. » – Tels sont les retours des entreprises et institutions qui emploient Bill à travers le monde.

C'est aussi quasiment, mot pour mot, l'opposé absolu de ce que lui a hurlé sa femme au visage avant de finir par le quitter.

Le succès professionnel et financier apparent de Bill cache une réalité plus difficile : le champion des « possibles » est divorcé, seul, et s'éloigne chaque jour de ses amis. Il gagne beaucoup d'argent, mais ceux qui l'emploient le forcent à voyager constamment aux quatre coins du monde, sans avoir le temps de voir autre chose de Tokyo ou Paris que l'aéroport, le taxi, l'hôtel de la conférence et le taxi du retour. Quand ses amis l'invitent à un dîner ou un apéro, il leur en veut de l'invitation ! À ce stade, il est tellement surmené que cette main tendue est juste « une obligation de plus ».

Après 30 ans à vivre à fond sa passion, 30 années où il a aidé des milliers de personnes à retrouver le bonheur… Bill doit bien l'admettre : il est malheureux.

CHANGER OU MOURIR

C'est un retour à la case départ : Bill ne sait pas ce qu'il veut devenir, mais il sait que le *statu quo* n'est pas acceptable. Il n'ose même pas imaginer sa vie dans 10 ans s'il continue dans cette direction et se retrouve célibataire, sans amis, forcé de voyager 200 jours par an à l'âge de 66 ans pour gagner son pain quotidien.

S'il ne réagit pas rapidement, sa retraite sera en effet passée à travailler, car son compte en banque ne reflète pas ses revenus élevés des 30 dernières années. Quand sa carrière a commencé à décoller, il était peu habitué à l'argent – et l'a vite dilapidé en billets d'avion première classe et en achat de bolides flambant neufs. Lorsque le compte bancaire passait au rouge, la solution était simple : travailler plus d'heures. Aujourd'hui, Bill n'a plus la forme de sa jeunesse. Les belles voitures ont perdu de leur attrait et il se sent bien à l'étroit dans les sièges d'avion, même les plus confortables.

Son divorce le choque comme une gifle en pleine figure et le force à regarder sa vie en face ; ce n'est pas la première fois qu'on le quitte. Bill en est à son **troisième** divorce – toujours pour les mêmes raisons. Il n'a pas une relation saine à l'argent. Il n'a pas une relation saine avec ses amis. Il n'a pas une relation saine avec son travail. Et s'il veut retrouver l'amour, il va lui falloir changer complètement d'attitude dans sa relation de couple.

Dans ce sombre panorama, une seule petite étincelle d'espoir : les compétences qu'il a acquises auprès d'Erickson. La conviction que tout est possible.

> **« Tu ne peux pas changer les cartes que tu as en main, mais tu peux changer la façon dont tu joues cette main. »**
> **– Milton H. Erickson**

LE GRAND SAUT

Quand j'ai rencontré Bill O'Hanlon, il venait de finir de lire *La Semaine de 4 heures* de Timothy Ferriss[14] et de changer son attitude face à l'argent grâce au livre *Your Money or Your Life* de Vicki Robin[15].

À près de 60 ans, Bill était animé d'une détermination nouvelle : lancer une activité sur Internet, afin de ne plus jamais avoir à voyager pour le travail ; de pouvoir rembourser ses dettes et le prêt de sa maison ; et de devenir un Entrepreneur Libre.

« Si moi, avec mes cheveux blancs, je peux le faire, alors tout est vraiment possible ! Et plus personne n'aura d'excuses pour ne pas se lancer », m'a-t-il dit.

12. PEUT-ON ÊTRE ENTREPRENEUR MALGRÉ SOI ?

On ne naît pas entrepreneur, on le devient.

Démarrer mon entreprise n'était pas une évidence : j'aurais bien préféré rester tranquillement dans mon job confortable d'ingénieur informatique chez Unilog. Le seul petit problème, c'est que j'y étais malheureux comme les pierres. Alors j'ai été forcé d'entreprendre, car je ne voyais pas d'autre solution.

Avant de nous lancer dans les outils pratiques pour démarrer votre entreprise sur les chapeaux de roues, permettez-moi de vous présenter deux entrepreneurs qui étaient prédestinés à tout SAUF créer une entreprise. Si vous aussi, vous envisagez « malgré vous » de créer une entreprise, alors leurs parcours – que nous allons suivre au long de ce livre – vont vous inspirer à vous accrocher et oser faire les choses à votre façon !

13. AVEZ-VOUS UNE MINE D'OR ENTRE LES MAINS ?

Certaines carrières démarrent en grande pompe, avec une remise de diplôme chorégraphiée devant une foule en liesse, et vont d'exploit en exploit.

D'autres carrières démarrent en bermuda sur un matelas gonflable, au milieu des douleurs lancinantes d'une colique néphrétique. On n'a pas toujours le choix.

Quand David Guigue* a obtenu son diplôme d'orthophoniste en 2001, il était convaincu que son histoire appartiendrait à la première catégorie. Mais quatre années d'exercice plus tard, il commence sérieusement à déchanter. La profession d'orthophoniste, c'est une vocation qui ne paie pas. Sur le plan émotionnel, la joie des premiers jours en voyant les progrès des patients s'efface vite face aux impératifs du métier : il faut « abattre des rendez-vous » à la chaîne si l'on veut subsister. Après deux années exténuantes à exercer sur l'île de la Réunion en tant que collaborateur d'un orthophoniste déjà bien installé, David est revenu en France, dans l'Ariège, pour monter son propre cabinet dans un village un peu perdu. Sa vie est pourtant loin d'être un long fleuve tranquille : il est tiraillé entre son désir de faire son travail dans les meilleures conditions pour les patients (ce qui voudrait dire se limiter à 30, voire 35 patients par semaine)... et d'un autre côté, les impératifs financiers. Dès le début, il a fait le calcul : pour espérer gagner

---

* Oui, ce livre suit les aventures de deux « David » différents ! Pour bien distinguer les deux personnages, voici comment les imaginer au fil de votre lecture : David Laroche, le jeune coach en développement personnel, est au début de l'histoire un blondinet de 18 ans à la coupe en brosse et au sourire éclatant. À l'opposé, nous faisons ici la connaissance de David Guigue, qui à ce stade est orthophoniste, aux cheveux et aux yeux noirs, la trentaine bien entamée et le regard un peu fatigué par les séances épuisantes à son cabinet.

2 000 euros net par mois, un orthophoniste doit enchaîner jusqu'à 70 rendez-vous par semaine.

PRISONNIER DU SYSTÈME

David se sent prisonnier du système : dans beaucoup de métiers, on peut gagner plus en travaillant mieux – en devenant « expert », en faisant reconnaître son savoir-faire. Même dans le secteur médical, un chirurgien expert peut raisonnablement s'attendre à être payé beaucoup plus cher qu'un chirurgien débutant. Ce n'est pas le cas dans sa profession : le tarif d'une session d'orthophonie, prescrite par le médecin généraliste et remboursée par la Sécurité sociale, est imposé. Pire qu'être conformiste : être conformiste contre son gré.

Encore plus grave : parce que David est allergique à la paperasse, il collectionne les erreurs de dossier… et la Sécurité sociale ne lui verse donc pas les remboursements pour toutes ses séances ! Non seulement les séances ne lui rapportent pas assez… mais en plus, il se retrouve à faire de nombreuses séances **gratuitement** !

En 2005, la situation devient tellement stressante que David commence à somatiser : son anxiété prend forme physique et s'attaque à sa santé. La boule au ventre qu'il ressent depuis des mois en allant au travail se transforme en colique néphrétique (des cristaux de calcium dans les canaux des reins). Tous les jours, il sent que sa situation s'aggrave – les petits maux de santé s'accumulent, et David, qui est jeune papa, ne voit pas de porte de sortie.

Pour élargir ses horizons, il commence à s'intéresser à la formation professionnelle continue et s'implique dans le Syndicat des orthophonistes. Il rencontre l'ex-président du syndicat, qui organise un colloque scientifique sur les troubles des apprentissages. Malgré sa santé en déclin, David choisit de participer à la réunion de préparation pour ce colloque. Une question le turlupine pendant cette longue session de préparation : « Il y a un petit détail qui est un peu dommage, dit-il en élevant la voix, on dépense beaucoup d'énergie pour organiser ce colloque avec 500 participants… dont il ne va rester aucune trace après coup. Est-ce qu'on ne pourrait pas poser une caméra et filmer, pour que tout ce savoir ne soit pas perdu ? »

Au moment où il lève la main pour faire cette suggestion, David est loin de se douter qu'elle va faire basculer sa vie.

Car la réaction unanime de ses collègues est tout simplement :

> **« Oh oui, excellente idée ! Suggestion acceptée, David ! On compte sur toi. Ça va être super ! »**

LES SOLUTIONS DE FORTUNE

Bien évidemment, David ne connaît absolument rien au monde de la captation vidéo et regrette instantanément sa proposition. De plus, le syndicat n'a pas de budget disponible pour financer le tournage ou le montage des vidéos, donc David n'a qu'un soutien moral et verbal pour l'aider dans ce projet. Cependant, parce qu'il ne sait pas dire non, il décide de se donner les moyens de rendre le service demandé. Il emprunte à son jeune frère sa caméra DV Canon XL1, qui vaut plus de 3 000 euros, en jurant d'y faire attention.

Le jour J, David s'installe tout au fond de la salle, « incognito » en jeans, baskets et survêtement pour qu'on ne vienne pas lui adresser la parole (et gâcher son film). Tout au long du week-end du colloque, il se concentre pour prendre le maximum de notes pour le montage : points importants, moments à couper… C'est la première fois qu'on lui confie un tournage. Même s'il n'a absolument aucune idée de ce qu'il fait, il y trouve un plaisir qu'il n'a pas ressenti depuis des années à son cabinet. Il s'applique donc religieusement à changer les bandes d'enregistrement toutes les heures, à éviter toute vibration de la caméra et à surveiller que l'enregistreur audio fonctionne à merveille.

Le moment de vérité survient cependant quand David se prépare à faire le montage. Ayant installé sur son ordinateur les logiciels de montage de son beau-frère (qui a fait des études de cinéma), David se sent motivé pour attaquer le montage d'arrache-pied… mais sa motivation fond comme neige au soleil quand il voit le contenu des bandes enregistrées. L'image est sombre, la qualité est médiocre, mais surtout… c'est ennuyeux à mourir !

Les premières images sont tellement déprimantes que David laisse ce disque dur prendre la poussière dans un coin de sa maison pendant six mois sans y toucher.

LE DÉCLIC

On ne choisit pas le moment où survient le déclic qui amène notre vie dans une nouvelle direction.

Pour David, l'été 2005 est un cauchemar d'ennui : non seulement il fait incroyablement chaud dans la région de Toulouse, mais en plus il souffre encore – à tel point qu'il ne peut pas travailler et qu'il est forcé de rester allongé toute la journée sur un matelas au sol dans la chambre d'amis.

C'est au milieu d'une de ces journées d'infinie solitude que David fait un lien incongru entre deux activités sans relation apparente :

1. D'un côté, certains orthophonistes utilisent la méthode EMDR (*Eye Movement Desensitization and Reprocessing*) pour permettre aux enfants dyslexiques de surmonter des blocages et les faire sortir de leur coquille*. Cette stratégie, et d'autres techniques employées en orthophonie pour conserver l'attention des patients sur des exercices parfois ennuyeux ou complexes, utilise des mécanismes visuels et neurologiques pour obtenir un effet sur le cerveau et les capacités du patient.
2. D'un autre côté, regarder une vidéo de formation est une activité qui met aussi en œuvre des mécanismes visuels (attention portée au présentateur, lecture d'éléments à l'écran) et des mécanismes neurologiques (apprentissage et mémorisation des informations).

Serait-il possible d'inventer un format de vidéos qui force le cerveau du spectateur à rester attentif et mémoriser les informations de

* À l'heure où j'écris ces lignes, la pratique de l'EMDR, en français « intégration neuro-émotionnelle par les mouvements oculaires », est assez controversée. Plusieurs études américaines semblent en démontrer l'efficacité, mais la médecine française reste assez sceptique à l'égard de cette stratégie de traitement et envers le fait qu'on puisse traiter des troubles de stress post-traumatique « en bougeant les yeux de gauche à droite », car ces études n'excluent pas la possibilité d'un effet placebo.

fond, même quand la forme de la vidéo source est ennuyeuse ? David attrape son ordinateur portable, retrouve le disque dur avec les vidéos du colloque. Pour minimiser la douleur, il s'installe tant bien que mal sur le ventre, avec l'ordinateur posé par terre face à lui.

Pendant des heures, il fait des essais avec le logiciel de présentation Keynote et avec le logiciel de montage Final Cut. Son objectif est simple : faire tout l'inverse du montage télévisuel classique (qui met l'accent sur des présentateurs visibles en plein écran, avec parfois des informations-clés dans un cadre), car le but de la télévision est de raconter des histoires et non d'enseigner. David décide au contraire de créer un format qui force l'œil à repérer les éléments essentiels de l'image, diminuer les saccades oculaires afin de rendre le visionnage plus fluide, traiter l'information-clé qu'on veut transmettre, et avoir des « rappels à l'ordre » visuels réguliers pour ne pas s'ennuyer.

Le jeune orthophoniste vient, sans le savoir, de trouver son « Feu Sacré » : immergé dans ce projet, il ne voit pas le temps passer. Il passe toute la semaine à expérimenter, et au bout de sept jours de travail acharné, il n'a terminé qu'une petite heure de montage vidéo. Qu'à cela ne tienne, il passe toutes ses vacances de juillet à finir le montage des deux jours de colloque.

LA CONSÉCRATION

C'est avec une sensation de bien-être total (physique et mental) que David présente sa vidéo à ses collègues en rentrant de vacances.

La mâchoire leur en tombe.

Tout le groupe est tellement épaté du résultat que le syndicat décide de débloquer un budget spécial : assez d'argent pour faire presser 1 000 DVD, et distribuer ces vidéos pédagogiques aux orthophonistes et médecins de la région.

Au cours des semaines qui suivent, David reçoit régulièrement les accolades de collègues qui lui déclarent que ses DVD sont encore meilleurs que d'avoir participé au colloque en personne. Le patron de la maison d'édition du syndicat finit par lui demander : « David, serais-tu intéressé pour en faire d'autres ? »

David et sa femme Émilie viennent de déménager à Cambrai – car Émilie est enceinte de leur deuxième fille, et ils ont déjà bien du mal à gérer leurs deux carrières en parallèle avec la petite Kanna, qui a maintenant trois ans. Ils viennent donc de s'installer dans le Nord de la France, pas très loin de Paris, pour être plus proches des grands-parents. Ce déménagement a remis la question financière sur le tapis, et David réalise tout de suite que ce projet de vidéos pourrait apporter une solution – en augmentant les revenus de leur ménage sans avoir à augmenter encore leur nombre de rendez-vous avec les patients.

Le syndicat fait ses calculs, et propose à David un contrat de 12 000 euros pour aller filmer à Paris, à l'hôpital du Kremlin-Bicêtre, les sessions de Monique Touzin, une orthophoniste reconnue pour son expertise dans le traitement de la dysphasie.

David signe immédiatement sans même réfléchir.

LE MOMENT DE VÉRITÉ

Six mois plus tard, David est assez dubitatif. A-t-il fait le bon choix en acceptant cette mission ?

C'est sûr, 12 000 euros représentent une somme non négligeable. Le problème ? Pour faire le tournage, voilà six mois qu'il fait l'aller-retour de Cambrai à Paris plusieurs fois par mois dans sa petite Fiat Bravo couverte de poussière – qui est au bord de la mort avec ses 260 000 kilomètres au compteur. Il a beau tout essayer, aucun horaire ne lui permet d'éviter les bouchons interminables sur le périphérique parisien pour pouvoir filmer les rééducations (qui ont lieu de 9 heures à 17 heures). Même si son beau-frère, passionné de vidéo, lui tient compagnie sur les trajets et tournages, cela ne compense pas les 500 heures de montage que David a déjà dû investir pour ce projet, ni le temps et l'argent qu'il perd en étant absent de son cabinet pendant aussi longtemps.

Au moment où il livre les vidéos finales, sa décision est déjà prise : il ne peut pas accepter un projet aussi lourd sans augmenter significativement la rémunération qu'il demande en retour.

En discutant avec la maison d'édition, il se retrouve face à un mur. L'éditeur lui dit clairement : « Notre décision est déjà prise, David – on ne peut pas refaire un projet aussi lourd sans réduire significativement la rémunération qu'on te donne en retour. Tes vidéos sont super, mais les ventes ne suivent pas. Pour le prochain projet, on ne pourra pas te payer plus de 8 000 euros, grand maximum. »

Face à la mine dépitée de David, il ajoute :

> **« Mais tu sais quoi ? Si tu décides de faire toi-même tes DVD et de les commercialiser de ton côté de façon indépendante, alors pas de souci. On t'aidera et l'on te donnera même la liste des acheteurs qui avaient pris ton DVD précédent. »**

Après des années à se sentir enfermé dans une profession qui ne lui convenait pas, David se retrouve maintenant au pied du mur. Sa passion nouvellement découverte pour la vidéo peut-elle suffire pour justifier un projet entrepreneurial ? Et s'il décide de se lancer, comment convaincre un public de professionnels du paramédical – par définition allergiques au marketing et aux stratégies de vente – d'acheter ses produits ?

UN CHOIX DIFFICILE

J'ai connu plus d'un entrepreneur qui s'est retrouvé face au même dilemme que David. Quelquefois, notre véritable objectif est à mille lieues de la **création d'entreprise**, ce qui nous pousse à rejeter au départ l'idée d'entreprendre. Nous reviendrons à l'histoire de David dans l'acte II. Avant cela, j'aimerais vous présenter un dernier profil – une jeune femme qui n'aurait jamais, au grand jamais, pensé se lancer dans l'entrepreneuriat.

14.
« SOUS LE PONT D'AVIGNON, ON Y PEND TOUS LES PATRONS »

L'entrepreneur est la personne inventive qui utilise ses ressources existantes pour créer de nouvelles ressources. L'entrepreneur, surtout celui qui comme vous et moi part de zéro, ne prospère que dans un environnement où il peut avoir accès à du capital et l'exploiter librement : sans être ponctionné par le gouvernement et sans être étouffé par un monopole ou une oligarchie héréditaire.

Par conséquent, si vous avez une idéologie anticapitaliste, ou si vous rejetez en bloc l'idée de la vente, du marketing ou des marchés libres, vous aurez un douloureux conflit intérieur qu'il vaut mieux explorer et résoudre tout de suite. Sinon vous serez un chirurgien qui a peur du sang : sans cesse tiraillé entre d'un côté votre envie de bien faire, de sauver des vies et de subvenir aux besoins de votre famille en faisant ce beau métier… et de l'autre côté votre peur panique de « blesser » les patients avec scalpel et bistouri. Ni votre famille ni vos patients ne vous remercieront de votre inaction !

C'est ce dilemme qu'a dû affronter Peggy Tournigand.

LE CHEMINEMENT VERS LE CALME INTÉRIEUR

En 2013, Peggy Tournigand est une femme transformée. Elle revient tout juste d'un voyage en Inde avec son conjoint Jeff, et se rend compte du chemin qu'ils ont tous deux parcouru, émotionnellement plus que géographiquement, depuis leurs heures les plus noires quelques années plus tôt.

À 28 ans, Peggy et Jeff étaient tous les deux incroyablement investis dans leur travail. Elle est employée, lui est entrepreneur, et ils donnent chacun tellement de leur énergie et de leur temps à leurs projets professionnels qu'ils ne se rendent pas compte que leur santé est sur une lente pente descendante. Depuis leur rencontre quelques années plus tôt, Jeff a pris 15 kilos. Il mange mal, sort très peu, est épuisé par les longues heures passées sur son ordinateur. Peggy, de son côté, commence à être surmenée, à subir des palpitations cardiaques et se sent de plus en plus détachée de son corps. Jusqu'à ce que le couperet tombe : un diagnostic médical qui condamne Peggy à prendre des médicaments à vie. Pour elle, c'est hors de question.

Peggy se lance donc dans une longue quête de solutions : phytothérapie, qi gong, taï-chi, sophrologie… À force de s'immerger dans le monde des thérapies et modes de vie ancestraux, elle finit par découvrir le yoga. Quand elle propose à Jeff de tester une séance tous les deux, il n'a même pas besoin de lever les yeux de l'ordinateur pour répondre : Non !

La jeune femme n'en démord pas, elle finit par avoir gain de cause. Cette première initiation au yoga change leur vie à tous les deux. Jeff, pour la première fois, arrive à vider son esprit ; loin de son ordinateur, il apprécie énormément cette séance. Peggy est tout aussi convaincue que le yoga est la pièce manquante du puzzle pour retrouver une vie meilleure. Ils continuent tous les deux à prendre des cours, puis partent en voyage en Inde pour une retraite intensive de yoga.

Cela nous amène à l'été 2013. Peggy vient de reprendre le travail et se sent comme un poisson hors de l'eau. Pas à cause du travail en lui-même, mais à cause de l'ambiance perceptible de stress et de fatigue chez ses collègues. Elle se rend compte que le yoga, cette pièce manquante du puzzle qui l'a tellement aidée, est aussi manquante dans la vie de toutes ces personnes.

DU CALME INTÉRIEUR AU CONFLIT INTÉRIEUR

La solution la plus simple pour partager sa passion du yoga serait d'organiser des cours pour aider ses collègues et les autres personnes harassées par le stress et les difficultés du quotidien. Elle sait désormais pratiquer seule et envisage de se former pour passer un diplôme de professeur.

Cependant, contrairement à Jeff, Peggy ne se sent pas l'âme d'une « entrepreneuse ». Elle a grandi dans un milieu communiste et syndicaliste, qui ne voit pas le patronat et les chefs d'entreprise d'un très bon œil. Dans un pays où les manifestants se promènent avec des banderoles telles que « Sous le pont d'Avignon, on y pend tous les patrons » ou encore « Les patrons sont des voleurs – Les retraites aux travailleurs », l'ambiance ne semble pas non plus particulièrement propice à l'esprit entrepreneurial. Certes, ces piques acerbes sont probablement adressées aux patrons de « grosses » entreprises, mais la frontière est suffisamment floue pour donner à Peggy matière à réflexion avant d'oser se lancer.

Pour ne rien arranger, elle ne connaît aucun modèle féminin auquel s'identifier pour justifier le choix d'entreprendre. Des entrepreneurs français et américains, Jeff en connaît beaucoup et s'en inspire. Mais des entrepreneuses ? Entrepreneures ? Femmes entrepreneurs ? Personne ne sait comment on est censé écrire le mot au féminin – ce qui en dit long sur ses chances de trouver un modèle de réussite au féminin pour calmer ses appréhensions.

A-t-elle la trempe pour sauter le pas et s'affirmer en tant que créatrice d'entreprise ? A-t-elle les qualités nécessaires ?

15.
AVEZ-VOUS LES ÉPAULES ASSEZ SOLIDES POUR DEVENIR CHEF D'ENTREPRISE ?

Au cours des prochains chapitres, vous allez donc apprendre des exemples concrets des entrepreneurs que je viens de vous présenter. Vous retrouverez Peggy, David, Bill, Yvan, Jeanne, Aurélien et Daniel à mesure de l'avancement de leurs projets, en parallèle des étapes que je vais vous enseigner pour lancer le vôtre.

Pour illustrer les conseils de ce livre, j'ai choisi les histoires vraies d'hommes et femmes aux origines et parcours aussi variés que possible – mais je sais que certains de mes lecteurs se demandent peut-être : OK, mais… *et moi* ? Comment savoir si *je* suis du bois dont on fait les entrepreneurs à succès ?

HUIT QUALITÉS QUI FONT LES ENTREPRENEURS À SUCCÈS

Je vous disais dans l'introduction que j'ai accompagné plus de 10 000 clients entrepreneurs – ce que je n'ai pas dit, c'est que tout le monde n'a pas réussi. Vous verrez que l'un des entrepreneurs que nous allons suivre au cours de ce livre a fini par fermer boutique, et vous comprendrez pourquoi !

Au fil des années j'ai donc eu un petit pourcentage de clients qui ont dû jeter l'éponge et se rendre à l'évidence que l'entrepreneuriat n'était pas la voie qui leur convenait pour être heureux. Souvenez-vous de ce que je vous disais un peu plus haut :

On ne naît pas entrepreneur, on le devient.

Selon mon expérience, il y a huit qualités qui font le succès d'un entrepreneur ou chef d'entreprise. Si vous n'avez pas ces huit qualités aujourd'hui, cela ne veut pas dire que vous êtes condamné au salariat ! Cela veut surtout dire qu'il vous faut faire un choix : soit vous prenez sur vous pour développer ces qualités manquantes, soit vous vous entourez de personnes (par exemple des associés) ou d'un cadre extérieur qui vous incite à appliquer ces préceptes… ou alors, si vous n'êtes pas prêt à faire ce travail sur vous, il vaut mieux choisir une autre voie.

LA RECETTE

Voici les huit qualités qui garantissent le succès d'un entrepreneur :

1. liberté de pensée ;
2. enthousiasme ;
3. pouvoir de persuasion ;
4. capacité de concentration (ou au minimum, pratiquer la « procrastination productive ») ;
5. résilience ;
6. débrouillardise ;
7. savoir poser ses « questions bêtes » à des gens brillants ;
8. aimer les gens et faire preuve de générosité !

1. Liberté de pensée

Puisque l'ennemi numéro un des Entrepreneurs Libres est le conformisme, il va de soi que la qualité numéro une que vous devez acquérir est la liberté de pensée. C'est en ayant de l'esprit critique et de l'imagination que vous pourrez vous faire une place sur le marché, attirer et fidéliser des clients malgré des concurrents déjà bien établis et qui se livrent souvent à la guerre des prix. Vous en verrez l'exemple dans les stratégies de David, qui a osé remettre en cause le *statu quo* de la formation continue des orthophonistes – ou simplement dans la façon dont Peggy a remis en cause ses croyances limitantes pour enfin accepter l'abondance permise par la vie d'entrepreneur.

2. Enthousiasme

Un sourire, une posture dynamique, une poignée de main franche sont des petits détails qui font une énorme différence.

> **Quand vous lancez votre activité, vos premiers investisseurs et clients n'achètent pas votre produit, ils achètent votre enthousiasme.**

Enthousiaste ne veut pas forcément dire « extraverti ». Si vous n'êtes pas la personne exubérante qui pourrait passer sa journée à vanter les atouts de ses produits à qui veut l'entendre, rassurez-vous ! Je suis moi-même de nature assez introvertie. Quand je termine un séminaire, après trois jours au milieu de centaines de personnes, ma seule envie est de m'enfermer tout seul dans un placard sombre pendant une semaine. Même ma femme sait qu'il ne faut pas m'approcher pendant plusieurs jours, le temps que je recharge mes batteries. Le simple fait d'être au contact de personnes pendant un temps prolongé draine mon énergie. Il y a une raison pour laquelle je travaille chez moi et pas dans un bureau avec mon équipe ni dans un *coworking* !

La qualité qu'il vous faut, c'est savoir canaliser votre enthousiasme. Quand je fais une vidéo pour parler de mes produits, je choisis de laisser parler mon enthousiasme et non pas mon appréhension. Quand j'écris un e-mail pour les abonnés de ma newsletter, je mets temporairement le Sébastien introverti dans un placard (il s'y sent très bien !) et je sors de la penderie le Sébastien super héros. Son super pouvoir est tout simple : il a confiance dans ce qu'il vend, il veut sincèrement aider et il sait qu'il faut projeter cette confiance et cette générosité avec le sourire. Je partagerai quelques techniques en ce sens avec l'histoire d'Yvan, et comment il a décroché ses premiers 17 000 euros de ventes en quelques semaines.

3. Pouvoir de persuasion

Si vous n'avez que l'enthousiasme sans le pouvoir de persuasion, vous risquez de paraître un peu creux – un clown, vide de substance. Pour être un magicien de la vente, il y a trois approches :

a. **Être né « magique »** : Je ne vais pas le nier, il y a des personnes qui semblent avoir un talent inné pour la vente. D'instinct, ces personnes savent captiver l'attention, maintenir l'intérêt, être à l'écoute sans jamais perdre la main sur la conversation, et vous vous retrouvez quelques minutes plus tard avec les bras chargés de sacs de produits, et votre portefeuille considérablement allégé. La science moderne indique que beaucoup de comportements « innés » seraient en fait une combinaison de gènes qui nous **prédisposent**, et d'événements dans notre jeunesse qui **activent** ces gènes[16], mais si vous êtes comme moi et n'êtes clairement pas né avec le gène de la vente, cela ne nous aide pas. Personnellement, les histoires de personnes nées avec le don magique ne me font pas vibrer tant que ça – j'ai du mal à m'identifier : « OK donc ton roman, c'est l'histoire d'un petit garçon magicien qui, quand il était BÉBÉ, a vaincu le plus grand sorcier maléfique de toute l'histoire et s'en est sorti avec une simple égratignure sur le front… Et tu me dis qu'il va y avoir du suspense !? » Si vous êtes né avec la magie de la vente, passez à la qualité n° 4. Pour nous autres pauvres Moldus, quelles sont les options qu'il nous reste ?

b. **Les formules magiques** : Je vous disais précédemment qu'un des encouragements les plus bizarres que j'ai reçus de ma vie provenait de mon professeur de sciences physiques de classe préparatoire : « Sébastien, quand on n'est pas doué, il ne faut pas chercher à se le cacher. » Aussi étrange que cela puisse paraître, c'est bien un encouragement. Un encouragement à aller plus loin que notre (manque de) talent inné, et à se former et pratiquer pour apprendre la technique. La bonne nouvelle donc, c'est qu'il existe une formule pour faire une présentation convaincante qui décroche la vente : c'est l'Offre Irrésistible, et l'on en parle au chapitre 75 (voir p. 362).

c. **La baguette magique** : La dernière possibilité, et pas des moindres, ne met pas la responsabilité de la vente sur vous, mais sur le produit : certains produits ou services sont tellement en adéquation avec le besoin du client, que « le produit se vend tout seul ». Votre job à vous est simplement de créer et d'affiner ce produit et sa présentation… et de veiller à en avoir toujours suffisamment en stock ! Pour cela, vous devez connaître intimement vos futurs clients et leurs besoins. C'est ce que nous allons travailler ensemble au chapitre 30 : l'Étude de Marché Express (voir p. 134).

4. Capacité de concentration...

À la seconde où vous décidez de lancer une entreprise, une myriade de choix et d'opportunités vont se présenter à vous. Au début, vous aurez l'impression d'avancer en saisissant chacune de ces opportunités... mais très vite, elles vont vous étouffer.

L'Entrepreneur Libre est un essentialiste : il ose faire des choix, aller à l'essentiel, rester concentré sur UNE mission, UNE activité, UNE entreprise, UN public cible, UNE ligne de produits, jusqu'à atteindre le succès. Il ne s'éparpille pas. C'est ce que Gary W. Keller appelle connaître son « *One Thing* »[17] : l'action la plus importante à laquelle nous devons donner 100 % de notre concentration dans l'instant présent, pour avoir les résultats les plus rapides. Greg McKeown, auteur du livre *L'Essentialisme*[18] (un livre que tout entrepreneur devrait lire !), compare ainsi l'approche essentialiste à l'action conformiste de M. Tout-le-Monde :

	NON-ESSENTIALISTE	ESSENTIALISTE
État d'esprit	TOUT POUR TOUT LE MONDE « Je dois. » « Tout est important. » « Comment trouver le temps de tout faire ? »	MOINS, MAIS MIEUX « Je fais des choix. » « Il y a très peu de choses vraiment importantes. » « À quoi dois-je renoncer ? »
Façon d'agir	LA QUÊTE EFFRÉNÉE DU « TOUJOURS PLUS » Pare au plus pressé. Dit oui sans vraiment réfléchir. S'y prend au dernier moment et doit donc « forcer ».	LA QUÊTE DISCIPLINÉE DE L'ESSENTIEL Prend le temps de déterminer ce qui est vraiment important. Dit NON à tout, sauf à l'essentiel. Écarte les obstacles au préalable, afin de faciliter l'action.
Résultats	MÈNE UNE VIE INSATISFAISANTE Assume trop de responsabilités pour pouvoir fournir un travail de qualité. Sentiment de perte de contrôle. N'est pas sûr d'avoir réalisé l'essentiel. Se sent débordé et épuisé.	MÈNE UNE VIE PLEINE DE SENS Fait des choix qui lui permettent d'accomplir un travail remarquable. Sentiment de maîtrise. Accomplit ce qui doit l'être. S'épanouit.

… ou Procrastination Productive

Heureusement pour les personnes qui n'arrivent pas à se plier à l'idéal parfait de l'Essentialisme, il existe une autre possibilité. Si vous êtes comme moi, vous avez à tout instant une **liste** de projets extrêmement importants. Par exemple, à l'heure où j'écris ce chapitre, ma liste ressemble à ceci :

1. Finir mon manuscrit : mon ONE THING !!
2. Recruter deux nouveaux commerciaux.
3. Finaliser les statuts de notre société immobilière en Guadeloupe.

Voici mon petit secret : quand je m'installe à mon bureau pour travailler, je commence par le « *One Thing* », le projet essentiel qui est en première position de ma liste. Je sais qu'au cours de ma session de travail, le démon de la procrastination viendra inexorablement me susurrer à l'oreille, parce que rien n'est **moins** intéressant que le projet sur lequel on **devrait** travailler en ce moment. Comme j'ai ma liste et qu'elle est toujours facile d'accès, je ne procrastine **pas** en ouvrant une fenêtre de Facebook ou Instagram, ou en regardant des vidéos sur Internet. Je procrastine en piochant le projet qui, à l'instant présent, me semble le plus alléchant dans le reste de ma liste. Autrement dit, au lieu de glander quand je résiste à mon *One Thing*, j'avance avec détermination sur un autre projet important. J'appelle cela la **Procrastination Productive**, et c'est la technique qui me permet d'accomplir autant, en ne travaillant qu'un jour par semaine !

5. Résilience

Si vous vous lancez avec l'espoir que ça marche du premier coup, il faut peut-être envisager de revoir vos attentes. La plupart des entrepreneurs à succès que j'ai eu la chance d'interviewer (ainsi que la majorité de ceux que vous allez croiser dans ce livre) ont dû faire plusieurs essais avant de réussir. En France, 4 entreprises sur 10 ferment boutique avant de fêter leur cinquième anniversaire[19].

Attention, pas la peine de paniquer, cela ne veut pas dire que vos chances de réussite sont « de seulement 60 % ». Ce que cache ce chiffre, c'est simplement le nombre d'essais nécessaires pour trouver la bonne formule. Aux yeux de l'Insee, mes précédentes entreprises ont « échoué » : j'ai vendu mon activité d'école de danse au bout de trois ans, j'ai laissé de côté ma *start-up* irlandaise après un an, j'ai arrêté le coaching séduction quand j'ai emménagé avec ma future femme. J'ai fermé deux activités rentables qui réalisaient chacune plus de 300 000 euros de chiffre d'affaires annuel, et quitté une société montée avec un ami qui générait plus d'un million d'euros annuels – parce qu'elles ne collaient plus à la vie que je voulais. Toutes ces étapes de mon parcours ont chacune duré moins de cinq ans pour en arriver à ma société actuelle, que j'ai fondée il y a neuf ans. Autrement dit, à moi tout seul je plombe pas mal les statistiques nationales, à cause du nombre d'essais que j'ai dû faire pour trouver le projet qui me correspond (je vous raconterai quelques-unes de ces péripéties).

Vous sentez-vous le courage d'encaisser tous ces essais, accuser le coup des inévitables échecs et recadrages nécessaires, et repartir avec le même entrain ? Les Entrepreneurs Libres sont ceux qui sont prêts à se donner à 100 % « jusqu'à ce que » ça marche et non pas « tant que » ça marche.

6. Débrouillardise

Avec suffisamment de capital de départ, n'importe quelle entreprise peut tenir la route, même si le projet est bancal et que le modèle d'affaires n'a aucun sens. Richard Branson a dit un jour : « Voici le secret pour devenir millionnaire : Étape 1, démarrez avec un **milliard** de dollars en poche. Étape 2, investissez dans une compagnie aérienne. »

Si vous avez un milliard en poche, vous pouvez sauter la case « débrouillardise » ! Sinon, je vous recommande d'être particulièrement attentif à l'acte V de ce livre : je vous y explique comment utiliser les ressources que vous avez déjà, pour en acquérir de nouvelles et développer votre entreprise, sans avoir à vous endetter ou faire de gros investissements en capital. Paradoxalement, une fois que vous aurez acquis cette compétence, les investisseurs vous démarcheront pour savoir comment investir leurs fonds sur votre projet (mais vous n'en aurez pas besoin).

7. Savoir poser ses « questions bêtes » à des gens brillants

À partir de maintenant et pour tout le reste de votre carrière, je vous donne une autorisation, valide partout dans le monde et pour une durée illimitée : l'autorisation de poser vos questions, même les questions les plus « bêtes », à tout mentor, entrepreneur ou expert que vous croisez et qui peut avoir la réponse*.

Quand j'étais à l'École Centrale, j'ai vite acquis la réputation d'être l'étudiant qui n'hésite pas à lever la main (et se mettre debout pour être vu du professeur si nécessaire) pour poser la question « idiote », celle qui a certainement une réponse incroyablement évidente, et donc que personne n'ose poser… Mais j'ai vite remarqué qu'une fois que je m'étais « tapé la honte » de poser ma question face à tout un amphi de regards railleurs, plusieurs dizaines de mes confrères griffonnaient à toute vitesse la réponse du professeur tout en poussant des soupirs de soulagement. Les réponses les plus importantes se cachent derrière les questions que personne d'autre n'ose poser.

Il y a quelques années, une de mes clientes a eu l'idée d'utiliser son talent pour la musique pour lancer son activité indépendante. Elle m'a demandé : « Sébastien, comment faire pour placer mes chansons en tête sur les sites de vente libre de droit comme AudioJungle ? » Je lui ai répondu que je n'en avais aucune idée… mais que les plus gros vendeurs sur ce site avaient forcément la réponse. Après que j'ai insisté, elle a envoyé un simple message à dix des musiciens qui avaient le plus de succès sur cette plateforme (on parle de dizaines, voire centaines de milliers d'euros de ventes grâce à leur musique). Sur les dix musiciens à qui elle a envoyé ses questions « bêtes », huit ont répondu ! Les conseils qu'elle a reçus de ces professionnels ont

* Qu'est-ce qui me qualifie pour pouvoir vous accorder cette autorisation ? Merci de le demander, je vois que vous appliquez les conseils de ce chapitre ! Voyez-vous, il se trouve qu'en tant que vainqueur de multiples championnats internationaux de la Question Bête de 1999 à 2006, j'ai été élu Président honoraire du CIQB (Comité International de la Question Bête) en 2019, ce qui me confère le droit de dispenser des Autorisations de Questionnement (tous les détails sont ici : www.laquestionbete.com).

été une véritable mine d'or pour apprendre à se faire connaître et toucher plus de monde avec sa musique.

Est-il vraiment possible d'obtenir les meilleures stratégies commerciales de vos concurrents… en leur posant la question ? La réponse est oui, cela s'appelle une « étude métier », et je vous enseigne cette méthode en détail au chapitre 37 (voir p. 192) !

8. Aimer les gens et faire preuve de générosité

Cette qualité est la dernière de ma liste, mais n'est pas la moins importante, bien au contraire. Parmi tous les entrepreneurs que j'ai accompagnés, quand j'observe les 1 % qui ont eu le succès le plus fulgurant (des personnes comme Olivier Roland par exemple, blogueur professionnel, formateur et auteur de *Tout le monde n'a pas eu la chance de rater ses études*, qui est chef de collection pour ce livre), ils ont tous cette qualité en commun. Ils veulent sincèrement aider leurs clients – et aider également un public plus large même si ces personnes ne deviennent jamais des clients payants. Cette générosité se traduit souvent par la création de contenus gratuits (pour Olivier, c'était son blog *Des livres pour changer de vie* et son livre gratuit *Vivez la vie de vos rêves grâce à votre blog* ; pour moi à mes débuts c'était ma chaîne YouTube *DragueTV* pour les hommes célibataires). Ces contenus gratuits permettent de vous faire connaître et stimulent sur le long terme la vente de vos produits.

On retrouve cette générosité dans la façon dont vous dispensez vos produits et services : êtes-vous « chiche » sur les portions que vous servez dans votre restaurant ? Êtes-vous avare de votre temps avec vos clients en coaching ? Expédiez-vous vos produits dans un emballage qui les met en valeur, ou dans le papier bulle le moins cher que votre fabricant chinois peut vous proposer ? Quand vous présentez une conférence, restez-vous parmi le public pendant les pauses pour discuter et répondre aux questions ? Tous ces petits détails contribuent à créer une réputation, et vos clients repèrent tout de suite (même à travers une vidéo en ligne) si vous les voyez comme des portefeuilles ambulants.

ET LE GOÛT DU RISQUE DANS TOUT ÇA ?

Avez-vous remarqué que, parmi ces huit qualités clés de l'Entrepreneur Libre, je n'ai pas mentionné le « goût du risque » ? La raison est simple : vous n'avez pas besoin d'être une tête brûlée pour devenir entrepreneur et réussir. Au contraire, certains des exemples les plus impressionnants de réussite entrepreneuriale sont ceux de personnes qui ont pesé le pour et le contre, jaugé leurs chances, pris le temps de la réflexion avant de se lancer dans leur projet. Pensez-vous vraiment que l'attitude d'Yvan et ses amis, perchés sur le toit d'une voiture lancée sans conducteur dans une descente, est l'attitude la plus saine pour créer et gérer une entreprise ?

Certes, il y a des personnes qui parviennent au succès après avoir fait de multiples paris « quitte ou double » comme on le ferait à la roulette dans un casino. J'en ai fait partie, et je m'en suis mordu les doigts. Vous allez découvrir au fil de ce livre, que ces personnes réussissent en général **malgré** leur goût du risque et non pas **grâce** à ce trait de caractère !

COMMENT SAVOIR SI VOUS AVEZ LES QUALITÉS REQUISES ? LE QUIZ

Avez-vous les qualités requises pour devenir entrepreneur ? Sur quels points devriez-vous travailler en priorité ? Le Mouvement des Entrepreneurs Libres a publié un quiz qui vous permet de vous autoévaluer. Le quiz diagnostique vos points forts et vous suggère des points d'amélioration. Vous le trouverez sur le site privé des bonus réservés aux lecteurs de ce livre !

RESSOURCE EN COMPLÉMENT DU LIVRE

Faites le quiz dès maintenant !
Vous y avez accès gratuitement ainsi qu'à vos réponses personnalisées sur :
www.ProfessionEntrepreneurLibre.com/quiz

16. SOYEZ RÉALISTE : LAISSEZ TOMBER

Écoutez… je vous avais bien dit que, dans la première partie du livre, j'allais probablement vous décourager de vous lancer dans l'aventure.

Je pense qu'à ce stade c'est clair, non ? Entreprendre, c'est difficile, cela demande énormément d'efforts et ne rapporte pas forcément plus… Alors, oui, dans la suite du livre je vais vous donner les outils et stratégies de personnes réelles qui sont devenues libres, parfois même extrêmement riches avec leur entreprise… mais à quoi bon ?

Franchement, regardons la vérité en face. Vous avez fait le quiz ? Oui ? Non ? Si vous n'avez même pas fait le quiz, alors là, laissez carrément tomber… créer une entreprise nécessite plus d'efforts que de cliquer sur quelques choix multiples dans un QCM. Si vous n'avez même pas eu la force de faire *ça*… non, sérieux, ce n'est pas la peine. Allez hop ! Désolé pour le dérangement. Retour à la machine à café avec les collègues au bureau lundi, et l'on oublie toutes ces bêtises d'entrepreneuriat !

PENSEZ À VOTRE SANTÉ, AUSSI…

Je ne vous l'ai pas dit plus tôt parce que je ne voulais pas trop vous déprimer, mais bon ! Puisque vous êtes encore là, sachez aussi que les entrepreneurs ont une espérance de vie plus courte ! Si vous avez 60 ans et que vous vous donnez à fond dans un emploi de cadre bien payé, il vous reste en moyenne 24 ans à vivre si vous êtes un homme, 27,8 ans à vivre si vous êtes une femme. Si vous choisissez de devenir dirigeant d'entreprise, artisan ou commerçant, eh bien à

60 ans il ne vous restera que 22 ans à vivre si vous êtes un homme, 27 si vous êtes une femme[20].

Ça n'empêche pas les entrepreneurs d'être optimistes : selon le baromètre de l'assureur Malakoff Médéric, 79 % des entrepreneurs s'estiment en bonne santé (contre seulement 69 % des salariés). Pourtant, 38 % seulement disent qu'ils pourraient continuer au même rythme dans 10 ans (contre 55 % des salariés). Les patrons ont aussi plus de mal à équilibrer vie personnelle et vie professionnelle (45 % ont du mal à concilier les deux, contre 34 % des salariés)[21].

POUR CHOISIR EN CONNAISSANCE DE CAUSE

Vous pouvez trouver bizarre que je vous dévoile tout cela en partie 1 d'un livre intitulé *Profession : Entrepreneur Libre*, mais je n'allais pas vous déballer une masse de stratégies de marketing et de financement, sans d'abord vous mettre au pied du mur : si vous voulez vous lancer, il faut faire un choix. Prendre une **décision**.

« Décision » vient du latin « *de caedere* » qui veut dire : couper toutes les autres alternatives.

- Ce n'est pas un choix à faire à la légère.
- On ne peut pas être à moitié enceinte.
- On ne peut pas être à moitié entrepreneur.

Alors, c'est maintenant : pour vous aider à faire votre choix, j'ai réuni sur les prochaines pages toutes les **bonnes** raisons, valides et irréfutables, de ne **pas** créer votre entreprise (il y en a 79). Et sur la page suivante, toutes les raisons folles de devenir Entrepreneur Libre (il y en a… 8). Lisez. Faites votre choix.

17.
79 BONNES RAISONS DE NE JAMAIS CRÉER VOTRE ENTREPRISE…

1. Parce que ça vous fait peur.
2. Parce que personne ne croit en votre projet.
3. Parce que votre vie est bien comme elle est.
4. Parce que vous êtes en France, et la France est un très mauvais pays pour entreprendre.
5. Parce que vous n'êtes pas en France, et votre pays n'offre pas toutes les aides et les infrastructures de ces chanceux de Français.
6. Parce qu'il est trop tôt, vous aurez bien le temps plus tard.
7. Parce qu'il est trop tard, l'idée est déjà prise.
8. Parce que les gens comme vous ne deviennent pas chef d'entreprise.
9. Parce que quelqu'un comme vous a essayé, et s'est brûlé les ailes.
10. Parce que vous n'avez pas de passion particulière, ou d'idée au succès garanti.
11. Parce que vous avez trop d'idées et ne savez pas laquelle choisir.
12. Parce que c'est trop de travail et d'efforts.
13. Parce que votre vie actuelle ne vous laisse pas assez de temps.
14. Parce que vous voulez toucher l'assurance-chômage et une bonne retraite.
15. Parce que vous n'avez pas d'amis en dehors des collègues de travail et pas de vie sociale en-dehors de la pause-café.
16. Parce que vous avez la sécurité de l'emploi dans votre job actuel.
17. Parce que vous vous épanouissez dans votre vie personnelle, avec vos loisirs et votre famille, alors vous allez pointer à

un boulot « alimentaire » juste pour toucher les chèques, et c'est bien comme ça.

18. Parce que vous risqueriez d'investir toutes vos économies, et de les perdre.
19. Parce qu'il vaut mieux ne pas essayer, et garder son rêve intact, que d'essayer et constater que la réalité est tout autre.
20. Parce que vous n'êtes pas assez constant dans votre travail. Vous n'avez pas la discipline pour vous mettre au boulot chaque matin, sans patron ou superviseur pour vous dire quoi faire.
21. Parce que vous ne voulez pas négliger vos enfants en bas âge.
22. Parce que vous n'avez pas suivi de formation pour être entrepreneur, donc vous n'avez pas les qualifications nécessaires.
23. Parce que vous n'avez pas la bonne couleur de peau, et personne ne vous prendra au sérieux.
24. Parce que vous doutez de vous-même. Sortir de l'ombre, vous faire connaître, vous mettre en avant… vous sentez de la résistance ; vous allez travailler d'abord sur cette appréhension (dès que vous avez le temps) et l'on reparlera du projet plus tard.
25. Parce que vous n'avez pas fait d'études, et n'avez pas de diplômes.
26. Parce que vous faites des études et qu'avoir votre diplôme, c'est important.
27. Parce que vous détestez la paperasse.
28. Parce que vous avez peur de vous planter publiquement et d'être ridiculisé devant votre famille et vos proches.
29. Parce que votre idée nécessite de gros investissements.
30. Parce que vous ne savez pas où trouver la clientèle pour acheter vos produits/services.
31. Parce que vous avez bossé dur pour avoir votre vie actuelle, et cela ne vaut pas le coup de tout risquer sur cette idée ridicule de lancer une entreprise.
32. Parce que, qui êtes-vous pour vouloir devenir patron et donner des ordres aux autres ?
33. Parce que l'État va vous assommer de taxes et d'impôts si vous devenez indépendant, et ce sera encore pire si l'entreprise gagne beaucoup d'argent.
34. Parce que rien ne prouve que ce projet vous intéressera encore dans un an.

35. Parce que la petite voix dans votre tête vous dit d'arrêter de rêver.
36. Parce que ceux qui réussissent sont des privilégiés.
37. Parce que l'argent appelle l'argent – et vous n'avez pas d'argent.
38. Parce que personne ne vous a donné votre chance.
39. Parce que si vous parlez de votre projet, on va vous piquer l'idée.
40. Parce que vous êtes face à la barrière de la langue. *Sorry.*
41. Parce que vos proches n'ont pas confiance en vous et répondent à votre enthousiasme par le silence.
42. Parce que vos proches veulent toujours mettre leur grain de sel, et ne vous laisseront jamais réfléchir et travailler en silence.
43. Parce que votre femme a confiance en vous et vous encourage, et que cela vous terrorise de la décevoir.
44. Parce que votre mari a peur que vous gagniez plus que lui et que vous soyez moins dépendante de lui.
45. Parce que vos amis vous renvoient leurs propres peurs et leur incapacité d'oser passer le cap.
46. Parce que personne autour de vous n'est au courant, et que vous vous sentez seul.
47. Parce que si vous parlez de vos ambitions, on va vous rejeter.
48. Parce que les coachs en développement personnel, les Youtubeurs, les livres pour entrepreneurs… Tout ça, c'est du vent, de l'arnaque.
49. Parce que si l'on pouvait vraiment « partir de zéro » et réussir en suivant une méthode X, Y ou Z, ça se saurait.
50. Parce que les inégalités se creusent, les pauvres restent pauvres, et les riches s'enrichissent sur votre dos en vous faisant miroiter de beaux rêves qui ne se réaliseront jamais.
51. Parce que l'argent corrompt. Chercher à en gagner plus, c'est mal.
52. Parce que vous êtes chrétien, et un bon chrétien se contente de ce qu'il a. Un projet aussi déraisonnable et égoïste que le vôtre va à l'encontre des notions les plus élémentaires de sacrifice et de don de soi.
53. Parce que vous êtes musulmane, et ce serait vu comme un manque de respect de sortir quémander auprès d'investisseurs.
54. Parce que vous êtes bouddhiste, et aller démarcher des clients ne va pas vous rapprocher de l'Éveil.

55. Parce que statistiquement, il y a plus d'échecs que de réussites. Vous ne sauriez pas dire d'où vient cette statistique, mais ça semble crédible.
56. Parce que le sens des affaires ne coule pas dans les veines de votre famille… nombreux échecs à l'appui.
57. Parce que tout le monde est dans la même galère que vous et rêve de pouvoir voyager et travailler d'où il veut. Alors pourquoi vous et pas les autres ?
58. Parce que le marketing, c'est du chinois pour vous.
59. Parce que si vous avez le moindre revenu d'indépendant, votre allocation invalidité vous sera supprimée. Du coup, il faudrait que l'entreprise génère tout de suite un salaire dès le premier mois, sinon vous vous retrouveriez à la rue.
60. Parce que vous n'avez pas une personnalité imposante, alors vous risquez d'être un gérant laxiste. Ce n'est pas dans vos cordes.
61. Parce que vous avez du bon sens, et que le climat des affaires est clairement mauvais. Chômage élevé, pouvoir d'achat trop faible : il faut être inconscient pour investir dans une entreprise avec un tel contexte économique et politique.
62. Parce que vous avez du bon sens, et que le climat des affaires est clairement trop beau pour durer ! Chômage bas, pouvoir d'achat élevé : l'économie est dans une bulle, qui ne va pas tarder à éclater ! Mieux vaut jouer la sécurité.
63. Parce que si ça ne marche pas, vous ne pourrez pas dire qu'on ne vous a pas prévenu. Il ne faudra pas venir pleurer.
64. Parce qu'aujourd'hui, tout passe par Internet, et vous n'avez pas les compétences informatiques pour faire le poids face aux jeunes requins.
65. Parce que vous étiez fainéant à l'école, que vous ne brillez pas dans votre job actuel, alors qu'est-ce qui prouve que vous avez ce qu'il faut pour réussir ?
66. Parce qu'à votre jeune âge, il vaut mieux commencer par bien vous implanter dans le monde du travail, vous faire un réseau. Il sera bien temps d'entreprendre plus tard.
67. Parce que vos meilleures années sont derrière vous. Il est trop tard pour entreprendre. Et puis, malgré votre ancienneté, vous n'avez pas le bon réseau pour lancer une entreprise. Il aurait mieux valu vous lancer quand vous étiez jeune.
68. Parce que votre idée est trop novatrice, le marché n'existe pas.

69. Parce que votre idée n'est pas assez novatrice, le marché est bouché, il y a trop de concurrents.
70. Parce que vous ne connaissez pas la réglementation en vigueur. Le risque juridique est trop important.
71. Parce que vous ne savez pas où trouver des fournisseurs de confiance.
72. Parce que créer une entreprise, c'est bien joli, mais la gérer au quotidien, c'est une sacrée paire de manches.
73. Parce que vous vous sentez obligé de vous justifier, d'expliquer vos choix. Vous avez du mal à les assumer sans vous sentir coupable. Alors vous n'osez pas demander de l'aide, ou vous affirmer pour vendre des produits.
74. Parce que vous avez déjà essayé par le passé, et que ça n'a pas marché.
75. Parce qu'il faudrait recruter des employés et prestataires.
76. Parce que vous mettre à votre compte, c'est rajouter de la pression et des inquiétudes dans votre vie, et vous n'avez clairement pas besoin de ça en ce moment.
77. Parce que si vous réussissez là où des membres de votre famille ont échoué, ça va rouvrir des plaies douloureuses.
78. Parce que les jaloux vont inventer des histoires et vous attaquer.
79. Parce qu'au départ, vous aviez une motivation d'enfer pour vous lancer… mais maintenant que vous avez lu cette liste, ça a un peu cassé votre élan, alors vous préférez laisser tomber.

18.
… ET SEULEMENT 8 RAISONS UN PEU FOLLES POUR VOUS LANCER !

1. Pour choisir vous-même vos horaires et à quoi vous consacrez vos heures.
2. Pour avoir une vie en alignement avec votre passion et vos valeurs. Sans appréhension du lundi. Sans stress ou ambiance tendue. Sans manager. Sans conversations ennuyeuses à mourir autour de la machine à café.
3. Pour qu'on reconnaisse enfin la qualité de votre travail.
4. Pour gagner plus d'argent que dans vos rêves les plus fous.
5. Pour ne plus jamais avoir à demander la permission.
6. Parce que vous avez une mission, et que personne ne l'accomplira à votre place.
7. Parce que ça vous fait peur, et que la peur nous indique en général la direction à suivre si l'on veut grandir.
8. Parce que, même si vous n'arrivez pas à expliquer pourquoi, même s'il y a 79 excellentes raisons de ne PAS le faire, vous n'avez pas besoin de les lire. Une petite flamme en vous refuse de s'éteindre et insiste pour s'exprimer.

19. VOULEZ-VOUS TOUJOURS ENTREPRENDRE APRÈS TOUT ÇA ?

Beaucoup de gens veulent **être entrepreneurs**, mais ne veulent pas particulièrement **entreprendre**. Quand ils voient les difficultés à traverser, ils se sentent découragés et préfèrent se contenter d'imprimer « Entrepreneur », « CEO », ou « *Founder* » sur leur carte de visite sans en assumer les responsabilités.

> **Beaucoup de gens veulent être (« le nom »), sans faire (« le verbe »). Ils ne veulent que le titre de la fonction sans le travail que cela nécessite… Oubliez ce que vous essayez d'être (le nom), et concentrez-vous sur le travail réel que vous devez faire (le verbe). Faire vous amènera beaucoup plus loin, et à une destination bien plus intéressante que si vous désirez simplement avoir un titre.**
>
> **– Austin Kleon, poète et artiste[22]**

Voilà la raison pour laquelle j'ai partagé avec vous les arguments concrets **contre** votre projet d'entreprise : vous ne pouvez pas prendre votre décision sans en connaître les coûts et les conséquences.

Quelques semaines après avoir quitté son poste d'enseignante à l'Éducation nationale[23], ma femme m'a dit qu'elle avait eu un déclic. « On franchit une étape quand on se rend compte qu'on se raconte une histoire toute faite, me disait-elle. Je continuais à dire que j'étais professeure des écoles, simplement par habitude. Mais en restant associée à cette ancienne identité, je m'empêchais d'assumer le choix de mon départ et d'aller de l'avant. »

Si vous avez pris la décision d'entreprendre, alors j'aimerais vous inviter à vous débarrasser complètement du besoin d'être votre métier :

- Cessez de dire : « Je suis ingénieur informatique, mais en ce moment je réfléchis à changer d'orientation[*] », parce que cette identité liée à votre ancien job vous empêche de trouver votre nouvelle orientation.
- Ne dites pas non plus : « Je suis entrepreneur » en pensant que cela vous projette dans l'avenir.
- Privilégiez l'explication de ce que vous **faites** : « Tu connais sûrement quelqu'un qui est célibataire de longue date et qui n'arrive pas à trouver l'âme sœur ? Eh bien, j'accompagne ce type de personnes : je les aide à trouver la femme de leur vie.[**] »

DIRE, ÇA FAIT RIRE...

Mon confrère Cédric Annicette, formateur en liberté financière, répète souvent que « Dire, ça fait rire. Faire, ça fait taire. »

Quand vous vous forcez à ne plus raconter d'histoire toute faite sur qui vous êtes (le nom), mais plutôt à parler avec conviction de ce que vous faites (le verbe), vous inspirez beaucoup plus de respect. Et ça vous pousse à continuer à passer à l'action !

* C'était ma réponse en 2007, alors que j'avais démissionné d'Unilog depuis plusieurs mois déjà.

** C'est également un exemple vécu, et je vous montrerai comment décrire votre activité en quelques mots au chapitre 64, p. 319.

20.
OK, DONC VOUS ÊTES FOU...

Puisque vous êtes encore là, j'en déduis que vous avez fait le choix un peu fou de vous lancer malgré tout.

Si vous en êtes au stade du ras-le-bol et qu'il est impensable de rester à la botte de votre patron irascible... ou si vous êtes réellement passionné par une mission que votre future entreprise doit accomplir... Ou si votre besoin de liberté est si fort qu'il étouffe toute possibilité de revenir au monde du salariat... Alors félicitations ! Vous faites partie de ceux qui sont assez fous pour lancer leur entreprise.

Ne vous méprenez pas : toutes les raisons de ne **pas** vous lancer que j'ai présentées sont de **vraies** raisons. Ce sont les **vraies** réponses que j'ai recueillies, lors d'une étude approfondie pour le Mouvement des Entrepreneurs Libres, auprès de 201 porteurs de projets. Ces 79 obstacles sont les **véritables** peurs, excuses et justifications qui sont ressorties de l'étude – et j'ai créé ce chapitre en faisant un copier/coller, quasiment mot pour mot, de ce que m'ont expliqué ces personnes.

Ne prenez pas à la légère le choix que vous venez de faire, car des millions de personnes sont bloquées malgré elles par ces mêmes peurs que vous choisissez courageusement d'ignorer.

Félicitations ! En plein milieu de la nuit, vous avez vu apparaître un ange vengeur au regard terrifiant. Vous l'avez affronté. Vous avez esquivé, l'un après l'autre, les 79 coups d'épée qu'il vous réservait. Et vous avez survécu. Au petit matin, vous voilà victorieux.

C'est parti, maintenant que vous avez décidé de vous lancer... Je vais partager avec vous les outils, les ressources et les secrets pour le faire avec succès.

SI L'ON PEUT EN QUELQUES MOTS VOUS DÉCOURAGER DE VOTRE PROJET D'ENTREPRISE, ALORS VOUS N'ÉTIEZ PAS FAIT POUR ÊTRE ENTREPRENEUR.

MES ACTIONS

❑ J'ai rejeté le conformisme et les excuses !

❑ J'ai décidé de combien je compte me payer en étant mon propre patron.

❑ J'ai décidé de combien de temps je compte consacrer à mon entreprise pendant les 18 prochains mois.

❑ J'ai regardé la « réalité alternative » en face : ma vie si je ne me lance pas.

❑ J'ai décidé de ce qui va changer dans ma vie quand j'aurai une entreprise à succès.

❑ J'ai fait le quiz pour savoir si j'ai les huit qualités pour réussir en tant qu'entrepreneur.

❑ J'ai lu les 79 bonnes raisons de ne pas me lancer, et les huit raisons folles de le faire, et j'ai pris ma décision en connaissance de cause.

❑ J'ai partagé avec un ami (ou sur la communauté privée des lecteurs) une idée qui m'a marqué dans ma lecture jusqu'ici.

Acte 2

TROUVER L'IDÉE, COMPRENDRE VOS FUTURS CLIENTS

21. POURQUOI EST-IL SI DIFFICILE DE TROUVER SA VOIE

Il y a énormément de facteurs à prendre en compte pour trouver le projet idéal qui correspondra à la fois à votre personnalité, à vos ressources, et aux opportunités autour de vous. Pour reprendre un diagramme de Venn créé par Andrés Zuzunaga en 2011[24], votre projet d'Entrepreneur Libre se trouve au croisement de :

1. ce que vous aimez faire ;
2. ce dans quoi vous excellez ;
3. ce dont le monde a vraiment besoin ;
4. et ce pour quoi les gens sont prêts à payer.

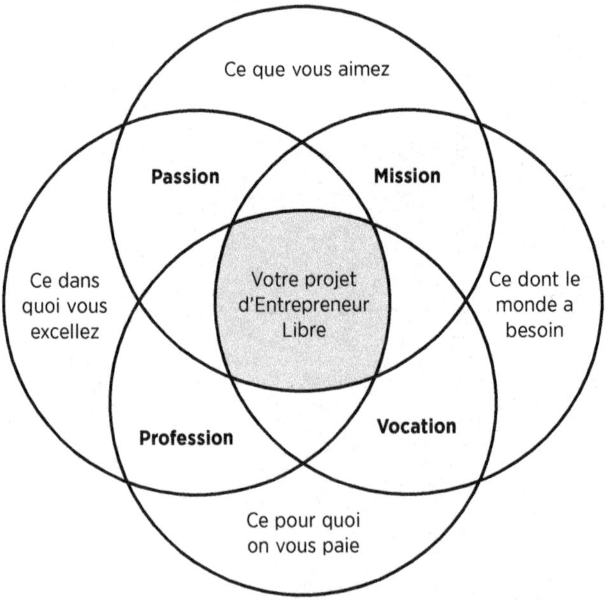

Voici cependant la difficulté : beaucoup de livres vous parlent de l'importance de « choisir un projet qui vous passionne », mais très peu vous donnent une méthode concrète pour cela. Peut-être que vous n'êtes pas né avec une passion magiquement apportée par la fée au-dessus de votre berceau ! Encore pire, le conseil de trouver « ce dont le monde a besoin » et ce pour quoi les gens sont « prêts à payer » est complètement inutile si vous n'avez pas les outils pour avoir une réponse objective à ces questions.

Et s'il existait une méthode concrète pour avoir ces réponses ? Dans les prochains chapitres, je vous invite à une quête en deux parties : tout d'abord une quête intérieure pour trouver ce concept qui vous prendra par les tripes, et ensuite une enquête pour croiser votre envie avec les besoins et la demande du « marché ». C'est parti !

22. DÉNICHER LE CONCEPT QUI CARTONNE : LES QUATRE QUESTIONS À SE POSER

Comment trouver votre idée de produit ou service à vendre ? C'est « la question à un million », mais permettez-moi de la reformuler en deux parties :

Premièrement, il vous faut trouver une idée de produit ou service **pour lequel il existe déjà une demande forte et pérenne**. Votre produit correspond alors à « ce dont le monde a besoin » dans le schéma précédent, et votre travail de marketing sera beaucoup plus facile. Au lieu de convaincre les gens de tester un produit dont ils ne veulent pas (ce qui est une bataille perdue d'avance), vous pourrez quasiment vous contenter de leur montrer votre produit et votre offre, et voir les ventes entrer en masse puisque ces personnes attendaient déjà une occasion de pouvoir l'acheter. Le rêve !

Deuxièmement, si vous trouvez un produit/service avec une demande forte et pérenne… il faut bien sûr vous attendre à ce que quelqu'un ait eu l'idée avant vous. Donc la deuxième partie de la question est : **comment se démarquer s'il existe déjà de la concurrence** sur le secteur ?

Ce deuxième point, nous en reparlerons lors de notre discussion sur l'Offre Irrésistible au chapitre 75 (voir p. 362) ; nous aurons alors déterminé « ce pour quoi on vous paie ».

Attaquons donc tout de suite notre recherche du concept idéal :

COMMENCEZ PAR VOUS-MÊME

Quand Bill O'Hanlon se demandait ce qu'il allait faire de sa vie, il a trouvé refuge dans les facteurs de motivation qu'il avait découverts lors de son apprentissage de l'hypnose thérapeutique :

- ce qui nous motive peut être positif (on cherche à créer du plaisir) ou négatif (on veut éviter la douleur) ;
- notre motivation peut être intrinsèque (elle vient de l'intérieur), ou extrinsèque (elle est imposée par le milieu extérieur).

Cette réflexion a amené Bill à dessiner un cadran avec quatre possibilités : Le Cadeau Inespéré (Motivation Extrinsèque Positive), Le Moment Désespéré (Motivation Extrinsèque Négative), Le Plaisir Intempéré (Motivation Intrinsèque Positive), Le Rebelle Exaspéré (Motivation Intrinsèque Négative).

	MOTIVATION POSITIVE	MOTIVATION NÉGATIVE
MOTIVATION EXTRINSÈQUE	Le Cadeau Inespéré	Le Moment Désespéré
MOTIVATION INTRINSÈQUE	Le Plaisir Intempéré	Le Rebelle Exaspéré

L'exercice des quatre composantes de la motivation est le meilleur moyen que je connaisse de remplir les cercles « ce que vous aimez » et « ce dans quoi vous excellez » du diagramme que nous avons vu au chapitre précédent. Voici l'explication détaillée de chaque composante.

1. Le Cadeau Inespéré (Motivation Extrinsèque Positive)

Certains événements dans votre vie vous ont poussé dans une direction positive. Vous n'en seriez pas arrivé là sans un mentor qui vous a encouragé, ou une rencontre fortuite qui vous a fait progresser, ou encore un produit ou médicament qui vous a sauvé, ou une autre « bénédiction tombée du ciel » qui a causé un tournant positif dans votre vie.

Le yoga a transformé la vie de Peggy et de son compagnon Jeff au point qu'ils ne pouvaient s'empêcher de partager cet outil merveilleux autour d'eux. C'est ce qui a motivé leur création d'entreprise.

Si vous identifiez un ou plusieurs « dons du ciel » pour lequel vous êtes reconnaissant, demandez-vous s'il y a des personnes qui n'ont pas eu la même chance que vous, avec qui vous pourriez partager la solution qui vous a aidé.

2. Le Moment Désespéré (Motivation Extrinsèque Négative)

À l'opposé, vous avez sûrement aussi traversé des épreuves pour arriver où vous en êtes aujourd'hui. Vous avez peut-être eu droit à des critiques, des attaques, ou alors des accidents de vie, qui auraient pu vous briser mais que vous avez finalement surmontés – non sans difficulté.

Tous ces obstacles dont vous êtes sorti triomphant, quelqu'un d'autre est en train de les traverser en ce moment même. À l'heure où vous lisez ces lignes, cette personne est en train de lever au ciel des yeux rouges de larmes et se demande d'un ton amer « pourquoi personne n'a pris le temps de créer une solution à ce problème ». Vos cicatrices, vos éraflures et votre expérience sont ce dont cette personne, et des milliers d'autres comme elle, ont besoin pour s'en sortir.

3. Le Plaisir Intempéré (Motivation Intrinsèque Positive)

Parlons maintenant de vous. Non pas des événements extérieurs qui vous ont affecté, mais bien du feu intérieur qui vous anime. Avez-vous une passion qui vous apporte une joie de vivre intense ? Une activité, un hobby, un loisir créatif, ou une vocation qui peut vous absorber pendant des heures sans que vous voyiez le temps passer ?

Vous est-il déjà arrivé d'essayer de partager votre engouement avec vos proches, et de jouer le rôle « d'évangélisateur » pour leur donner la chance de découvrir cette passion ? Cela n'a peut-être pas marché à tous les coups sur votre famille et vos amis, mais une chose est sûre : si vous êtes tombé amoureux d'un art, d'un loisir ou d'un produit qui vous fournit une joie intempérée (sans limite) alors il existe des milliers de personnes comme vous qui n'attendent qu'un déclic pour succomber à la même passion.

4. Le Rebelle Exaspéré (Motivation Intrinsèque Négative)

Cela peut paraître bizarre de vous poser la question, mais c'est le facteur de motivation qui pousse énormément d'entrepreneurs à se lancer, alors prenez un instant pour y réfléchir : qu'est-ce qui ne va pas dans ce monde ? Qu'est-ce que vous ne pouvez plus supporter ?

Je suis presque certain qu'il y a des moments dans votre vie où vous êtes exaspéré par une frustration – qui déguise une opportunité. Il peut s'agir des agacements du quotidien (*Pourquoi personne n'a encore inventé un système pour communiquer instantanément entre deux villes ?**)... des préoccupations d'une tranche spécifique de la population (*Avec la technologie moderne, on devrait bien arriver à manger sans tout renverser malgré la maladie de Parkinson !***) ou des grands problèmes qui affectent la planète entière (*Comment se fait-il qu'au XXI*e *siècle, il y ait encore 660 millions de personnes qui boivent de l'eau toxique ?****).

La vie est pleine de grandes opportunités qui se manifestent sous la forme de petites frustrations. À l'âge de 20 ans, j'en avais ras-le-bol de ne rien comprendre aux femmes – et c'est cette frustration qui m'a amené à découvrir la « Communauté de Séduction », vaincre ma timidité, aborder plus de 1 000 femmes en un an, et par la suite créer une entreprise de coaching pour les célibataires qui m'a rendu célèbre. Quand Bill O'Hanlon s'est rendu compte que sa vie de hippie fauché ne le menait qu'à la dépression et à des envies suicidaires, c'est le sursaut d'indignation à l'idée de finir sa vie sans y avoir donné de sens qui l'a motivé à se former pour devenir thérapeute.

QUELLE SERA VOTRE GRANDE IDÉE ?

En appliquant cette méthode (Cadeau Inespéré/Moment Désespéré/ Plaisir Intempéré/Rebelle Exaspéré), vous pouvez trouver des pistes pour des concepts de produits ou services qui vous permettront de maintenir votre motivation sur le long terme, dans les hauts et

---

* C'est en apprenant le décès de sa femme par courrier postal, trop tard pour pouvoir se rendre à temps à la cérémonie funèbre que Samuel Morse a pris la décision d'inventer un système pour que plus personne n'ait à vivre cela. Son exaspération a donné naissance à l'invention du télégraphe, la première technologie qui permettait la communication instantanée sur de longues distances.

** La *start-up* Lift Labs, rachetée par Google, a créé une fourchette capable de compenser ces tremblements, permettant au malade de porter les aliments à la bouche sans les faire tomber.

*** C'est la question que s'est posée Scott Harrison en 2006. Aujourd'hui son organisation Charity:Water apporte l'eau potable à plus de 7 millions de personnes dans le monde en finançant la construction de puits durables dans des communautés qui en ont besoin. Je soutiens activement Scott et sa cause, et je vous invite à nous rejoindre – avec une petite donation vous pouvez amener l'eau potable à des centaines de personnes. Toutes les informations sont ici : ProfessionEntrepreneurLibre.com/water

les bas – parce que ce projet vous tiendra réellement à cœur. Cet exercice vous permet de croiser de façon originale les zones « ce que vous aimez » et « ce dans quoi vous excellez » présentées dans le graphique du chapitre 21 (voir p. 84). C'est la raison pour laquelle on part d'abord de vous pour trouver la « grande idée », plutôt que de partir de la question « quel marché est porteur aujourd'hui ? » – nous en reparlerons dans le chapitre 25, « Six façons de détecter les mauvaises idées » (voir p. 101).

Cette méthode que vous venez de découvrir pourra vous servir toute votre vie : Bill O'Hanlon s'en sert encore aujourd'hui pour déterminer le thème et le contenu de ses formations et de ses livres (il est l'auteur de 37 ouvrages à l'heure où j'écris ces lignes).

Allons-y : remplissez les quatre cadrans du support fourni à la fin de ce chapitre, et dans le chapitre suivant nous allons découvrir comment croiser vos idées et vos passions avec les opportunités qui existent déjà autour de vous !

TROUVER VOTRE IDÉE À SUCCÈS : EXEMPLE DE BILL O'HANLON

1. Le Cadeau Inespéré :
J'ai eu énormément de chance d'être entouré de mentors et de guides qui croyaient en moi.
Milton Erickson d'abord, puis plus tard Jeff Walker m'ont pris sous leur aile, encouragé, et enseigné leur méthode.

2. Le Plaisir Intempéré :
J'adore enseigner. J'aime avoir la sensation que j'aide d'autres personnes. Ce qui me donne le plus de plaisir en pratiquant l'hypnothérapie, c'est de savoir que je permets à ces personnes d'apporter à leur tour la plus grande contribution possible au monde.

5. Mon Projet :
Faire connaître l'hypnothérapie éricksonienne à travers le monde avec des conférences à distance et des formations sur Internet.

3. Le Moment Désespéré :
Quand j'étais petit, mon grand-père a abusé de moi. Il a créé de la confusion dans mon esprit d'enfant en se comportant bizarrement, en mettant le son de la TV à fond, et en faisant en sorte que je sois complètement déboussolé pour me forcer à faire des choses que je ne voulais pas.
Par la suite j'ai développé un besoin compulsif de créer de la clarté. Pour moi tout doit être organisé, clair, compréhensible ; c'est comme cela que mon esprit fonctionne. Cela m'a été d'une grande utilité aux côtés d'Erickson car sa méthode thérapeutique était extrêmement complexe et confuse, et que je me suis dévoué à clarifier pour la partager.

4. Le Rebelle Exaspéré :
Je déteste la façon dont la psychothérapie est pratiquée à travers le monde. On trouve normal de laisser un patient coincé au même stade pendant dix ans, et de le faire revenir sur un canapé chaque semaine pour parler de son passé sans chercher de solution. C'est encore plus vrai dans les pays comme la France où les thérapeutes sont accros à la composante « analyse » de la « psychanalyse ». Il faut que cela change.

TROUVER VOTRE IDÉE À SUCCÈS : EXERCICE

1. Le Cadeau Inespéré :

2. Le Plaisir Intempéré :

5. Mon Projet :

3. Le Moment Désespéré :

4. Le Rebelle Exaspéré :

LA VIE EST PLEINE DE GRANDES OPPORTUNITÉS QUI SE MANIFESTENT SOUS LA FORME DE PETITES FRUSTRATIONS.

23. VOTRE JOUR LE PLUS SOMBRE PEUT ÊTRE VOTRE PLUS GRANDE OPPORTUNITÉ

Jeanne Muvira a réussi à trouver l'énergie de quitter son travail, mais pas le courage de dévoiler à ses proches les raisons de son départ. Malgré ses longues études de pharmacienne, elle se retrouve victime d'un burn-out et diagnostiquée de la thyroïdite de Hashimoto, une maladie auto-immune, sans savoir se soigner de ces deux affections. C'est trop difficile à avouer. Comme elle a des racines au Burundi, elle se contente de marmonner aux personnes curieuses qu'elle part « aider les gens là-bas ». C'est sous ce prétexte flou que Jeanne arrive à se convaincre que sa fuite est une fuite **en avant**.

OSER AFFRONTER SES DÉMONS

Malheureusement, aucun billet d'avion ne peut nous éloigner suffisamment d'un problème qui nous ronge de l'intérieur. La maladie de Hashimoto affecte dix fois plus les femmes que les hommes[25] ; le burn-out, deux fois plus[26]. Ses problèmes viennent-ils simplement du fait d'être une femme, mère célibataire, qui ose vouloir donner une vie meilleure à son fils ? Une fois arrivée en Afrique, Jeanne est face à ses contradictions et au vide dans sa vie. Pour ne rien arranger, elle est maintenant rongée de culpabilité d'avoir quitté une vie qu'envieraient beaucoup de gens de sa famille modeste. Pour cesser de se sentir ingrate et isolée, elle rend visite à ses cousins du pays.

Le déclic survient lors d'une conversation avec son cousin Léopold. Quand elle a quitté son grand gaillard de cousin pour partir faire des études, Léopold était paysan et ses possessions se résumaient à une vache et un petit champ. N'étant jamais allé à l'école, il s'estimait heureux de cette vie, ce qui ne l'empêchait pas de souhaiter le meilleur à sa cousine qui partait faire carrière.

Vingt ans plus tard, quand elle rend visite à Léopold, Jeanne fait connaissance avec sa femme et ses trois filles. Le fermier au grand sourire lui fait visiter son exploitation… qui est identique à celle d'il y a 20 ans : une vache et un petit champ. Il n'y a pas sur Terre d'homme plus heureux que lui. Jeanne a fait une décennie d'études, des milliers de kilomètres à travers plusieurs pays et continents, pour aller chercher un bonheur que Léopold a su trouver sans bouger de son champ. La gorge serrée, elle ose lui demander : « Léopold, pourquoi es-tu heureux ? »

Le fermier est visiblement pris de court. « C'est quoi cette question ? Toi, tu n'es pas heureuse ? »

Jeanne éclate en sanglots. Pour la première fois, elle ouvre son cœur et raconte ce qui ne va pas : ses deux divorces, sa maladie auto-immune, son épuisement professionnel. Elle raconte tout d'une traite ; ça lui fait un bien fou de vider son sac et elle a peur de s'arrêter avant d'avoir tout dit. Elle peut enfin cesser de faire semblant d'aller bien.

Léopold écoute son histoire d'un air compréhensif, puis lui répond d'une voix douce.

« Tu sais pourquoi tu n'es pas bien ? C'est parce que tu es trop éloignée de qui tu es. Tu vois, c'est la terre qui nous donne notre rythme de vie et nous dit la vérité de la vie. Moi, pour cultiver mon champ, je dois avoir une vision claire, parce que la carotte, le chou, les haricots ont leur propre agenda. Si je veux pouvoir envoyer mes filles à l'école, je dois réfléchir à l'avance à mon champ et respecter son rythme. Je dois choisir ce que je plante, choisir quand j'arrose, en fonction du rythme du champ. Et je peux flâner ensuite pendant que ça pousse, en respectant mon rythme. C'est pour ça que je suis heureux. »

Dans son langage simple, le fermier a permis à Jeanne de mettre le doigt sur une idée qui ne lui avait jamais traversé l'esprit : l'éducation qu'elle a reçue pendant ces longues études l'a éloignée de sa vraie identité. On ne lui a jamais demandé ce qu'elle voulait vraiment faire. On l'a poussée dans des études pour avoir la meilleure « situation » possible. Mais, comme dirait Léopold :

> **« Le destin d'un noyau d'avocat n'est pas de devenir un oranger. Il n'y a pas de gens incompétents, il n'y a que des gens qui sont au mauvais endroit. »**

NAISSANCE D'UN PROJET

Jeanne se rend compte du problème qui lui a causé tous ces symptômes : vouloir toujours en faire plus. Ses difficultés ne viennent pas du fait d'être une femme, ni de ses origines africaines ni de son statut de mère célibataire.

En Afrique, le cliché de la mère au foyer en boubou qui consacre sa vie au ménage et aux enfants est bel et bien aboli. La moitié des femmes africaines ont un travail régulier et gagnent leur vie. Un tiers d'entre elles sont célibataires, une tendance exacerbée par les jeunes femmes qui tiennent à étudier et à travailler avant de vivre en couple[27]. Un tiers des Africaines créent leur entreprise, la proportion la plus élevée du monde – elles sont moins de 10 % à le faire en France ou en Belgique.

Non, si Jeanne est arrivée au bout du rouleau, elle ne peut pas blâmer son sexe, sa couleur de peau ou son fils. Son problème est un vide de sens : en acceptant ce travail de bureau à la Commission Européenne, même si les projets qu'elle supervisait étaient dans le secteur pharmacochimique, elle était bien loin des valeurs d'aide qu'elle cherchait dans ses études de pharmacienne.

Elle se souvient alors que pendant ses courtes années en tant que pharmacienne au Burundi avant d'émigrer en Europe, elle avait accueilli un jour un patient à qui l'on avait prescrit des anxiolytiques. Après avoir découvert que l'homme vivait dans une des zones de conflit armé, elle lui avait conseillé de laisser tomber les médicaments, et de simplement déménager chez des amis, hors de cette zone dangereuse. L'image de cet homme, qu'elle a revu quelque temps plus tard souriant et plein de vie, est gravée dans sa mémoire. Aider les gens, sans forcément recourir aux pilules et aux cachets, c'est la raison pour laquelle elle aimait tant ce métier.

Une idée lui vient à l'esprit : cette douloureuse perte de sens, c'est le même problème que vivent ses collègues – et des centaines de milliers de personnes à travers le monde. En Europe, des gens paient très cher pour recevoir les conseils pleins de bon sens que son cousin vient de lui prodiguer.

Si elle met autant d'énergie à se former sur le sujet qu'elle en a mis dans ses études, peut-être pourrait-elle aider d'autres personnes à éviter de traverser ces difficultés ?

24. COMMENT REPÉRER LES OPPORTUNITÉS AUTOUR DE VOUS

Le déclic de Jeanne est survenu quand elle a fait le croisement entre une motivation intérieure (le Moment Désespéré de son burn-out) et un besoin déjà présent dans son ancien milieu professionnel ; elle n'était pas la seule en situation de crise. Cette découverte a fait germer son idée.

Je vous l'ai dit plus tôt : la quête pour trouver votre concept accrocheur est en deux parties. Après le travail d'introspection, il est temps d'ouvrir les yeux pour repérer les opportunités qui existent déjà autour de vous.

L'OPPORTUNISME NE PAIE PAS

Ce n'est pas parce qu'on est attentif aux opportunités qu'on doit pour autant devenir **opportuniste**. Si vous vous demandez uniquement « quel produit se vend bien aujourd'hui ? » et que vous essayez de simplement surfer sur la vague d'un effet de mode, vous risquez d'avoir une mauvaise surprise. Le temps de créer votre produit et de vous jeter à l'eau, vous avez de grandes chances d'arriver après la vague.

Nous allons adopter une approche différente en nous intéressant aux problèmes actuels que rencontrent des milliers de clients potentiels… des problèmes qui n'ont **pas encore** de solution.

CHERCHEZ LES POINTS D'INTERROGATION ET LES POINTS D'EXCLAMATION

Pendant une période de trois semaines, soyez attentif à toutes les conversations autour de vous – même celles qui ne vous incluent pas, dans le bus ou dans la rue ! Prêtez l'oreille pour repérer deux signes :

Les points d'exclamation

Souvenez-vous : « La vie est pleine de grandes opportunités qui se manifestent sous la forme de petites frustrations. » Selon l'auteur Tim Ferriss[28], en observant le désordre causé par les petites « chips » de polystyrène utilisées jadis pour tous les colis reçus par la poste, on comprend facilement pourquoi l'inventeur du « Air Pillow » a mis au point le système de sacs gonflables qui est aujourd'hui utilisé par la plupart des plus gros sites de commerce en ligne, Amazon en tête.

Soyez particulièrement attentif aux phrases commençant par « J'en ai marre de… ! », « Mais pourquoi personne n'a encore résolu … ! », ou « Ras-le-bol de … ! Ils pourraient trouver une solution quand même ! ».

Les points d'interrogation

Dès que vous entendez une personne autour de vous faire la demande d'une recommandation, prenez-en note – surtout si la question ne reçoit pas de réponse satisfaisante. Il peut s'agir :

- De demandes banales pour lesquelles il n'existe pas de fournisseur/prestataire du tout, ou alors les solutions existantes ne répondent pas au besoin exprimé (« L'émail de mes dents est abîmé. Je cherche une façon de me brosser les dents mais… sans brosse. Tu n'as pas une idée ? »).
- De demandes pour lesquelles une solution existe, mais n'est simplement pas assez connue. (« Je voudrais faire une surprise

à ma femme en l'amenant manger antillais. Tu connais un restaurant antillais sur le centre-ville de Nice ?* »).

- De demandes pour lesquelles une solution existe, mais la qualité du service rendu est tellement médiocre que cette solution ne mérite pas d'être recommandée. (« Tu connais un **bon** ostéopathe à Nice ? Le dernier que j'ai consulté a essayé de régler mon mal de dos par imposition des mains en m'envoyant de l'énergie sans me toucher ; et celui d'avant a passé la séance à me raconter ses problèmes avec la caisse de retraite CIPAV et ses pensées suicidaires… »**)

OBSERVEZ VOS PROPRES EXPÉRIENCES D'ACHAT

Achetez un petit carnet (il vous sera utile quand vous ferez votre plan marketing !) et prenez des notes quand vous faites un achat, en magasin ou en ligne.

Quand vous vivez une expérience positive et mémorable, prenez le temps de disséquer ce qui vous a plu. Si un produit, un service ou une expérience vous fascine et vous enthousiasme, cela peut indiquer que vous en seriez un bon évangélisateur. Erico Rocha, dont je vous parlais au chapitre 2 (voir p. 9), a été tellement impressionné par la formation qu'il a suivie chez notre mentor américain Jeff Walker, qu'il a convaincu celui-ci de lui permettre de commercialiser la version brésilienne de ce produit. Grâce à cet accord de licence, Erico a lancé une nouvelle entreprise qui génère plus de 20 millions d'euros de chiffre d'affaires annuel, ce qui a permis d'un côté à Jeff de gagner des millions sans avoir à lever le petit doigt, et à Erico d'avoir instantanément un produit testé et éprouvé à proposer.

Quand vous vivez une expérience d'achat qui vous fait grincer des dents, cela signale une opportunité de faire mieux ! Je peux vous garantir que vous n'êtes pas le seul client qui a été repoussé par les manières rudes de ce vendeur ; vous n'êtes pas la première personne

* Je suis Guadeloupéen, je vis à Nice, et si l'on me posait cette question je n'aurais pas la réponse. En faisant une petite recherche sur Internet, il semble que les restaurants « créoles » de la région sont en majorité… réunionnais (c'est du mauvais côté de la planète !). Donc soit il y a une place à prendre, soit d'autres ont essayé et il s'avère que les Niçois ne veulent pas manger antillais (*cf.* chapitre suivant !).

** Histoire vraie. Du coup je parcours 100 km pour consulter mon ancienne ostéopathe à Sainte-Maxime !

pour qui le produit s'est cassé dès la sortie de l'emballage ; vous n'êtes pas la première à vous dire « je n'achèterai plus jamais dans cette boutique ».

METTEZ VOTRE CERVEAU EN ÉBULLITION

Si vous appliquez les conseils de ce chapitre pendant les trois prochaines semaines, votre cerveau devrait commencer à bouillonner d'idées ! À partir du chapitre 26 (voir p. 111), nous verrons ensemble comment choisir parmi ces idées si vous en avez **trop** – je vous donnerai une méthode simple pour déterminer laquelle a le maximum de potentiel, puis pour choisir votre modèle d'affaires.

Mais tout d'abord, gardons la tête sur les épaules : vous ne pensez quand même pas que **toutes** vos idées sont excellentes, rassurez-moi ? Avant de nous lancer dans une réflexion sur le modèle d'affaires, autant commencer par éliminer discrètement dès le départ les idées qui ne tiendraient pas la route, qu'en dites-vous ?

25.
SIX FAÇONS DE DÉTECTER LES MAUVAISES IDÉES

Le scénariste et auteur américain Blake Snyder enseignait à ses élèves un filtre permettant de détecter et d'éliminer à l'avance les mauvaises idées de scénario[29]. Cette « passoire à navets » permet de s'économiser beaucoup d'efforts en évitant de s'emballer sur un projet qui ne décollera jamais. Elle s'applique tout aussi bien pour les idées d'entreprise !

Voici les six signes montrant que vous avez entre les mains une mauvaise idée :

1. VOUS AVEZ PEUR D'EN PARLER AUTOUR DE VOUS

Toutes les décisions que nous prenons par peur finissent par nous coûter cher. La décision de garder votre projet secret jusqu'à la dernière minute s'avère souvent coûteuse, pour plusieurs raisons :

1. C'est peut-être votre instinct qui vous communique dès le début que l'idée n'a aucun mérite – et vous appréhendez d'en parler de peur de perdre vos illusions.
2. Si votre idée possède un noyau solide et intéressant, le fait d'en discuter avec des personnes qualifiées qui vous soutiennent permet de l'affiner. En gardant votre idée secrète, vous vous privez du *brainstorming* et des commentaires constructifs qui pourraient transformer votre pierre brute en diamant poli. Du coup en choisissant de rester muet, vous risquez d'avoir un produit/service de moindre qualité.
3. Si votre idée est « dans l'air du temps », alors vous ne serez pas la seule personne à l'avoir. Si cette autre personne, qui a spontanément eu la même idée, commence à se construire une équipe et réfléchir à plusieurs pour en faire un projet

concret, elle ira plus vite que vous pour construire un projet de meilleure qualité.

4. Si vous travaillez en secret dans votre garage sur le projet pendant trois ans, avec le but de débarquer du jour au lendemain sur le marché en annonçant fièrement ce produit révolutionnaire… vous n'aurez eu aucun retour des clients potentiels en amont (donc vous risquez de passer complètement à côté de leurs besoins réels), vous ne les aurez pas impliqués dans la création (donc personne n'attendra avec impatience le lancement de votre produit – vous démarrerez de zéro) et encore pire…
5. Quand vous ne parlez pas de vos idées, vous laissez le champ libre pour que quelqu'un d'autre ait la même idée de son côté, commence à rallier l'intérêt du public et des investisseurs, et soit connu comme l'instigateur original de ce concept. Autrement dit, le jour où vous émergez de votre bunker, le visage pâli par des années de recherche et de développement en secret, vous découvrez que le produit est déjà en vente sur le marché et que votre innovation est perçue comme une pâle copie.
6. Un problème encore plus sérieux : la peur de parler de votre projet autour de vous cache souvent une autre crainte, plus grave – la peur de faire face à la réalité. Vous tuez votre projet dans l'œuf tant que vous n'osez pas affronter la réalité du terrain : le marché ne veut peut-être pas de ce produit ; ou alors votre grande innovation existe déjà ; ou bien il faut peut-être beaucoup plus d'investissement que vous ne pensez.

2. VOUS AVEZ PEUR QU'ON VOUS PIQUE VOTRE IDÉE

C'est tout naturel, une fois que vous avez votre précieuse idée d'entreprise, de produit ou de service, d'avoir peur qu'un opportuniste peu scrupuleux vous coupe l'herbe sous le pied. Heureusement, j'ai une bonne nouvelle qui va vous rassurer. J'ai aussi une mauvaise nouvelle. Commençons… par la mauvaise.

La mauvaise nouvelle : tout le monde se moque royalement de votre idée

Pensez-vous réellement que les huit milliards d'êtres humains sur la planète manquent d'idées ? Bien au contraire, c'est le grand malaise de notre époque. Nous sommes tellement assaillis d'informations, de sollicitations et d'opportunités, que nous avons tous une liste longue comme le bras d'idées à réaliser « un jour », sans avoir le temps de nous en occuper aujourd'hui.

Pourquoi est-ce une mauvaise nouvelle ? Parce que même si votre concept est novateur et peut changer la vie de millions de personnes, il vous faudra vous battre pour le faire connaître et l'imposer. Les gens sont déjà submergés de propositions commerciales qui promettent toutes un concept novateur qui peut changer leur vie. Pour sortir du lot, vous devrez faire un effort marketing colossal (nous en reparlerons au chapitre 55 sur votre lancement d'activité avec la méthode du Lancement Orchestré, voir p. 279).

La bonne nouvelle : tout le monde se moque royalement de votre idée

Le monde n'est pas un jeu à somme nulle. Il faudrait une terrible mentalité de rareté* et une bonne dose de mégalomanie pour penser que votre idée, encore brute, qui n'a pas encore fait ses preuves, vaut la peine que le monde s'arrête de tourner un instant pour la copier. Permettez-moi de le répéter : si votre concept est si novateur et important que cela, il vous faudra vous battre pour le faire connaître et l'imposer.

> **Le risque d'être plagié quand vous êtes au stade d'idée est incroyablement faible. Personne ne veut de votre idée tant qu'elle n'a pas fait ses preuves.**

Si l'on vous copie sans vergogne, ce sera quand vous aurez prouvé la viabilité de l'idée ; vous verrez dans un instant, au chapitre 52 (voir p. 260), des conseils pour vous protéger juridiquement. Ce qui fera la différence entre votre succès et celui de vos éventuels

* La meilleure définition de la « mentalité de rareté » se trouve dans le film *L'Âge de glace 4*, quand l'écureuil Scrat découvre la Scratlantide, une île paradisiaque de pure abondance – qu'il détruit par sa propre attitude de rongeur méfiant et avare. À voir absolument : www.ProfessionEntrepreneurLibre.com/scratlantide

plagiaires, c'est l'exécution. Le meilleur moyen d'exécuter votre projet : être le premier à avoir l'interaction avec le marché, puis améliorer rapidement votre produit grâce aux retours des premiers acheteurs payants.

3. VOUS AVEZ PEUR QU'EN PARLANT DE VOTRE IDÉE, OU EN L'EXÉCUTANT, VOUS « CASSIEZ LA MAGIE »

Quand j'étais enfant, le générique de l'émission *Faut pas rêver* me fascinait absolument. On y voyait une construction géométrique absolument impossible : une cascade d'eau qui circulait de bas en haut, basée sur le principe du triangle de Penrose, un triangle avec trois angles droits.

Le triangle impossible de Penrose

Cette image est rendue possible sur papier ou sur écran par un effet d'optique trompeur, mais il est physiquement impossible de construire cet objet dans le monde réel – malgré ce qu'essaient de vous faire croire des bricoleurs ingénieux sur YouTube[30].

La première version de notre idée d'entreprise est aussi comme le souvenir d'un rêve au moment du réveil : sur l'instant, l'image nous semble claire, parfaitement logique, brillante. Pourtant, quand vient le moment de la poser par écrit, de l'expliquer à un investisseur, ou de construire un prototype, la « magie » disparaît. On se retrouve confronté aux paradoxes d'une idée qui n'était formée qu'en partie et qui a des caractéristiques impossibles. L'idée ne survit pas au crash-test de la réalité : elle s'effondre dès qu'on lui applique la loi de la gravité, la loi de l'offre et de la demande, la loi européenne, etc.

Il ne faut pas hésiter à casser vous-même la magie

Cela m'est arrivé à mes débuts : mon projet initial était de me lancer en tant que « coach en développement personnel ». Une idée brillante n'est-ce pas ? Je lisais beaucoup sur le développement personnel et ces lectures m'avaient transformé. Tout le monde a besoin de développement personnel, j'en suis convaincu. Ça ne pouvait que marcher !

Quand j'ai confronté mon idée à la réalité, malheureusement, j'ai vite découvert que mon concept n'attirait personne. Mes proches, mes amis, mes contacts professionnels... n'écoutaient que d'une oreille distraite ma proposition pour ce coaching qui allait « changer leur vie ». J'avais un mal fou à communiquer la magie de mon idée (qui semblait pourtant claire dans ma tête). Du coup, j'avais aussi un mal fou à trouver des personnes qui acceptent que je leur **donne** des séances de coaching **gratuites** !

Mon activité n'a décollé que le jour où j'ai décidé de serrer les dents, accepter la réalité et adapter mon offre : proposer aux clients une solution spécifique (et non généraliste et floue) à un besoin pressant. C'est de là qu'est venue ma seconde idée : me spécialiser dans le « coaching en séduction ». Le résultat : je suis passé de zéro à plusieurs centaines de milliers d'euros de chiffre d'affaires en un temps record.

Maintenant que j'accompagne des entrepreneurs, j'ai vu des dizaines de coachs rencontrer le même problème : il y a beaucoup plus de coachs en développement personnel sur le marché que de personnes qui recherchent un coaching en développement personnel !

> **Si vous êtes coach en développement personnel, vos chances de succès sont infimes. Pour réussir, vous devez proposer une solution spécifique à un problème clairement défini et changer la façon dont vous vous présentez.**

Quelle que soit votre profession, vous devez affronter la réalité et casser vous-même la « magie » de votre idée.

4. VOUS AVEZ PEUR D'ALLER TROP LENTEMENT

Certaines idées sont tellement dans l'air du temps, qu'il faut les exécuter **maintenant**, sinon l'opportunité sera déjà prise et il sera trop tard. En termes de stratégie, il s'agit d'idées qui sont au croisement du phénomène *First Mover Advantage* (Avantage du précurseur : celui qui dégaine le premier contrôle les ressources et génère des marges plus importantes) et *Winner Takes All* (l'Effet superstar : celui qui gagne prend toutes les parts de marché).

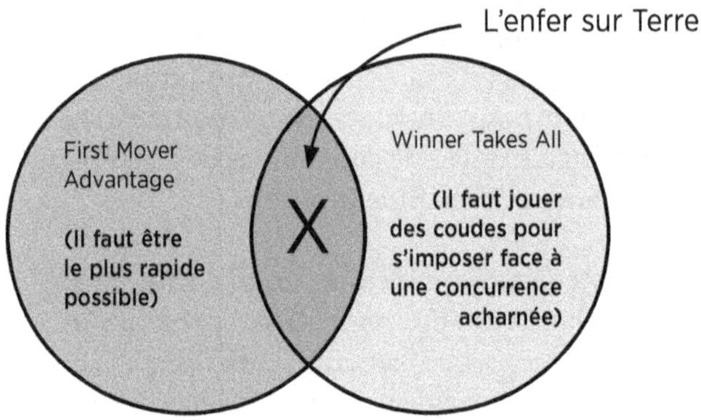

Ce conseil va faire sauter au plafond beaucoup de fondateurs de *start-up* :

> **Si votre idée a une date d'expiration, s'il faut absolument la lancer maintenant et être le premier à le faire… alors rangez-la dans un tiroir et faites autre chose.**

Oui, oui, je sais, c'est incroyablement tentant de sauter sur une mode qui déferle en ce moment même et semble créer des fortunes instantanées. En voici deux exemples.

- Au moment où j'ai commencé à rédiger le manuscrit pour ce livre, j'observais des centaines d'entrepreneurs mettre toutes leurs économies – en allant à l'encontre de mes recommandations – dans des opportunités d'affaires liées à l'explosion de la cryptomonnaie « Bitcoin », qui était passée en quelques mois de quelques centaines d'euros à plus de 16 300 euros de valeur en Bourse. C'était l'opportunité du siècle, à saisir immédiatement ! J'écris ces lignes à peine quelques mois plus tard, et le Bitcoin vaut moins de 3 700 euros (environ cinq fois moins).

Parmi les entrepreneurs de ma connaissance qui ont lancé leur activité spécifiquement pour capitaliser sur cette déferlante, un seul a encore une activité florissante : il vend… des *newsletters* et formations aux spéculateurs. Chaque mois, il utilise aussi bien la montée que la descente des valeurs boursières comme argument marketing pour annoncer « l'opportunité du siècle ». Les autres entrepreneurs, qui ont voulu surfer sur la vague, y ont perdu leur chemise.

- Dans le même temps, à la période où j'entamais la rédaction de mon manuscrit, les *hand spinners* (petits gadgets qu'on pose au bout du doigt pour les faire tourner) faisaient fureur dans les cours d'école et dans les rues. Les journaux faisaient leurs gros titres sur ce nouveau « roi des cours de récré » qui allait « détrôner le yo-yo ». Quelques mois plus tard, la mode est passée, et les entrepreneurs qui se sont lancés dans la précipitation en espérant engranger des fortunes sur ce marché prometteur se retrouvent avec des stocks impossibles à écouler – ou alors en les vendant quasiment à perte avec des offres promotionnelles[31].

À l'heure où vous lisez ces lignes, de nombreuses autres opportunités se présentent comme la chance d'une vie. Avant de vous précipiter dessus, posez-vous la question :

- Est-ce qu'il s'agit d'une mode, ou d'une tendance de fond qui sera encore là dans 10 ans ?
- En combien de temps je pense pouvoir, de façon réaliste, être prêt à mettre ce produit sur le marché ? Si je multiplie par cinq ce délai, sera-t-il encore temps ou bien sera-t-il trop tard ?
- Si ce projet échoue, est-ce que les ressources acquises en le créant pourront être réutilisées sur un autre projet ?

5. VOTRE IDÉE MANQUE DE LOGIQUE

Gino Wickman et Mark C. Winters définissent dans leur livre *Rocket Fuel*[32] deux profils d'entrepreneurs : le Visionnaire et l'Intégrateur. J'ai mis en ligne pour vous un test basé sur leur livre, qui permet de déterminer à quel profil vous appartenez*. Sans surprise, la

* Vous pouvez accéder au quiz via ce lien : ProfessionEntrepreneurLibre.com/visionnaire

majorité de mes clients entrepreneurs ont le profil Visionnaire, celui qui a les grandes idées et s'affranchit des limitations… et assez peu d'entre eux ont le profil Intégrateur – celui qui a la tête sur les épaules, respecte les dates limites, et sait transformer une vision en plan d'action concret.

Si vous êtes Visionnaire, vous risquez d'être victime de vos qualités. Votre grande force est de repérer des opportunités que les autres ne voient pas. Vous faites des connexions qui échappent au commun des mortels ; ce trait de génie est une compétence redoutable quand on apprend à la dompter. Quand nous lâchons les rênes, par contre, nous autres Visionnaires avons tendance à tomber tout le temps dans le même piège : avoir la tête dans les nuages. On s'affranchit des contraintes de temps, des contraintes de coût, parfois même nous oublions l'existence des réglementations, charges et impôts en vigueur, et notre belle vision devient carrément une hallucination.

Pour que vos idées tiennent la route, il est très important d'avoir autour de vous au moins une personne qui a le profil Intégrateur (faites-leur regarder la vidéo et faire le test, si besoin !). Certaines de mes idées ne verraient jamais le jour si je n'avais pas Annick, mon bras droit et Directrice exécutive du Mouvement des Entrepreneurs Libres, pour décortiquer le projet et oser me dire : « Ton projet a trois composantes : la première prend deux mois à exécuter, la seconde aussi, et la troisième partie peut prendre un an si l'on a de la chance. Et ton business plan dit que tu vas tout faire simultanément et en six semaines. C'est impossible ! »

6. VOUS N'AVEZ PAS CHERCHÉ À SAVOIR SI L'IDÉE A DÉJÀ ÉTÉ EXPLOITÉE

Se dire qu'on est un pionnier, c'est bon pour l'ego. Mon expérience montre que beaucoup des entrepreneurs qui sont venus à mes formations avec une « idée révolutionnaire » ne savaient tout simplement pas que leur idée avait déjà été exploitée auparavant.

C'est facile de croire qu'on est le premier si l'on met des œillères pour ne pas voir tous ceux qui sont déjà devant !

Vous l'avez compris, ce chapitre entier a pour but de vous confronter à la réalité. Si votre idée vous paraît novatrice ou révolutionnaire, prenez le temps de faire une recherche approfondie pour déterminer, non pas si votre **produit/service** a déjà été commercialisé sous la forme que vous projetez, mais plutôt si le **besoin** a déjà été comblé. Les mots que vous utilisez pour désigner votre produit peuvent le faire apparaître comme unique : « J'ai inventé une technologie révolutionnaire de dalle purement réflective qu'on peut utiliser pour lire au soleil… et je vais l'utiliser pour commercialiser des e-manuscrits ! Ça va révolutionner la façon dont les gens s'informent ! Et j'ai bien cherché, je suis le premier à penser au mot et au concept de **e-manuscrit.** » Quand vous cherchez en partant du besoin réel, par contre, vous verrez bien si des solutions existent : « Bon, j'ai cherché *alternative au livre papier* et je viens de découvrir qu'apparemment des dalles similaires appelées *papier électronique* existent et que des millions de *tablettes* et *liseuses* sont fabriquées et vendues avec. Intéressant ! »

En faisant votre recherche, vous arriverez à l'une de ces trois conclusions :

1. Une solution similaire a déjà été mise sur le marché. Un concurrent (ou plusieurs) fait déjà un carton avec. C'est une excellente nouvelle qui indique qu'il existe un marché pour votre produit/service et que vous pouvez prendre votre place en vous différenciant avec un marketing efficace.
2. Une solution similaire a déjà été mise sur le marché. À plusieurs reprises… Et chaque entreprise qui a essayé a échoué. Dans ce cas, vous devez remettre en cause votre projet. Si l'on met de côté un instant votre brillance, votre motivation, et les encouragements de votre maman, quels facteurs structurels garantissent que votre projet réussira là où d'autres personnes tout aussi brillantes et motivées ont échoué* ?
3. Personne n'a jamais proposé de solution à ce problème avant vous. Waouh ! C'est donc vous qui avez un problème : soit le besoin n'existe pas du tout, soit vous souffrez du

* Une amie végane, de passage en Guadeloupe pour me rendre visite, m'a proposé d'aller prendre un verre dans un *juice bar* dont elle avait trouvé l'adresse sur Internet. « S'il existe un bar à jus de légumes en Guadeloupe, lui ai-je répondu, soit il vient d'ouvrir, soit il a déjà coulé ! » Elle a ri, et insisté pour qu'on y aille. Sur place, nous avons découvert que le bar en question venait d'ouvrir – et avait déjà coulé.

« syndrome de l'expert » – votre solution et votre savoir-faire vous empêchent de comprendre les mots qu'emploient réellement vos clients potentiels (sinon votre recherche aurait été fructueuse). Il est indispensable que vous fassiez dès maintenant l'Étude de Marché Express telle qu'elle est définie au chapitre 30 (voir p. 134). Sinon, vous allez droit dans le mur.

OK, LE TRI EST FAIT. COMBIEN VOUS RESTE-T-IL D'IDÉES ?

Si votre concept n'a pas résisté au test de ce chapitre, n'hésitez pas à revisiter les exercices des chapitres précédents si besoin pour générer de nouvelles idées.

Si jamais il vous reste tout de même plusieurs idées entre lesquelles vous ne savez pas choisir, restez attentif, car vous allez maintenant découvrir une technique simple pour déterminer laquelle de vos idées lancer en premier !

26.
LA MÉTHODE INFAILLIBLE POUR CHOISIR ENTRE PLUSIEURS PROJETS

Laurent Chenot, formateur et auteur du livre *Money Boss : Maîtrisez l'Argent et son Pouvoir*[33], dit parfois en plaisantant « qu'un client entrepreneur qui a dix projets est beaucoup plus facile à coacher que celui qui n'a qu'un seul projet. L'entrepreneur qui a un seul projet avance super vite, obtient des résultats rapides et pose beaucoup de questions. Celui qui a dix projets est tout le temps dispersé, il n'avance à rien, donc il donne très peu de travail à son coach. »

Bien évidemment, Laurent, comme moi (et comme tous les coachs et consultants qui aimons notre métier), adorons accompagner ces « clients difficiles » qui réussissent, plutôt que les dispersés qui ne vont nulle part !

Si vous voulez que votre entreprise cartonne, vous ne pouvez pas vous permettre d'être à la fois au four et au moulin. Vous devez choisir UN projet.

LA CLÉ POUR DÉCOUVRIR QUEL PROJET A LE PLUS DE POTENTIEL

Si vous ressentez de la confusion quand vous essayez de vous fixer sur un projet unique, c'est tout simplement parce que vous n'avez pas eu jusqu'à maintenant un critère simple pour les départager. Permettez-moi de vous donner un principe qui va vous aider à faire un choix clair et rapide :

> **Le projet dans lequel vous devriez vous lancer en premier, c'est celui pour lequel vous disposez déjà du plus grand nombre de ressources. Le temps et les efforts que vous fournirez seront davantage récompensés (et plus rapidement) en vous attaquant à ce projet en priorité.**

Les ressources entrepreneuriales – sur lesquelles votre activité doit s'appuyer pour réussir – sont au nombre de sept : Compétence, Relations, Notoriété, Liste, Produit, Offre et Argent. Je consacre tout l'Acte V de ce livre à vous expliquer en détail chacune de ces ressources, comment savoir si vous la possédez et comment l'acquérir si vous ne l'avez pas.

Quand vous choisissez de vous lancer dans le projet où vous avez déjà le plus de ressources en main, vous gagnez énormément de temps et vous obtenez de meilleurs résultats, plus facilement. Cela ne veut pas dire que vous êtes obligé de vous astreindre à cet unique projet toute votre vie. Vous pouvez très bien passer à un second projet une fois que le premier a décollé et eu suffisamment de succès pour recruter une équipe ou automatiser ses ventes et libérer votre temps. En lançant seulement un projet à la fois, vous mettez toutes les chances de votre côté… et surtout, vous évitez de tomber dans le cliché du rêveur un peu foufou qui a dix projets en même temps et se sert de cette « surcharge de travail » comme excuse pour masquer le fait qu'il n'avance réellement sur aucun des dix.

COMMENT PROCÉDER ET COMPARER LES ATOUTS DE DEUX PROJETS POTENTIELS

Sur les pages suivantes, je vous donne un tableau de comparaison. Dans chacune des colonnes, indiquez un de vos projets potentiels. Puis répondez à chacune des questions (pour rappel, je vous donne une définition détaillée de chacune des ressources à l'Acte V). Indiquez une note entre 0 et 10 pour chaque ressource ; par exemple, vous voulez lancer une application mobile boursière, mais vous n'avez aucun contact dans le secteur de la finance ? Mettez 0/10 dans la case « relations ». Votre autre idée serait un service en ligne permettant aux parents de recevoir des plans pédagogiques personnalisés chaque mois pour faire l'école à la maison – et il se trouve que vous avez plusieurs amis blogueurs à succès spécialisés dans la thématique de l'éducation à domicile ? Mettez 9/10 dans la case « relations ».

L'échelle va donc de 0 (je n'ai pas du tout cette ressource à ma disposition) à 10 (je contrôle une quantité illimitée de cette ressource). La seule règle un peu particulière de cette échelle est que **vous n'avez pas le droit de noter « 7 sur 10 »**. Vous pouvez noter 0, 1, 2, 3, 4, 5, et 6/10… et vous pouvez noter 8/10, 9/10, 10/10.

Pourquoi cette règle bizarre ? Tout simplement parce que « 7 sur 10 » est la réponse confortable, par défaut, qu'on donne très souvent quand on n'arrive pas à se décider entre donner une note « médiocre » (6 sur 10 ou moins) ou une note « excellente » (8 sur 10 ou plus). Noter 7, c'est dire « bof, je ne sais pas, c'est plutôt bon mais pas non plus génialissime ». Le gros problème, c'est qu'on se retrouve du coup à mettre des 7 partout… et la comparaison entre les deux projets est à nouveau impossible. C'est donc un principe de l'Essentialisme, cette philosophie dont je parlais au chapitre 15 (voir p. 60) : ne jamais accepter les projets et opportunités qui sont « juste bien » ou « presque bien ». Pour paraphraser Greg McKeown, être Entrepreneur Libre c'est suivre ce principe :

> **Si ce n'est pas clairement « oui », alors c'est « non ».**

Le but de cet exercice est de trancher définitivement entre deux projets ou davantage, donc faites-le en gardant cette règle à l'esprit et donnez des notes franches pour faire un choix énergique et confiant. Vous trouverez le tableau à remplir sur la page suivante !

À vous de jouer : Répondez à chaque question en listant vos ressources pour le projet concerné, puis accordez à ce projet une note de 1 à 10 (mais pas 7)	
Nom du projet A	Nom du projet B
Ai-je une Compétence unique et démontrable dans ce domaine ?	Ai-je une Compétence unique et démontrable dans ce domaine ?
Note : __/10	Note : __/10
Quelles Relations peuvent m'aider ?	Quelles Relations peuvent m'aider ?
Note : __/10	Note : __/10
Quelle Notoriété ai-je en la matière ?	Quelle Notoriété ai-je en la matière ?
Note : __/10	Note : __/10
Ai-je déjà une liste de prospects et clients que je peux immédiatement contacter au sujet de ce produit/service ?	Ai-je déjà une liste de prospects et clients que je peux immédiatement contacter au sujet de ce produit/service ?
Note : __/10	Note : __/10
Est-ce que je dispose déjà d'un produit (ou service) prêt à la vente ?	Est-ce que je dispose déjà d'un produit (ou service) prêt à la vente ?
Note : __/10	Note : __/10
Mon Offre Irrésistible est-elle déjà rédigée ?	Mon Offre Irrésistible est-elle déjà rédigée ?
Note : __/10	Note : __/10

À vous de jouer : Répondez à chaque question en listant vos ressources pour le projet concerné, puis accordez à ce projet une note de 1 à 10 (mais pas 7)	
Ai-je accès à des financements pour ce projet ?	Ai-je accès à des financements pour ce projet ?
Note : __/10	Note : __/10
Bilan pour ce projet	Bilan pour ce projet
Total des points : __/70 Décision finale : ❑ Génial, je fonce ! ❑ Laissons ce projet dans un tiroir pour le moment	Total des points : __/70 Décision finale : ❑ Génial, je fonce ! ❑ Laissons ce projet dans un tiroir pour le moment

PLAN B : FAITES PARLER VOTRE INTUITION

Si jamais vos deux projets ont une liste de ressources équivalente, comment faire le choix final ? La solution est peut-être plus simple que vous ne l'imaginez. La voici : nous allons procéder à un tirage « pile ou face », mais d'un genre un peu spécial. Je vais vous demander de faire l'exercice d'abord, et je vous explique ensuite.

Étape 1

Prenez une pièce de monnaie. Le projet de la colonne A, correspond au côté pile (celle qui indique combien vaut la pièce), et le projet de la colonne B correspond au côté face.

Lancez la pièce à la verticale en la faisant tournoyer, rattrapez-la, posez-la sur le dos de votre main, et… le côté visible correspond au projet que vous devez lancer !

Étape 2

C'est fait ? Ne passez pas à la suite tant que vous n'avez pas réalisé l'étape 1 !

…

Cette fois c'est bon ?
OK. Maintenant voici la phase cruciale de la méthode : observez la réaction immédiate que vous avez eue quand vous avez vu le résultat du tirage. En découvrant le choix final, est-ce que vous avez été :

- ☐ Ravi/soulagé/enthousiasmé/motivé ?

ou

- ☐ Résigné/déçu/angoissé/attristé ?

Cochez la case correspondant à ce que vous avez ressenti.

La force de notre intuition

J'utilise cette méthode depuis maintenant 12 ans quand je suis confronté à deux choix qui semblent avoir des avantages équivalents. Le principe fondateur est simple : votre réaction immédiate et instinctive en dit long sur les chances réelles de succès de ce projet. Les études de psychologie sociale les plus récentes indiquent que notre subconscient, notre instinct, connaît souvent le « bon choix » longtemps avant que notre esprit conscient arrive à se décider[34].

Il en est de même ici : si le résultat de ce tirage au sort vous a enthousiasmé et motivé, alors c'est sans doute le bon choix. Si vous avez regardé la pièce d'un air apathique, ou encore pire, avec déception, alors cette réaction émotionnelle sur l'instant est clairement un signal que ce projet ne vous fait pas dire « clairement OUI, génial, je fonce ! »... et je vous le dis tout de suite : avec tous les efforts qu'il faut fournir pour lancer une activité à succès, on ne peut pas se permettre d'avoir un projet qui vous suscite juste une réaction « bof bof ». C'est donc le signe qu'il faut changer de projet.

EN DERNIER RECOURS, FAITES CONFIANCE AU DESTIN

Andrei Parabellum, entrepreneur et auteur russe millionnaire avec plus de 140 livres à son actif, a une technique insolite qu'il recommande aux entrepreneurs qui ont vraiment du mal à se décider sur le choix final d'un projet.

Sa méthode consiste à écrire le nom de chaque projet sur une feuille de papier différente – une feuille pour « école de piano », une feuille pour « services d'accordage de piano », une autre feuille pour « import/export d'antiquités », et ainsi de suite avec chacune de vos idées.

Vous disposez ensuite les feuilles de papier sur le sol, face cachée, dans toute la pièce. Puis vous vous mettez debout, à tour de rôle, sur chaque feuille, les yeux fermés, pendant quelques instants. Vous prenez une grande inspiration en prêtant attention à vos sensations.

Selon Andrei, le résultat est systématique : il y aura toujours une feuille en particulier, sur laquelle vous ressentirez une émotion différente. Vous étiez debout sur la feuille « école de piano », et vous vous sentiez juste un peu bête – *debout dans votre salon sur une feuille de papier, heureusement que personne ne vous voit !* Ensuite vous avez fait de même sur la deuxième feuille, et au lieu de vous imaginer en accordeur de piano, tout ce qui vous passe par la tête c'est la liste des courses. Vous vous forcez à faire l'essai sur la troisième feuille malgré votre scepticisme grandissant sur cette méthode bizarre, et là – tiens ! – une petite sensation étrange, presque imperceptible, semble vous indiquer que ce carré de papier « import/export d'antiquités » vous communique quelque chose.

Après avoir accompagné des centaines d'entrepreneurs au travers de programmes incubateurs en Russie, Andrei m'a affirmé que cette méthode a toujours fonctionné, sans exception.

Si vous savez à quel point je suis un cartésien convaincu, il peut sembler bizarre que j'inclue la méthode d'Andrei – ou même celle de l'intuition – dans ce livre. Je le fais pour une simple et bonne raison :

> **Les gens disent qu'ils n'avancent pas parce qu'ils n'arrivent pas à choisir. En réalité, ils évitent de choisir parce que ça leur donne une excuse pour ne pas avancer.**

Plutôt que de passer deux mois à rester bloqué et confus entre deux choix, mieux vaut prendre ces 60 jours et les exploiter à fond : ça vous donne le temps de partir **pendant un mois dans une direction**, bosser sur le Projet « A », acquérir des ressources et des contacts… Et peut-être même changer d'avis, ce qui est tout à fait normal ! Dans le pire des cas, même dans ce scénario, vous pouvez toujours rebrousser chemin et consacrer le deuxième mois à bosser sur le

Projet « B », acquérir des ressources et des contacts, et peut-être déjà convaincre vos premiers investisseurs et clients.

Dans 60 jours, vous pourriez être Entrepreneur Libre. Ce n'est possible que si vous choisissez **une** direction maintenant, pour continuer d'avancer.

QUAND ON N'A PAS CHOISI
SON PROJET, TOUTES
LES NOUVELLES IDÉES
SONT DES OPPORTUNITÉS.
QUAND ON A CHOISI
UN PROJET, TOUTES
LES NOUVELLES IDÉES
SONT DES DISTRACTIONS.

27. QU'EN PENSENT VOS PROCHES ?

Pour Peggy Tournigand, la transition vers la nouvelle vie – et la nouvelle identité – d'entrepreneur n'est pas évidente. Son activité est simplement à temps partiel : quelques stages et événements de yoga sur Paris, que son compagnon Jeff et elle organisent sur leurs soirées et week-ends. Ce n'est déjà pas si facile à assumer ; autour d'elle, les avis sont peu encourageants : « C'est dangereux et risqué d'être entrepreneur… pourquoi tu ne restes pas bien au chaud dans ton travail ? »

Rester « bien au chaud » enfermée dans le carcan du métro-boulot-dodo est bien la dernière chose dont elle a envie. Il y a une raison pour laquelle leurs ateliers s'appellent « Yoga On Top » et s'organisent sur des *rooftops* (toits d'hôtel), en plein air, ou dans de vastes espaces ! Ce dont Peggy a besoin, ce que le yoga lui apporte et qu'elle transmet à ses premiers clients, c'est une bouffée d'air.

Heureusement, l'expérience de Jean-François (que tout le monde appelle simplement Jeff) la conforte dans ses choix – ayant créé une agence Web, il a déjà l'expérience de l'entrepreneuriat et organise les Web2Connect, des événements qui réunissent les leaders des mondes de la *start-up* et de l'infopreneuriat*. Le plus important pour elle, c'est que Jeff sait être patient et faire confiance à l'intuition de Peggy, et la laisse progresser à son rythme vers cette identité nouvelle. Il leur a fallu un peu plus d'un mois pour prendre l'habitude de travailler ensemble et comprendre le fonctionnement de l'autre, mais leur harmonie leur permet maintenant d'avancer en

---

* Les *infopreneurs* sont les entrepreneurs dont l'activité principale est de vendre des produits d'information. Les formateurs, auteurs, consultants et coachs font tous partie de ce secteur d'activité. L'infopreneuriat représente plusieurs dizaines de milliards d'euros par an rien qu'en France et connaît une véritable explosion grâce à Internet.

tandem sur l'organisation de leur première « retraite yoga » d'une semaine – en échangeant encouragements et regards complices par-dessus leur écran d'ordinateur.

LE PREMIER OBSTACLE

Dès que vous avez trouvé votre idée, avant même d'avoir eu une chance de la tester et de valider que c'est bien ce projet que vous allez lancer, vous allez rencontrer un obstacle : l'opinion des autres.

« Aucun homme n'est une île », disait John Donne. Eh bien, il faut l'avouer, quelquefois cela ferait du bien d'être **sur** une île (déserte), pouvoir travailler tranquillement sans interruption, et surtout sans les commentaires cyniques ou décourageants de personnes plus ou moins bien intentionnées.

Comment faire pour que vos proches soutiennent votre projet (ou vous laissent simplement tranquille) au lieu de tenter de vous saboter ?

Si vous pensez qu'ils peuvent y être réceptifs, n'hésitez pas à leur parler de ce livre ou leur en offrir un exemplaire. J'ai écrit cet ouvrage en grande partie pour qu'il puisse aider votre entourage à mieux vous comprendre : comprendre votre enthousiasme, visualiser le chemin que vous devez parcourir, réaliser l'importance de leur soutien.

Si leur proposer la lecture de ce livre n'est pas vraiment une option réaliste, que faire ? Mon ami Olivier Roland possède une méthode expliquant la meilleure façon de réagir aux commentaires et critiques. Avec sa permission, je la partage avec vous ici.

28. COMMENT RÉAGIR AUX COMMENTAIRES ET CRITIQUES

Par Olivier Roland, blogueur professionnel et auteur de *Tout le monde n'a pas eu la chance de rater ses études*[35]

Si vous vous lancez dans un quelconque projet ayant un minimum d'envergure, vous ferez face à des critiques. Que vous créiez une entreprise, une association, un livre, une méthode, un blog, une invention, que vous définissiez un objectif ambitieux comme devenir riche, être champion du monde dans un sport, faire un tour du monde, gagner une médaille olympique, devenir chef d'entreprise ou acteur professionnel, vous courez le risque de vous mettre sous le feu de critiques nombreuses, souvent blessantes, rarement réfléchies et constructives. Et cela arrivera d'autant plus si ce que vous faites s'écarte des normes de ceux qui sont susceptibles de vous critiquer.

LA GESTION DES CRITIQUES : OLIVIER ROLAND À 18 ANS

Lorsque j'ai décidé d'arrêter l'école à 18 ans pour créer mon entreprise, j'ai dû faire face à de nombreuses critiques. J'aimais dire à l'époque que « mes parents ne rentraient pas dans l'équation », mais ils ont tout de même eu l'ouverture d'esprit de me laisser faire cette expérience, et je crois que je n'ai pas été trop mauvais pour les convaincre du bien-fondé de mon projet, donc ils n'ont pas été la principale source de critiques que j'ai dû gérer.

Les critiques venaient principalement de trois sources :

- mes amis et camarades ;
- ma famille dans sa globalité ;
- les personnes que je rencontrais et à qui je parlais de mon projet.

Les deux premières catégories sont importantes psychologiquement – enfin, peut-être moins lorsqu'on a 18 ans et que l'on est en pleine période de rébellion adolescente – mais la troisième a été déterminante pour moi : dans cette catégorie se trouvait toute personne importante susceptible de m'aider, de m'apprendre les nombreuses choses que je ne savais pas et de financer mon projet.

Mettez-vous à la place de n'importe quel adulte raisonnable : vous voyez arriver un gringalet boutonneux de 18 ans qui vous dit qu'il en a marre de l'école et qu'il veut créer son entreprise dans l'informatique, alors qu'il n'a aucun diplôme, aucune expérience, aucun réseau relationnel et aucun client. Votre ressenti pourrait être un mélange d'admiration (pour son courage) et de moquerie (sur ses maigres chances d'y arriver et de développer une entreprise). Pourtant une chose est sûre : vous ne le prendriez pas autant au sérieux qu'un homme mûr de 35 ans qui a 10 ans d'expérience, un réseau relationnel développé et une clientèle qui n'attend que la création de son entreprise pour faire appel à lui. Quelque part, vous auriez raison. Vous pourriez trouver totalement fondées les critiques que vous lui feriez, notamment sur la viabilité même de son projet.

Cependant, si vous êtes ce jeune homme de 18 ans qui a tout lâché pour ce rêve qui représente à ses yeux le seul espoir d'une vie meilleure, il y a fort à parier que vous ne serez pas très ouvert vis-à-vis des personnes qui critiquent le bien-fondé de votre projet. Quelque part, vous auriez aussi raison.

Car se lancer à corps perdu dans un projet, en franchissant la première étape de la transformation d'un rêve en réalité, ne peut se faire que si vous y croyez à fond. Vous avez une part d'incertitude : et si ça ne marche pas ? Et s'il n'y a pas autant de clients que prévu ? Et si le banquier ne veut pas m'accorder le prêt ?

Mais au fond de vous, vous êtes persuadé de la viabilité de votre projet et de votre capacité à le mener à terme (« quoi qu'il en soit, je vais tenter, et je ferai tout pour réussir »). Cette croyance est à la fois votre principale force (c'est elle qui vous motive et vous donne la force de dépasser toutes ces contraintes) et votre principale faiblesse potentielle : à trop croire à un projet comme solution pour réaliser un désir frustré, vous pouvez vous enfermer dans votre tour d'ivoire et refuser de voir ses défauts les plus évidents.

Il est d'une importance capitale de distinguer les critiques constructives de celles qui ne le sont pas, les critiques qui nous apportent quelque chose de celles qui nous descendent sans aucun autre but. J'ai vite appris à le faire, empiriquement, et j'ai eu l'occasion d'affiner un peu les critères qui permettent de déterminer s'il faut attacher de l'importance à une critique.

COMMENT DISTINGUER LES BONNES CRITIQUES DES AUTRES EN 4 ÉTAPES

La critique est-elle neutre ?

Tout d'abord, je rejette d'emblée toute critique exprimée avec une émotion négative vive de la part de mon interlocuteur. Si quelqu'un que vous ne connaissez pas est touché par une émotion négative telle que la colère, l'exaspération, le dédain, l'arrogance quand vous lui présentez votre projet, il y a fort à parier que ce projet renvoie à cet interlocuteur une frustration intérieure ou un échec. Votre projet remet donc directement en question son ego, ou sort simplement du cadre de la normalité pour cet interlocuteur, cadre qui lui appartient et qui n'est peut-être pas partagé par d'autres – et certainement pas par vous ! Une telle émotion colorera la perception de la personne et sa critique aura beaucoup de chances d'être assez peu objective.

Une critique, même constructive et chaleureuse, peut être difficile à accepter – ah, notre ego ! – alors ne parlons pas d'une critique enracinée dans une émotion négative… Vous avez des choses bien plus importantes auxquelles consacrer votre énergie.

Toute critique, pour être entendue, se doit selon moi d'être énoncée de la manière la plus neutre possible, d'autant plus lorsque vous présentez votre projet pour la première fois.

La critique est-elle constructive ?

Une fois ce premier filtre passé, il y en a un deuxième : la critique est-elle constructive ou non ? Peut-elle vous faire progresser vers l'accomplissement de votre projet ou non ? Là encore, c'est un filtre binaire. Si la critique est constructive, vous l'écoutez, sinon :

- soit vous la mettez à la trappe directement ;
- soit vous questionnez votre interlocuteur pour qu'il approfondisse sa pensée.

L'ego et un possible enfermement dans une tour d'ivoire peuvent nous faire voir des critiques constructives comme non constructives. Une critique non constructive est celle qui ne contient **absolument aucun** élément vous permettant de réfléchir à votre projet sous un angle nouveau, et qui a demandé un instant de réflexion extrêmement court à la personne qui l'émet – si réflexion il y a eu. Tombe dans cette catégorie toute phrase du type :

- « Tu n'y arriveras jamais ! »
- « C'est trop gros pour toi. »
- « Personne ne sera intéressé par ce truc. »
- « Personne n'a jamais fait ça. »
- « Tu es un gros nul ! » (Et toute autre insulte ou tentative de rabaissement.)
- « Tu me fais vomir. »
- Etc.

Bref, une critique constructive se doit 1) d'être non agressive et 2) de vous faire réfléchir.

La critique est-elle viable ?

Le troisième filtre est cette question : « La critique est-elle viable ? » Autrement dit, la critique s'appuie-t-elle sur des éléments extérieurs concrets, plutôt que la simple opinion de la personne ? Dans ce cas, cette critique est « viable » car si vous l'ignorez, ses conséquences continueront de se faire ressentir à mesure que vous développerez le projet.

Si quelqu'un vous dit : « Avec la crise, tous les petits commerces sont en difficulté, tu ne peux pas lancer ton entreprise maintenant », il s'agit de l'expression d'un point de vue extrêmement personnel, établi sans prendre le temps de la réflexion, à partir de sources peu fiables. Cette simple affirmation amène beaucoup de questions comme : « Est-il vrai que tous les petits commerces sont en difficulté ? D'où viennent tes informations ? Ont-elles été vérifiées ? Y a-t-il des secteurs non touchés par la crise ? Lesquels ? Est-il impossible de créer une entreprise maintenant dans un secteur touché par la crise ? Pourquoi ne puis-je pas lancer mon entreprise maintenant ? »

Et ce n'est qu'un petit échantillon des questions possibles. Une tendance à développer : essayez de remettre en question les affirmations péremptoires de votre interlocuteur. Et posez-lui de nombreuses questions comme celles-ci. Si c'est un expert qui s'appuie sur son expérience et ses connaissances pour synthétiser son savoir en petites phrases rapides sans prendre le temps de vous les expliquer, vous le découvrirez avec ces questions et pourrez dénicher un trésor d'informations.

Si c'est juste un quidam, toutes ces questions lui feront prendre conscience de la superficialité de ses connaissances et ses réflexions sur le sujet. Et vous le verrez tout de suite.

LA MATRICE DES CRITIQUES NEUTRES, CONSTRUCTIVES ET VIABLES

L'émotion associée à une critique, le fait qu'elle soit constructive ou non, et son impact au moyen ou long terme sont assez rapides à déterminer. Une fois ces trois filtres passés, j'affine en me posant deux questions :

1. La critique porte-t-elle sur des éléments sur lesquels j'ai une influence ?
2. La critique porte-t-elle sur la viabilité même de mon projet ?

Ces deux questions simples permettent d'établir une matrice à quatre possibilités.

Cas n° 1 – La critique porte sur des éléments sur lesquels je n'ai aucune influence, et sur la viabilité même de mon projet

Exemples :

- « Le marché n'est pas assez développé pour que votre projet fonctionne. »
- « Avec la crise, le pouvoir d'achat moyen des ménages a chuté et ils ne sont plus autant susceptibles qu'avant d'acheter les produits que vous proposez. »
- « Il y a trop de concurrence dans ce secteur. »
- « Avec l'évolution des technologies, le livre papier n'a pas d'avenir. »

La démarche par rapport à ces critiques est simple : examinez tout d'abord si d'après vous elles sont viables. Si oui, il faut la considérer sérieusement. Examinez dans les éléments que vous maîtrisez si certains vous permettent de contrebalancer les éléments négatifs cités que vous ne pouvez pas maîtriser.

Cas n° 2 – La critique porte sur des éléments sur lesquels j'ai une influence, et sur la viabilité même de mon projet

Exemples :

- « Avec cette date de lancement, vous allez droit dans le mur. Ce genre de produits ne s'achète qu'à Noël. »
- « Ce secteur n'est pas adapté. Vous devriez plutôt cibler tel autre secteur. »
- « Le choix de cette méthode de production aurait un impact trop important sur vos coûts. »

Comme pour l'autre catégorie, il faut – toujours ! – se demander si la critique est appuyée par des arguments concrets, ou s'il s'agit d'une simple vision personnelle et partiale. Si la critique est appuyée, c'est une mine d'or, car elle peut vous empêcher de faire une grosse erreur qui remettrait en cause votre projet dès le départ.

Cas n° 3 – La critique porte sur des éléments sur lesquels j'ai une influence, et n'a pas une influence directe sur la viabilité de mon projet

Exemples :

- « Démarrer avec cet intervalle de prix te situe en dessous de la concurrence et diminue ta rentabilité. »
- « Votre stratégie de communication fonctionnera, mais n'est pas optimale. »
- « Cette couverture pour votre livre risque de ne pas lui permettre d'atteindre son plein potentiel de ventes. »
- « Il te faudra travailler plus dur que tu ne penses pour y arriver. »

Une fois que vous avez établi la viabilité de ces critiques, à vous de déterminer si cela vaut la peine d'y réfléchir pour mettre en place des actions correctrices. Ce qui est sûr, c'est qu'il y a toujours des choses à redire sur tout, et que si vous voulez créer le produit ou l'entreprise parfaite, vous ne créerez jamais rien. Comme vous l'avez lu plus tôt dans ce livre, « entreprendre, ce n'est pas éliminer les problèmes, c'est choisir ses problèmes soi-même au lieu qu'on vous les impose ». Sachez donc balayer certaines de ces critiques d'un revers de main, vous ne pouvez pas penser à tout.

Cas n° 4 – La critique porte sur des éléments sur lesquels je n'ai aucune influence, et n'a pas une influence directe sur la viabilité de mon projet

Exemples :

- « Avec ton niveau de diplôme, tu ne seras jamais respecté par tes clients. »
- « Ton expérience est insuffisante pour que tu puisses mettre en place une politique commerciale efficace. »
- « Ton accent campagnard ne passera pas auprès de la clientèle parisienne. »

Oubliez. À la trappe directement, vous avez autre chose à penser.

Sur la page suivante, je vous fournis un schéma qui reprend le raisonnement de ce chapitre pour aider votre réflexion.

EN CONCLUSION

Évidemment, il vous sera difficile d'appliquer systématiquement ces quatre étapes à toutes les critiques qu'on vous fait. Mais les deux premières étapes sont très rapides à mettre en œuvre et la troisième peut l'être si vous apprenez à questionner votre interlocuteur pour savoir sur quoi il s'appuie pour formuler son opinion. La matrice est plus difficile à mettre en œuvre « à chaud », aussi je vous conseille de noter dans un petit carnet toutes les critiques qui auront passé avec succès les trois premiers filtres, puis d'y réfléchir tranquillement à froid chez vous, au calme et armé de votre matrice !

Enfin, personne ne pourra jamais prédire avec certitude si votre projet va réussir ou pas, même les experts dans leur domaine. Il y a toujours une part de chance et d'imprévisibilité dans la réussite d'une entreprise, et aucun expert (encore moins vos proches !) ne comprend totalement comment toutes les autres personnes réagiront une fois votre projet lancé. Sachez donc qu'au final vous êtes seul juge de la validité ou non de votre projet. Sachez écouter, mais surtout sachez décider par vous-même, en votre âme et conscience.

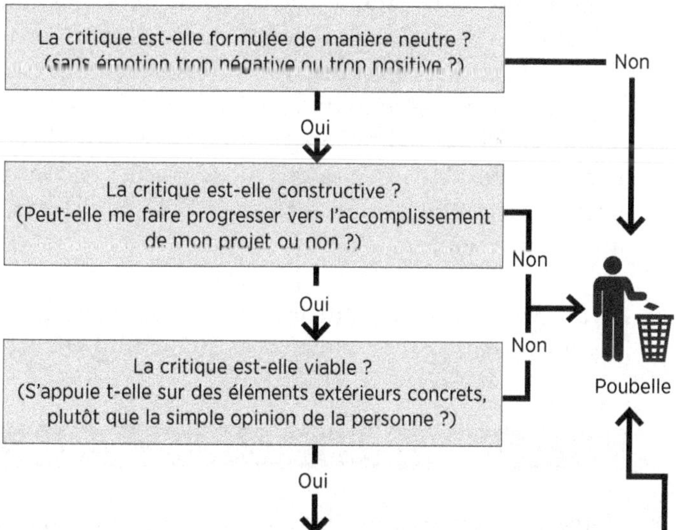

Influence sur les éléments / Sur la viabilité du projet	Oui	Non
Oui	Mine d'or	Vous ne pouvez pas penser à tout
Non	À considérer sérieusement	À la poubelle !

29.

AIDE-TOI, LE CIEL T'AIDERA

Par chance, le seul commentaire que David Guigue a reçu au moment où germait l'idée de lancer une nouvelle activité est l'encouragement de la maison d'édition de son premier DVD d'orthophonie. Quand il entend la phrase fatidique « si tu veux te lancer en tant qu'indépendant, on t'aidera en te donnant la liste des orthophonistes qui ont acheté ton premier DVD », ses yeux font des étincelles pour deux raisons.

Tout d'abord parce que David est convaincu que les vidéos pédagogiques qu'il est capable de réaliser ont beaucoup plus de valeur que ses collègues du syndicat ne le pensent. Il avait déjà dû batailler pour que cette première série de disques soit commercialisée à 27 euros – le syndicat voulait les proposer à 17. Au fond de lui, le vidéaste en herbe est certain qu'en présentant correctement le produit – en le positionnant comme une formation professionnelle au format vidéo – il est possible de le vendre plus cher, et donc de mieux rentabiliser le temps passé à créer le contenu, sans être forcé de se conformer au tarif des DVD de divertissement de la grande distribution.

La deuxième raison pour laquelle les yeux de David brillent à l'écoute de cette proposition, c'est qu'il a un petit secret.

CÉLÈBRE DANS LES RUES DE GUINÉE-CONAKRY

Même s'il n'a jamais mis les pieds sur le continent africain, David est incollable sur leur production de hip-hop. Car depuis qu'il s'est découvert un penchant pour la vidéo, le jeune orthophoniste a accepté de collaborer avec un autre de ses beaux-frères, passionné de rap… pour faire connaître les artistes des rues de Conakry*.

Paradoxalement, alors que David n'avait jamais envisagé de se mettre à son compte ou de vendre lui-même ses vidéos d'orthophonie, il s'était cependant lancé à la recherche de méthodes pour écouler les CD et DVD qu'allait produire Micro Scopik, leur petite association, afin de financer le projet.

Après avoir dépensé 97 dollars pour acheter un livret PDF et découvert les conseils du marketeur américain Russell Brunson, David comprend que le nerf de la guerre en matière de vente est « la liste ». Quand on dispose d'une liste de personnes intéressées par un produit ou service, on peut leur demander leurs avis et suggestions pour améliorer cette offre, et l'on peut également les contacter à volonté pour leur faire des propositions basées sur leurs besoins.

Dans cette première introduction au marketing, David découvre aussi l'importance de toujours faire un « Appel à l'action ».

> **Principe de l'Appel à l'action : Toute communication envoyée à des clients potentiels doit clairement leur expliquer l'action qui est attendue de leur part (en général, un achat ou une réservation).**

LA DÉCISION QUI S'IMPOSE

Si les yeux de David font des étoiles, c'est donc parce qu'il comprend que s'il maîtrise à la fois le choix du prix d'un côté et la liste des clients potentiels de l'autre, il ne peut qu'y gagner. Sa décision est donc immédiate – il va produire son propre DVD au plus vite. Il en parle à Monique Touzin, l'experte mise en avant sur son projet précédent ; elle accepte sa proposition de collaborer à nouveau. Nous sommes en 2006.

* Le projet a donné naissance à trois films documentaires musicaux, du nom de… *Foniké !* Détrompez-vous, ce n'est pas un mot français ! *Foniké* est un mot de la langue soussou, parlée en Guinée-Conakry, qui veut dire « la jeunesse ». Des extraits des albums et des clips vidéo sont disponibles sur le site de l'association Micro Scopik.

Beaucoup d'eau coule sous les ponts pendant que David met en place ce projet. Là où il pensait être en affaires en quelques semaines, il a mis presque un an pour trouver un créneau où Monique et lui seraient disponibles pour le tournage. Après avoir capté toutes les images en mai 2007, il faut plusieurs mois de plus à David pour en arriver à un produit fini en octobre : son premier DVD indépendant, *La Rééducation du langage écrit.*

Maintenant qu'il a son prototype en main, David se retrouve face à un autre mur qu'il aurait dû anticiper plus tôt : le manque de capital.

LE DÉSESPOIR AU BOUT DU FIL

Pour lancer le pressage en grand nombre des DVD, il faut en effet investir plusieurs milliers d'euros. David ne les a pas. Après avoir passé tant d'heures sur ce projet, il se retrouve à nouveau à enchaîner les rendez-vous au cabinet d'orthophonie pour payer les traites qui se sont accumulées pendant qu'il vaquait à ses tournages et au montage… et espérer mettre un peu d'argent de côté pour le pressage quand il lui reste des fonds en fin de mois. Il ne contacte même pas son ancien collègue éditeur au syndicat pour avoir la liste des clients potentiels, car de toute façon il n'a encore rien de concret à vendre.

Pour ne pas se sentir complètement inactif, David décide de faire un petit pas quotidien en avant. Pendant quelques heures chaque semaine, il s'enferme dans son bureau, prend l'annuaire des Pages Jaunes, et décroche son téléphone pour appeler ses collègues orthophonistes. Son plan est de leur vendre les DVD à l'unité, en direct. Il les gravera lui-même sur son ordinateur s'il le faut, mais cela lui permettra au moins de faire quelques euros de profit par disque et de mettre cette somme de côté pour le pressage d'une série en qualité professionnelle.

Le plan s'avère rapidement être un échec total : pour commencer, David n'a pas la fibre d'un télémarketeur. Poli et sympathique, il s'embourbe systématiquement dans des conversations entre collègues orthophonistes, alors chaque appel s'éternise pendant un temps fou, et trop peu de ces conversations se concluent sur une vente. Pour garder le moral, il se répète encore et encore que les bons vendeurs sont ceux qui s'améliorent par la pratique, et qui affinent leur message à force d'essayer.

C'est lors d'une des dernières conversations d'une journée interminable et peu rentable, que David entend son interlocutrice lui répondre :

> **« Ça a l'air super intéressant votre idée, mais vous savez quoi ? Vous n'auriez pas une lettre qui explique votre projet, et que je puisse faire passer à des copines ? »**

« C'est peut-être la clé, se dit David. De toute façon, je n'en peux plus de ces appels téléphoniques. Je vais lui faire sa lettre, qui décrit en détail mon projet. Et comme je n'ai encore rien à vendre, mon "appel à l'action" sera de répondre à des questions qui me permettront au moins de mieux connaître mes clientes potentielles ! »

Sans le savoir, David était sur le point de faire une *étude de marché* qui allait mettre fin à ses doutes – et à sa carrière d'orthophoniste.

30. FAIRE MOUCHE AU PREMIER ESSAI : L'ÉTUDE DE MARCHÉ EXPRESS

Vous l'avez bien compris : il vaut mieux prendre avec des pincettes les commentaires et critiques de votre entourage, et ce même dans le cas où vous avez la chance d'être entouré d'experts. Comment faire pour affiner votre concept si vous ne pouvez pas compter sur ces retours de vos proches ? La solution, c'est **l'Étude de Marché Express**.

POURQUOI FAIRE UNE ÉTUDE DE MARCHÉ ?

Quand on essaie de s'adresser à tout le monde, on ne s'adresse à personne. Je vous donnais précédemment l'exemple du coaching en développement personnel. Quand une personne du public prend le micro dans un de mes séminaires et se présente comme « coach de vie » ou « coach en développement personnel », je lui pose souvent la question piège : quel public cible-t-elle avec son offre de coaching ? Je connais pourtant déjà la réponse que cette personne va me donner. Ça ne loupe jamais : « Oh, le coaching s'adresse à tout le monde ! Tout le monde a quelque chose à y gagner en se faisant coacher. Je peux aider des personnes à arrêter de fumer, à perdre du poids comme je l'ai moi-même fait après mon deuxième enfant, à retrouver un emploi, et même à reprendre confiance en soi pour trouver l'âme sœur ! »

Autrement dit, la promesse de cette personne pleine d'entrain est la même que celle des voyants-médiums dont vous trouvez les prospectus dans votre boîte aux lettres : elle peut tout faire, pour tout le monde, de la repousse des cheveux à la reconquête de l'être aimé.

Est-ce que cela vous surprend si je vous dis que quand on creuse un peu, on découvre systématiquement que notre coach multifonctions a du mal à trouver des clients ? Si vous avez lu le chapitre 25 (voir p. 101), vous savez pourquoi.

En refusant d'être spécifique et de s'adresser à un public précis, les entrepreneurs « généralistes » perdent toute force de conviction.

Si vous faites de la publicité, c'est encore pire : il est beaucoup plus coûteux de faire une publicité sur un public généraliste que sur un public ciblé[36].

L'AVATAR : UN OUTIL MARKETING INDISPENSABLE

Permettez-moi de vous donner un visuel et un exemple chiffré. Quand on observe la clientèle d'une entreprise lambda (celle qui vivote parce qu'elle n'a jamais fait d'étude de marché), on découvre souvent que cette clientèle est très diverse. On y trouve des hommes, des femmes, des seniors, des jeunes, des célibataires, des mariés, des divorcés, des ouvriers, des cadres, des chômeurs, des dirigeants d'entreprise, des étudiants.

En regardant de plus près, supposons que vous constatez un fait surprenant : la clientèle de cette entreprise compte une majorité (disons 71 %) d'hommes. En questionnant un échantillon représentatif, vous apprenez qu'il contient 79 % de citadins. Que 83 % des clients ont fait des études supérieures. Qu'il y a une tendance marquée à vivre en couple et avoir des enfants (63 %). Que leurs catégories socioprofessionnelles sont moins variées que vous ne pensiez (par exemple, 65 % sont cadres ou cadres supérieurs, et 76 % utilisent LinkedIn). Vous avez des clients « de tous âges » et vous aimez raconter l'anecdote au sujet du jeunot de 13 ans qui a passé commande par téléphone, et de la super mamie qui passe tous les vendredis à la boutique en jogging malgré ses 96 ans ? Super – et pourtant, en y regardant de plus près, 73 % de vos clients sont dans une tranche d'âge étroite : entre 25 et 39 ans.

En d'autres termes, la clientèle est très variée, mais certains traits sont surreprésentés. C'est la clé pour créer notre « avatar ».

> **Avatar, n.m.**
> **La description détaillée et idéalisée du client auquel s'adressent tous les efforts marketing d'une entreprise. Aucun client réel ne correspond à 100 % à l'avatar, mais chaque client se retrouve dans suffisamment des caractéristiques de l'avatar pour penser que l'offre de produits et services convient spécifiquement à son besoin.**

Dans l'exemple qui suit, nous allons créer l'avatar suivant :
Vincent est un homme cultivé de 36 ans, qui attend depuis deux ans sa promotion à un poste de management dans son entreprise. Il est marié et papa de deux enfants à qui il aimerait consacrer plus de temps. Il vit avec sa femme en centre-ville, mais il envisage de déménager dès qu'il aura trouvé un meilleur poste dans une entreprise qui l'appréciera à sa juste valeur – c'est pourquoi il écume chaque semaine les offres d'emploi sur LinkedIn pour trouver celle qui ouvrira la porte à ce changement de vie.

Vous l'aurez peut-être remarqué, ma description va un peu plus loin que les simples facteurs sociodémographiques que j'avais listés ci-dessus (âge, classe socioprofessionnelle, etc.) pour inclure des facteurs psychologiques (motivation, habitudes) – ce sont des informations qu'on ne peut avoir qu'au contact des clients… en faisant l'Étude de Marché Express.

UTILISER L'AVATAR

L'avatar est une description détaillée et **idéalisée** du client que vous allez cibler désormais. Par conséquent, il se peut très bien que vous n'ayez jamais affaire à un client qui corresponde à 100 % à la description de Vincent, et c'est normal. Cependant, vous constaterez vite qu'avec votre avatar en main, vous pouvez être beaucoup plus spécifique quand vous communiquez sur votre site Web, sur vos prospectus, sur votre signalétique en magasin, ou dans vos publicités sur Internet :

	NE CONNAÎT PAS SON AVATAR	CONNAÎT SON AVATAR
PUBLICITÉ FACEBOOK POUR UN CABINET DE CONSULTING	« Faites les bons choix de carrière : téléchargez notre guide livre blanc. »	« Cadre supérieur : les 7 étapes pour travailler à domicile deux jours par semaine. Téléchargez notre guide gratuit. »
AFFICHE DANS LA VITRINE D'UNE SANDWICHERIE	« 1 sandwich + 1 boisson = dessert offert. »	« Montrez votre carte de membre du FC Nantes et le dessert est à moitié prix ! »
ACCROCHE SUR LE SITE WEB D'UNE STATION DE SKI	« Profitez de la montagne ! Des activités pour tous. »	« Aucune piste verte ou bleue ici – uniquement le meilleur du snowboard pour les vrais passionnés de *Freeride*. Chez nous, pas de débutants pour pourrir votre Vitelli*. »

VOUS AUREZ BEAUCOUP PLUS DE CLIENTS EN CIBLANT BEAUCOUP MOINS DE PERSONNES

À quoi faut-il s'attendre quand vous commencez à parler à votre avatar, plutôt que d'essayer de vous adapter à tout le monde ?

- D'un côté, on constate en général que vous allez perdre environ la moitié de la clientèle qui ne correspond vraiment pas à l'avatar.
- Et de l'autre côté, vous allez doubler ou davantage, le nombre de clients qui ressemblent fortement à l'avatar.

Est-ce que cela vaut vraiment le coup, alors, de perdre la moitié des clients d'un côté pour en avoir deux fois plus de l'autre côté ? La réponse est **oui**. Car, rappelez-vous, nous avons choisi notre avatar en fonction du public qui est déjà majoritairement intéressé par notre produit/service.

Supposons que nous avons un salon de coiffure où, par exemple, 40 % du bénéfice est généré par des femmes, et 60 % du bénéfice provient d'hommes.

* Je vous recommande vivement d'éviter tout jargon que vos clients potentiels risquent de ne pas comprendre… Sauf dans ce cas précis, où vous voulez cibler spécifiquement votre avatar et décourager d'emblée M. Tout-le-Monde (car M. Tout-le-Monde ignore que le Vitelli est une technique de rotation en snowboard).

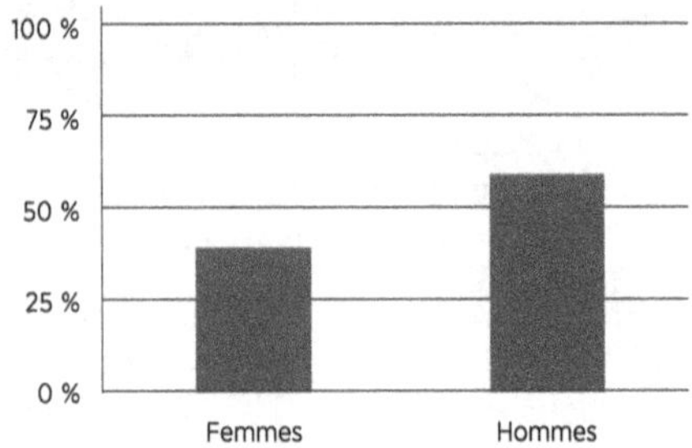

Après avoir fait notre avatar, faisons une expérience. Nous ne cherchons pas à repousser les femmes, mais à attirer davantage les hommes qui viennent déjà :

- repenser la décoration intérieure du salon en privilégiant les tons mats et chromes au lieu des pastels du début ;
- remplacer sur les écrans les chaînes de *télénovelas* par une chaîne musicale rock ;
- revoir les prestations et catalogues du salon pour mettre en avant les coupes et designs personnalisés sur cheveux et barbe (on ne supprime pas les tissages, permanentes et brushings, mais on les met en position secondaire). Dans nos publicités et prospectus figure une Offre Irrésistible pour les nouveaux clients : la seconde coupe de cheveux est gratuite si elle a lieu moins d'un mois après la première*.

Au bout de six mois, le nouveau positionnement du salon nous a fait perdre la moitié de notre clientèle féminine, qui n'aime pas le nouveau style, mais doubler la clientèle masculine.

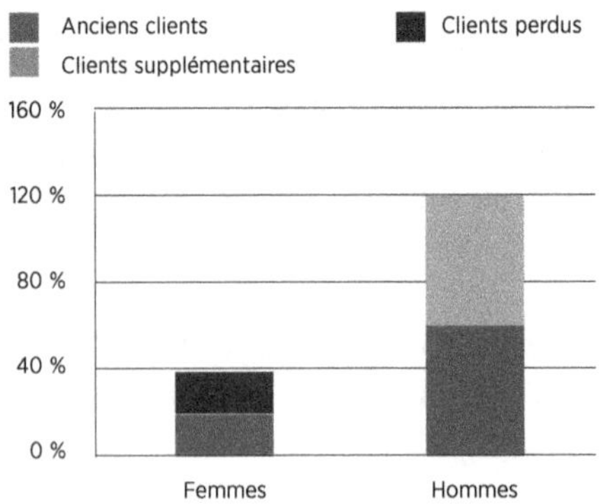

* Je vous expliquerai l'intérêt de ce type d'offres dans le chapitre 75 sur les Offres Irrésistibles, p. 362.

Si notre bénéfice l'année précédente était de 100 000 euros, nous avons donc désormais :

- Perdu la moitié du bénéfice créé par la clientèle féminine : il passe de 40 000 euros à 20 000 euros.
- Doublé le bénéfice créé par la clientèle masculine : il passe de 60 000 euros à 120 000 euros.

Les deux se compensent, n'est-ce pas ? N'est-ce pas ? Bien sûr que non ! Nous sommes passés de 60 + 40 = 100 000 euros de bénéfices en étant généralistes, à 20 + 120 = 140 000 euros de bénéfices en étant spécifiques sur l'avatar qu'on veut attirer. Soit un bond de +40 % !

L'effet devient encore plus radical si la répartition de votre clientèle potentielle est plus marquée. Si 30 % de votre clientèle ont moins de 40 ans, et 70 % ont plus de 40 ans, alors en ciblant activement les plus de 40 ans dans votre marketing vous vous retrouvez avec (30/2)+(70×2) = 15 + 140 : 155 % du bénéfice que vous auriez fait en restant généraliste. Si le partage est de 20 % de bénéfice généré par les célibataires et 80 % par les couples, alors cibler activement les couples peut vous permettre de générer (20/2)+(80×2)=10 + 160 : 170 % du bénéfice que vous auriez généré en restant généraliste. Et ainsi de suite.

L'ÉTUDE DE MARCHÉ CLASSIQUE

Comment obtenir une définition précise de l'avatar, si vous n'avez pas encore cent clients sur lesquels faire une telle analyse ? C'est là qu'intervient l'étude de marché.

L'étude de marché classique consiste en une analyse poussée des conditions du marché sur lequel vous allez vous installer. Ce type d'étude est une démarche lourde et souvent très chère. Certains consultants facturent jusqu'à 20 000 euros pour vous livrer ce type de rapports.

Pour certains types de projets, comme la création d'un restaurant, certaines parties de l'étude de marché classique restent indispensables : étudier l'implantation et les habitudes de circulation des piétons, comprendre l'évolution sociodémographique du secteur où vous voulez placer votre boutique, connaître les projets d'urbanisme qui peuvent affecter votre pas de porte. Tout cela est essentiel.

Ce type d'étude est bien moins rentable pour une entreprise dématérialisée, comme une activité de commerce en ligne, de *e-learning*, de coaching ou services à domicile.

L'ÉTUDE DOCUMENTAIRE

Une alternative pour réduire les coûts est de recourir à des études qui ont déjà été élaborées par des organismes statistiques. On appelle cela l'étude documentaire. Voici quelques-unes de ces ressources extrêmement utiles :

- l'Insee (Institut national de la statistique et des études économiques) fournit sur son site beaucoup de données démographiques et économiques[37].
- En plus du site de l'Insee, vous pouvez utiliser leur outil nommé Odil (Outil d'aide au diagnostic d'implantation locale). Cet outil gratuit permet de croiser votre type d'activité et votre secteur géographique (commune, ensemble de communes, aire urbaine, canton, arrondissement, département...). Il vous ressortira des données démographiques, économiques et de concurrence et vous permettra de générer un rapport complet d'étude de marché[38].
- L'institut Ipsos permet de faire des recherches par mot-clé sur son site pour trouver les résumés de leurs résultats de sondages et enquêtes[39].

POURQUOI FAIRE UNE ÉTUDE DE MARCHÉ « EXPRESS »

Puisqu'il est indispensable de faire une étude de marché, mais que la démarche est souvent longue et coûteuse, comment procéder pour avoir des résultats concrets, rapides, et à moindre coût ? Au fil des années, j'ai mis au point et testé avec des milliers d'entrepreneurs une technique infiniment plus efficace (car applicable directement pour générer des ventes) et moins chère (votre seul investissement est un papier et un stylo). J'appelle cette technique l'**Étude de Marché Express**.

L'Étude de Marché Express est un sondage qui a pour vocation :

1. de vous permettre de cibler précisément votre Avatar et connaître vos clients potentiels (aussi appelés **prospects**), leurs caractéristiques, leurs motivations et leurs besoins ;
2. de vous aider à trouver ou créer le produit/service qui correspondra à ce besoin ;
3. de vous donner les mots exacts à utiliser pour présenter votre offre sous le meilleur angle pour déclencher la vente ;
4. de vous indiquer quels tarifs le marché est prêt à investir dans votre offre ;
5. et d'obtenir toutes ces informations pour un coût minimal, voire dans certains cas d'être payé par vos premiers clients pendant que vous récoltez ces informations !

SI VOTRE PRODUIT
S'ADRESSE
« À TOUT LE MONDE »,
IL NE S'ADRESSE
À PERSONNE.

31. SEPT QUESTIONS POUR COMPRENDRE UN ACHETEUR POTENTIEL

L'Étude de Marché Express est un sondage qui compte relativement peu de questions (sept questions principales). Prêtez attention à l'ordre des questions, car il n'est pas anodin ! Je vous en reparle dans les astuces pour réussir votre sondage, en fin de chapitre.

Voici maintenant la liste des questions, avec quelques exemples pour chaque question !

QUESTION 1 : SAVOIR COMMENT NOTRE CLIENT DÉCRIT SON RÊVE OU OBJECTIF

Le but de cette question est de mieux cibler la demande pour éviter de tomber dans le syndrome de l'expert – ignorer ce que les gens **veulent** parce qu'on pense savoir ce dont les gens ont **besoin**.

Il est important de poser cette question sous la forme d'une question ouverte et non pas d'une question à choix multiple : nous voulons récupérer les mots exacts qu'utilisent les clients, et nous ne voulons pas restreindre le champ des possibilités !

La formulation de cette question doit donc être suffisamment large pour que les réponses soient sincères et non guidées par vos *a priori*. Quand Catherine Booth et son mari Andy ont décidé d'appliquer ma méthode pour lancer une nouvelle activité, ils avaient déjà une idée de direction assez précise. Andy était reconnu pour ses compétences et son approche de l'équitation éthologique (le respect du comportement naturel des animaux). Il était tout naturel d'utiliser cette expertise comme ressource pour proposer des produits ou services. Catherine a cependant suivi la méthode à la lettre et décidé de poser la question suivante : **« Quels sont vos principaux objectifs avec votre cheval ou en équitation ? »**

Si elle avait posé une question plus fermée (« Quel rêve pourriez-vous accomplir grâce à un atelier d'équitation éthologique avec des experts comme mon mari et moi ? »), elle aurait quand même recueilli des réponses (de ses fans et de sa famille, certainement)... mais des réponses sans valeur.

QUESTION 2 : COMPRENDRE LE PROBLÈME QUE LE CLIENT CHERCHE À RÉSOUDRE

Le secret d'un marketing percutant, c'est de devenir le héros du client. Pour être héroïque, il ne suffit pas de porter la tiare de Wonder Woman et d'avoir l'air fabuleuse avec les cheveux qui flottent au vent. Il faut aussi affronter concrètement les ennemis, obstacles, frustrations et blocages qui pourrissent la vie de ce client.

Les personnes qui vont acheter vos produits et services ont souvent déjà tenté par le passé de résoudre leur problème ou d'atteindre leur objectif. Mais les solutions qu'ils ont trouvées ne leur convenaient pas, ou alors ils ont essayé et échoué – pour des raisons qu'eux seuls pourront vous expliquer.

Nous allons donc poser une seconde question ouverte, avec à nouveau une formulation suffisamment générique pour ne pas orienter les réponses. Voici la formulation simple que je recommande : « **Quelles sont les principales difficultés que vous rencontrez ? (Qu'est-ce qui vous empêche d'atteindre vos objectifs ? Que ressentez-vous à cause de cela ?)** »

Les réponses à ces deux premières questions sont cruciales pour vous aider à orienter votre projet. À titre d'exemple, quand j'ai aidé Olivier Roland à monter son Étude de Marché Express pour le lancement de son activité en ligne en 2009, nous étions déjà assez convaincus du produit que nous souhaitions vendre (un abonnement mensuel pour vendre des chroniques ou résumés de livres), car cela semblait coller parfaitement à la thématique de son blog *Des Livres Pour*

Changer De Vie. Heureusement, cette Étude de Marché Express nous a évité un flop : il s'est avéré que le but n° 1 des lecteurs d'Olivier à l'époque était de « créer une entreprise », et leur obstacle n° 1 était « la procrastination » – l'habitude de tout remettre au lendemain. Olivier a donc lancé un programme appelé *Agir et Réussir*, avec comme promesse : « Mettez fin à la procrastination pour créer votre entreprise ! » Le format du produit et son tarif ont également été revus intégralement à cause des réponses que les clients potentiels avaient données dans la suite du sondage – mais on y reviendra. Tout d'abord, parlons d'une question un peu étrange, mais tellement utile pour que notre marketing fasse mouche…

QUESTION 3 : LA BAGUETTE MAGIQUE

Il y a un écart entre la solution dont notre client a **besoin** et la solution dont notre client a **envie**. Les deux premières questions du sondage nous servent à diagnostiquer et comprendre de quel produit il/elle aura **besoin**.

Cette troisième question nous sert à comprendre de quelle solution il a **envie**. Cela va rendre notre marketing beaucoup plus efficace.

Voici un exemple : un de mes clients et partenaires vendait un logiciel qui permettait aux formateurs de mettre en ligne leur formation en moins de 15 minutes montre en main. Cette solution était une petite révolution lors de son lancement – mais, à dire vrai, aucun formateur ou coach ne se lève au milieu de la nuit, couvert de sueur, en s'écriant, « Bon sang ! Il me faut une solution logicielle d'hébergements de formation *e-learning* gérant les DRM qui me permettra de mettre en ligne ma formation moi-même en 15 minutes montre en main ! »

À l'opposé, Bill O'Hanlon m'a raconté s'être réveillé à trois heures du matin en grinçant des dents à cause du stress occasionné par son boulot… et en ruminant une récrimination bien plus simple. Par exemple : « Bon sang ! Si seulement j'avais quelqu'un qui s'occupe de prendre mes vidéos et tout mettre en ligne pour moi… je pourrais enfin vendre mes formations via Internet et ne plus avoir à me déplacer aux quatre coins de la planète pour former deux pelés et trois tondus à Trifouilly-les-Oies ! »

Avec notre troisième question du sondage, nous voulons lui faire dire exactement ces mots-là. Parce qu'une fois que nous connaissons cette « baguette magique » dont rêvent nos clients potentiels, nous pouvons créer un produit qui y ressemble (ou présenter notre produit de telle façon qu'il ressemble à cette solution). Je vous donnerai des exemples quand vous décortiquerez les réponses du sondage au chapitre 38 (voir p. 198).

Voici des exemples de formulation :

- **« S'il existait une solution idéale, pour vaincre ces obstacles, quelle serait cette solution ? Si je pouvais faire quelque chose pour vous aider instantanément à atteindre votre objectif, de quoi s'agirait-il ? »**
- **« Si tu avais une baguette magique et que tu pouvais créer la solution parfaite à ce problème, à quoi ressemblerait cette solution ? »**

QUESTION 4 : RECUEILLIR LES QUESTIONS ET OBJECTIONS

Pour apporter des réponses solides aux interrogations de nos clients, il est indispensable de les connaître ! Si vous créez un produit d'information (livre, formation audio ou vidéo, séminaire, ateliers, programme de coaching), cette question ouverte vous permettra de créer la liste des modules de votre formation. Si vous créez un logiciel, cela vous éclairera sur les fonctionnalités à inclure dans l'application et sur les éléments clés à inclure dans votre « visite guidée ». Si vous projetez de vendre un produit tangible, ou d'être au contact avec les clients au téléphone ou en magasin, alors les interrogations que vont vous transmettre les prospects à ce stade du sondage vous seront utiles pour créer votre « script de vente » et éviter les objections de dernière minute.

Exemples de formulation :

- **« Si vous pouviez me poser une question, n'importe laquelle, pour atteindre votre rêve, quelle serait-elle ? (Si vous avez plusieurs questions, pas de souci : vous pouvez en poser jusqu'à trois.) »**
- **« Si je pouvais vous donner accès à un expert pour répondre à votre question la plus pressante et résoudre votre problème, quelle question voudriez-vous lui poser ? »**

QUESTION 5 : REPÉRER LES SOLUTIONS ALTERNATIVES

Je l'ai dit plus tôt, vos clients n'en sont souvent pas à leur premier coup d'essai. Si vous savez déjà quelles solutions ils ont essayées, vous pouvez étudier la concurrence et affiner votre positionnement.

Voici la formulation que nous avons utilisée récemment pour une Étude de Marché Express avant de lancer un nouveau programme d'accompagnement.

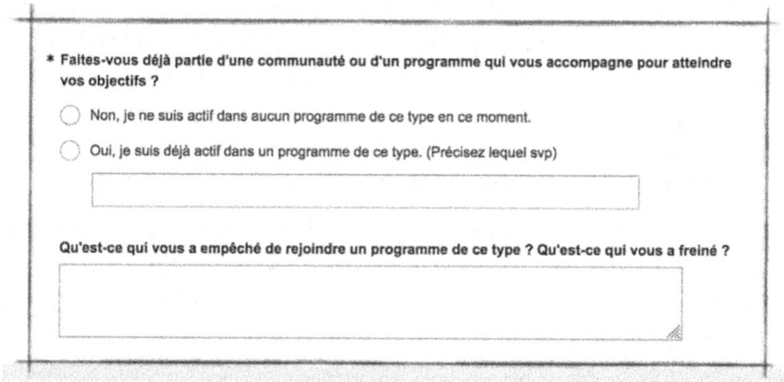
* Faites-vous déjà partie d'une communauté ou d'un programme qui vous accompagne pour atteindre vos objectifs ?

- Non, je ne suis actif dans aucun programme de ce type en ce moment.
- Oui, je suis déjà actif dans un programme de ce type. (Précisez lequel svp)

Qu'est-ce qui vous a empêché de rejoindre un programme de ce type ? Qu'est-ce qui vous a freiné ?

QUESTION 6 : ESTIMER LE BUDGET

Cette question donne souvent les réponses les plus surprenantes, si l'on ose la poser franchement. Je ne compte plus le nombre de clients que j'ai vus surestimer le budget de leurs clients (« ça me prend du temps pour fournir une telle qualité, enfin, les gens doivent bien comprendre ça, non ? »). L'inverse est encore plus fréquent : trop d'entrepreneurs **sous**-estiment le budget que leurs clients accepteraient d'investir – et dépensent probablement déjà chez un concurrent. Selon moi, c'est parce qu'ils ne se rendent pas compte de leur propre valeur. Si c'est votre cas, je vous demande de suivre aveuglément le conseil qui va suivre, pour que votre Étude de Marché Express reflète la réalité du marché (c'est le but, non ?) – et l'on reparle de la dimension psychologique de l'argent au chapitre 79 (voir p. 386).

Voici ce que nous allons demander : tout simplement, combien cette personne serait prête à investir.

- **« Pour un accompagnement qui répond exactement à vos attentes et vous aide dans votre mission, combien seriez-vous prêt à investir chaque mois ? »**
- **« Pour un produit efficace qui remplirait exactement les attentes que vous avez indiquées, combien seriez-vous disposé à investir ? »**

Pour obtenir des réponses encore plus sincères et bien comprendre la valeur que le produit a aux yeux des clients, j'ai même tendance à formuler la question ainsi :

- **« Vous bénéficierez bien sûr d'un tarif spécial en tant que client privilégié. Mais quand je proposerai ce produit au grand public, combien pensez-vous que je devrais leur facturer ? »**

Quelles tranches de prix proposer ?

Contrairement aux questions précédentes, celle-ci n'est pas une question ouverte (car cela rendrait l'analyse trop longue et difficile). Je préfère en faire une question à choix multiple et indiquer des tranches de prix :

- 0 euro (cette tranche est très importante ! Elle nous permet de repérer les prospects non qualifiés, et de ne pas tenir compte de leurs autres réponses dans l'analyse des résultats du sondage.)
- Entre 1 et 10 euros.
- Entre 11 et 20 euros.
- Et ainsi de suite, en faisant des tranches de prix qui sont pertinentes par rapport au type de produit. Si vous vendez des voitures de luxe, vos deux premières catégories de prix peuvent être « Moins de 25 000 euros » (si vous savez que ces prospects-là ne sont pas qualifiés) et « 25 000 à 30 000 euros » pour la deuxième. Définissez des créneaux qui suivent de près les niveaux des barrières de prix psychologiques (5, 10, 20, 50, 100, 200, 500, 1 000, etc.).
- Et enfin, la dernière catégorie est la catégorie ouverte : « Plus de x euros. »

Astuces

Je recommande de proposer entre 6 à 10 tranches de prix (pas plus de dix !). Démarrez les deux premières tranches de prix plus bas que ce que vous envisagez comme un prix raisonnable, et les deux tranches les plus élevées au-dessus de ce que vous considérez comme un prix raisonnable. Si vous pensez que votre public est prêt à investir 50 euros par mois pour votre abonnement, proposez : 0, 1 à 10, 11 à 20, 21 à 30, 31 à 40, 41 à 50, 51 à 60, 61 à 100, 101 à 200, plus de 200.

QUESTION 7 : COORDONNÉES ET TÉMOIGNAGES

Vous venez de recueillir des informations précieuses – ces personnes ont pris le temps de répondre à un questionnaire détaillé pour vous indiquer leurs besoins et leurs obstacles. Elles ont même précisé le budget qu'elles sont prêtes à investir dans votre produit ou service. Pensez-vous que ces personnes seraient intéressées par l'achat du produit ou service en question s'il correspond à leurs requêtes ? Bien sûr, me direz-vous, si l'offre correspond aussi à leur budget (ou même un peu au-dessus, comme je vais vous le prouver).

Waouh, dans ce cas, cela veut dire qu'on a fait d'une pierre deux coups, n'est-ce pas ? Récupérer une masse de données qui valent leur pesant d'or… et peut-être même faire nos premières ventes dans la foulée !

Cela n'est possible que si nous pensons à récupérer les coordonnées de ces prospects directement lors de l'Étude de Marché Express, afin de pouvoir les recontacter. Pas de souci ! Nous allons donc glisser tout simplement en fin de sondage une petite question comme celle-ci : **« (facultatif) À quelles coordonnées puis-je vous joindre ? Si j'ai la réponse à l'une de vos questions, je pourrai vous envoyer les informations directement par e-mail ou par téléphone. »**

QUELQUES AUTRES QUESTIONS INTÉRESSANTES (MAIS PAS OBLIGATOIRES)

La clé pour une Étude de Marché Express, c'est de ne poser que des questions dont la réponse sera **actionnable**. Avant d'ajouter une question de plus dans ce sondage, posez-vous toujours la question : « est-ce que la réponse à cette question peut vraiment me faire changer toute ma stratégie ? »

Parce que vous avez sûrement déjà répondu à des sondages ou à un questionnaire de recensement par le passé, vous aurez peut-être la tentation de jouer la carte du conformisme et de poser les mêmes questions que tout le monde pose : Quelle est votre profession ? Tranche d'âge ? Statut marital ? etc.

Pour certains types d'entreprises, cela peut avoir une influence (comme dans mon exemple précédent avec le salon de coiffure qui décide par la suite de ne s'adresser qu'aux hommes). Cependant, si vous comptez ouvrir un stand de restauration rapide sur la plage, il vaut mieux réfléchir à deux fois avant d'ajouter la question du statut marital à votre sondage. Si vous avez 97 % de réponses de célibataires, allez-vous soudainement transformer votre stand en lieu de *speed-dating* ? Car si rien ne change suite à la lecture des réponses à cette question, la question ne sert à rien.

QUEL OUTIL UTILISER ?

Le logiciel que j'utilise s'appelle SurveyMonkey. Cet outil est gratuit jusqu'à 100 réponses obtenues par mois, ce qui suffit largement pour une Étude de Marché Express. Au-delà, le tarif est raisonnable.

Il existe cependant de solides alternatives gratuites : la plus connue est la solution Google, tout simplement nommée « Google Forms ». Une nouvelle alternative – en français, basée sur du logiciel libre et qui ne transmet pas à Google les données de vos sondages, est Framaforms.org. Contrairement à SurveyMonkey, toutes les solutions gratuites ont le petit défaut (à l'heure où j'écris ces lignes) de ne pas permettre une redirection immédiate des internautes en fin de sondage. Pour récupérer les coordonnées (e-mail, téléphone) des internautes, il faudra donc exporter les résultats du sondage puis les importer dans le logiciel qui gère vos envois d'e-mails groupés : contacticiel, « autorépondeur » ou CRM.

Enfin, vous pouvez très bien récupérer les réponses à votre sondage de vive voix, en vous munissant simplement d'un carnet et d'un stylo pour les noter !

ASTUCES POUR RÉUSSIR VOTRE ÉTUDE DE MARCHÉ EXPRESS

☑ Toutes les questions doivent être **obligatoires** à l'exception de celle qui demande les coordonnées. Sinon, vous récolterez énormément de réponses vides.

☑ Répartissez vos questions sur **plusieurs pages** afin de rendre le sondage moins intimidant (de plus, les logiciels de sondage stockent les réponses quand un internaute passe à la page suivante, donc vous ne perdez pas les informations s'il abandonne en cours de route).

☑ Maximum **4 questions par page.**

☑ Je ne plaisante pas quand je vous dis que les premières questions doivent être des questions **ouvertes** !

☑ Pour que les gens donnent des réponses détaillées et disent vraiment ce qu'ils ont sur le cœur, donnez-leur l'espace nécessaire : je recommande au moins **80 caractères de large et 7 lignes de haut** pour une zone de questions ouvertes.

☑ Si vous posez **des questions démographiques (âge, sexe, profession...), posez-les tout à la fin,** car ce sont les questions les plus ennuyeuses – et donc celles qui causent le plus d'abandons du sondage.

☑ Démarrez le sondage dès la page 1. Ne commencez pas par un long texte d'introduction suivi d'un bouton « commencer ». Faites un court texte d'intro et enchaînez tout de suite sur la question 1.

32. COMBIEN DE PROSPECTS QUALIFIÉS FAUT-IL AFIN DE VALIDER VOTRE PROJET ?

LA RIGUEUR SCIENTIFIQUE… ET LE RACCOURCI

Je risque de m'attirer les foudres de toute la confrérie des statisticiens en réduisant leur science à un simple chiffre. Permettez-moi donc de me faire l'avocat du diable pendant une courte seconde en défendant le point de vue rigoureux des statisticiens. Après tout, j'ai dépensé à mes débuts une petite fortune pour aller me former aux États-Unis auprès de Jeanne Hurlbert, PhD, formatrice à l'Université de Louisiane et ex-présidente du Laboratoire de recherche, sondage et études de données de la Louisiane. Ce que j'ai appris de Jeanne m'a permis de mieux comprendre mes clients, et de passer de 17 000 à 105 000 abonnés en un éclair – c'est elle qui m'a appris à réaliser l'Étude de Marché Express et à me servir des résultats pour avoir davantage de clients.

Les statisticiens comme Jeanne vous diront donc que lorsque l'on fait une enquête ou un sondage, il faut que les personnes interrogées soient un « échantillon représentatif » de la population totale que l'on veut cibler[40]. Le nombre de personnes à interroger pour avoir un « échantillon représentatif » doit toujours être supérieur à 30[41], et dépend de nombreux paramètres (combien de clients potentiels dans la population totale, quel niveau de confiance on veut avoir dans nos résultats, et quelle marge d'erreur on est prêt à accepter). Si nous voulions une étude de marché quasi parfaite (99 % de certitude sur les résultats et 1 % de marge d'erreur) alors il faudrait interroger un à un quasiment **tous** les clients potentiels. Vous ouvrez une boulangerie avec une zone de chalandise de 1 000 ménages ? Il faut en interroger 943[42].

Heureusement, je vais vous épargner ce calvaire, pour trois raisons :

1. Les personnes que vous allez toucher avec votre sondage sont par définition plutôt représentatives des personnes que vous pouvez toucher avec vos premiers efforts marketing. En effet, vous allez utiliser à peu près les mêmes méthodes pour diffuser le sondage que pour faire vos premières ventes.
2. Fait vaut mieux que Parfait ! On n'a pas besoin de 99 % de certitude pour se lancer. C'est pour cela que je vous ai dit d'envisager votre phase de « lancement » avec un tremplin d'au moins 18 mois. Si jamais vous vous trompez légèrement, il sera toujours temps d'ajuster le tir.
3. On peut se permettre une grosse marge d'erreur sur cette étude, et quand même taper dans le mille. Si notre sondage dit que 75 % des clientes préfèrent un coaching en vidéo et non pas en face-à-face, alors même si la science statistique affirme qu'on a 15 % de taux d'erreur, ce n'est pas un problème : on a bien compris que **la majorité** des clientes veulent la vidéo ! Et, c'est tout ce que nous voulions savoir.

D'ACCORD, SÉBASTIEN, ALORS COMBIEN DE RÉPONSES FAUT-IL ABSOLUMENT OBTENIR ?

Quand vous aurez 30 réponses de prospects **qualifiés**, votre Étude de Marché Express sera suffisamment représentative pour en tirer des conclusions solides.

Un prospect qualifié est une personne qui a :

- répondu intégralement au sondage ;
- indiqué un budget supérieur à zéro.

Tant que vous n'avez pas obtenu 30 réponses, votre projet est juste un joli rêve ! Dans certains cas, il peut s'avérer difficile d'obtenir des réponses (les gens voient votre publicité en ligne, mais ne cliquent pas vers le sondage, ou alors ils visitent la page et ne répondent pas). Dans ce cas, il faut remettre en cause la présentation que vous faites en introduction, voire envisager de recadrer le projet tout entier.

> **« If they won't tell, it won't sell. »**
> **Si les gens ne font pas l'effort de répondre au sondage, ils ne feront pas l'effort d'acheter.**
> **– John Reese**

La balle est dans votre camp ! Personne ne peut aller à la pêche aux réponses à votre place. J'aimerais donc vous donner quelques techniques pour obtenir rapidement vos 30 réponses qualifiées.

33. SEPT MÉTHODES POUR ENTRER EN CONTACT AVEC DES PROSPECTS QUALIFIÉS

Maintenant que votre sondage est prêt, il ne faut pas tarder à le diffuser. Le perfectionnisme est votre ennemi : vous pourriez fignoler ce sondage pendant des semaines, voire des mois, en cherchant la formulation parfaite pour chacune de vos questions. Si vous tombez dans ce piège, vous commettez une erreur grave – parce que, pendant que vous cherchez les mots parfaits **pour votre sondage**, vous avancez complètement à l'aveugle sur ce qui compte vraiment : comprendre vos clients et avoir les mots parfaits **pour leur vendre votre produit ou service** !

SI VOUS DISPOSEZ DÉJÀ D'UNE AUDIENCE CAPTIVE

Si vous disposez déjà d'une liste de prospects et clients potentiels, ou d'un accès facile à ces personnes, alors cette liste vaut de l'or. Par exemple, lorsque Olivier Roland a voulu lancer son premier produit numérique en 2009, il ne disposait pas d'une liste d'adresses e-mail de prospects, mais il avait tout de même une audience récurrente de personnes qui visitaient son blog pour lire les derniers articles. Olivier a donc publié son Étude de Marché Express directement sur le blog.

Pour Catherine Booth, c'est la page Facebook qu'elle animait pour son mari qui lui a permis de toucher une audience de personnes déjà potentiellement intéressées par leur nouveau concept.

Évidemment, quand vous vous adressez à une audience qui connaît déjà votre travail (via un blog, des articles, des vidéos ou un podcast) cela veut dire se soumettre à la « dictature du peuple ». Ces personnes vous voient déjà sous un angle précis et leurs réponses seront très pertinentes **si votre concept, et votre Étude de Marché Express, correspondent à cette attente**.

Si votre liste de contacts ou vos plateformes existantes ne sont pas raisonnablement ciblées par rapport à votre nouveau concept, alors il vaut mieux parfois partir de zéro. Quand ma femme a fait deux Études de Marché Express successives sur son blog *L'École de mes rêves* (dont le public est majoritairement constitué d'enseignants), la première étude de marché pour un projet au sujet de l'enseignement a récolté 71 réponses longues et pertinentes en un temps très court, alors que la seconde étude pour une autre idée – concernant cette fois la parentalité – n'a récolté que la moitié de ce taux de participation, avec beaucoup moins de détails et de pertinence dans les réponses. Le plus frappant est que la majorité des enseignants inscrits sur le blog *L'École de mes rêves* sont aussi des parents ! Cependant, comme ils ne viennent pas sur ce blog avec des interrogations de parents, l'étude de marché n'a pas fait mouche. Il valait mieux la diffuser « en partant de zéro » auprès d'un public mieux ciblé (*cf.* section suivante de ce chapitre.)

Sur quels supports communiquer ?

Voici quelques-unes des plateformes que vous devez explorer pour la diffusion de votre sondage :

- **Avez-vous un blog ou un site Web sur un sujet lié à votre nouvelle idée ?** Si oui, publiez votre sondage sur le site sous la forme d'un nouvel article, mettez en place une bannière ou un bandeau qui dirige d'un clic vers le sondage, et envisagez même une « *light-box* » (ce que la plupart des gens appellent une fenêtre *popup*) qui s'affiche par-dessus le site en grisant la page, avec l'option d'accepter ou non de participer au sondage.
- **Publiez-vous une newsletter ou lettre d'information ?** Si oui, envoyez à vos abonnés un e-mail spécifique pour annoncer le sondage, puis mettez un « P.-S. » à la fin de tous vos e-mails pendant un mois pour rappeler le sondage et son importance.

Enfin, si vous avez du mal à atteindre les 30 réponses, publiez un second rappel dans une newsletter dédiée*.

- **Disposez-vous d'une audience dévouée sur les réseaux sociaux ?** Dans ce cas, publiez plusieurs fois des invitations au sujet du sondage (car une caractéristique de la majorité des plateformes en ligne est que la majorité des abonnés ne voient pas la majorité des publications). Envisagez un petit budget publicitaire pour « booster » vos publications et augmenter leur visibilité auprès de votre audience.

SI VOUS N'AVEZ PAS ENCORE D'AUDIENCE

Je veux que ce soit aussi clair que possible : vous devez obtenir **30 réponses qualifiées** pour que votre sondage soit valide. Il ne s'agit pas de demander juste à la famille et aux collègues pour arriver à 30, à moins que ces personnes soient exactement le type de clients potentiels auxquels s'adresse votre produit (ce qui est à la fois rare et peu plausible).

Pour obtenir ces 30 réponses, si vous n'avez pas encore commencé à créer votre propre plateforme et votre propre audience, il va falloir sortir de votre zone de confort.

Première possibilité : Faire appel à votre Réseau faible

Le Réseau faible est une notion sur laquelle nous reviendrons au chapitre 64 (voir p. 319). Le Réseau faible, ce sont vos simples « connaissances », alors que le Réseau fort est constitué de vos amis proches et des membres de votre famille immédiate. C'est une ressource essentielle à cause de la loi des « six degrés de séparation » : quelle que soit la personne sur la planète que vous voulez contacter, vous devez être à moins de six personnes de distance. Par exemple : votre beau-frère (1) est l'ancien collègue (2) du meilleur ami (3) de l'entraîneur sportif (4) du président de la République (5).

* C'est d'ailleurs une stratégie qui marche presque toujours en matière de marketing par e-mail : si un message ou appel à l'action est important, il faut toujours l'envoyer deux fois, à quelques jours d'écart. Tout le monde ne lit pas tous vos e-mails ! En envoyant le message deux fois (avec un titre et une introduction différents), vous aurez le double des résultats : deux fois plus de réponses pour votre EME, ou deux fois plus de ventes s'il s'agit d'un e-mail promotionnel.

Le problème, c'est que nous ne connaissons en général pas le détail des ramifications de notre Réseau faible. Du coup, nous exploitons très rarement cette ressource.

La diffusion de votre sondage est le moment idéal pour mettre tous ces contacts à contribution. Préparez un message-type pour les inviter à répondre au sondage ou à le faire suivre à une personne qualifiée. Vous pouvez vous inspirer de ce modèle :

> Bonjour <PRÉNOM>, j'ai besoin de ton aide stp et cela prend juste une minute. Je lance un nouveau projet à destination des <TYPE DE PERSONNES CONCERNÉES> et pour cela je fais un mini sondage. Cela prend à peine quelques instants à remplir : <LIEN DU SONDAGE>
> Est-ce que tu voudrais bien répondre au sondage, si c'est quelque chose qui te semble pertinent, ou bien peux-tu me mettre en contact avec des personnes qui pourraient être intéressées ?
> Je t'en serai hyper reconnaissante,
>
> Mélanie

Une fois que votre modèle de message est prêt, vous allez l'envoyer à tous vos contacts (en personnalisant si besoin selon le contexte de vos derniers échanges avec telle ou telle personne). C'est parti :

- Écumez votre répertoire téléphonique.
- Ouvrez votre logiciel d'e-mails et envoyez à chacun des contacts de votre répertoire (ne faites pas d'e-mail groupé, mais bien des envois individuels !).
- Connectez-vous à Facebook, Instagram, LinkedIn et tous vos réseaux sociaux. Envoyez le message (en personnalisant si besoin !) à toute personne qui figure parmi vos « amis » ou qui a déjà échangé avec vous en message privé.
- Faites un e-mail informel pour la liste de diffusion de votre association de poterie, votre groupe WhatsApp de randonneurs, le forum des parents d'élèves, etc.
- En bref, contactez toutes les personnes que vous connaissez sur toutes les plateformes sans lésiner sur vos efforts : faites

jouer la carte de la sympathie. **Les gens adorent rendre service quand cela leur prend juste une minute ou deux*.**

Il vous faudra envoyer votre requête à des centaines de personnes pour obtenir vos 30 réponses qualifiées (parce que vous allez aussi récolter au passage pas mal de réponses non qualifiées).

Si vous ne connaissez pas des centaines de personnes, même en mettant bout à bout tout votre réseau, que faire ?

Exploiter les réseaux existants

Cette option n'est pas la plus facile, mais c'est l'une des plus efficaces. Si vous pouvez faire en sorte qu'un réseau existant accepte de diffuser votre Étude de Marché Express à ses membres, alors cela peut accélérer considérablement l'obtention massive de réponses.

Cela se produit en général quand vous avez déjà une relation personnelle avec l'administrateur d'un groupe ou d'une plateforme (par exemple, un blogueur avec une audience similaire à votre cible, ou l'administrateur d'un groupe Facebook, ou le créateur d'un forum de discussion en ligne). Il est cependant possible de demander la permission à quelqu'un que vous ne connaissez pas au préalable. Voici quelques conseils pour vous y aider :

- La rencontre en personne est toujours le moyen le plus efficace de demander une faveur à une personne qui dispose d'une plateforme. Si vous rencontrez, dans un salon ou lors d'une session de *networking*, quelqu'un qui a une audience captive correspondant à votre cible, il n'est pas difficile de créer le lien, et au fil de la conversation lui demander si elle vous donnerait la permission de poster votre étude de marché.
- Le positionnement de votre sondage est un élément important pour obtenir un « oui ». Si vous le positionnez comme une « étude » (*je réalise une étude sur les habitudes et préférences des personnes qui se lancent dans le yoga, et les lecteurs de votre blog semblent correspondre à cette description*) alors il est beaucoup plus facile de présenter votre sondage **comme un service que vous rendez** à ce blogueur. Vous lui permettez en

* D'où l'importance de ne jamais afficher plus de quatre questions par page !

effet d'en savoir plus sur ses lecteurs, car vous ne manquerez pas de partager avec lui les résultats de l'étude.

- Dans le cas d'un blog, vous pouvez proposer de rédiger un « article invité » avec du contenu pertinent sur la thématique (ce n'est pas un article publicitaire !). L'article invité est un contenu rédigé par vos soins, que le blogueur publiera en complément de ses propres articles. Visez à apporter énormément de valeurs aux lecteurs. Votre but est que cet article soit digne du top des meilleurs articles jamais publiés sur ce blog. Demandez au blogueur la permission d'y insérer un lien « pour mieux comprendre les attentes des lecteurs » : le lien vers votre Étude de Marché Express.
- À l'inverse, il existe une petite probabilité que vous tombiez sur une personne qui a un profil très entrepreneurial et qui monétise déjà son audience. Par exemple, une blogueuse qui vend déjà des produits à ses lecteurs, ou une administratrice de forum qui rentabilise le site grâce à la publicité, ou encore une personne qui anime un groupe Facebook payant. (Ou même quelqu'un qui a lu ce livre !) Dans ces situations, votre interlocutrice ne va peut-être pas être convaincue par l'innocence de votre argumentaire. Puisque votre intention est à finalité commerciale, on peut très bien vous demander une contrepartie. Si c'est le cas, vous pouvez tout à fait accepter de « rétrocéder des commissions » (c'est-à-dire tout simplement reverser au partenaire une petite partie de la somme encaissée) dans le cas où un des participants de votre étude décide d'acheter votre produit ou service. C'est de bonne guerre. Veillez simplement à ne proposer cette option que si l'autre personne a mis la question financière sur la table en premier… et ne payez jamais d'avance pour la diffusion de votre sondage.

L'huile de coude

Depuis une dizaine d'années que j'enseigne l'Étude de Marché Express, j'ai entendu toutes les excuses possibles et imaginables : *Mais je n'ai pas de liste de prospects ! Je ne connais personne qui ressemble à mes prospects potentiels ! Je ne sais pas à quoi ressemble mon prospect alors je ne sais pas où diffuser l'étude ! Personne ne voudra répondre à des questions ouvertes ! J'ai posé la question à une personne et elle m'a dit non, alors je ferais mieux de tout arrêter et rester aux allocations chômage !*

Si vous cherchez des excuses pour ne pas vous lancer, l'étude de marché est l'étape parfaite pour rester bloqué. Vous pouvez tout simplement choisir maintenant de rester posé sur vos deux fesses et vous plaindre que ça ne marche pas.

Ou alors.

Ou alors, vous pouvez choisir d'être comme un de mes clients, pour qui aucune des solutions ci-dessus ne fonctionnait. Cet entrepreneur en herbe a donc décidé de recourir à la plus ancienne méthode du monde : il est allé frapper aux portes. Il a parcouru les rues, est monté dans chaque immeuble, a grimpé les marches de chaque cage d'escalier et a frappé à toutes les portes de tous les étages. Jusqu'à obtenir un oui. Puis deux. Puis trois. Puis trente. Ce n'est pas la méthode la plus efficace. Ce n'est pas la méthode la plus facile. Ce n'est ni la façon la plus agréable ni la plus reposante de passer un après-midi. Mais tout cela, il s'en fichait. Ce qu'il voulait, c'était du résultat.

Si vous avez « tout » essayé mais que vous n'avez pas encore vos 30 réponses, alors il est temps de passer à la méthode de l'huile de coude.

- **Si vous vendez aux particuliers :**
  - abordez les gens dans la rue avec le sourire ;
  - allez d'immeuble en immeuble faire du porte-à-porte ;
  - demandez au bistrot, au restaurant, à la pâtisserie du quartier s'ils acceptent que vous questionniez deux ou trois de leurs clients réguliers pour votre étude ;
  - vous pouvez même aller voir des entreprises « concurrentes » qui n'ont pas la même zone de chalandise que vous (dans une autre ville, par exemple), en expliquant votre projet et en demandant s'ils vous autorisent à poser quelques questions à leurs clients.
- **Si vous vendez aux entreprises (*business-to-business*) :**
  - jouez à « l'étudiant » (si vous êtes assez jeune) ou envoyez carrément un étudiant poser les questions de votre étude à votre place, car cela génère moins d'objections ;
  - ouvrez les Pages Jaunes, décrochez le téléphone ;

– encore mieux, allez sur place, et dites à la gentille dame de l'accueil : « **Bonjour, j'aimerais prendre un rendez-vous avec le gérant ou manager, s'il vous plaît. Pas aux heures de grande affluence, mais à un moment plus calme. C'est pour un rendez-vous relativement court, pour discuter de ses attentes au sujet de <type produit ou service>. Quand puis-je revenir et avoir un rendez-vous, s'il vous plaît ?** » (On ne demande jamais une réponse à quelqu'un qui n'a pas le pouvoir de nous dire oui, donc donnez le minimum d'informations nécessaires ou essayez de voir le manager directement sur place.)

SOYEZ CRÉATIF !

À chaque situation convient une façon optimale de diffuser votre étude de marché. C'est pourquoi je vous donne autant de méthodes possibles. En vous inspirant de la liste ci-dessus, vous trouverez forcément une méthode qui marchera pour vous. C'est ainsi que David Guigue a réussi à faire circuler son étude.

UNE ASTUCE POUR OBTENIR L'EFFET « TACHE D'HUILE »

Après avoir créé son sondage, David décide de suivre le conseil donné par sa collègue au téléphone. Il tape dans un traitement de texte tous ses meilleurs arguments en faveur de la formation à distance, et exporte le document au format PDF. En dernière page, un simple lien annonce « **Aidez-moi à vous aider** ». Quand on clique dessus, un site Web s'affiche avec une seule page, celle du sondage : « Réservé aux orthophonistes. Indiquez votre prénom et adresse e-mail, puis répondez à ces quelques questions ! »

David ajoute une petite astuce de son invention pour rendre le sondage encore plus efficace : quand une orthophoniste finit de le remplir, elle reçoit un e-mail de remerciement qui précise « **Encore merci ! Et ce qui m'aiderait encore plus à vous aider, c'est si vous**

envoyez ce PDF – en pièce jointe – à des collègues qui pourront à leur tour participer à ce petit sondage ! Merci par avance ! »

Quelques heures après avoir envoyé le livret à son interlocutrice, le sondage semble déjà faire tache d'huile… et les réponses commencent à affluer.

34. COMMENT TUER VOTRE PROJET DANS L'ŒUF

> **« Nous sommes tous des prisonniers ici… de notre propre initiative. »**
>
> **– The Eagles, *Hotel California***

Je parlais au chapitre précédent du choix entre « rester posé sur vos deux fesses à vous plaindre », ou s'accrocher pour récolter les réponses de votre sondage sans lésiner sur l'huile de coude. Il est important de vous rappeler que le seul facteur qui décide de votre réussite, c'est vous. Votre environnement (en particulier votre entourage familial) peut parfois vous freiner, mais on ne peut vous arrêter que si vous baissez les bras.

C'EST L'HISTOIRE DE DEUX INGÉNIEURS QUI ENTRENT DANS UNE BOÎTE…

Quand j'ai annoncé à mes parents que je ne me sentais pas à l'aise chez Unilog et que j'envisageais d'abandonner mes perspectives de carrière pour me mettre à mon compte, j'ai eu droit au téléphone à une version accélérée des « trois premières phases du deuil* » :

1. **Choc et Déni** : « Mais c'est ce que tu as voulu faire toute ta vie ! Tu es sûr que tu ne réagis pas de façon un peu exagérée ? »
2. **Colère** : « Tu ne vas pas mettre en péril toute ta carrière pour un caprice passager ? Après tous les sacrifices faits pour

* Les deux dernières phases du deuil dans le modèle de la psychiatre Elisabeth Kübler-Ross sont la Dépression et l'Acceptation. Cela peut sembler bizarre de comparer la décision d'entreprendre à un « deuil » (et mes parents seraient sûrement les premiers étonnés de la comparaison !), mais il s'agit bien d'une démarche de renoncement à la voie toute tracée que vous suiviez avant ce projet d'entreprise, et l'impact émotionnel sur vous et vos proches n'est pas à prendre à la légère.

en arriver là ? Et puis tu ne sais même pas ce que tu veux vraiment faire à la place ! »

3. **Marchandage** : « Bon, OK, mais tu devrais peut-être attendre un peu avant de tout quitter. Commence par t'insérer un peu dans la vie professionnelle ! Comme cela tu as le temps de te faire un réseau. Tu peux mettre de l'argent de côté et te constituer un capital ! »

J'ai failli me faire piéger par les arguments de la phase Marchandage. Après tout, me voilà sur le point de démarrer un nouveau projet sans vraiment savoir ce que j'allais vendre, sans avoir de prospects à qui vendre et sans avoir les compétences pour gérer une entreprise. J'admets volontiers que le tableau n'était pas très encourageant.

C'est mon ami Ruben qui m'a poussé à résister au Marchandage. Ruben était un jeune ingénieur un peu plus âgé que moi, entré chez Unilog quelques années auparavant. La différence entre nous, c'est que Ruben savait déjà précisément dans quelle direction il voulait s'orienter : il avait déjà un projet entrepreneurial quand il a rejoint Unilog.

J'avais fait les études les plus généralistes qui soient. Avec un diplôme de Centralien en poche, vous pouvez aussi bien travailler dans l'industrie automobile que dans l'aéronautique ou la banque, les cosmétiques, ou même finir égérie de l'opticien ATOL et tourner des documentaires à bord de votre voilier comme le chanteur Antoine*.

Ruben, lui, avait fait sa seconde année de Master sur les Communications non verbales en environnement virtuel.

À la fin de mes études, l'entreprise idéale où je m'imaginais travailler, c'était Unilog. Pour Ruben, cette entreprise idéale dans laquelle il se voyait travailler… eh bien ce serait sa propre société, qui se spécialiserait dans la création d'environnements de réalité virtuelle pour la formation professionnelle.

* À mon entrée à l'École Centrale, quand on m'a demandé : « Quel ancien Centralien vous inspire le plus ? », j'ai répondu sans hésiter : Antoine. C'est peut-être cette inspiration (un chanteur, auteur, globe-trotteur, vidéaste, photographe et libre-penseur) qui prédisait le mieux ma carrière future !

LES BONNES EXCUSES...

Avec une telle détermination, pourquoi Ruben était-il encore chez Unilog quand j'y suis entré ? Si moi, qui voulais vraiment y être, je n'avais pas pu tenir plus de quelques semaines avant d'appuyer sur le siège éjectable, comment expliquer que Ruben, avec son projet clair et net devant lui, fasse du sur-place dans cette prison dorée ?

On en a discuté lors d'un séjour chez ses parents dans le Périgord, et la réponse de Ruben était simple : il s'était laissé piéger par les arguments du Marchandage. « Je pense lancer mon entreprise l'an prochain, se disait-il, et en attendant je me fais un réseau et je mets du capital de côté. »

Ruben n'était pas le seul parmi mes collègues à tenir ce raisonnement. À 21 ans, je me trouvais donc entouré d'autres jeunes entre 23 et 26 ans qui avaient le projet de faire autre chose de leur vie « bientôt », mais qui repoussaient chaque année ce projet pour rester « juste un an de plus » enchaînés à leur bureau sous les néons. C'est ce qui m'a poussé à claquer la porte : je me suis rendu compte que, comme l'Hôtel California dans la chanson des Eagles, cet emploi confortable d'ingénieur allait me drainer de toute vie, et que chaque minute passée là-bas allait rendre mon départ plus difficile !

> **« Tu peux régler ta note quand tu veux... mais tu ne pourras jamais partir. »**
> **– The Eagles, *Hotel California***

Il y a toujours plus de **bonnes** raisons plausibles et solides pour ne pas franchir le pas et oser sortir du rang, que de raisons **folles** pour oser se lancer. Ce que j'aimerais vous demander, à vous qui lisez ces lignes, c'est de réfléchir : ces bonnes raisons ne sont-elles pas une excuse que **vous** utilisez pour vous autosaboter ?

IL Y A LES BONNES EXCUSES, OK, MAIS AUSSI PAS MAL DE MAUVAISES, MAUVAISES EXCUSES

L'autosabotage ne s'arrête pas à la porte de votre ancien employeur. Vous n'allez pas manquer d'opportunités de baisser les bras et de revenir à la raison en suivant les conseils bien intentionnés d'inconnus.

Quelques semaines après avoir quitté Unilog, j'ai eu une longue conversation téléphonique avec ma mère – qui avait, depuis, franchi les deux dernières étapes du deuil, et était donc dans la phase « Acceptation ». Pour me soutenir de tout cœur dans mon projet, elle s'était procuré des livres sur la création d'entreprise, et les avait dévorés afin que l'on puisse discuter ensemble des phases concrètes du lancement de mon projet. De mon côté, j'avais principalement consacré ces premières semaines de liberté à sortir chaque nuit pour trinquer à la santé de mes anciens collègues, et enchaîner des grasses matinées qui se terminaient à l'heure de l'apéro suivant.

De cette discussion téléphonique où j'ai fait de mon mieux pour masquer ma gueule de bois et feindre d'avoir commencé mes recherches sur la création d'entreprise, un conseil salvateur est ressorti. Si je m'inscrivais dès maintenant en tant que demandeur d'emploi, je pourrais par la suite bénéficier de l'ACCRE, l'aide aux chômeurs créateurs ou repreneurs d'entreprise*.

La rumeur dit que lorsque vous êtes inscrit en tant que demandeur d'emploi, vous nuisez aux statistiques du gouvernement (vous faites monter les chiffres officiels du chômage !), même lorsque, comme moi, vous ne touchez pas d'allocations. Cela expliquerait la politique de l'agence nationale pour l'emploi et des Assédic qui exigent une rencontre du demandeur d'emploi avec un conseiller, quand ils soupçonnent que la « recherche d'emploi » n'est pas assez active**.

Lorsque j'ai rencontré mon conseiller ANPE à l'agence de Sainte-Thérèse à Nantes, il a écouté avec attention mon enthousiasme « d'ancien-ingénieur-devenu-futur-entrepreneur ». Après avoir hoché la tête d'un air compatissant et compréhensif, et consulté ses dossiers avec un froncement de sourcils pour trouver la meilleure recommandation, son conseil a été simple et sans équivoque :

* Aujourd'hui appelée « ACRE », cette aide m'a permis une énorme exonération d'impôts et de charges sociales sur ma première année d'activité. J'ai ainsi pu vivre de mon activité dès le départ avec un petit chiffre d'affaires (avec les charges sociales, il aurait fallu viser le double). Merci maman !

** Ces deux organismes sont aujourd'hui fusionnés dans Pôle Emploi ; le principe du rendez-vous avec un conseiller est toujours d'actualité.

> **« Vous savez quoi ? En attendant de mettre votre projet sur pied, voilà ce que vous devriez faire. Allez travailler chez Quick ! On a une super offre d'emploi dans ce fast-food. C'est 30 heures par semaine, avec des horaires flexibles. Comme cela, vous avez une source de revenus pendant que vous affinez votre idée ! »**

J'avoue avoir eu du mal à me concentrer pendant les 10 minutes suivantes, où il finissait de m'expliquer le fonctionnement des « horaires flexibles » (flexibles du point de vue de l'employeur : « On vous appelle simplement en fin de semaine pour vous indiquer quels jours vous travaillez, à quels horaires, et si vous devrez ou non être présent le week-end suivant. »).

La seule excuse qui soit pire que « J'ai du mal à avancer sur mon projet d'entreprise, je suis trop occupé par mon emploi exigeant et bien payé chez Unilog », c'est certainement « … Je suis trop occupé par mon emploi épuisant et mal payé chez Quick ! ».

LE TEMPS DOIT ÊTRE VOTRE ALLIÉ

Il ne me reste pas grand-chose des enseignements scientifiques que j'ai accumulés pendant mes années de classe préparatoire et d'école d'ingénieur, mais je me souviens encore du regard amusé d'un de nos professeurs quand elle expliquait que « Cette leçon devrait vous motiver, parce que nous aussi nous vivons dans un monde archimédien ! ». Quand j'ai demandé, d'un air excédé, ce que cela pouvait bien vouloir dire, et quel était le rapport entre la théorie des ensembles et ma vie d'étudiant (la question bête), elle a répondu sans se démonter :

> **« Cela veut dire que, quelle que soit la distance que vous voulez parcourir, si vous faites tous les jours un pas dans cette direction, vous finirez par y arriver. »**

Je n'écris pas ce chapitre pour vous dire que vous devez absolument quitter votre emploi ou refuser toute offre d'emploi avant de lancer votre projet. J'écris ce chapitre pour vous rappeler que la seule façon d'être certain d'arriver à destination est de faire un pas tous les jours.

Ce n'est pas possible si vous choisissez un emploi où l'on vous impose des horaires inhumains, ou bien si vous restez aux ordres d'un patron qui vous piétine toute la journée. En rentrant chez vous, vous n'aurez pas l'énergie de faire le moindre petit pas dans la direction de votre liberté.

Si vous choisissez de garder une activité à côté du lancement de votre projet, pour acquérir des compétences, un réseau ou du capital, ne vous mentez pas à vous-même. Assurez-vous que vous continuez de faire un pas en avant chaque jour !

PENDANT QUE VOUS FAITES CIRCULER VOTRE ÉTUDE...

Vous savez donc ce qu'il vous reste à faire : créer votre Étude de Marché Express, et la diffuser pour obtenir vos 30 réponses ! Pendant que vous mettez en place ces actions, j'aimerais vous donner des outils concrets pour valider la viabilité économique de votre projet – et recueillir les secrets de réussite de ceux qui sont passés avant vous. Ce sera l'objet de l'Acte III.

L’OPPORTUNITÉ DE
VOTRE VIE NE TOMBERA
JAMAIS DE L’ARBRE TOUTE
SEULE. ELLE RESTERA
OBSTINÉMENT PENDUE
LÀ, À PORTÉE DE MAIN,
JUSQU’À CE QUE VOUS
ALLIEZ LA DÉCROCHER…
OU QU’ELLE POURRISSE
SUR PLACE.

MES ACTIONS

- ❑ J'ai fait l'exercice des quatre composantes de la motivation et déterminé une direction enthousiasmante pour mon projet !

- ❑ J'ai commencé à repérer les opportunités autour de moi en observant les « points d'interrogation » et les « points d'exclamation ».

- ❑ J'ai passé mes idées au crible de Blair Snyder pour éviter de perdre mon énergie dans une direction sans issue.

- ❑ Si j'avais plusieurs idées, j'en ai choisi une grâce à la méthode des sept Ressources Entrepreneuriales, ou à mon intuition.

- ❑ J'ai appris comment réagir aux commentaires et critiques, et j'utiliserai ma matrice pour prêter attention aux critiques neutres, constructives et viables.

- ❑ J'ai parlé de mon projet à au moins une personne de mon entourage, et j'ai réagi constructivement à ses retours.

- ❑ J'ai créé mon Étude de Marché Express et commencé à diffuser le sondage pour recueillir 30 prospects qualifiés !

Acte 3

VALIDER LE PROJET, TÂTER LE TERRAIN, FIXER VOS PRIX

35. VOUS AVEZ VOTRE IDÉE ? VOICI COMMENT CONFIRMER QUE LE MARCHÉ EXISTE

Maintenant que vous avez déterminé votre idée, ou du moins une direction générale à affiner, il faut valider qu'un marché existe.

Pourquoi ?

Parce qu'il n'y a rien de pire que de sortir de votre garage au bout de trois ans avec en main un prototype (ou, pire, un produit fini) dont personne ne veut !

CRÉER UN BESOIN : MYTHE OU RÉALITÉ ?

On dit parfois des meilleurs vendeurs qu'ils seraient « capables de vendre un réfrigérateur à un Eskimo ». Cette expression sous-entend que ces superstars de la vente peuvent créer un besoin et vendre n'importe quoi à n'importe qui, même si le produit est parfaitement inutile au premier abord. Soyons clairs : ce n'est pas une stratégie viable pour votre entreprise !

L'exploit de *vendre un réfrigérateur à un Inuit* (le vrai nom du peuple « Eskimo ») a été effectivement réalisé deux fois : par Jim Moran en 1930, et par Mel Lastman en 1955. Mais attention : aucun des deux n'a vendu une *machine à réfrigérer*. (Puisque ça ne sert évidemment à rien pour un Inuit, vivant en Alaska au-dessus du cercle polaire, d'avoir une machine qui consomme de l'énergie électrique pour conserver des aliments au frais.)

Comment ont-ils donc fait ?

- Jim Moran, qui cherchait à prouver ses capacités d'attaché de presse à son client General Electric, a longuement interviewé un chasseur inuit et découvert que ce prospect insolite avait une énorme frustration : sa viande s'abîmait quand il la stockait à l'extérieur, car il faisait… trop froid ! Puisqu'un réfrigérateur garde une température constante d'environ 4 °C et que la viande n'y congèle pas, Jim lui a donc vendu une « machine qui garde la viande au chaud ».
- Mel Lastman voulait attirer l'attention sur sa chaîne de magasins de meubles. En voyageant dans le cercle arctique pour trouver un client mémorable, il s'est rendu compte que l'un des pires ennemis du peuple Inuit est l'ours polaire. Mel n'a pas eu de mal à trouver un acheteur quand il a présenté sa formidable innovation, le « placard renforcé pour protéger la nourriture de l'odorat des ours blancs ».

Dans les deux cas, Jim et Mel ont simplement trouvé une façon de remplir un besoin qui existait déjà !

Si l'on ne peut pas créer le besoin, comment savoir s'il existe déjà ?

Pour découvrir s'il existe déjà une clientèle prête à dépenser son argent durement gagné en échange de vos produits et services, vous devez vérifier que le marché que vous visez remplit les quatre critères PMVR :

- P : la passion ;
- M : les moyens ;
- V : le volume ;
- R : le renouvellement.

PREMIER CRITÈRE POUR SAVOIR S'IL EXISTE UN BESOIN POUR VOTRE PRODUIT : LA PASSION

La décision d'achat est un processus qui se joue avant tout sur le plan émotionnel. Vos clients décident d'abord « dans leurs tripes » s'ils désirent votre produit et vous font confiance, et justifient ensuite par des arguments rationnels leur décision[43].

C'est tout aussi vrai en *Business-to-Business* : vous ne vendez pas à une entreprise, mais à un acheteur ou décideur au sein de cette entreprise. Tant que cet acheteur est un être humain, il ne peut pas faire autrement que de réagir comme un être humain*.

C'est pour cette raison que vous devez vous assurer que vos clients ont une forte charge émotionnelle liée à cet achat. On peut évaluer cette charge émotionnelle de trois façons :

1. investissement émotionnel ;
2. besoin pressant ;
3. malléabilité.

L'investissement émotionnel

Votre client potentiel est-il émotionnellement investi dans cette thématique ? Est-ce qu'il y dévoue une grande partie de son attention, de son énergie et/ou de ses revenus ; ou alors, en a-t-il fait sa mission de vie ?

Les signes indicateurs : existe-t-il des associations qui regroupent des passionnés et des militants sur cette thématique ? Se réunissent-ils sur des sites Web, blogs et forums spécialisés ? Ont-ils leur propre jargon qui exclut les « non-initiés » ?

On retrouve sur ces marchés aussi bien des produits ou services qui servent d'outil pour résoudre le problème, mais aussi des **formations et livres**. S'il n'y a pas une quantité importante de prospects qui cherchent à s'informer et se former sur cette thématique, alors il n'y a pas d'investissement émotionnel.

Le besoin pressant

Votre client potentiel a-t-il un besoin pressant d'acquérir une solution (produit ou service) qui va le débarrasser de son problème ? **Est-ce une question de vie ou de mort** (métaphorique ou réelle) ?

* Attention, il y a un cas particulier : si votre interlocuteur est juste un « prescripteur » – s'il doit convaincre d'autres personnes pour avoir le droit de signer la vente. Dans ce cas il faut aussi lui mettre en main les outils logiques et concrets qu'il pourra utiliser *tels quels* pour convaincre le « décideur » : sa femme, son associé, son supérieur hiérarchique. Ne vous inquiétez pas, vous verrez dans un instant comment créer les émotions et les justifier de façon rationnelle dans notre message de vente.

Y a-t-il un enjeu important pour cette personne si elle trouve ou non une solution ?

Les signes indicateurs : Cela va se voir dans votre Étude de Marché Express. Quand les prospects ressentent un besoin pressant, ils considèrent et achètent en général plusieurs produits ou types de produits simultanément pour résoudre le même problème.

Vous pouvez aussi le détecter en utilisant l'outil de planification des mots-clés fourni par Google : cherchez simplement sur Google « planification des mots-clés ». Cet outil gratuit permet de savoir si un mot-clé est très recherché (c'est le volume, nous en reparlerons dans une petite minute) mais aussi, parmi plusieurs expressions, lesquelles reviennent le plus souvent dans les recherches des internautes. Les personnes qui ont un besoin pressant n'insèrent pas le mot « gratuit » dans leurs recherches ! Par exemple, voici à quoi ressemblent les recherches d'un marché qui a un besoin pressant :

bébé mal dents

Mot clé (par ordre de pertinence)	Nombre moyen de recherches mensuelles	Concurrence
poussée dentaire	1 k - 10 k	Faible
dents bébé	1 k - 10 k	Faible
pousse pousse bébé	1 k - 10 k	Élevé
poussée dentaire bébé	1 k - 10 k	Faible
gel dentaire bébé	100 - 1 k	Élevé
gel dent bébé	100 - 1 k	Élevé
bebe dent	100 - 1 k	Moyen
première dent	100 - 1 k	Faible
poussées dentaires	100 - 1 k	Faible
dentition bébé	1 k - 10 k	Élevé
bébé fait ses dents	1 k - 10 k	Faible
gel poussée dentaire	100 - 1 k	Élevé

Dans les 10 recherches les plus fréquentes, on peut voir des recherches de solutions avec le mot-clé « comment » ; on retrouve aussi des recherches directement associées à un produit (le collier d'ambre, la solution Camilia), ce qui est un très bon signe.

La malléabilité

Dernier recours, si l'on a une réponse négative aux deux premières questions : **le public ciblé par cette offre est-il « malléable » ?** En d'autres termes, s'agit-il d'une cible dont on peut facilement diriger et contrôler l'attention ?

Les signes indicateurs : il a été prouvé scientifiquement qu'on peut facilement influencer un prospect qui passe beaucoup de temps devant la télévision[44], ou à consommer les actualités dans la presse, ou à s'informer via les réseaux sociaux[45]. Si votre cible appartient à ce groupe de personnes hyper connectées, hyper dociles, alors vous pouvez probablement influencer suffisamment ces personnes pour créer un attachement émotionnel et une décision d'achat, même pour un produit qui n'avait pas *a priori* d'intérêt pour elles.

C'est un type de marketing méprisable, que je n'ai pas l'intention de développer dans ce livre. Je ne l'inclus que par volonté d'être exhaustif. Beaucoup de produits de grande distribution ne passent pas les filtres des deux premiers critères ci-dessus : ils ne sont pas passionnants, ne remplissent pas un besoin pressant, et sont même souvent toxiques pour la santé physique ou mentale des personnes et pour la planète. Dans cette situation, la seule solution disponible dans l'arsenal d'un marketeur (à part démissionner et aller travailler ailleurs) est de pratiquer le matraquage publicitaire, parce que cela fonctionne. Si cela ne correspond pas à vos valeurs, et/ou si vous n'avez pas les moyens de pratiquer le matraquage publicitaire, alors assurez-vous que votre marché passe l'un des deux filtres précédents !

SECOND CRITÈRE : LES MOYENS. EST-CE QUE LES GENS DÉPENSENT DÉJÀ ?

Quand votre marché respecte le premier critère, vous avez le facteur émotionnel dans votre camp. Le prix que vous facturez pèse donc beaucoup moins lourd dans la balance. (Comparez le prix que vous pouvez vendre un bouquet de fleurs au bord de la route, au prix que vous pouvez facturer si vous fournissez des fleurs pour une décoration de mariage !)

Cet avantage est crucial, parce que je recommande de vous lancer avec un positionnement haut de gamme. En facturant davantage, vous pourrez faire plus de marge, assurer la pérennité de votre entreprise plus rapidement et avoir davantage de budget à consacrer à créer une expérience inoubliable pour vos clients. Cette stratégie va guider votre choix de prix, une fois que vous aurez recueilli les réponses de votre Étude de Marché Express. Au chapitre 41 (voir p. 208), vous allez découvrir « l'écrémage », une technique qui permet de vous positionner avec succès dès le départ avec la marge la plus élevée possible, tout en apportant énormément de valeur à vos clients.

Je ne crois pas à la théorie qui consiste à viser le prix le plus bas. Bien au contraire, vous devez fixer un prix qui vous permettra d'atteindre vos objectifs de rentabilité : vous ne lancez pas votre entreprise pour faire la charité !

Pour y arriver cependant, il faut absolument valider la réponse à une question toute simple : « Est-ce que le client a les moyens ? »

Comment savoir si nos clients ont les moyens

Votre Étude de Marché Express est une précieuse source d'informations sur le sujet puisqu'elle demande directement aux clients leur budget. (Comme je vous l'ai dit précédemment, il faut cependant prendre les réponses avec des pincettes.) Encore plus vital : si vous avez demandé quelles solutions vos clients ont essayées par le passé, vous saurez s'ils **dépensent déjà** de l'argent pour résoudre ce problème ou atteindre cet objectif.

C'est crucial : il ne suffit pas de savoir que les clients ont de l'argent. Il faut valider que cet argent **circule déjà** vers des alternatives aux produits que vous comptez vendre.

> **Il est très facile de détourner vers vos produits un flux d'achats déjà existant ; il est presque impossible de générer un flux d'achats qui n'existait pas auparavant.**

Une autre source d'information, plus vaste, ce sont les données macroéconomiques sur votre secteur d'activité. Il est facile de trouver sur Internet des données concrètes sur le pouvoir d'achat et les perspectives d'avenir d'un secteur d'activité. Faites attention à être suffisamment précis dans votre recherche. Si vous voulez lancer une boutique de vente en ligne de chaussures de *designer*, alors ne vous contentez pas de statistiques globales sur « le *e-commerce* en France » ou même sur « la maroquinerie en France » – affinez votre recherche pour trouver des détails sur « le marché de la vente en ligne de maroquinerie de luxe en France » et vous trouverez de nombreux articles qui vont étendre vos horizons.

Si vous vendez en *Business-to-Business*, il existe de nombreux systèmes d'information en ligne pour connaître la solvabilité et la performance financière de vos clients potentiels[46]. Cependant pour savoir quel budget les acheteurs sont susceptibles d'investir dans un produit/service comme le vôtre, l'Étude métier (au chapitre 37, voir p. 192) sera votre meilleur atout.

Les moyens financiers font partie de l'avatar

Sur tous les marchés, certains clients ont plus de moyens financiers que d'autres. Quel que soit votre niveau de prix, il y aura toujours des prospects qui « ne peuvent pas se le permettre ». Vous devez admettre ce fait et ne pas vous laisser freiner pour autant.

Pour vous ouvrir les yeux à ce sujet, voici un exemple : un an après la sortie de mon livre précédent, j'en avais vendu tout juste 10 000 exemplaires. Sachant que ma newsletter e-mail comptait environ 105 000 abonnés à l'époque, j'ai envoyé un message aux 95 000 non-acheteurs pour demander, tout simplement, pour quelle raison ils avaient choisi de ne pas acheter ce livre. La plupart des raisons étaient assez évidentes (« je ne suis pas intéressée par le sujet », « je ne pensais pas que ce livre s'adressait à moi », ou encore « je ne lis pas beaucoup de livres, je préfère les vidéos », ou même « oh, je ne savais pas que vous aviez écrit un livre ! »). Dans le top 10 des raisons les plus fréquentes, cependant, figurait une réponse à laquelle je ne m'attendais pas du tout : « **J'aurais adoré acheter ton livre Sébastien… mais je n'ai pas les moyens !** » En effet, parmi mon lectorat figure une proportion non négligeable d'entrepreneurs en herbe qui vivent dans des pays en voie de développement, ou qui habitent en France mais traversent une situation financière difficile – d'où leur décision d'entreprendre. Quel que soit votre prix, même lorsque vous vendez un livre numérique à 9,50 euros, vous ne pourrez pas satisfaire tout le monde.

Votre avatar doit donc être précis, pour vous éviter des efforts inutiles : je sais qu'il est **inévitable** que des personnes sans-le-sou s'inscrivent à ma newsletter – et j'espère sincèrement que mes e-mails et mes vidéos vont leur apporter de la valeur et des conseils pour sortir de cette mauvaise passe, comme pour Linoa par exemple, qui est passée de SDF à entrepreneur en s'inspirant de vidéos et de séminaires gratuits*. Cependant, **je ne cible pas** ces personnes quand je crée mes vidéos et articles. L'avatar à qui je m'efforce de m'adresser est une personne qui aura les moyens de payer une formation avec accompagnement d'un an (entre 3 000 € et 10 000 €) ou une journée de consulting (qui représente environ le prix d'une voiture de luxe).

L'effet Pretty Woman

Quand je vous conseille de cibler volontairement un avatar qui a les moyens, cela ne veut pas dire que vous devez « snober » les clients qui ne correspondent pas à votre avatar. Le film *Pretty Woman* comporte une scène mémorable où Julia Roberts se fait refouler d'une boutique haut de gamme parce qu'elle n'a pas l'air « digne » d'y faire son shopping. Après être allée refaire sa garde-robe dans un magasin concurrent où elle dépense une petite fortune, elle revient prendre sa revanche dans la première boutique en montrant à la vendeuse la commission gigantesque que celle-ci a perdue en refusant de prendre sa commande.

En aucun cas vous ne devriez agir comme cette vendeuse indélicate. Puisque le client est là, autant le choyer comme on choie tous nos autres clients et en respectant les mêmes règles. Ce n'est pas à la porte de la boutique qu'il faut filtrer les entrées… c'est dans votre marketing.

Cas particulier : le couple prescripteur/décideur

Si vous êtes dans le cas particulier prescripteur/décideur que j'ai mentionné dans la section « Premier critère : la passion », alors notez bien que vous devez faire **deux** ventes à **deux** prospects différents pour décrocher le contrat. Vous avez d'un côté un décideur qui

* Le témoignage poignant de Linoa est disponible ici : www.ProfessionEntrepreneurLibre.com/linoa

peut donner son accord ou son veto... mais qui n'est pas directement concerné par le produit, et ne l'achètera que si le prescripteur réussit à le convaincre.

Ici, pour ce critère de moyens, on parle donc des moyens que le **décideur** peut mobiliser. Un de mes clients, Romain Carpentier, rencontrait ce problème lorsqu'il a lancé « Star en Maths », un site Web dédié à l'apprentissage des mathématiques pour les élèves de lycée. Pour vendre ses programmes de formation accélérée, fallait-il s'adresser au lycéen (prescripteur, qui va suivre le programme) ou au parent (décideur, qui va payer le programme) ? Pour créer le message de vente, j'ai conseillé à Romain de revenir à ces questions essentielles :

- « **Qui est émotionnellement impliqué ? Qui vit le problème au quotidien ?** » Il peut s'agir aussi bien du jeune lycéen qui vit le stress de son échec en mathématiques, que du parent inquiet pour son enfant. Romain a constaté qu'il était plus facile de s'adresser aux lycéens et d'attirer leur attention via des vidéos sur YouTube, que de s'adresser aux parents et leur demander de montrer les vidéos de maths à leurs enfants.
- « **Qui a les moyens ? Qui tient les cordons de la bourse ?** » Ici, il s'agit évidemment du parent.

La stratégie optimale que je recommande est de s'adresser de préférence au prescripteur (en faisant jouer tous les leviers émotionnels pertinents), sans oublier de donner à ce prescripteur les éléments logiques qu'il pourra soumettre au décideur pour emporter la décision finale d'achat. Le choix de Romain a donc été de s'adresser aux lycéens dans les vidéos qui créent l'envie et la motivation de rejoindre son programme, et de n'adresser aux parents que la dernière vidéo (celle qui explique les tarifs et conditions).

Je mentionne ce cas particulier parce que pour répondre à ce critère des « moyens », vous devez prendre en compte les moyens du décideur. Votre ciblage devient donc plus précis : il faudra s'adresser à des prescripteurs passionnés dont le décideur a les moyens.

TROISIÈME CRITÈRE : LE VOLUME

Ce n'est pas facile à entendre, mais quelqu'un doit bien vous le dire un jour : vous n'arriverez probablement jamais à vendre votre produit à **tous** les acheteurs potentiels de votre marché. Même Microsoft avec son système d'exploitation Windows, ou Google sur le marché du moteur de recherche, n'ont jamais réussi à atteindre la saturation complète de leur marché. Google ne représente « que » 92,9 % des recherches sur le Web dans le monde à l'heure où j'écris ces lignes[47].

Si même Google n'arrive pas à obtenir un monopole parfait, et laisse donc sur la table environ 10 milliards de dollars potentiels chaque année[48], pensez-vous avoir une chance d'atteindre 100 % de vos clients potentiels ?

La réponse est non. Dans la plupart des cas, vous n'aurez fait qu'égratigner la surface du marché potentiel, même après des années d'efforts. Je faisais 340 000 euros de chiffre d'affaires avec mon entreprise de coaching en séduction, mais je n'avais au final coaché qu'environ 3 500 personnes sur les 18 millions de célibataires en France[49], soit 0,02 %. Il me restait une sacrée marge de progression !

Comprenez-vous ce que cela implique ?

Cela veut dire que votre marché doit être **beaucoup plus vaste** que le nombre de clients dont vous avez besoin. Puisque vous n'arriverez jamais à vendre à tous, il faut que le bassin de clients **qui dépensent déjà de l'argent sur des solutions alternatives** soit suffisamment large pour ne pas en arriver à bout.

En 1966, un inventeur inspiré a mis au point le *Readamatic*, un « accélérateur de vitesse de lecture » qui permet aux enfants et adultes de tenir un rythme de lecture régulier, en faisant glisser de façon automatique une règle en métal sur la page pour indiquer la vitesse de lecture souhaitée. En-dehors du bruit et de l'encombrement de la machine, la raison première de l'échec de cette invention est toute simple : combien de personnes connaissez-vous qui dépensent déjà de l'argent, aujourd'hui, pour lire plus vite ?*

* Voir encadré page suivante.

UN MARCHÉ DE NICHE

Je ne dis pas que *personne* ne paie pour augmenter sa vitesse de lecture. Ma cliente Anne-Aël Gombert, par exemple, organise des ateliers de « Prestolecture » auxquels j'ai moi-même participé. Un tour d'horizon des participants et des témoignages sur son site, cependant, révèle que l'avatar est probablement en majorité composé d'*infopreneurs* – des entrepreneurs dont le métier est d'assimiler, traiter et revendre de l'information en grande quantité. C'est ce qu'on peut appeler un *marché de niche*. Si vous êtes dans une situation similaire, vous devez impérativement respecter les deux premiers critères (passion et besoin pressant) pour justifier un tarif suffisamment élevé sur ce marché plus restreint, ce que ne faisait pas le *Readamatic*.

Comment savoir si votre marché est suffisamment étendu ?

- Vous pouvez observer le volume de recherches avec l'outil Google mentionné plus haut.
- Le nombre de personnes qui suivent des marques concurrentes ou des pages directement liées à votre thématique sur les réseaux sociaux est un indicateur, mais ce n'est pas suffisant. Par exemple, des millions de personnes suivent des pages Internet liées aux « fleurs », mais cela ne veut pas dire que des millions de personnes dépensent aujourd'hui pour acheter *une solution permettant aux fleurs de se conserver plus longtemps.*
- Le chiffre d'affaires des entreprises existantes proposant une alternative à votre produit/service est un très bon indicateur. Vous avez peut-être inventé une solution qui n'existe pas sur le marché (votre produit permet de conserver les fleurs plus longtemps en y injectant une petite bille invisible à l'œil nu), d'accord, mais des alternatives existent. L'entreprise française Chrysal, par exemple, est spécialisée dans la vente de sprays, doseurs et traitements liquides qui remplissent la même fonction que votre invention. Une rapide recherche Internet indique que le chiffre d'affaires de cette entreprise, il y a quelques années, était supérieur à quatre millions d'euros[50]. Si la majorité des produits sont vendus entre 10 et 25 euros l'unité[51], cela

indique un marché assez considérable – puisqu'il ne s'agit que d'une entreprise parmi plusieurs sur le secteur. J'ai privilégié dans ma recherche pour cet exemple une entreprise qui semble ne vendre **que** ce type de produits, car l'analyse serait faussée si l'on observait une société généraliste.

QUATRIÈME CRITÈRE : LE RENOUVELLEMENT

Il ne suffit pas que le marché semble immense, il faut aussi qu'il se renouvelle. Un de mes clients en a fait la dure expérience quand il s'est rendu compte que sur le million de prospects potentiels que comptait son marché en Amérique latine, il avait réussi en trois ans à recruter sur sa newsletter plus de 700 000 d'entre eux. Ses publicités avaient été « trop » efficaces – et leur efficacité a chuté du jour au lendemain ! Comme il me l'a dit lui-même avant de basculer sur le lancement d'une nouvelle entreprise, « tous les prospects qui voulaient acheter chez nous avaient déjà acheté, et tous ceux qui ne voulaient pas acheter chez nous avaient déjà pris leur décision ». De plus, comme son produit était accessible via Internet sans limitation de temps, les anciens clients n'avaient pas de motivation forte à faire un nouvel achat. Le gâteau était énorme… mais il l'avait mangé jusqu'à la dernière miette.

Un marché se renouvelle de deux façons :
- soit parce qu'il y a sans cesse de nouveaux arrivants à qui vous pourrez proposer votre produit ou service ;
- soit parce que le produit ou service expire naturellement et que vous avez donc l'opportunité de le proposer à nouveau (ou sa nouvelle version) à d'anciens acheteurs, qui redeviennent donc de nouveaux prospects.

La durée de vie de votre client

Le besoin du client est-il **pérenne** – et par conséquent, encore présent après qu'il a fini d'utiliser votre produit ? C'est le cas pour la plupart des produits « consommables ». Vous avez besoin de vous brosser les dents pour garder une bonne hygiène dentaire, et il n'existe aucun dentifrice qui vous permettrait de vous laver les dents « une fois pour toutes ». Quand vous avez terminé un tube de dentifrice, vous en achetez un autre.

Le besoin du client est-il **récurrent** – nécessite-t-il un autre achat de votre produit ou service dans le futur ? Par exemple, si vous êtes agent immobilier et que vous pensez avoir résolu **une fois pour toutes** le besoin de votre client – vendre sa maison – alors vous vous mettez le doigt dans l'œil. Les Français gardent leur maison ou appartement en moyenne 10 ans avant de remettre le bien sur le marché[52]. Si vous conservez systématiquement le lien avec votre acheteur **et** votre vendeur, 10 % des contacts de votre carnet d'adresses mettront un bien sur le marché chaque année. Si vous réalisez deux ventes par mois pendant 5 ans, vous finissez avec un carnet d'adresses de 240 investisseurs (sans compter toutes les personnes qui ont visité des biens, ou celles qui ont listé leur bien sans le vendre par votre biais). Ce qui veut dire que la sixième année, 24 d'entre eux vont vendre leur bien : assez pour doubler votre chiffre d'affaires.

À l'opposé, le besoin de votre client est-il **passager** ? Vendre un produit à une femme enceinte, à un couple de futurs mariés, ou à une maman d'enfants en bas âge est une activité beaucoup plus délicate. Certes, ces publics que j'ai pris en exemple sont tous émotionnellement impliqués – mais pour des périodes assez courtes. Une femme enceinte, c'est une « fenêtre de tir » de 9 mois seulement – et rares sont les produits qui peuvent réellement être achetés tout au long des 9 mois. Heureusement, le besoin est récurrent dans 70 % des cas avec un second enfant, mais sachez que si vous visez un public de ce type, cela change en partie les objectifs de votre marketing. Si vous vous adressez exclusivement à des futurs mariés, il est difficile de leur annoncer « n'hésitez pas à me recontacter lors de votre second mariage ! ». Par contre, vous pouvez sans difficulté leur demander s'ils connaissent un autre jeune couple qui est sur le point de faire le grand saut.

> **Si vos clients ont un besoin passager, alors vos efforts de fidélisation doivent être remplacés par des efforts pour obtenir une recommandation auprès d'un ami.**

Bien entendu, il est préférable d'être sur un marché qui permet à la fois le renouvellement interne de la clientèle (ils rachètent d'eux-mêmes au bout d'un certain temps) et le renouvellement externe (un nouveau client potentiel naît chaque jour quelque part). Cependant, si vous avez au moins un des deux types de renouvellement dans votre poche, vous êtes en bonne voie.

Durée de vie du produit

Une des questions à vous poser, puisque l'on discute de « durée de vie » des clients, c'est justement : Quelle est la durée de vie… de votre produit ? Au bout de combien de temps « expire-t-il » ?

Si vous vendez des accessoires pour vélo, vous devez savoir par cœur qu'un casque de vélo doit être remplacé tous les 3 à 5 ans maximum[53] – parce que cette information vous permet de recontacter tous vos acheteurs au bout d'un temps donné, pour leur faire une offre qui leur permet de rester en sécurité.

Ceci vaut aussi bien pour des produits tangibles que pour des produits ou services immatériels. Par exemple, j'ai constaté il y a quelques années que les acheteurs de formations numériques ont davantage de résultats lorsque la formation propose un accès limité dans le temps*. En annonçant dès le départ que l'accès expire au bout d'un an (au lieu de donner un accès « illimité » comme je le faisais précédemment), je permets paradoxalement à mes clients d'obtenir davantage de résultats puisque cette date limite a un effet radical contre la procrastination. Bien entendu, cette limitation a aussi un effet positif sur l'entreprise, car beaucoup de clients satisfaits achètent un accès (à prix réduit) pour une seconde formation – alors qu'auparavant, ils n'achetaient qu'une seule formation et n'osaient pas en prendre une seconde, puisque la première en « accès illimité » prenait déjà la poussière sur une étagère numérique.

Comment profiter à fond du renouvellement

Le paragraphe qui va suivre peut être le plus rentable de tout ce livre si vous prenez un instant pour y réfléchir, et l'appliquer à votre activité.

Si vous avez choisi un marché qui se renouvelle, alors des prospects « frais » arrivent sur ce marché chaque année, n'est-ce pas ?

* Pour en savoir plus : http://lemarketeurfrancais.com/experience-client-memorable/

Par définition, ces prospects « frais » ne connaissent pas l'offre du marché, n'ont encore parlé à aucun de vos concurrents. Ne pensez-vous pas qu'il y aura un gros avantage pour celui qui entre en contact avec ces prospects le premier ?

Si vous prenez un peu de temps pour réfléchir à une stratégie spécifique pour toucher ces prospects « frais », vous garantissez la pérennité de votre activité. Il vous faudra peut-être former ou informer ces prospects, qui ne sont peut-être pas encore mûrs pour l'achat de vos produits, mais vous avez énormément à y gagner. Lors de mon voyage autour du monde en 2013, j'ai traversé les *favelas* du Brésil, l'Argentine en pleine crise, les *townships* de Johannesburg et les quartiers pauvres de New Delhi et Rishikesh en Inde. Vous savez quel est l'étrange point commun entre toutes ces villes ? Dans tous ces pays où le développement économique est encore un chantier qui avance lentement mais sûrement, les terrasses des cafés sont abritées par des parasols Coca-Cola. Les devantures de petits restaurants affichent leurs menus sur des ardoises Pepsi. Les ventes de soda ayant décliné de 25 % par tête aux États-Unis, il n'a pas fallu longtemps à ces deux marques pour se rendre compte que leur marché ne pouvait se renouveler qu'avec l'entrée prochaine de milliards de personnes qui petit à petit acquièrent les moyens financiers de remplacer les besoins basiques (avoir tout simplement de l'eau potable) par des besoins plus élevés sur la pyramide de Maslow (boire de l'eau sucrée dans un packaging permettant d'affirmer son appartenance à la classe moyenne)[54]. Coca-Cola était même l'un des tout premiers sponsors à encadrer la Conférence mondiale des leaders de la restauration, qui permet à des restaurateurs de 60 pays de découvrir des méthodes pour augmenter leurs profits. Devinez quelle méthode était particulièrement mise en avant ? « La vente de boissons non alcoolisées, et en particulier, le nouveau distributeur de boissons Coca-Cola Freestyle.[55] »

Les grandes marques savent parfaitement comment aller chercher les futurs clients pour en avoir la primeur. Nous autres, petits entrepreneurs n'ayant pas le budget de Coca-Cola, pouvons quand même adopter cette stratégie – et c'est d'autant plus important si vous pensez que votre produit apporte plus de valeur qu'une canette de soda !

VOTRE MARCHÉ REMPLIT-IL TOUS LES CRITÈRES ?

Vérifiez donc maintenant que votre marché correspond à chacun de ces critères :

- la passion ;
- les moyens ;
- le volume ;
- le renouvellement.

C'est le cas ? Parfait ! Il va vous falloir pas mal d'efforts pour que votre projet connaisse le succès que vous espérez. Il est donc crucial de valider dès le départ que vous vous lancez sur des bases solides, afin de faire face courageusement au démarrage parfois un peu lent. C'est ce qu'a durement appris Aurélien Amacker.

36. GAGNER SON PREMIER EURO AVANT D'AVOIR CRÉÉ LE MOINDRE PRODUIT OU SERVICE

« Du coup, ton blog, là, ça rapporte combien depuis que t'as refusé le job à 50 000 euros à La Défense ? »

Aurélien ne se démonte pas : « Le mois dernier c'était la première fois que j'étais à plein-temps sur le blog, et ça a rapporté déjà 84 euros et 55 centimes, mais je sens bien que ça progresse. »

Son ami éclate de rire. De façon générale, si vous avez besoin de préciser les centimes quand vous parlez de chiffre d'affaires, il faut s'attendre à ce que vos amis rigolent.

Aurélien ne se laisse pas intimider pour autant. Il s'est donné un an pour que son projet porte ses fruits. Même si les résultats du premier mois ne sont pas énormes en valeur absolue, la progression (de 20 centimes par mois à 84 euros en 30 jours) est prometteuse. Il n'a pas refusé ce job de cadre bien payé pour lambiner en caleçon chez lui. Bien au contraire, depuis un mois, Aurélien met son réveil tous les matins, et s'astreint à des « horaires de travail » stricts.

Il n'a pas encore de produit ou de service à vendre, mais pour le moment son blog ReadMeImFamous.com a pour modèle d'affaires celui d'un média : il rentabilise le blog grâce à de la publicité et des articles sponsorisés. C'est une stratégie qu'Aurélien a découverte puis approfondie en invitant des blogueurs à déjeuner, à dîner, à prendre un café… Les invitations s'enchaînent et deviennent trop nombreuses pour toutes se les remémorer, mais son

« Q.I. marketing » explose en quelques mois au contact de tous ces blogueurs prometteurs : Cédric Annicette, Frédéric Canevet, Michaël Ferrari, et même un certain Olivier Roland qui a beaucoup fait parler de lui avec le lancement de sa formation Agir et Réussir.

Les résultats ne tardent pas : le second mois de son défi, Aurélien réalise 135 euros sur son blog. Puis 200 euros le mois suivant et 277 le quatrième mois. Il quitte son studio à Paris et part voyager en Europe. Son périple enchaîne la Pologne, la Slovaquie, l'Ukraine, la République tchèque, la Hongrie, et l'Autriche. Ce choix semble bizarre à certains, mais pour la chambre qu'il loue à Cracovie il paie 9 euros la nuitée – son blog est déjà en mesure de financer le loyer ! S'il continue à interviewer ses « concurrents » (les blogueurs déjà établis), c'est sûr, il va continuer de monter en compétences… et en rentabilité.

37. L'ÉTUDE MÉTIER : COMMENT POUSSER VOS CONCURRENTS POTENTIELS À VOUS RÉVÉLER LEURS SECRETS

La stratégie d'Aurélien, qui enchaîne ces conversations avec des confrères ayant déjà plus de succès que lui, est l'une des plus efficaces qui soient. Si vous lisez ce livre, c'est parce que vous voyez l'intérêt de recevoir les conseils concrets de quelqu'un qui a déjà parcouru le chemin avant vous, n'est-ce pas ?

Même quand on se lance avec l'enthousiasme, la naïveté et l'effronterie de penser qu'on va tout révolutionner, il faut admettre qu'on gagne beaucoup de temps (et l'on évite beaucoup d'erreurs) si l'on se forme aux fondements du métier.

Et si je vous disais qu'il existe une méthode très facile pour assimiler en quelques jours le savoir-faire et les « secrets industriels » que vos concurrents ont mis des années à accumuler ? Cette méthode est connue sous le nom d'Étude Métier.

UN INTERROGATOIRE AMICAL

Cela va peut-être vous surprendre, mais la plupart des professionnels qui ont réussi sont ravis de raconter leur histoire, partager les secrets de leur succès, et encourager ceux qui veulent se lancer. C'est contre-intuitif parce que nous sommes formatés dès l'école par le concept de compétition, de classement, d'individualisme. Cela se manifestait dans l'ancienne façon de faire des affaires : dénigrement envers la concurrence, sabotage, rancœur et jalousie étaient le pain quotidien des chefs d'entreprise il y a encore quelques décennies.

J'aimerais vous mettre au défi de penser différemment.

Si vous pensez que l'entrepreneuriat est un jeu à somme nulle avec un gagnant et des perdants, alors vous allez adopter cette même attitude dépassée – et vous allez perpétuer ce cycle vicieux*.

Si, au contraire, vous vous ouvrez à la possibilité que je vais évoquer ici, vous gagnerez l'équivalent de plusieurs décennies d'expérience en quelques heures.

Voici ce que vous allez faire : interroger trois professionnels qui ont réussi. Je me permets de souligner ce critère : qui ont **réussi**, sont une entreprise rentable avec une bonne réputation et plus de 5 ans d'existence. Puis vous croiserez les réponses obtenues pour déterminer les « règles du jeu »... et comment tourner ces règles à votre avantage pour que votre entreprise connaisse un succès encore plus grand.

QUI INTERVIEWER

Faites une liste de plusieurs entreprises qui ont un succès remarquable dans le secteur où vous souhaitez vous lancer. Si possible, listez des entreprises qui ne vont pas vous considérer comme un concurrent direct. Vous lancez une boulangerie à Évry près de Paris ? Interviewez un boulanger qui connaît un succès fou à Choisy-le-Roi, et qui est donc suffisamment proche pour avoir affronté les mêmes enjeux que vous, mais assez éloigné pour ne pas s'inquiéter de votre projet. Vous voulez faire une formation en ligne sur l'import-export ? Allez interviewer les champions de la formation en *dropshipping*. Y'a-tu décidé d'être coach sportif à Québec ? Arrête de niaiser avec la puck, mon ami, tire-toi une bûche avec un coach sportif de Montréal !

---

* Vous vous souvenez de la scène du film *L'Âge de glace 4*, quand l'écureuil Scrat découvre le paradis sur Terre et le ruine par son avarice ? Chaque fois que vous ressentirez l'appréhension de parler à cœur ouvert à un « concurrent », visionnez cet extrait : www.ProfessionEntrepreneurLibre.com/scratlantide

Si vous vous lancez sur le Web

Dans le cas d'activités sur Internet, vous ne pouvez pas recourir à la notion de secteur géographique pour proposer un entretien inoffensif à des entreprises qui feraient **exactement** la même chose que vous. Je conseille donc dans ce cas de chercher deux groupes d'entreprises :

1. Des entreprises qui répondent au même **besoin** que vous pour la même **clientèle**, mais le font avec un **produit ou service** différent. Vous lancez une boutique en ligne de produits de beauté de luxe pour femmes afro-antillaises ? Interviewez la propriétaire d'une boutique *e-commerce* spécialisée dans les vêtements et accessoires de luxe pour les femmes afro-antillaises. C'est aussi une occasion de trouver des partenaires potentiels qui feraient la promotion de votre activité – une stratégie que je développe au chapitre 67 (voir p. 329).
2. Des entreprises qui s'adressent à une clientèle différente de la vôtre, mais qui ont la même **structure,** car leur **produit ou service** est similaire. Vous comptez expédier chaque mois une *box* de produits dédiés aux enfants de 3 à 8 ans ? Interviewez le gérant d'une entreprise qui expédie chaque mois des *box* à ses abonnés – qu'ils soient adolescents, cadres supérieurs, ou pêcheurs à la ligne. Vous en apprendrez énormément sur le métier de la vente par abonnement, la gestion des fournisseurs, le calcul des stocks.

Le signal d'alerte

Si vous n'arrivez pas à trouver la moindre entreprise rentable dans le secteur qui ait à la fois bonne réputation et plus de 5 ans d'existence, oh oh ! c'est un énorme signal d'alarme. Cherchez bien, mais si votre recherche ne donne rien, revenez à l'exercice du chapitre 25 sur les 6 façons de savoir si votre concept est une mauvaise idée, p. 101.

OBTENIR L'INTERVIEW

Ce n'est pas difficile : décrochez le téléphone (c'est plus efficace que l'e-mail), indiquez que vous étudiez le secteur XYZ, et demandez si vous pouvez obtenir une interview de 45 minutes environ, en face-à-face ou au téléphone, pour poser à votre interlocuteur quelques questions rapides. Si l'entreprise est une grosse structure, privilégiez l'entretien avec la personne la plus pertinente au sein de l'équipe. Ne perdez pas votre temps avec un stagiaire ou une jeune recrue. Paradoxalement, je conseille également d'éviter de parler à la personne qui fait le « métier » (le cuisinier, la couturière, le chauffeur de bus) et de plutôt parler à la personne qui **vend** le produit (en général l'entrepreneur, le directeur commercial ou le directeur marketing).

Si vous avez les cheveux grisonnants, indiquer que vous « étudiez le secteur » peut paraître un peu bizarre (alors que cela passe sans problème si vous avez la vingtaine ou la trentaine). Dans ce cas, expliquez simplement que vous préparez un article sur Internet au sujet de ce secteur d'activité et que vous aimeriez interviewer quelqu'un de leur entreprise, car vous avez découvert leur activité en ligne et qu'elle semble être parmi les leaders sur le secteur. Cet article va d'ailleurs nous être très utile pour la stratégie de notoriété développée au chapitre 70 (voir p. 344), donc ce n'est pas juste une excuse en l'air !

COMMENT RÉUSSIR L'INTERVIEW

La première clé est de venir à cet entretien, téléphonique ou en face-à-face, avec l'esprit ouvert et curieux. N'hésitez pas à demander des clarifications et à poser les « questions bêtes » ! Je rappelle que l'interview est pour vous avant tout. Vous ne vous adressez pas à un public imaginaire qui va « juger » vos questions. Vous ne faites pas non plus cet entretien pour impressionner l'interviewé. L'objectif est d'avoir les réponses à vos questions, et de comprendre à 100 % chaque réponse que vous obtenez.

Je recommande, bien sûr, de prendre des notes détaillées des conseils que vous recevez – et d'enregistrer l'entretien pour pouvoir le réécouter. Si vous comptez publier l'enregistrement, n'oubliez pas de demander la permission !

Soyez attentif à toutes les informations chiffrées, mais ne vous laissez pas enfermer pour autant par les éventuelles croyances limitantes de votre interlocuteur. Un de mes confrères qui se disait « leader du coaching en séduction » m'a confié lors d'un entretien qu'il était

« impossible » de dépasser 20 000 euros par an de chiffre d'affaires dans ce secteur. Comme je venais d'y faire plus de 300 000 euros l'année précédente, j'ai simplement hoché la tête et je suis passé à la question suivante !

QUELLES QUESTIONS POSER ?

L'étude métier est un peu différente de l'étude de marché, car nous ne souhaitons pas apprendre ici des informations sur la clientèle et ses besoins. Bien entendu, vous ne devriez pas rejeter ces informations si l'on vous les donne ! Cependant, l'objectif de l'étude métier est de connaître les tenants et aboutissants **du métier**. Vous trouverez sur la page suivante quelques questions qui peuvent vous servir de trame pour l'entretien.

QUESTIONS POUR L'ÉTUDE MÉTIER

☑ Quel était votre objectif en choisissant ce métier ?

☑ Quel est l'obstacle le plus fréquent qu'on rencontre dans ce secteur ?

☑ Qu'est-ce qui vous a permis de percer, à vos débuts ?

☑ Qu'est-ce qui a permis à votre entreprise de passer l'épreuve des années ?

☑ Si vous deviez recommencer aujourd'hui, quelles sont les erreurs que vous éviteriez à tout prix ?

☑ Quelle est la meilleure manière de se préparer avant de se lancer dans cette aventure ?

☑ De quelle astuce, technique, ou stratégie êtes-vous le plus fier ?

☑ Vous devez évidemment avoir maintenant plus d'un tour dans votre manche, avec toutes ces années d'expérience. Seriez-vous prêt à partager une de ces stratégies/tactiques secrètes qui vous ont donné le meilleur retour sur investissement : le meilleur résultat pour un minimum de temps ou d'effort ?

☑ Vous avez dû voir pas mal de gens se lancer dans votre secteur, et finir par fermer boutique. Quelles sont selon vous, les raisons principales d'échec dans votre secteur ?

☑ Où risque-t-on de perdre son temps ? Quelles sont les activités qui peuvent sembler utiles, mais qui prennent en fait un temps fou, et qu'il faut savoir limiter ?

☑ Y a-t-il une formation, un livre, ou une ressource, que vous recommanderiez à quelqu'un qui veut se lancer dans le secteur ?

38. ANALYSONS LES RÉSULTATS DE VOTRE ÉTUDE DE MARCHÉ

Nous avons fait une petite « pause » au sujet de l'Étude de Marché Express afin de vous laisser le temps de la mettre sur pied et de la diffuser. Il est temps d'y revenir !

Vous n'êtes pas « entrepreneur » tant que vous n'avez pas fait votre première vente. Avançons donc vers cette première vente le plus vite possible, car c'est seulement avec une signature ou un paiement de votre premier client que vous aurez vraiment « validé le concept ». Cette première expérience de vente vous permettra aussi d'affiner votre message et de mieux comprendre vos premiers clients.

La première étape vers cette première vente est de tirer parti de la véritable mine d'or issue de votre Étude de Marché Express : chaque réponse est une pépite, et les coordonnées de ces personnes intéressées sont un filon que vous allez exploiter avec bienveillance par la suite.

DÉCORTIQUER LES RÉPONSES DE L'ÉTUDE DE MARCHÉ EXPRESS POUR COMPRENDRE VOS CLIENTS

Souvenez-vous, le but de l'Étude de Marché Express était de savoir exactement (dans cet ordre) à qui vendre, quoi leur vendre, à quel prix, et comment leur vendre… en recueillant leurs coordonnées pour pouvoir leur proposer le produit dans la foulée !

Nous allons donc analyser les réponses du sondage – une fois que vous avez dépassé 30 réponses qualifiées – pour en tirer toutes ces informations.

TRAITER LES RÉPONSES DE FAÇON LISIBLE

Voici les étapes clés pour tirer le maximum d'informations de votre sondage :

1. **Rassemblez les réponses à un endroit unique.** Si vous avez recueilli des réponses sur papier, recopiez tout dans un unique document tableur : Framacalc (gratuit et libre), Google Sheets (gratuit), ou Excel.
2. **Faites un tri préliminaire.** Si vous avez reçu plus de 200 participations au sondage, vous pouvez trier le tableau par ordre de longueur de réponse, et ne traiter, par exemple, que les 100 réponses les plus détaillées.
3. **Conservez uniquement les réponses qualifiées.** Masquez ou supprimez toutes les réponses de prospects qui ont répondu « 0 € » dans la case « budget disponible ». Éliminez également les réponses bidons (si votre sondage est disponible en ligne, vous aurez forcément affaire à quelques petits malins qui vont juste taper « qdeaxyzdeayz » pour passer à la page suivante et voir ce que vous demandez dans le sondage).
4. **Regroupez les réponses des questions ouvertes par thématiques.** Relevez les sujets qui reviennent le plus souvent (avec un décompte du nombre de réponses qui les mentionnent), et surtout, surtout, notez les expressions et les mots exacts utilisés par les participants.
5. **Rassemblez vos thématiques en une poignée d'axes principaux,** et déduisez quel axe est le plus important (le plus mentionné, le plus douloureux) pour vos prospects, et quels sont les axes secondaires.

DÉFINIR L'AVATAR

Caractéristiques sociodémographiques

Votre sondage devrait vous permettre de déterminer un certain nombre d'informations clés sur vos prospects – soit parce que vous avez posé directement la question, soit parce que vous pouvez le déduire à partir de leur réponse aux questions ouvertes :

- âge ;
- sexe ;
- situation maritale ;
- lieu de vie ;
- niveau de vie/classe socioprofessionnelle ;
- rédigez aussi une « description physique » de votre avatar à partir de ces informations et du contenu émotionnel général des réponses.

Cadre de référence

En plus de découvrir **qui** ils sont, l'Étude de Marché Express dévoile une information encore plus précieuse sur vos futurs clients : comment ils pensent.

À mesure que vous analysez les réponses au sondage, prenez note de toutes les références culturelles que vous pouvez relever. Est-ce que les participants ont mentionné :

- des artistes qu'ils affectionnent ;
- des mentors qui leur ont beaucoup appris ;
- des expériences de vie marquantes ;
- des valeurs morales ;
- des idoles et modèles qu'ils admirent ;
- des équipes de sport qu'ils soutiennent ;
- des souvenirs touchants ;
- des clichés ou expressions de langage uniques.

Tout ceci forme ce qu'on appelle le « cadre de référence » de vos clients. Quand vous créez votre message marketing, l'inclusion de ces mêmes éléments permet de créer un lien de confiance. Partager le cadre de référence des personnes avec qui vous échangez vous permet d'évoquer leurs émotions – et ces émotions positives peuvent vous être associées, à vous et votre produit. Par exemple, les personnes qui entendent une des chansons préférées de leur passé ont tendance à se sentir davantage aimées, et à penser que « la vie vaut la peine d'être vécue »[56]. Une série d'études publiées par Jannine D. Lasaleta (École de Management de Grenoble) et deux de ses collègues au Royaume-Uni et aux États-Unis a montré que les clients sont plus enclins à dépenser quand le marketing auquel ils sont exposés fait appel à la nostalgie[57].

REPÉRER LES MOTS ET EXPRESSIONS QUI FERONT VIBRER LA CORDE SENSIBLE

Avez-vous bien suivi le conseil que je vous avais donné : poser des questions **ouvertes** et non **fermées** pour connaître les motivations de vos clients ? Si oui, alors prêtez une attention toute particulière aux métaphores et aux expressions qui reviennent dans les réponses.

Quand nous avons analysé l'Étude de Marché Express pour le tout premier lancement de l'activité en ligne d'Olivier Roland, une des réponses m'a sauté aux yeux. À la deuxième question du sondage (« Quelle est la principale difficulté, frustration, que vous rencontrez… »), une personne a répondu :

> **Se défaire du poids des habitudes (confortables et sécurisantes) pour changer ma vie radicalement, ce qui engendre frustrations et insatisfactions dans ma vie. Autrement dit : être pris dans des pantoufles en ciment.**

La métaphore des « pantoufles en ciment » était le visuel parfait pour parler du produit d'Olivier, qui enseignait justement comment sortir de sa zone de confort et vaincre la procrastination !

En fait, toutes les expressions utilisées dans la lettre de vente pour la formation provenaient directement du sondage :

- La **peur de me lancer,** quand les mauvaises nouvelles sont partout (la crise actuelle, un entourage qui ne comprend pas forcément votre projet...)
- Un **manque de confiance et d'estime de soi** - on en vient à se demander si on est à la hauteur, si on a vraiment une chance d'y arriver.
- Du coup on **remet toujours à demain** l'avancement concret du projet,
- Et cela enclenche une spirale de **culpabilité** terrible, comme si on avait commencé un régime et qu'on n'arrivait pas à le suivre.
- D'un autre côté, la prudence nous pousse à prendre un travail à mi-temps ou à plein temps qui rapporte de quoi vivre mais dont **on sent bien qu'être salarié n'est pas du tout notre vocation.**
- Et petit à petit, **on se sent enfermé dans des habitudes,** confortables peut-être, mais qui ne font pas avancer notre projet ! **De jolies pantoufles en ciment** qui nous gardent au chaud en nous empêchant d'avancer.

Oui, j'ai vécu ces périodes de stress liées à la création d'un nouveau projet.

Mais il est possible d'échapper à ce stress :

Réfléchissez un court instant :

Un extrait de la page de vente du produit que nous avons lancé en 2009. Toutes les phrases et expressions en gras sont copiées/collées directement des réponses de l'Étude de Marché Express !

LE FILON NE S'ARRÊTE PAS LÀ

La définition de l'avatar, sa façon de penser et de parler, son cadre de référence, et les expressions-clés chargées d'émotion... À ce stade, vous avez récolté énormément d'informations directement tirées des réponses de votre sondage. Afin de concevoir l'offre idéale pour votre marché, il ne faut pas oublier une étape cruciale : le choix du nom de votre produit ou service.

39. CHOISIR LE NOM DE VOTRE PRODUIT : LA MÉTHODE PING-PONG

Je recommande de ne choisir le nom de votre produit qu'**après** avoir épluché en détail votre Étude de Marché Express.

Une fois que vous vous êtes imprégné des besoins, problématiques, et expressions de vos clients potentiels, vous êtes bien plus à même de choisir un nom de produit qui sera attirant.

La « méthode ping-pong » est simple :

- Recrutez une personne de votre entourage à l'esprit ouvert et créatif pour vous aider – il faut être deux pour utiliser cette méthode ! Si vous n'avez personne sous la main à qui vous adresser, faites appel à la communauté des lecteurs de ce livre – vous y avez accès gratuitement via le site des bonus réservés aux lecteurs (www.ProfessionEntrepreneurLibre.com/communaute).
- Ouvrez un document texte vide et commencez le document en indiquant : **Mon produit s'adresse à… [description de l'avatar]. La promesse du produit est… [atteindre tel objectif]… et de se débarrasser de… [problème que vous résolvez].**
- Faites un petit remue-méninges pour générer de votre côté **dix idées** de noms potentiels pour votre produit ou service. Dans chacun de ces noms, essayez d'inclure un mot-clé lié à la promesse (l'avantage qu'on tire de ce produit, ou le problème/danger auquel on échappe grâce à ce produit).
- Tapez toutes ces idées dans le document et envoyez-le par e-mail à votre partenaire, pour que cette personne **ajoute cinq idées** à la liste. Vous en avez maintenant 15.

- Faites deux allers-retours supplémentaires : vous ajoutez cinq idées, votre partenaire en ajoute cinq.
- Vous avez maintenant 25 idées. Parmi ces idées, sélectionnez une poignée de « finalistes » : des titres potentiels qui collent à la fois à la promesse et au type de produit vendu.
- Le marché a toujours raison ! Contactez quelques-unes des personnes qui ont répondu à l'étude de marché et demandez-leur quel serait leur choix parmi vos finalistes.

Et voilà ! Avec ce processus, vous avez un titre solide, lié aux attentes de vos clients, et bien meilleur que la première idée que vous auriez pu choisir !

RESSOURCE EN COMPLÉMENT DU LIVRE

La communauté des lecteurs est très active, et c'est le lieu idéal pour appliquer la méthode ping-pong, mais aussi pour se soutenir, recueillir des idées et des encouragements et faire le plein d'énergie pour votre projet !

www.ProfessionEntrepreneurLibre.com/communaute

Nous vous attendons !

40. VOS CLIENTS VOUS DIRONT TOUT CE QUE VOUS AVEZ BESOIN DE SAVOIR

Trois semaines après avoir lancé son étude de marché, David Guigue a reçu les réponses de 634 orthophonistes, soit tout autant de clientes potentielles, qui lui ont même précisé leurs coordonnées pour les recontacter.

En analysant ces réponses, il découvre des informations précieuses :

- Il apprend que ses collègues orthophonistes (des femmes, pour l'écrasante majorité) sont passionnées par leur métier, mais frustrées de ne pas pouvoir « mettre à jour leur pratique », « sans avoir à se déplacer de chez elles ». Le sondage révèle aussi qu'elles n'utilisent pas l'expression « formation continue », ni « se former à distance », et surtout pas des mots de jargon comme « *e-learning* ». Ainsi soit-il : **il va adapter son langage**. Ses DVD proposeront aux orthophonistes de *mettre à jour votre pratique sans vous déplacer de chez vous.*
- Il constate également qu'il n'est pas le seul à souffrir d'appréhension face à certains rendez-vous de patients. Énormément de réponses expriment la même **frustration** viscérale – des centaines de variations de la même expérience quotidienne. Voici ce qui cause tant de douleur à Pauline, orthophoniste qui adore son métier : le mardi à 14 heures, elle a rendez-vous avec le petit Nicolas pour une séance de rééducation. Dans son for intérieur, elle rêve chaque semaine de recevoir un coup de fil qui annule ce rendez-vous. Pauline appréhende de voir Nicolas, car elle se sent complètement bloquée dans son traitement – elle ne sait pas quoi faire pour planifier cette séance et faire progresser l'enfant. Pourtant, elle voudrait tellement pouvoir aider ce petit garçon ! La situation devient intenable et elle

n'en dort plus la nuit. Si elle avait une « **baguette magique** », Pauline l'utiliserait pour faire apparaître un plan de rééducation adapté à Nicolas – avec des exercices pratiques, un modèle clair de ce qu'il faut faire à chaque étape et la séquence des tests à mener. David perçoit bien que ses collègues ont, comme lui, le « syndrome de l'imposteur » et ont besoin de prendre confiance dans leurs compétences. Qu'à cela ne tienne, ses DVD auront désormais pour objectif annoncé de donner *des modèles et plans de rééducation, avec les tests à mener et les exercices à faire.*

- Les participantes au sondage ont également été très claires sur leurs **objectifs**, notamment les compétences qu'elles cherchent à acquérir. Trois thèmes notables se dégagent : la rééducation du langage écrit, les maladies neurodégénératives et la déglutition fonctionnelle. Parfait ! Ce seront les thématiques respectives de ses trois prochains produits.

LE RETOUR DE BÂTON

David est donc sur son petit nuage – avec toutes les informations qu'il a récoltées, son projet est assurément dans la bonne direction ! C'est alors qu'il reçoit un coup de fil inattendu.

Il s'agit de l'ex-président du syndicat, et cette fois-ci la conversation n'est plus du tout aussi bonhomme et chaleureuse que lors de la présentation des vidéos du colloque. Bien au contraire, David a affaire à un interlocuteur furibond, qui n'a pas du tout apprécié la démarche de ce sondage :

> **« Tu ne peux pas faire ça David ! C'est inadmissible. La façon dont tu communiques n'est pas professionnelle. Ce côté racoleur, marketing, ce n'est pas du tout comme cela qu'on fait les choses dans notre métier. Attention David, tu vas te griller, tu fais n'importe quoi ! »**

David, qui ne sait pas dire non, se laisse intimider par le côté paternaliste et autoritaire de celui qu'il perçoit comme un mentor. Il se connecte sur son autorépondeur (l'outil qui lui a permis de récolter ses 634 contacts) et supprime le mail automatique qui diffuse le sondage.

C'est le début d'une profonde déprime. Que faire maintenant ? D'un côté, il ne veut pas trahir la confiance des 600 collègues qui ont dévoilé leurs émotions, leurs désirs et leurs frustrations en réponse à ses questions. De l'autre côté, David est terrifié à l'idée de faire des vagues et secouer le *statu quo*. D'autant plus que, s'il décide de vendre les DVD au tarif que le marché réclame réellement (beaucoup plus cher que 17 ou 27 euros !), c'est sûr, le président va faire une crise d'apoplexie. Comment faire ? Il est allé trop loin ou pas assez… Il faut maintenant faire un choix.

41. QUEL PRIX FACTURER POUR QU'ON VOUS PAIE À VOTRE JUSTE VALEUR ?

La méthode la plus couramment recommandée pour attirer vos premiers clients le plus vite possible est de facturer le prix le plus bas possible. Comme vous n'avez pas de preuve de la qualité de votre travail, vous allez « vous faire la main » en travaillant gratuitement ou pas cher, et augmenter vos tarifs progressivement à mesure que vous gagnez en expérience et en crédibilité.

Cette approche est aussi inefficace que dangereuse.

PERSONNE NE DEMANDE AU CHIRURGIEN DEPUIS COMBIEN DE TEMPS IL EXERCE

Avez-vous déjà été hospitalisé, ou avez-vous accompagné un proche qui faisait un séjour aux urgences ? Essayez de vous rappeler les circonstances : à quel moment la personne blessée ou malade s'est-elle exclamée : « Oui, Docteur, vous me dites qu'il faut opérer, mais attendez un peu. Depuis combien de temps exercez-vous ? Combien de patients avez-vous eu avant moi ? »

Comment ? Que dites-vous ? Vous n'avez jamais vu cela, n'est-ce pas ? En fait, on ne demande **jamais** à un médecin (et encore moins à un chirurgien) combien il a eu de patients avant nous. Non seulement ce serait mal vu, mais la question ne nous vient même pas à l'esprit. Il serait donc carrément impensable d'ajouter « Ah ? Vous êtes diplômé depuis seulement deux ans ? La consultation/séance/l'opération devrait donc coûter un peu moins cher, non ? »

Je prends cet exemple médical, car cette expérience est assez universelle. De façon générale, les gens ne remettent pas en cause la compétence et l'expérience de leur médecin, et c'est encore plus rare de les voir négocier le tarif. Dans ce cas pourquoi devriez-vous partir du principe que **votre** expérience doit être remise en cause, et que **vos** tarifs sont sujets à discussion ?

Il y a du sens à travailler *gratis* en tant qu'apprenti (*cf.* le chapitre 62, p. 309) si l'on a un plan pour se servir de l'expérience comme tremplin. Il faudrait être insensé, cependant, pour brader vos produits ou services simplement parce que vous n'avez pas cherché d'autre stratégie de lancement. Au contraire, je recommande que vous fassiez exactement l'opposé : commencer avec le prix le plus élevé que le marché peut accepter.

LE LONG ESCALIER TORTUEUX VERS LE BURN-OUT

La théorie de l'entonnoir de vente (« *sales funnel* » en anglais, parfois traduit en « tunnel de vente ») suggère que la façon la plus facile de vendre serait de ne pas proposer un produit ou service, mais toute une série de produits ayant des tarifs différents et représentant un « escalier » que vont grimper vos clients. Par exemple, pour un consultant, cette théorie vous recommande de :

- proposer un livre numérique gratuit que les internautes peuvent télécharger en échange de leur adresse e-mail ;
- puis proposer à ces abonnés un livre (numérique ou papier) à la vente, à un tarif très bas (disons 7 euros) ;
- puis proposer aux acheteurs du livre une version audio du livre pour 37 euros ;
- puis proposer à ces acheteurs une formation audio ou vidéo bon marché, disons à 97 euros ;
- puis leur indiquer que vous avez une autre formation plus détaillée, incluant une heure de coaching, et qui coûte cette fois 497 euros ;
- puis vendre aux membres de cette formation-là un séminaire à 997 euros ;
- enfin, vendre aux personnes qui participent à ce séminaire votre consulting (qui est ce que vous comptiez vendre à l'origine car, pour rappel dans mon exemple, vous êtes consultant).

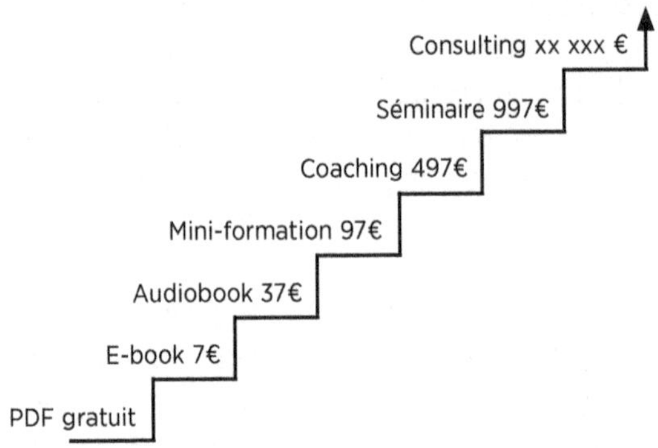

La logique de l'entonnoir de vente est assez solide : l'idée est que les clients seront plus enclins à vous faire confiance sur un tout petit engagement financier, et que ce premier engagement rend plus probable l'achat d'un second produit un peu plus cher, et ainsi de suite.

Le petit problème dans ce raisonnement, c'est que… cela prend un temps incroyablement long à mettre en place ! L'entonnoir de vente, c'est énormément de temps, énormément de travail, et ensuite énormément d'effort marketing et financier à fournir pour mettre suffisamment de personnes au début de l'entonnoir dans le but d'avoir une ou deux personnes en sortie qui achètent le produit que vous voulez vraiment vendre.

Ce n'est donc pas du tout l'option que je recommande quand vous démarrez.

COMMENCER PAR « LA CRÈME DE LA CRÈME » DES CLIENTS

L'alternative à l'entonnoir de vente, c'est tout simplement de prendre le taureau par les cornes et de commencer par vendre un seul produit ou service (ou, si vous lancez une boutique, une seule gamme de produits ou services) : un produit haut de gamme en termes de tarif et de qualité. Si vous êtes consultant et que vous visez 25 000 euros pour la première année de votre activité, cela veut dire qu'au lieu de pourchasser 3 572 acheteurs de votre *e-book* à 7 euros (un effort marketing colossal, surtout quand on est débutant en la matière), vous pourriez consacrer tous vos efforts à trouver 7 clients prêts à débourser 3 572 euros… ou encore **un** client qui vous signe une prestation à 25 000 euros.

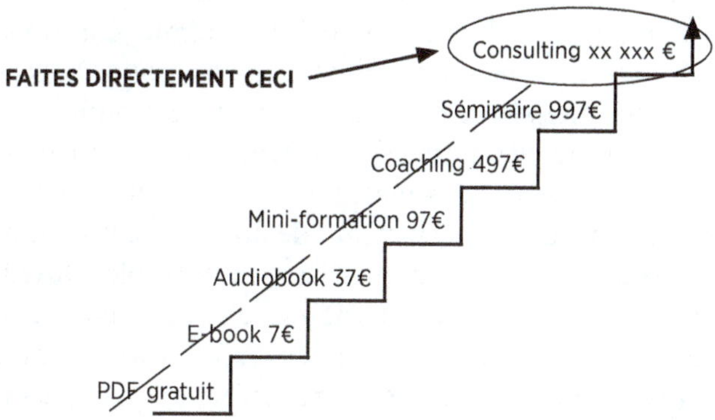

Cette stratégie s'appelle **l'écrémage** (le *skimming* en anglais). Tout comme la crème remonte d'elle-même à la surface du lait (et représente la partie la plus riche), cette théorie pragmatique nous indique qu'il existe un petit nombre de clients « tout en haut » de chaque marché, qui sont prêts à dépenser davantage et plus facilement (soit parce qu'ils sont plus riches, soit parce qu'ils sont plus impliqués).

Quand on pratique l'écrémage, on commence par proposer des produits haut de gamme en visant exclusivement cette clientèle qui est facile à convaincre, a les moyens d'acheter, et nous permet donc de bien vivre dès le lancement de l'activité.

PROFESSIONNALISME, QUALITÉ DE SERVICE, ET SURTOUT… RENTABILITÉ

Un des exemples d'écrémage les plus marquants est celui de David Allen, un jeune lycéen qui lavait des pare-brise de voitures le week-end pour gagner de l'argent de poche. Après avoir réalisé qu'un circuit de course automobile représentait la clientèle idéale, il a monté une petite entreprise de lavage de voitures pour les transporteurs de ces grosses cylindrées. C'est là que David a eu le déclic : beaucoup de propriétaires de voitures de course possèdent des jets privés. Il avait le choix entre continuer toute sa vie d'éponger des pare-brise pour un tarif dérisoire, ou alors… enjamber toutes les marches d'un coup et aller décrocher le jackpot : se spécialiser dans le nettoyage des jets privés, où la concurrence semblait inexistante.

Quelques semaines après cette décision, un de ses amis lui a présenté son employeur, qui possédait trois avions. Ce premier contrat a lancé une nouvelle activité – beaucoup plus rentable – pour David Allen, qui s'est tout de suite efforcé d'être le plus professionnel possible. Lui et ses deux nouvelles recrues portaient des uniformes Adidas CoolMax, imprimaient leurs factures sur du papier à en-tête, et avaient créé une brochure permettant de donner à cette minuscule entreprise une aura de professionnalisme imbattable. David allait jusqu'à entraîner son équipe pour adopter un vocabulaire soutenu, une politesse absolue même en cas de conflit et une ponctualité extrême – aussi bien envers leurs clients qu'envers les mécaniciens de l'aéroport et le personnel des avions.

Il n'a pas fallu longtemps pour que David Allen reçoive un appel de NetJets, une société d'aviation privée appartenant à Berkshire Hathaway, la multinationale de Warren Buffett. « Vos documents sont les plus impressionnants et les plus complets que nous n'ayons jamais vus », lui confia le responsable de NetJets en signant (sans le savoir) le premier gros contrat de cette petite société de nettoyage.

Cinq ans plus tard, l'entreprise de l'ancien laveur de pare-brise comptait 140 salariés, était présente dans 16 villes différentes. Aujourd'hui, Allen Groupe opère au Bourget près de Paris, à Nice Côte d'Azur, et dans de multiples pays d'Europe. Cette société réalise des millions d'euros de chiffre d'affaires, tout simplement parce qu'un laveur de voitures a osé viser le haut du marché plutôt que de se conformer bêtement aux choix de ses collègues.

IL Y A MOINS DE CONCURRENCE AU SOMMET

L'exemple de David Allen démontre un argument important en faveur de la stratégie de l'écrémage : il y a moins de concurrence quand on vend des produits et services haut de gamme.

Comme la plupart des entrepreneurs pensent à tort que les clients haut de gamme sont trop exigeants, trop difficiles à trouver, ou trop difficiles à convaincre, très peu osent essayer.

Les avantages de cette stratégie sont multiples :

- Vous avez beaucoup moins de concurrence et vous pouvez vous consacrer à une clientèle qui a investi davantage, et est donc plus réactive et plus agréable.
- À chiffre d'affaires équivalent, vous avez moins de clients simultanés, donc moins de frais fixes et plus de marge par client.
- Vous avez aussi davantage de temps à accorder à chacun pour fournir un service de qualité irréprochable – ils sont donc plus fidèles et plus à même de vous recommander à d'autres clients.
- Et enfin, parce qu'un très petit nombre de clients (parfois, un seul !) suffit à vous faire vivre, votre entreprise devient rentable beaucoup plus vite.

POURQUOI LE MYTHE SE PERPÉTUE

Si la stratégie de l'écrémage est si intéressante quand on se lance, pourquoi tant de formateurs, blogueurs et auteurs marketing recommandent ils l'entonnoir de vente ? J'y vois deux raisons.

Nocif pour la santé, mais facile à vendre

Premièrement, il est plus facile de se dire « Je vais faire un petit livre numérique et le vendre sept euros » ou « Je vais proposer des séances de coaching gratuit pour me faire connaître », que d'oser s'affirmer dès le premier jour.

Je suis conscient que ma recommandation de vous positionner en « haut de gamme » dès le début, va susciter plus de résistance de votre part que si je vous disais de vous brader.

C'est beaucoup plus facile de vendre des bonbons que des brocolis – et me voilà en train d'insister tout au long de ce livre pour vous faire manger des brocolis. Désolé. C'est pour votre bien !

Vous pouvez utiliser l'entonnoir de vente avec succès… mais pas maintenant

Je dois aussi avouer que ces personnes qui recommandent l'entonnoir de vente sont bien intentionnées et ont de leur côté des « preuves » assez nombreuses : oui, il existe beaucoup d'entreprises à succès qui possèdent toute une gamme de produits et de tarifs, et oui, la plupart de ces entreprises proposent de prime abord leurs produits d'entrée de gamme pour appâter le client. Ces exemples sont partout, et – accrochez-vous ! – mon entreprise en fait partie !

Le Mouvement des Entrepreneurs Libres propose en effet des livres (entre 9 € et 20 €), une poignée de mini formations (97 € à 497 €), tout un éventail de formations avec accompagnement et garantie de résultat (entre 2 995 € et 9 990 €), et du consulting avec moi (facturé plusieurs dizaines de milliers d'euros). En regardant cette machine **de l'extérieur**, vous auriez l'impression que j'applique l'entonnoir de vente (d'autant plus que les produits que je mets le plus en avant quand je communique sur Internet sont mes livres).

Ce qu'il faut observer de près, cependant, c'est l'ordre dans lequel j'ai procédé. Quand j'ai lancé le Mouvement des Entrepreneurs Libres je n'ai pas commencé par publier des centaines d'articles de blog gratuitement, je n'ai pas commencé par écrire un *e-book* ou un livre.

J'ai fait, chronologiquement, tout l'inverse :

- J'ai trouvé **un** client qui m'a payé très cher pour mon expertise de consultant.
- Avec les résultats de ce client, j'ai signé deux autres clients de consulting. Je m'en souviens comme si c'était hier, car j'ai conclu ces deux contrats le même jour, au Web2Connect 2010, un séminaire où Jean-François Ruiz m'avait invité à intervenir pour expliquer ma vision de l'avenir de l'entrepreneuriat*. À ce stade, avec trois clients seulement, je gagne déjà assez pour assurer mon train de vie pendant deux ans.

* Cette présentation, intitulée *Votre Savoir est un Pouvoir*, décrit trois opportunités pour lancer une entreprise à partir de vos compétences actuelles, et est toujours autant d'actualité aujourd'hui qu'à l'époque. Vous pouvez la consulter sur www.ProfessionEntrepreneurLibre.com/savoir

- Mon second produit pour cette activité : j'ai organisé des ateliers présentiels et formations à plusieurs milliers d'euros par tête.
- Ce n'est que quatre ans après le lancement de l'entreprise, et après avoir généré des millions d'euros de chiffre d'affaires avec un nombre relativement restreint de clients, que j'ai rédigé mon premier livre comme « produit d'appel ».

D'une certaine façon, on pourrait dire que je vous conseille de faire l'entonnoir de vente… à l'envers. Votre priorité quand vous vous lancez est de trouver le plus petit nombre de clients possible qui vous permet de vivre de votre activité – et pour cela, il faut pratiquer l'écrémage.

COMMENT SAVOIR QUEL TARIF FACTURER À CES PERSONNES ?

Votre Étude de Marché Express contient cette réponse. Je vous ai dit qu'on allait poser une question sur le budget de nos clients, mais qu'on allait prendre leurs réponses avec des pincettes, vous vous souvenez ? Voici pourquoi.

L'effet Souk

Imaginez ce scénario : vous êtes dans un souk et un vendeur à la sauvette vous aborde avec un produit qui vous intéresse. Il vous demande votre budget. Disons que le produit vous plaît, semble de bonne qualité, et que vous accepteriez de mettre jusqu'à 150 euros dans votre achat. Qu'allez-vous répondre au vendeur ? Allez-vous dire « J'ai 150 euros sur moi, j'espère que votre produit est moins cher »… ? Bien sûr que non !

Vous allez certainement annoncer avoir 100 euros sur vous, ou peut-être même seulement 75 ; d'un côté pour vous laisser un peu de marge de négociation, mais également parce que le vendeur ne vous a pas encore séduit au point de dépenser tout votre budget maximum d'un coup.

Avec notre Étude de Marché Express, nous sommes dans la position du vendeur. On pose une question assez directe à notre client potentiel au sujet de son budget, et cela déclenche automatiquement cette petite danse du « je-vais-te-répondre-mais-je-vais-me-laisser-une-petite-marge-de-manœuvre ». En analysant les réponses au sondage, nous n'allons donc pas sélectionner la tranche de prix qui a obtenu le plus de réponses.

Déduire le prix idéal à partir des réponses du sondage

Nous allons sélectionner la tranche de prix **juste au-dessus** de celle qui générerait théoriquement le plus gros **bénéfice**.

Permettez-moi de clarifier :

- On n'analyse pas les réponses en considérant simplement « la tranche qui a le plus de réponses », car 20 acheteurs à 100 euros représentent bien sûr davantage d'argent (2 000 euros) que, disons, 300 acheteurs intéressés à 5 euros (1 500 euros au total), même si ces derniers sont **15 fois** plus nombreux.
- On n'analyse pas simplement le chiffre d'affaires, parce que tout produit ou service représente un coût fixe. Ce coût est négligeable en théorie pour un produit numérique mais, puisque je paie une collaboratrice pour faire le service après-vente, je compte toujours le salaire qu'un client va me « coûter » en termes de SAV, donc le coût fixe n'est pas zéro. Si une personne à temps partiel vous coûte 1 000 euros par mois pour s'occuper de 100 acheteurs, alors chaque achat vous « coûte » 10 euros de SAV. Il est donc plus intéressant de comparer le bénéfice que le chiffre d'affaires.
- Enfin, nous allons prendre la catégorie de prix au-dessus de celle qui est théoriquement la plus rentable, à cause de « l'effet souk ».

Un exemple

Observons l'étude de marché d'Émilie, une jeune femme qui vient d'inventer un nouveau concept de chaussure de danse. Son idée révolutionnaire résout de façon incroyablement simple un problème omniprésent pour les *aficionados* de danse de salon : allier confort, adhérence, facilité à tourner sur soi-même et esthétique. Si elle en fait fabriquer une quantité suffisante, ce produit lui coûte 5 euros l'unité à fabriquer et à livrer.

Voici les réponses du sondage d'Émilie, ainsi que mon analyse :

TRANCHE DE PRIX	NOMBRE DE RÉPONSES	« CHIFFRE D'AFFAIRES THÉORIQUE »	« RENTABILITÉ THÉORIQUE » (EN SOUSTRAYANT NOTRE COÛT FIXE)	CONCLUSION
0 €	13	0 €	Ces prospects ne sont pas qualifiés et leurs réponses ne sont pas à prendre en compte quand on analyse le sondage.	
1 € - 10 €	40	40 × 10 = 400	40 × (10 - 5) = 200	
10 € - 25 €	18	18 × 25 = 450	18 × (25 - 5) = 360	
25 € - 50 €	20	20 × 50 = 1 000	20 × (50 - 5) = 900	
50 € - 100 €	20	20 × 100 = 2 000	20 × (100 - 5) = 1 900	C'est la fourchette de prix en théorie la plus rentable ! On choisit donc celle du dessus.
100 € - 150 €	12	12 × 150 = 1 800	12 × (150 - 5) = 1 740	Bingo ! Voici notre fourchette de prix idéale.
150 € - 200 €	8	8 × 200 = 1 600	8 × (200 - 5) = 1 560	
200 € - 300 €	2	2 × 300 = 600	2 × (300 - 5) = 590	
300 € - 500 €	2	2 × 500 = 1 000	2 × (500 - 5) = 990	
500 € - 1 000 €	1	1 × 1 000 = 1 000	1 × (1 000 - 5) = 995	
Plus de 1 000 €	1	infini ! youpi !	De façon générale, on ignore les réponses avec des prix très éloignés de la fourchette majoritairement choisie. Cas particulier : Si une quantité significative de réponses (plus de 10 %) correspondent à l'option maximale, alors il faut revoir la fourchette de prix à la hausse.	

Résultat de l'analyse : Le prix idéal pour le premier lancement d'Émilie est donc entre 100 et 150 euros !

Le marché a toujours raison

Il n'est pas rare d'être surpris par les réponses du sondage : si vous avez posé la question du prix de façon honnête (sans imposer vos *a priori* ou vos limitations), vous aurez des réponses honnêtes.

Pour Catherine Booth, c'était le choc en consultant les résultats finaux de son Étude de Marché Express. Dans la première version du sondage, elle demandait « Quel budget êtes-vous prêt à investir », mais elle avait simplement proposé un curseur allant de 20 euros à 50 euros. Suite à mon insistance pour qu'elle modifie son sondage, la nouvelle formulation de sa question proposait désormais plusieurs tranches de prix, allant de 0 euro à plus de 1 000 euros.

La surprise de Catherine a été totale quand elle a découvert que sa clientèle passionnée d'équitation éthologique était sérieusement prête à s'investir pour le bien-être des chevaux. Il s'avère que le tarif optimal pour son produit était… entre 800 et 1 000 euros !

42. LA MEILLEURE MÉTHODE POUR FAIRE TAIRE LES BRISEURS DE RÊVE

Il aura fallu plusieurs jours à David Guigue pour digérer cette difficile conversation avec l'ex-président du syndicat des orthophonistes, qui lui a donné l'impression de passer sous un rouleau compresseur. Au final, ce qui l'a sorti de la déprime, c'est qu'il connaît la valeur que son produit peut apporter. Certes, il n'a pas les moyens de faire presser ses DVD par un professionnel. Oui, sa communication mérite d'être plus « léchée » ou « d'arrondir les angles » – mais il sait qu'il peut changer la vie de ces orthophonistes qui ont répondu à l'étude de marché, même s'il doit graver les DVD lui-même un à un. De plus, si elles ont répondu avec autant de détails et investi autant de temps sur le sondage, on peut logiquement conclure qu'elles sont vraiment intéressées et qu'au moins certaines d'entre elles vont acheter.

DES OBJECTIFS CHARGÉS D'ÉMOTION

Heureusement, quand il a supprimé l'e-mail et le PDF, il n'a pas supprimé la liste des personnes qui avaient déjà répondu au sondage !

David fait son calcul :

- S'il arrive à récolter 2 000 euros en vendant ses DVD, cela représente la somme qui lui manque pour financer un pressage professionnel pour la prochaine série. Ce sera donc son **objectif minimum**.
- Le syndicat lui aurait payé 8 000 euros pour filmer et monter ses DVD. S'il récolte 8 000 euros à lui seul, en vendant les DVD par ses propres efforts, alors il aura « gagné ». Il aura prouvé

aux briseurs de rêve (notamment un certain ex-président) qu'il peut réussir et qu'il n'est pas un bon à rien. Ce sera donc son **objectif « champagne »** ! 8 000 euros, waouh ! Rien que d'y penser, David en a les mains qui tremblent.

Pour son tout premier boîtier DVD vendu via le syndicat, David avait dû insister pour qu'il soit mis en vente à 27 euros et non 17. Sur ce second boîtier, qui a plus de disques et encore plus de valeur, il se dit qu'il peut probablement monter le prix jusqu'à 47 euros. Pour en avoir le cœur net et valider son hypothèse avant de notifier toute sa liste de personnes intéressées, David **fait un test avant de fixer le prix**.

LA SURPRISE

David recommence les appels téléphoniques, avec un message maintenant rodé grâce à l'étude de marché. Quand on lui demande le prix, il annonce tantôt 47 euros à l'une, tantôt 67 euros à l'autre, ou encore 97 euros. Quand il constate que le DVD s'écoule plutôt bien à 97 euros, il tente même de le proposer à 117 euros à quelques-unes de ses correspondantes.

Après avoir passé un grand nombre d'appels, et tenu des statistiques précises, David découvre deux faits surprenants :

- Le tarif à 97 euros est le plus attractif, et de loin ! Il vend **2,5 fois plus de DVD quand il annonce ce prix à 97 euros que lorsqu'il essaie de les brader à 47 euros.** Malgré le coût deux fois plus élevé, les clientes semblent trouver ce prix plus pertinent – ce qui veut dire que son chiffre d'affaires potentiel est cinq fois plus important !
- Au-dessus de 97 euros, point de salut : il n'a pas vendu un seul DVD à 117 euros. Il découvre que **pour son marché, le tarif juste en-dessous de 100 euros est un « prix psychologique »**. Ça ne sert à rien de vendre moins cher – il ne fait pas plus de ventes – et cela ne fonctionne pas de vendre plus cher.

LES VACANCES LES PLUS RENTABLES DE SA VIE

Le temps presse : ses appels téléphoniques l'ont amené jusqu'à la veille des vacances en famille. Armé de son nouveau message percutant et confiant dans son tarif « idéal » de 97 euros, David envoie quelques e-mails à l'ensemble des orthophonistes ayant répondu à son sondage. Tout se fait par e-mail : pas le temps de créer un joli site Web ou mettre en ligne des vidéos, ce serait juste un moyen supplémentaire de procrastiner. L'appel à l'action dans les e-mails est : pour passer commande, envoyez un chèque !

Émilie n'est pas vraiment ravie que son mari passe toutes les vacances derrière l'ordinateur au lieu de profiter du superbe gîte de campagne qu'ils ont loué pour passer du temps avec leurs filles.

Tout cela change lorsque David lui annonce le montant des commandes qu'il vient de recevoir en quelques jours – 7 000 euros en deux jours… et 23 000 euros en une semaine avec plus de 240 DVD vendus !

COMPTER SUR LA CHANCE… OU AVOIR UN PLAN

La réussite de ce premier lancement a été une énorme surprise pour David. Comme il avait déjà une activité professionnelle (son cabinet d'orthophoniste), l'enjeu financier n'était pas sa préoccupation première.

Si vous êtes comme moi à l'époque de mon projet d'entreprise, par contre, vous n'avez peut-être pas de « plan B » sur lequel vous appuyer au cas où cette activité ne décolle pas. Il est indispensable dans ce cas-là de fixer des objectifs clairs qui nous permettent de vivre de notre activité. Vous devez donc faire l'exercice de créer votre « Business Plan Express ».

43. LE « BUSINESS PLAN EXPRESS »

ON VA VOUS AIDER

Par une matinée glaciale de 2007, me revoilà face à l'Agence pour l'emploi de Nantes Sainte-Thérèse, pour un second rendez-vous avec un conseiller. Comme je ne me suis pas présenté pour postuler chez Quick, l'administration s'inquiète de mon absence de démarches sérieuses pour retrouver un emploi. J'ai donc été à nouveau convoqué. Le conseiller est différent cette fois-ci, mais a la même mine blasée que le précédent.

J'attaque le rendez-vous en déclarant d'emblée que je suis inscrit sur les listes du chômage uniquement parce que j'ai un projet de création d'entreprise. Je me dis qu'ainsi, on sautera les banalités, il passera directement à une recommandation d'aller postuler chez MacDo, on se serrera la main et basta.

Ma surprise est totale quand le visage du conseiller s'éclaire : « Oh, un futur créateur d'entreprise ! C'est formidable ! Pourquoi vous ne vous êtes pas inscrit pour avoir un chéquier-conseil ? »

Voyant mon air perplexe, il s'explique : le chéquier-conseil est une démarche du gouvernement français[58] qui permet à un créateur d'entreprise de se former ou de faire appel à un consultant et de faire prendre en charge la quasi-totalité de cet accompagnement par l'État. Un dispositif similaire existe dans de nombreux pays, par exemple le chèque entreprise en Belgique[59]. « Dans huit jours, me confie le conseiller, vous pourriez avoir reçu le chéquier, rencontrer un consultant spécialisé, et mettre votre projet sur pied. »

Sitôt dit, sitôt fait. Quelques jours à peine s'écoulent avant que je reçoive le chéquier, et que je me retrouve dans un bureau de la Boutique de gestion ouest, un réseau qui accompagne la création de 14 000 entreprises chaque année.

Je me sens tout petit dans mon siège en attendant de rencontrer le consultant. Pour faire plus « pro », j'ai pris avec moi une petite mallette en cuir (elle est vide, à part deux feuilles de papier et un stylo). Je n'ai pas encore de projet, de plan d'affaires ; en fait, je n'ai rien. À part mes feuilles blanches et mon stylo. Même si les lieux m'impressionnent un peu, je n'ai pas d'autre choix que d'absorber tout ce qu'on me dira comme une éponge.

LE BUSINESS PLAN EXPRESS

Un jeune homme en baskets traverse le couloir et me salue en arrivant à mon niveau. Cheveux longs et frisés, le type dégage une aura sympathique avec son petit bouc qui lui donne un air de guitariste. Quand j'ouvre la bouche pour lui demander s'il est lui aussi porteur de projet, il me regarde en souriant et m'explique que c'est lui, mon conseiller.

Cette première rencontre avec Denis Castin, conseiller à la Boutique de gestion ouest, a changé ma vie. Cela faisait six mois que mes projets d'entreprise n'étaient que de jolis rêves disparates, et Denis a dissipé ce brouillard avec une question : « OK, tu veux créer une entreprise. Quel est ton business plan ? »

Face à ma mine déconfite, il comprend tout de suite que je n'ai pas de présentation PowerPoint ni de joli dossier plastifié dans ma mallette. Alors il me dit ceci :

> **« Les gens pensent qu'un plan d'affaires est forcément complexe et cela les bloque pour avancer. Tu peux pourtant faire ton business plan en quelques minutes si tu prends la question à l'envers : d'abord, combien voudrais-je gagner ? Pour cela, combien dois-je faire de chiffre d'affaires ? Et enfin, comment vais-je faire entrer ce chiffre d'affaires chaque mois ? Quand tu as répondu à ces questions, ton business plan est terminé. »**

Différencier revenu et chiffre d'affaires

Pour obtenir les chiffres à indiquer dans le business plan, Denis me conseille plusieurs calculs simples, que je vais vous présenter dans les chapitres suivants.

Le raisonnement suit une logique implacable :

- vous devez partir de la question « Combien je veux gagner ? (net d'impôts) » ;
- vous en déduisez la rémunération brute que vous devez vous verser ;
- cela vous permet de calculer quelle marge votre entreprise doit dégager pour supporter cette rémunération ;
- la dernière étape consiste à déterminer combien de ventes et combien de clients seront nécessaires pour réaliser cette marge. Ainsi, vos objectifs marketing sont clairs dès le début.

Il suffit de trois lignes dans un tableau pour que tout soit plus clair

Denis me dit de revenir au prochain rendez-vous avec un document de type tableur. Ce document sera mon « Business Plan Express ».

Il comportera 12 colonnes : une pour chaque mois de l'année.

Horizontalement, il n'y aura que trois lignes, chacune correspondant à un produit ou service que je pourrais vendre. (Au-delà de trois produits ou services, vous risquez de vous disperser sérieusement, et gaspiller vos efforts*.)

* Bien sûr, si votre activité est une boutique avec potentiellement énormément de produits en catalogue, cette règle peut être assouplie en considérant des « catégories de produits » au sein de la boutique. Le principe de Pareto (20 % des efforts fournissent 80 % des résultats) s'applique cependant même sur de très gros catalogues. Isabelle, une de mes clientes dont la boutique compte près de 30 000 produits en broderie et mercerie créative, a découvert que 30 produits sur tout ce catalogue se taillent la part du lion de son chiffre d'affaires. Pour éviter d'alourdir votre business plan, seuls les produits/services avec le plus de potentiel méritent d'être inclus.

Au croisement de chaque case, je dois simplement indiquer combien de chiffre d'affaires chaque produit/service doit générer le mois en question, pour qu'au final l'entreprise génère chaque mois (et au total sur l'année) le chiffre d'affaires et la marge nécessaires.

Je me suis livré à l'exercice. À l'époque, j'avais trois compétences que j'envisageais de commercialiser, j'ai donc consacré une ligne de mon tableau à chacune d'entre elles. Voici les trois « talents » que j'ai présentés à Denis :

1. **Je gère un forum sur Internet consacré à la musique antillaise,** et les pubs Google Adsense sur le site rapportent quelques dizaines d'euros par mois. Je pourrais développer ce site et le rendre plus rentable !
2. **Je sais danser la salsa** – j'ai même été finaliste l'an dernier au concours international de Dublin. Je pourrais donner des cours. J'ai déjà proposé de façon informelle des initiations dans un bar, et les gens payaient 2 euros l'entrée pour la soirée. Mon premier cours avait un seul élève, mais après quelques mois j'avais une dizaine d'aficionados, et parfois beaucoup plus. Je pourrais donner de « vrais » cours et facturer un tarif plus élevé !
3. **Ah, et puis, je sais draguer des filles.** Ça n'a l'air de rien, mais mon blog, où je partage mes anecdotes de séduction ainsi que des trucs et astuces, est dans les trois premiers résultats quand on tape « séduction » dans Google*. Des lecteurs me contactent régulièrement pour me demander des conseils. Même si ce métier de « coach de drague » n'existe pas, je pourrais l'inventer, faire comme les Américains et me faire payer pour des ateliers ou du coaching !

Denis et moi faisons les calculs. Avec l'aide ACCRE qui m'exonère de charges sociales, et ces activités qui ont des coûts fixes presque nuls, il me suffirait de générer 3 000 euros de ventes chaque mois pour toucher, en rémunération nette, approximativement le même salaire que dans mon contrat initial chez Unilog.

* Ce blog, seductionbynight.com, est malheureusement défunt. Il a été remplacé par un second blog, « DragueTV ».

Comment répartir ces 3 000 euros entre les trois activités potentielles, alors que je n'ai analysé ni le marché ni le potentiel de chacune ? Je prends le tableau et le remplis en dix secondes :

	OCTOBRE	NOVEMBRE	DÉCEMBRE	JANVIER	...
Pubs sur le site Web	1 000 €	1 000 €	1 000 €	1 000 €	...
Cours de salsa	1 000 €	1 000 €	1 000 €	1 000 €	...
Coaching en séduction	1 000 €	1 000 €	1 000 €	1 000 €	...

Il me suffit de…

- multiplier par 20 les revenus publicitaires du forum ;
- trouver 50 clients qui paieront 5 euros le cours de salsa chaque semaine ;
- et trouver un moyen de vendre pour 1 000 euros de coaching chaque mois !

Comme vous pouvez le voir, mon plan d'action pour atteindre ces objectifs n'était pas très clair à ce stade. J'avais cependant en main un trésor bien plus précieux qu'un plan d'action : j'avais enfin la définition claire de ma destination !

UN DOCUMENT ESSENTIEL POUR ALLER DE L'AVANT (ET POUR OBTENIR DES FINANCEMENTS)

Vous seriez étonné du nombre de personnes qui cherchent des financements, mais qui n'ont pas mené, au préalable, cette réflexion sur les résultats qu'ils attendent de leur entreprise.

En prenant le temps de poser ainsi vos objectifs, vous communiquez votre sérieux et votre détermination quand vous vous adressez à une banque ou à des investisseurs potentiels. Parmi les bonus de ce livre, vous trouverez donc un modèle téléchargeable et personnalisable de Business Plan Express – avec toutes les sections indispensables pour présenter votre plan à des tiers :

- présentation percutante du projet ;
- présentation du marché et du besoin ;
- stratégie de lancement ;

– prévisionnel chiffré (le fameux tableau) ;
– plan opérationnel ;
– présentation de l'équipe.

RESSOURCE EN COMPLÉMENT DU LIVRE

Téléchargez le modèle de Business Plan Express, cela vous fera gagner un temps fou !

www.ProfessionEntrepreneurLibre.com/businessplan

44.
UN OBJECTIF SANS DATE LIMITE, CE N'EST QU'UN RÊVE

Après le départ soudain de sa femme et sa décision de changer de vie, la première action de Bill O'Hanlon pour amorcer sa carrière d'entrepreneur est de combiner les deux ressources principales qu'il a en main. La première, c'est la liste de toutes les personnes qui ont assisté à une de ses présentations sur le thème de l'hypnothérapie éricksonienne. Au cours des dernières années, il a pris l'habitude de demander aux participants de ses conférences de lui donner un e-mail afin qu'il puisse leur envoyer un jour des informations ou une newsletter. Il rassemble enfin toutes ces adresses e-mail – il y en a plus de 2 000 !

La deuxième ressource de Bill est sa compétence. Il crée un document qui regroupe des outils utiles pour les thérapeutes et l'intitule « 30 actions qu'un thérapeute peut mettre en œuvre pour se faire connaître ». Son idée est de tester directement la température du marché en proposant le document au tarif de 12,95 dollars. Le lendemain de l'envoi de son e-mail promotionnel, Bill a vendu 200 exemplaires de son livret numérique !

C'est incroyable : il a créé ce document un mardi après-midi, l'a exporté en PDF le même jour et lancé le mercredi. Pour Bill, c'est une petite révolution, car chacun de ses livres prend environ 18 mois pour passer de l'idée à la concrétisation via le circuit classique de l'édition.

Le sexagénaire est tellement excité qu'il saute partout dans son salon (il y a beaucoup de place, puisque sa femme est partie avec tous les meubles).

Cela lui donne de l'espoir. Ça peut marcher. Un jour, il sera réellement un entrepreneur libre ! Plus besoin de voyager de conférence en conférence et d'échanger son temps contre de l'argent.

Et soudain, au milieu de ce bel élan, survient un phénomène complètement inattendu.

> **« Un objectif sans date limite, ce n'est qu'un rêve. »**
> **– Milton H. Erickson**

Le phénomène inattendu, c'est l'inaction prolongée de Bill ! Il se passe plusieurs années entre ce premier épisode de vente en ligne et le moment où Bill se rend compte qu'il est retombé dans le piège du train-train quotidien. Contrairement aux enseignements de son mentor, il n'a pas pris de décision claire sur les conditions de sa « libération » de son ancienne carrière. Du coup, après ces 2 000 dollars (vite acquis, vite dépensés), il a recommencé à accepter des contrats de conférencier et à écrire un livre par an.

HONNEUR AUX DAMES

Le choc survient quand une des collègues de Bill, le docteur Ruth Buczynski, reprend contact avec lui. À l'époque où il créait son livret PDF, Ruth avait embauché Bill comme présentateur invité à l'une de ses conférences, et ils avaient discuté de l'importance de saisir la vague d'Internet pour se détacher des anciens modèles d'affaires de leur profession.

Entre-temps, pendant que Bill retombait dans la torpeur de la routine, Ruth avait enchaîné les séminaires marketing d'Armand Morin, de Frank Kern et de Jeff Walker, trois formateurs qui semblaient en avance sur leur temps. Nicabm, l'institut fondé par Ruth, commençait à générer plusieurs dizaines de milliers de dollars **par mois** de chiffre d'affaires sur Internet pendant que Bill était occupé à végéter sur place. Curieux de découvrir les méthodes marketing en question, Bill décide d'accompagner Ruth à des conférences – ce qui n'est pas facile, car il est en déplacement plus de 20 jours par mois pour vendre son temps.

Au séminaire de Jeff Walker, Bill O'Hanlon fait la rencontre de Jane Savoie, une passionnée de dressage de chevaux, qui vient de réaliser 80 000 dollars de ventes en une semaine sur son Lancement Orchestré. C'est la goutte d'eau qui fait déborder le vase.

« Quatre-vingt mille dollars ? Cette petite dame à la mine autoritaire fait quatre-vingt mille dollars **en une semaine** ? Cette petite dame qui *apprend aux chevaux à danser* fait quatre-vingt mille dollars en une semaine ? Et moi qui change la vie des gens, je fais quoi ? »

Trop, c'est trop. Il est temps de mettre une date limite sur son rêve.

LE BUSINESS PLAN EXPRESS

Bill commence par définir clairement son rêve. Lors du séminaire, il a rencontré un jeune blogueur français du nom d'Aurélien, qui l'a inspiré. Aurélien adore voyager autour du monde, mais cette passion est diamétralement opposée aux aspirations de Bill. Lui rêve de pouvoir rester tranquillement chez lui. Ce qui l'inspire chez Aurélien, c'est que le jeune homme est libre géographiquement, libre de son temps, libre financièrement.

Bill aime cette définition. S'il atteint ces trois libertés, peut-être sera-t-il capable de continuer d'aider des milliers de personnes (via Internet), mais en retrouvant le temps de faire un peu de guitare tranquillement installé sur sa terrasse.

Alors il fait le calcul.

Son but est maintenant clair : créer un style de vie qui ne requiert pas du tout sa présence.

Puisqu'il facture 5 000 dollars par journée de formation présentielle, il lui suffit de vendre 5 000 dollars de produits dans le mois pour pouvoir supprimer une journée de formation. S'il réalise 25 000 dollars, il pourra prendre cinq journées de repos. Son plan d'affaires est donc très simple : proposer chaque mois un produit ou service qui lui permette de générer 5 000 dollars de plus à chaque fois, et arriver ainsi dans un an à remplacer toutes ses formations présentielles par des produits numériques.

45. FIXER VOS OBJECTIFS FINANCIERS… AU CENTIME PRÈS

Pour que votre Business Plan Express ait du sens, vous devez connaître vos objectifs financiers. Et c'est là que nous allons devoir appliquer un peu d'introspection, vous et moi.

Parce que, sans le savoir, vous vous contentez aujourd'hui des pièces jaunes.

Qu'est-ce que cela veut dire ? Eh bien, une fois que vous avez pris la décision de vous lancer à votre compte, vous obtenez instantanément un « pouvoir magique » : le pouvoir de déterminer exactement combien vous allez gagner. Et je ne parle pas de visualisation créatrice, de manifestation de la « Loi de l'Attraction », ni de mettre un cierge à l'église et d'attendre que l'argent tombe !

Je parle de calculs concrets. En prenant le temps de poser la réflexion que je vais aborder avec vous, vous pouvez littéralement déterminer aujourd'hui quel sera le montant de votre rémunération… et faire de cet objectif une réalité. Malheureusement, la plupart des entrepreneurs se contentent de miettes. Ils délaissent les billets et se contentent des pièces jaunes*.

Si je dis vrai, et qu'on peut littéralement CHOISIR le montant de ses revenus, alors pourquoi la plupart des gens gagnent-ils MOINS que ce qu'ils pourraient ? Je vais vous dire franchement ce que j'en pense – en essayant de ne pas vous vexer. Je suis convaincu que la

* Pour mes lecteurs étrangers, je précise que les « pièces jaunes » en France sont les petites piécettes qui ont le moins de valeur – quelques centimes ou dizaines de centimes.

raison n° 1 pour laquelle vous gagnez moins que vous ne méritez, c'est parce que vous êtes égoïste.

Gagner peu d'argent, alors que vous pourriez gagner plus, c'est égoïste. Travailler sans répit, alors que vous pourriez obtenir les mêmes résultats en travaillant moins, c'est être égoïste. La limite est dans votre tête, pas dans le portefeuille de vos clients. Permettez-moi de vous le prouver, et de vous démontrer pourquoi tout le monde y est perdant.

Quand un employé peine à obtenir une augmentation, ce n'est pas parce que le patron refuse de payer davantage. La preuve : il y a certainement dans cette même entreprise, quelqu'un qui est bien mieux payé (un superviseur ou directeur de projet, par exemple). Pourquoi est-il mieux payé ? Parce que l'entreprise estime que cette seconde personne apporte plus de valeur que la première.

De la même façon, quand vous peinez à vendre un produit, malgré moult remises et offres spéciales, ce n'est pas parce que les clients ne sont pas prêts à investir davantage. Observez réellement la vie de ces mêmes clients et vous verrez qu'ils ont refusé de payer 100 euros pour votre SuperGadget3000, mais qu'ils ont bien trouvé le moyen de financer l'achat d'une voiture à 15 000 euros dans la même semaine. Comment se fait-il que cette personne ne sache pas où trouver 100 euros pour votre produit, mais ait réussi à en rassembler 15 000 pour autre chose ? Et parfois, c'est encore plus vexant : un client vous a dit « non » pour investir 100 euros sur un SuperGadget3000 dans votre boutique, mais vous apprenez un peu plus tard qu'il a fini par débourser 120 euros pour un pauvre GadgetDeBase800 chez un concurrent ! C'est à ce moment que la plupart des entrepreneurs s'arrachent les cheveux, se roulent par terre en grognant de rage, et se mettent à blâmer la stupidité des clients, les manœuvres malhonnêtes de la concurrence, l'incompétence du gouvernement, etc.

J'aimerais vous proposer de voir les choses de façon un peu différente. Voici ce que je dirais à cet entrepreneur :

- « Si les gens n'achètent pas chez toi, c'est parce que tu as été égoïste. »
- « Au lieu de te décarcasser pour éduquer le client et lui expliquer gratuitement les critères nécessaires pour un choix éclairé,

tu t'es contenté d'afficher ton produit et de donner un prix. Tu as fait le minimum syndical en comptant sur le client pour s'éduquer et faire le premier pas, et ça, c'est égoïste. »

- « Au lieu de te creuser la tête pour trouver un moyen de facturer davantage (parce que la qualité de ton service apporte davantage de valeur au client), tu t'es contenté de faire des réductions et remises qui ont tiré tes marges vers le bas. Tu as fait le minimum syndical en te concentrant sur ton portefeuille et non sur la réussite du client et la valeur qu'il reçoit, et ça c'est égoïste. »
- « Au lieu de gagner largement ta vie et d'avoir le temps d'en profiter avec tes proches, maintenant tu es enchaîné à un ordinateur pour tenter de faire entrer quelques euros de plus. Tu consacres ta vie à TON entreprise, TES difficultés financières, et tu es un poids pour ta famille, et ça, c'est égoïste. »
- « Au lieu de voir grand et de gagner un surplus d'argent que tu pourrais consacrer à des causes qui rendent le monde meilleur, tu t'es contenté d'un revenu de misère qui disparaît en loyer, remboursement de prêt automobile, et autres factures du quotidien. Tu as reçu énormément d'opportunités et en échange tu n'as rien apporté autour de toi, et ça, c'est égoïste. »

COMMENT MÉRITER DE GAGNER PLUS

Ça peut paraître difficile de surmonter nos blocages par rapport à l'argent. Vous vous demandez peut-être, « Qui suis-je pour oser gagner plus que ce dont j'ai besoin ? », ou « Comment pourrais-je justifier de gagner davantage que mon père, ma mère, ou mes mentors ? »

Je vais vous dire pourquoi vous pouvez, et devez, oser gagner beaucoup – beaucoup plus que vous en avez « besoin ».

Vous méritez de gagner gros… parce que vous apportez énormément de valeur. Cette petite phrase change tout :

> **« Je mérite de gagner gros, parce que j'apporte énormément de valeur. »**

À partir de l'instant où vous avez assimilé ce principe, vous serez à l'aise avec le fait de bien gagner votre vie, d'avoir du temps et du budget en abondance pour vos loisirs, et de pouvoir faire plaisir à vos proches sans regarder à la dépense.

Vous allez apporter énormément de valeur, avant tout, à vos clients, grâce au principe de l'Offre Irrésistible dont nous allons reparler dans un instant.

Vous allez apporter énormément de valeur, en second lieu, à votre entourage : aux personnes passionnées qui auront la chance de travailler à vos côtés dans cet environnement de travail positif et dynamique que vous créez… aux entrepreneurs en herbe de votre connaissance que vous allez inspirer… aux amis qui viendront vous demander conseil et avec qui vous partagerez les clés de votre succès.

46. COMBIEN DE CLIENTS VOUS FAUDRA-T-IL POUR ÊTRE RENTABLE ?

Au chapitre 4, vous avez décidé du revenu minimum que vous devez gagner grâce à votre entreprise. Au chapitre 41, vous avez découvert quelle était la tranche de tarifs idéale pour votre offre. Nous allons utiliser ces deux informations pour en déduire combien de clients il vous faut convaincre chaque mois !

LA MORT ET LES IMPÔTS

> **« En ce monde rien n'est certain, à part la mort et les impôts. »**
>
> **– Benjamin Franklin[60]**

Vous savez combien vous voulez gagner… mais avant que cette somme n'arrive dans votre poche, l'État vient prélever sa part. Pour transformer votre objectif de revenu net en objectif de résultat financier (bénéfice) de l'entreprise, il faut prendre en compte ces impôts. En France, il faut par exemple considérer les charges sociales, les éventuelles charges patronales si vous avez un statut de salarié de votre société, ainsi que l'impôt sur les sociétés et l'impôt sur le revenu.

Comprenez bien que la législation fiscale et sociale change constamment. Pour trouver des chiffres à jour, consultez le site des bonus du livre.

RESSOURCE EN COMPLÉMENT DU LIVRE

Sur ce site, vous trouverez un tableau qui indique les sources précises pour comprendre l'impact des impôts et charges sociales en fonction de votre situation et votre pays : **www.ProfessionEntrepreneurLibre.com/impots**

Faites votre calcul maintenant !
Multipliez le salaire net que vous visez par le facteur correspondant. Par exemple, supposons que je veuille atteindre une rémunération mensuelle de 3 000 euros net en étant gérant d'une EURL soumise à l'impôt sur les sociétés. À l'heure où j'écris ces lignes, mes cotisations sociales sont de 45 % du revenu net imposable. Mon entreprise doit donc me régler 3 000 ÷ (1-45 %) = 5 454,55 €.

Votre situation, et le calcul que vous devez faire, dépendent donc à la fois du statut de l'entreprise, de son régime fiscal et de votre situation ! Nous avons listé sur le site des bonus autant de cas que possible dans autant de pays que possible, ainsi que les sources officielles à jour pour que vous puissiez trouver l'information (ou la demander à votre centre des impôts).

Il n'est pas toujours facile de trouver cette information mais vous devez absolument l'obtenir maintenant, donc faites le nécessaire pour pouvoir poser votre calcul, c'est important ! Sans cela, tout votre business plan serait basé sur du vent. Une fois que vous avez fait votre calcul, reportez le résultat ici :

18 mois après avoir lancé mon entreprise, je veux gagner un salaire

mensuel de : ....

(Reprenez votre réponse du chapitre 4)
Pour trouver le montant « brut » correspondant, je multiplie par : ....
Pour me payer le salaire net que je vise, il me faut donc générer un

bénéfice de : ....

L'AUTRE CÔTÉ DE LA MÉDAILLE

Au cours des premières années d'entrepreneuriat, on finit toujours par apprendre douloureusement la différence entre « bénéfice » et « chiffre d'affaires ». Après tout, quand vous vendez un produit ou service, vous avez toujours des coûts fixes et variables – même quand il s'agit d'un service intangible ou d'un produit numérique. À titre de référence, je vous ai indiqué dans les bonus du livre les rentabilités moyennes d'un produit vendu dans plusieurs secteurs différents.

RESSOURCE EN COMPLÉMENT DU LIVRE

Ce tableau répond à la question : « Pour 100 euros encaissés, combien vais-je générer de bénéfice ? » :
www.ProfessionEntrepreneurLibre.com/rentabilite

LE DERNIER CALCUL

Promis, c'est le dernier calcul que vous aurez à faire de tout ce livre ! Maintenant que vous savez approximativement quelle est votre marge brute sur vos produits vendus, vous pouvez déterminer combien de chiffre d'affaires votre entreprise doit générer pour vous permettre de toucher la rémunération que vous visez.

Divisez simplement votre rémunération brute (calculée un peu plus haut) par le taux de rentabilité moyen que vous attendez. Dans mon exemple, si mon entreprise doit me rémunérer 5 454,55 euros brut par mois, et que mon entreprise a une rentabilité de 40 %, alors le chiffre d'affaires que l'entreprise doit générer chaque mois pour atteindre mes objectifs financiers personnels est de 5 454,55 ÷ (40 %) = 13 636,38 €.

Avec cette information, je peux maintenant remplir mon business plan ! Je sais désormais que mon plan n'est pas satisfaisant tant qu'il ne prévoit pas de générer au moins 13 650 euros de chiffre d'affaires environ. D'un autre côté, c'est également rassurant de savoir que je n'ai pas besoin de réaliser des centaines de milliers d'euros de chiffre d'affaires mensuels pour me dégager un salaire. Ce calcul vous permet donc de fixer des objectifs réalistes qui renforcent vos chances de succès !

REMPLIR VOTRE BUSINESS PLAN EXPRESS

Vous avez maintenant les chiffres clés à indiquer dans votre Business Plan Express ! Faites-le maintenant. Si vous voulez partir d'un document prêt à l'emploi, téléchargez le modèle disponible sur le site des bonus offerts avec le livre.

« JE MÉRITE
DE GAGNER GROS,
PARCE QUE J'APPORTE
ÉNORMÉMENT
DE VALEUR. »

47.
« FAIT » VAUT MIEUX QUE ~~PARFAIT~~

J'ai un aveu à vous faire.
Quand je vous ai raconté mon départ de chez Unilog et les affres du démarrage de ma « première entreprise »…
J'ai omis de mentionner un détail important :
Ce n'était pas ma première entreprise.

GUINNESS AS USUAL

Nouvel an 2006. Je suis aux anges à l'idée que c'est ma dernière année à l'École Centrale. Je vais enfin pouvoir quitter la vie étudiante et entrer dans la « vraie » vie active ! Ce qui me rend le plus enthousiaste, c'est que j'ai déjà de bonnes pistes pour faire un stage chez Unilog près de Nantes – la voie royale pour déboucher sur un CDI dans la même boîte, ce qui est mon objectif dès le départ.

À la rentrée de janvier, je déchante soudainement en discutant avec mon colocataire, Rémi.

« Comment ça, un stage chez Unilog ? s'étonne-t-il. Les stages que tu as faits en première année au Crédit Agricole, et en seconde année chez les simulateurs Alsim*… c'était en France, non ?
— Oui, bien sûr. Je ne vois pas le rapport ?

* J'y ai développé un simulateur de conduite expérimental pour auto-écoles, avec un moteur 3D entièrement codé en PHP. Si vous vous y connaissez en informatique, vous savez que c'est une petite prouesse ! Mais ce dont je suis le plus fier, c'est d'avoir bossé sur un simulateur automobile… alors que je n'ai jamais passé le permis de conduire ! (Personne n'a pensé à me poser la question avant de m'embaucher.) Le jour de la démonstration, la première phrase du testeur a été : « Hé, la pédale d'accélération est au milieu, c'est normal ? »

— Sébastien, pour avoir le diplôme de Centrale il faut avoir fait au moins trois stages… ET il faut qu'un de ces stages représente au moins six semaines passées à l'étranger ! »

Je panique. Ça fait capoter tous mes plans ! Je n'ai aucune envie d'aller bosser dans une autre boîte juste pour valider un stage à l'étranger, et de ruiner mes chances chez Unilog.

Dans mon désespoir, je me tourne vers le grand frère qui ne m'a jamais fait défaut : Google.

J'ouvre le moteur de recherche et je tape les mots suivants :

Ma recherche n'est pas bien longue : je clique sur le deuxième résultat qui s'affiche (stage à Dublin dans l'informatique, deux heures par semaine, pendant six mois !) et j'envoie un e-mail : *Hi, I am interested for an internship, but I would like to work for just six weeks, so could I do twenty hours a week, for example ?**

Je suis embauché sur-le-champ.

* « Bonjour, je suis intéressé par un stage, mais j'aimerais travailler seulement six semaines, donc pourrais-je travailler vingt heures par semaine, par exemple ? »

L'ESPRIT ENTREPRENEURIAL EST CONTAGIEUX

Ce stage sur mesure est parfait : en enchaînant les deux, il me permet au jour près de valider les six semaines à l'étranger **et** de faire le stage de quatre mois minimum imposé à Unilog. En arrivant à Dublin, j'ai une grosse surprise.

Mon stage est bien « dans l'informatique », mais l'institut SWICN dont je dois refaire le site Web est en fait un centre d'accueil et de formation à l'informatique pour des jeunes défavorisés… et c'est mon rôle de les encadrer en plus de mon travail de développement Web.

En suivant la visite guidée le jour de mon entrée en poste comme instructeur, je remarque ce panneau sur le mur :

TEN RULES FOR GOOD CONDUCT AT SWICN

1. Turn off the computers when you are finished.
2. Do not throw the instructor out the window

...

« Dix règles de bonne conduite chez SWICN.
Règle numéro une : Éteignez les ordinateurs quand vous avez fini.
Règle numéro deux : Ne balancez pas les instructeurs par la fenêtre. »

Malgré le public parfois turbulent de SWICN, les premières semaines se passent à merveille et je me lie d'amitié avec mon maître de stage, Kieran Magennis*. Kieran, qui n'est pas beaucoup plus vieux que moi, me parle de son projet : lancer une *start-up*.

« Il y a une énorme opportunité en ce moment : beaucoup de Dublinois cherchent sur Internet pour trouver des endroits où sortir, mais il n'y a aucun site Web spécifiquement dédié à cela, qui centraliserait les événements locaux dans une ville et permettrait en deux clics de trouver, par exemple, tous les concerts de rock à Dublin ce week-end ! »

* Le nom a été changé.

Son regard s'éteint quand il ajoute : « Mon problème, c'est que je n'ai pas la compétence technique pour coder un tel site à partir de rien, donc je ne peux pas lancer ce projet seul. »

LE DÉBUT D'UNE (COURTE) AVENTURE

Je trouve l'idée géniale. Avec ma compétence technique et le carnet d'adresses fourni de Kieran, nous pouvons faire un tabac en un rien de temps ! Sitôt dit, sitôt fait, nous décidons de monter cette *start-up* avec trois associés à parts égales : Kieran, moi-même, et sa petite amie. (Je serais aujourd'hui incapable d'expliquer ce que la petite amie venait faire là, à part éventuellement permettre à Kieran de contrôler 66 % des votes en cas de désaccord. À l'époque cependant, démarrer à trois me semblait génial : « plus on est de fous plus on rit ! »)

Nous avons mis chacun 200 euros dans un pot commun, et Kieran est parti immatriculer notre entreprise, « Times.ie »* avec un capital de 600 euros. Deux jours plus tard, notre entreprise était officiellement immatriculée ! Je n'en revenais pas que ce soit si facile.

QUATRE LEÇONS DUREMENT APPRISES

Il y a une raison pour laquelle je ne parle pas de Times.ie quand je dis « ma première entreprise ». Cette expérience m'a amené plusieurs apprentissages douloureux – et j'aimerais vous éviter d'avoir à traverser les mêmes écueils.

Leçon 1 : Fait vaut mieux que parfait

Tout d'abord, notre petite entreprise était condamnée à échouer puisque… nous n'avons jamais lancé le produit sur le marché !

Dès que nous avons posé les grandes lignes du projet, je me suis mis à programmer – en parallèle de mon stage en Irlande, puis sur

* Aujourd'hui, il n'est plus possible dans beaucoup de pays de déposer un nom de domaine comme raison sociale d'une entreprise, car cela cause trop de litiges. Si je devais immatriculer l'entreprise aujourd'hui, il faudrait donc l'appeler « Irish Times » par exemple, car le dossier serait rejeté avec le nom « Times.ie ».

mon temps personnel pendant le stage à Unilog. Après des semaines de codage, la plateforme était prête à accueillir nos premiers utilisateurs. J'avais fait pas mal de tests de mon côté et demandé à mes associés de saisir des événements dans la base de données, poster des commentaires, afin de me signaler tout blocage. Il restait certainement quelques **bugs**, mais le seul moyen de les repérer à ce stade était de permettre à suffisamment d'internautes d'utiliser le site pour les faire remonter.

Kieran, lui, ne voulait pas mettre en ligne un site Web et en parler à ses contacts dans l'événementiel tant que le site ne reflétait pas une certaine « qualité ». Il fallait que notre plateforme soit parfaite au moment du lancement, parce que « c'est la première impression qui compte », et parce que « si l'on se grille lorsqu'on lance le site, les gens ne voudront pas revenir et quelqu'un finira par nous piquer l'idée ». Du coup, nous faisions des tests supplémentaires. Suite aux tests, je programmais des fonctionnalités supplémentaires – qui ajoutaient de nouveaux bugs. On lançait de nouveaux tests. Et ainsi de suite.

Il m'a fallu plusieurs mois pour comprendre que ce site ne serait jamais parfait… et même pire : qu'il ne serait jamais « fait » !

Le déclic est survenu quand j'ai dû travailler deux semaines pour corriger un bug qu'il fallait « absolument » régler avant le lancement : le cadre affichant le contenu du site était positionné *un pixel trop bas* dans certains navigateurs. C'est là que j'ai réalisé qu'il était temps de jeter l'éponge.

Avant de juger notre design, souvenez-vous qu'il s'agit des débuts du Web 2.0… Oh et puis si vous n'aimez pas ma page d'accueil, revenez quelques pages en arrière dans le livre et regardez si Google faisait mieux en 2006 !

Leçon 2 : Qui, plutôt que « quoi »

Je m'étais embarqué dans ce projet parce que le « quoi » m'intéressait : à l'été 2006, il y avait en effet une opportunité à saisir dans l'annonce des événements locaux. On pouvait commencer par les facs de Dublin, puis étendre à davantage d'événements, monopoliser cette zone géographique et ensuite s'étendre à d'autres villes*. ParisBouge.com, par exemple, est une entreprise unipersonnelle, et cet entrepreneur s'est lancé à la fin 2006[61] – il réalisait un quart de million d'euros de chiffre d'affaires quelques années plus tard. EventBrite, lancé à San Francisco (en 2006 également), a levé 334 millions de dollars auprès d'investisseurs[62], a aujourd'hui plus de 500 employés, et vaut maintenant 1,578 **milliard** d'euros en Bourse.

L'idée n'était pas si mauvaise que ça, non ?

L'équipe, par contre, n'était pas idéale. Aucun d'entre nous n'avait d'expérience entrepreneuriale ; la répartition des tâches n'était pas très claire (à part « Sébastien codera le site » et « Kieran contactera ses amis dans l'événementiel », ce qui laisse une liste longue comme le bras de postes vacants dans l'entreprise). L'oubli le plus notable : personne dans l'équipe n'était responsable de trouver… des clients !

Pour finir, aucun d'entre nous n'avait fait ses preuves auparavant. Oui, j'avais déjà créé des sites avec pas mal de visites et Kieran savait boire de la bière et connaissait pas mal de monde dans l'événementiel – mais personne dans le trio n'avait d'expérience du lancement d'un business Web. Il ne nous est pas venu à l'esprit un seul instant de nous former, poser des questions à des experts, ou sortir de notre bulle d'une façon ou d'une autre.

D'autres dures expériences de gestion d'entreprise, et de *start-up* avec des associés, m'ont poussé par la suite à me faire coacher par une experte : Annie Pratt, consultante en *leadership* pour les cadres et entrepreneurs. Au travers de son programme Key Business Leader Mastermind, Annie m'a enseigné plusieurs règles concernant le lancement d'une activité à plusieurs, et je vous les détaille au chapitre suivant.

* Ce qui est d'ailleurs l'un des modèles les plus efficaces pour le lancement d'une plateforme quand on a un budget limité – nous y reviendrons au chapitre 74, p. 359.

Leçon 3 : Le Business Model qui tue

Nous étions sur le point de lancer une **plateforme**, c'est-à-dire une entreprise qui doit convaincre deux publics différents simultanément :

- d'un côté les organisateurs d'événements, qui devaient être suffisamment nombreux dès le départ pour que le site soit bien fourni et que les Dublinois s'y intéressent ;
- de l'autre côté les Dublinois, qui devaient être suffisamment nombreux à utiliser le site pour se renseigner, afin d'attirer les organisateurs d'événements.

Le lancement d'une plateforme est une entreprise très risquée, parmi les plus difficiles à démarrer, et nous en reparlons au chapitre 74 sur le choix de votre modèle d'affaires (voir p. 359).

Leçon 4 : Le croque-mitaine est juste un vêtement posé sur une chaise

J'ai été très surpris de constater que l'immatriculation de notre société s'était faite aussi rapidement – en deux jours seulement ! Je m'imaginais qu'il s'agissait d'un processus très long. Aujourd'hui, ce genre de délais est assez courant dans la plupart des pays. En France, vous pouvez même vous déclarer microentrepreneur en ligne et finir les formalités en quelques minutes, puis recevoir vos papiers en quelques jours*.

Cette réalisation m'a sûrement aidé, quand j'ai décidé de quitter Unilog, à prendre plus facilement ma décision de me lancer dans l'entrepreneuriat, car j'avais déjà eu une expérience concrète de démarche administrative rapide.

* Les Département d'Outre-Mer sont cependant une exception notable que je déplore. À l'heure où j'écris ces lignes, cela fait maintenant trois mois que j'attends une réponse sur le dossier de création d'une nouvelle entreprise que j'ai créée en Guadeloupe, et encore plus longtemps que j'attends confirmation de la réception d'un simple dossier de changement de siège social. J'espère vivement que suffisamment de lecteurs guadeloupéens et DOMiens se mobiliseront sur les années à venir pour que ces freins à la démarche entrepreneuriale disparaissent rapidement.

AVEZ-VOUS PRÉVU DE VOUS LANCER À PLUSIEURS ?

Comptez-vous lancer une société avec un ou plusieurs associés ? (Vous pourriez aussi créer une « association », mais celles-ci sont encadrées par la loi de façon différente, généralement à but non lucratif, et je ne recommande pas d'utiliser ce statut qui vous lie les mains et vous condamne psychologiquement à viser petit.)

Afin de vous assurer que vous et vos associés partiez dans ce projet du bon pied, suivez les instructions du chapitre qui suit !

48.
SI VOUS VOUS LANCEZ AVEC UN OU PLUSIEURS ASSOCIÉS

Annie Hyman Pratt a plus d'une fois sauvé mon entreprise. Elle a commencé à travailler dans la petite entreprise familiale – The Coffee Bean and Tea Leaf, une chaîne de cafés comptant sept magasins – quand elle était encore adolescente. Après avoir rapidement pris la direction de la chaîne, elle en a fait un rival de Starbucks qui compte aujourd'hui plus de 1 000 magasins franchisés dans 32 pays. Annie a ensuite vendu l'entreprise et travaillé de nombreuses années en tant que « P.-D.G. intérimaire » : elle volait au secours d'entreprises réalisant entre 10 et 75 millions d'euros annuels qui se trouvaient en stagnation ou en déclin. Après avoir redressé l'entreprise, le rôle d'Annie était de former son successeur puis repartir telle Lucky Luke dans le soleil couchant.

Je raconte dans le livre *Le Secret des Entrepreneurs Libres*[63] comment Annie a fait la transition de ce métier de P.-D.G. extrêmement bien payé (mais en tant que salarié) vers le métier encore mieux payé, et plus passionnant pour elle, d'Entrepreneur Libre*. Depuis qu'elle a lancé sa propre activité indépendante, Annie a accompagné des dizaines de PME à se développer, en recrutant et formant des équipes de pointe qui gèrent l'entreprise sans requérir la présence constante de l'entrepreneur.

---

* Pour se procurer le livre : www.LeSecretDesEntrepreneursLibres.com

C'est auprès d'Annie que j'ai appris qu'il y a un petit nombre de pièges à éviter, et une checklist à suivre absolument si l'on veut lancer ou racheter une entreprise à plusieurs.

Voici ces principes :

- ☑ Éviter de s'associer à 50/50. Toujours mettre en place une structure qui permet à un camp de trancher en cas de désaccord (49/51, 33/33/33…) **Mieux vaut prendre la mauvaise décision (et la corriger plus tard) que de ne pas pouvoir prendre de décision.**
- ☑ **S'assurer que votre équipe comprend des joueurs qui ont déjà joué ce sport à un haut niveau.** Pour citer Annie Pratt, « Le meilleur indicateur de la performance future d'une équipe est sa performance passée. » C'est un conseil contre-intuitif dans ce livre, car **vous** n'avez peut-être pas d'expérience passée qui justifie de vous lancer dans ce nouveau projet ! Raison de plus pour inclure dans votre équipe au moins une personne qui a déjà fait ses preuves dans le domaine, et par exemple de lui donner une petite proportion des actions (1 à 5 %) en échange de son « apport en industrie » : le savoir-faire précieux qui manque à votre équipe de direction.
- ☑ **Créer un pacte d'associés.** Ce que vous devez y inclure :
  - Présentez la **répartition du capital fourni par chacun des** associés, et de leur prise de risque respective. Indiquez également **qui a la responsabilité de réinvestir** si jamais l'entreprise a besoin de plus de fonds.
  - Faites la liste des ressources et de **la valeur ajoutée que chacun des associés apporte** dans l'entreprise (je vous fournis une grille des 7 Ressources Entrepreneuriales dans la suite de ce livre, vous pourrez vous en servir comme guide).
  - Décrivez **les rôles et les efforts attendus de chacun**. Concrètement, quelles sont les tâches que chaque associé devra fournir pour faire fructifier l'entreprise.
  - Posez aussi noir sur blanc la répartition des **rémunérations et dividendes** entre associés.
  - Clarifiez le processus de **décision en cas de désaccord** (par exemple, tel associé peut avoir le dernier mot sur les décisions financières parce que c'est son expertise, tandis que l'autre associé a le pouvoir de trancher pour tout ce qui concerne le marketing, ou les choix techniques).

– Expliquez **ce qui se produit quand un des associés veut « sortir »** en vendant ses titres à l'autre ou à un tiers. Une des clauses les plus utiles en ce sens est la « **clause du gâteau** »* : l'une des parties peut à tout moment décider de mettre fin à la collaboration, en annonçant son estimation raisonnable de la valeur d'une action de l'entreprise – et c'est ensuite à l'autre partie de décider si elle rachète les parts de l'associé qui s'en va (à la valeur annoncée), ou si elle préfère s'en aller et donc vendre ses parts (toujours à la valeur annoncée).

En suivant ces conseils, vous donnez à votre entreprise toutes ses chances de réussir en combinant vos forces et celles de vos associés !

* Le nom de cette clause fait référence au principe tout simple pour enseigner à des enfants à partager gâteaux, biscuits et autres desserts : « Tu coupes, je choisis. » C'est la méthode la plus efficace pour garantir un partage équitable dont personne ne peut se plaindre.

FAIT VAUT MIEUX

QUE PARFAIT.

49.
À CHACUN SON EXPERTISE

Quand Peggy Tournigand et Jean-François Ruiz ont créé leur structure, Time To Relax, ils ont pris la décision d'y contribuer chacun pour 5 000 euros de capital. Avec 10 000 euros de capital de lancement, l'activité avait selon eux suffisamment de ressources pour démarrer. Comme il n'était pas envisageable pour le jeune couple de risquer davantage de leurs finances dans le lancement de l'entreprise, il fallait absolument que l'activité s'autofinance dès que possible.

Ils ne peuvent pas se permettre de démarrer une chaîne YouTube, ou publier des articles de blog pendant une longue période pour faire connaître l'activité. Jeff fait donc usage de ses compétences en matière de publicités en ligne, pour lancer une campagne sur la plateforme publicitaire Facebook Ads. Cette campagne est un premier test, visant à remplir les inscriptions pour leur « retraite » de yoga, un séjour d'une semaine. Les publicités sont plutôt performantes et amènent plus de 500 prospects à demander plus de détails sur l'offre. L'offre, par contre, ne semble pas convaincre ces clients potentiels. Le succès financier de la campagne est peu convaincant : 15 jours avant la retraite, ils n'ont qu'une seule personne inscrite… qui annule à la dernière minute !

Heureusement, Time To Relax est une équipe qui sait se partager les tâches : si Jeff s'occupe des publicités et a de nombreuses idées pour les améliorer, Peggy tient les comptes. En constatant que 2 000 euros de publicités (20 % de leur capital) sont partis en fumée dans ce premier test, elle lance l'alerte. Il leur faut absolument trouver une autre méthode. Ils ne vont pas lâcher prise – après tout, les publicités de Jeff ont suscité de l'engouement – mais l'offre ne correspond visiblement pas à la demande du marché.

Quelque temps plus tôt, Peggy a eu recours à une séance d'EFT, une thérapie holistique dont le but est de libérer les émotions. Cette séance lui a permis d'accepter de porter la double identité de salariée et de créatrice d'entreprise. Elle en a retenu un enseignement : notre réalité extérieure est la projection de notre réalité intérieure. La vie n'est pas qu'une question d'application de stratégies et tactiques, mais aussi et surtout d'incarnation de la personne qu'on veut devenir.

Pour que le côté *Yang* (concentré, hyper actif, masculin) de Jeff porte ses fruits, il faut qu'elle exprime son côté *Yin* (souple, généreux, féminin). Au lieu de continuer de se heurter de front au problème de vendre des stages de yoga comme le font toutes les autres écoles de yoga, pourrait-elle appliquer ces techniques de yoga au travers de programmes via Internet, en ciblant à chaque fois un besoin précis de « Madame Tout-le-Monde » ?

Dans tous les cas, il faut agir maintenant. Peggy et Jeff ont déjà suivi assez de formations, assisté à suffisamment de stages et conférences. Ils ont en main leur certification de professeur Yoga Alliance, de praticien EFT, et une poignée d'autres. Pendant cette phase d'apprentissage, ils ont rencontré beaucoup d'apprentis yogi, de thérapeutes, d'instructeurs en herbe qui ne cessent de se former (sans jamais passer à l'action en lançant leur activité). Ce n'est pas une option pour le jeune couple : s'ils ont fait au moins **une** vente (même annulée), c'est le signe que **quelque chose** peut marcher, et va marcher !

50.
EN CAS DE DOUTE : UNE QUESTION POUR VOUS MOTIVER À ALLER DE L'AVANT

Tous les écueils qu'ont rencontrés les entrepreneurs cités en exemple dans ce livre, toutes les difficultés et les obstacles que vous rencontrez, sont simplement des manifestations de la peur. La peur de réussir, la peur d'échouer, la peur de faire des vagues, la peur de changer le *statu quo*. Au chapitre 2, nous avons défini cette peur et lui avons donné un nom : le conformisme.

Ce que peu de gens savent, cependant, c'est que la peur est en fait notre meilleure boussole. Si vous êtes terrifié à l'idée de faire le grand saut et de lancer votre entreprise, c'est qu'il s'agit probablement de la bonne décision !

L'ALTERNATIVE

Si vous avez fait les exercices au début de ce livre, alors cela vaut la peine de se poser la question : sera-t-il plus douloureux d'essayer, d'affronter des obstacles et peut-être même essuyer quelques échecs au passage… ou de rester sur place ?

Quand David Laroche l'a interviewé pour demander « comment libérer l'excellence qui est en nous », le coach américain Les Brown lui a raconté cette anecdote issue de son livre *Live Your Dreams*[64] :

> **« Certaines personnes ne prennent jamais la vie à pleines dents parce qu'elles passent trop de temps à pointer du doigt et se plaindre que tout et tout le monde leur bloque la route. Quand je rencontre une de ces personnes, je me rappelle l'histoire d'un chien plaintif assis sous le porche d'une maison :**
> **Un passant, prenant pitié pour les gémissements et la pauvre mine du chien, s'arrêta et demanda au propriétaire de la maison pourquoi son chien poussait ces sons plaintifs.**
> **"Oh, c'est parce qu'il est assis sur un clou", répondit le propriétaire.**
> **Le passant s'étonne : "Mais dans ce cas-là, pourquoi votre chien reste là à gémir ? Pourquoi il ne se déplace pas ?"**
> **Et l'homme de répondre : "C'est parce qu'en fait, il a mal, mais il n'a pas assez mal." »**

Mon associé Kieran avait mal – il aurait préféré être libre, plutôt que de passer sa vie dans un job salarié – mais il n'avait pas **assez mal** pour surmonter son perfectionnisme et aller jusqu'au bout du projet.

Mon ami Ruben avait mal – il en avait marre de travailler sur des bornes libre-service au lieu de s'adonner à sa passion de la réalité virtuelle – mais il n'avait pas **assez mal** pour surmonter sa procrastination et démarrer son projet.

Et vous ?

Avez-vous assez mal ?

51. LE PLUS DUR EST FAIT, NON ?

Ça y est, vous avez trouvé votre idée et validé votre projet ! Le plus dur est fait, n'est-ce pas ?

Haha.

HA.

HAHAHA ! Hi hi hi.

MOUAHAHAHAHAHAHAHA ! AHAHAHAHA !

AHAHAHAHAH ! AHAHAHAHAHAH !

Houu.

Hi hi hi hi hi hiiiiiiiiiiiiiiiiii.

Hi hi hi ha ha ha HA HA HA HA HA HA HA HA !

OH OH OH OH OH, elle est bien bonne.

OH OH OH OH AH AH AH AH RAAAAAA

AHAHAHAHAHAHAHAH !

Haaaaa haaaaa haaa.

Ha…

Ouh…

(Hi hi hi) ouh ouh ouh HA HA HA !

AHA, AHA, AHA, AH. Non mais, non, en fait HI HI HI !

En fait, hi hi hiiiii… oulah.

En fait on n'a pas terminé, *hum*. On n'a pas terminé du tout !

MES ACTIONS

- ❑ J'ai vérifié que le marché sur lequel je compte me lancer correspond aux quatre critères PMVR, indispensables pour que le projet soit viable.

- ❑ J'ai proposé à trois de mes « futurs concurrents » un entretien afin de leur poser les questions de l'étude métier.

- ❑ J'ai récolté 30 réponses qualifiées à mon Étude de Marché Express !

- ❑ J'ai analysé les réponses du sondage et relevé les besoins, les aspirations, et les expressions utilisées par mes clients potentiels.

- ❑ J'ai choisi le nom de mon produit grâce à la méthode ping-pong.

- ❑ J'ai contourné le piège de « l'effet souk », et j'ai fixé le prix que je compte facturer à mes premiers clients.

- ❑ J'ai téléchargé le modèle de Business Plan Express ou créé le mien. Je connais maintenant mes objectifs financiers et je sais combien de clients il me faut par mois.

- ❑ Si je me lance avec un ou plusieurs associés, nous avons convenu d'un pacte d'associés qui clarifie noir sur blanc les termes de notre accord.

Acte 4

LANCER L'ACTIVITÉ ET CONVAINCRE LES PREMIERS CLIENTS

52. C'EST L'HEURE DE LA PAPERASSE ! QUAND IMMATRICULER VOTRE ENTREPRISE ?

J'ai dit dès l'introduction que ce livre n'aborderait pas la question administrative, mais je me dois de répondre au moins à **une** question épineuse : à quel moment lancer les démarches administratives ? Et comment démarrer en minimisant la « paperasse » ?

Mon opinion assez radicale sur le sujet est celle d'un essentialiste :

> **Il ne sert généralement à rien d'immatriculer l'entreprise avant d'avoir ses premiers clients.***

Quel est le meilleur mois de l'année pour aller faire vos formalités d'inscription ou immatriculation – afin de payer le minimum d'impôts ? La bonne réponse tient en deux mots : « Pas maintenant ! » Ce que vous devriez faire en premier, c'est aller chercher des clients qui vont vous signer des chèques ou des contrats.

---

* Permettez-moi de rappeler avec ce chapitre que je ne suis bien sûr pas conseiller juridique ni avocat, que ce livre n'a pas vocation à constituer un conseil fiscal, financier ou juridique, que vous devriez toujours consulter un juriste spécialisé avant de faire quoi que ce soit ou prendre une quelconque décision, et que tout ce que je dis ici doit être considéré à titre de divertissement et non à titre informatif ou prescriptif. Voilà, j'ai couvert mes arrières, vous pouvez reprendre votre lecture !

NE FAITES PAS TOURNER LE COMPTEUR QUAND VOUS ÊTES À L'ARRÊT

Tant que vous n'avez pas fait votre « preuve de concept », vous n'avez pas prouvé que votre projet entrepreneurial peut rapporter de l'argent. Il serait donc dangereux de commencer à en dépenser prématurément.

Je vais parler ici de l'administration française, mais ce qui suit est également valable dans la majorité des pays francophones.

> **L'administration est un chauffeur de taxi qui met le compteur dès le moment où il est garé en bas de chez vous, même si vous n'êtes pas prêt, même si vous n'avez pas fini de faire votre valise.**

Quand vous démarrez les démarches administratives, sachez qu'immédiatement, les caisses de retraite, la caisse de Sécurité sociale des indépendants et la caisse d'Assurance maladie se garent en bas de chez vous et lancent le compteur. Si vous ne générez pas encore de chiffre d'affaires, ce « compteur » se manifeste par des montants forfaitaires. Vous ne devez pas non plus oublier de faire vos déclarations – même si le revenu à déclarer est de zéro parce que vous n'avez pas encore fait votre première vente – sous peine de payer des amendes*.

Démarrer trop tôt les démarches administratives, c'est donc perdre du temps (que vous devriez passer à chercher des clients) et perdre de l'argent.

La démarche à accomplir pour réussir : considérez que votre unique priorité est d'aller chercher directement les clients.

Mais que faire une fois que vous avez des clients prêts à payer, si votre entreprise n'existe pas encore ?

* À l'heure où j'écris ceci, un autoentrepreneur n'ayant pas encore de chiffre d'affaires, qui oublierait de faire une déclaration à « zéro euro », doit payer une amende de 49 euros par déclaration oubliée.

VOICI CE QUE NOUS DIT LA CHAMBRE DE COMMERCE ET D'INDUSTRIE DE PARIS[65] :

« Les actes préparatoires doivent être conclus par les fondateurs, au nom et pour le compte de la société, puis repris une fois celle-ci immatriculée.

Il a d'ailleurs été jugé que le contrat conclu non pas au nom et pour le compte de la société en formation mais directement par la société elle-même est frappé de nullité absolue, car conclu avec une société inexistante. Il n'est pas non plus possible de confirmer ou de ratifier cet acte postérieurement à l'immatriculation de la société.

Quels actes peuvent être accomplis pendant la période de formation ?

Il n'est possible d'accomplir que les actes nécessaires à la création de la société : signature d'un bail commercial, achat de matériel…

Si les associés commencent à développer une véritable activité avant cette date, la société cesse d'être en formation pour devenir une société créée de fait, avec toutes les conséquences fiscales qui en découlent. Pour éviter cela, les dirigeants doivent régulariser rapidement la situation :

— en déposant immédiatement les apports en numéraires sur un compte bloqué,
— en signant les statuts,
— et en accélérant les démarches administratives. »

Vous ne pouvez donc pas émettre de factures ni accepter de paiements au nom d'une société qui n'existe pas encore. Ce que vous pouvez faire, cependant, c'est poser par écrit vos statuts (sans pour autant aller nécessairement les déposer au greffe) et démarrer vos démarches marketing : Étude de Marché Express, prospection. Vous pouvez émettre des devis en indiquant sur tous vos papiers et documents « société en cours de formation ».

Quand votre client est décidé et prêt à payer, vous pouvez récupérer ce paiement sur un moyen de paiement différé (par exemple un chèque) qui vous permet de ne déposer ce paiement qu'une fois que l'entreprise est créée et a son compte en banque. Vous pouvez même envisager de faire de même si le client règle en espèces.

Il y a quelques risques à procéder ainsi, notamment le risque de l'assurance : avant d'immatriculer votre entreprise, vous n'êtes pas assuré pour effectuer cette activité professionnelle, et votre responsabilité personnelle peut donc être engagée en cas d'accident causé par votre prestation ou votre produit. De même, vous n'êtes pas vous-même protégé en cas d'accident du travail.

Je ne recommande donc **pas** de commencer à **travailler pour des clients** (fournir des prestations ou livrer des produits) avant d'avoir fait la démarche d'immatriculation de votre entreprise. Ce que je recommande, pour être bien clair, c'est de commencer à **prospecter et communiquer** dès que possible, et de vous immatriculer quand vous avez votre premier chèque en poche. (À ce stade vous avez le chèque en poche mais vous n'avez pas encore commencé à travailler, car je vous conseille de vous faire payer **en avance** pour vos prestations.)

C'est ce que j'ai fait lors du démarrage de ma première entreprise en France : au moment d'aller ouvrir le compte bancaire pour l'entreprise, j'avais déjà en main plus de 3 000 euros de chèques de clients. La Banque Populaire m'a accueilli à bras ouverts*.

LE BLACK, ÇA TAPE ET ÇA FAIT MAL

On s'est bien compris ? Quand je dis d'immatriculer le plus tard possible, je ne dis absolument pas que vous devez vous mettre dans l'illégalité – encaisser de l'argent « au black » pendant des semaines, qui deviennent des mois et peut-être des années… en se promettant qu'on s'immatriculera « bientôt ».

Appliquons simplement le principe de productivité appelé « Loi de Parkinson », qui dit que « toute tâche prend tout le temps qu'on lui donne »[66]. Faites le choix de restreindre le temps disponible pour toute action qui ne vous rapproche pas de votre première vente.

---

* Pour la petite histoire, je me suis d'abord fait refouler de la Société Générale quand j'ai voulu ouvrir mon premier compte pour mon entreprise en leur parlant de mes projets. Ce n'est qu'après ce premier rendez-vous décevant que j'ai réalisé que venir en agence *avec les chèques en main* m'ouvrirait sans doute des portes – ce qui a été le cas quand j'ai été à la Banque Populaire juste en face.

IL Y A CEPENDANT UNE DÉMARCHE À FAIRE DÈS MAINTENANT

Vous êtes décidé sur le nom de votre produit ou service ? Sur un nom de marque ? Vérifiez dès maintenant que le nom (de marque ET de domaine) est disponible.

Un nom de marque est celui que vous donnez à votre produit ou à votre ligne de produits. Par exemple, quand ma femme réfléchissait à un projet d'école alternative à Nice, elle a déposé à l'Institut national de la propriété intellectuelle le nom qu'elle envisageait pour l'école – car elle comptait commencer à utiliser ce nom, *L'École de mes rêves*, pour son blog. Si vous avez un nom en tête et que vous êtes à peu près sûr de vous pour ce choix, déposez la marque tout de suite afin d'éviter de communiquer verbalement ou par écrit sur un nom qui peut à tout moment être réservé par une autre personne.

C'est un risque réel, qui est arrivé à deux de mes clients par le passé. Dans un cas, il s'agissait d'une pure coïncidence : une autre personne à l'autre bout de la France avait eu exactement la même idée de nom pour sa boutique et a déposé ce nom pendant que ma cliente remettait sans cesse cette tâche au lendemain. L'autre cas ne devait rien au hasard : mon client avait commencé à commercialiser son produit, en négligeant mon conseil de déposer le nom auparavant. Un des acheteurs de ce produit a ensuite déposé la marque à l'INPI... et tenté de la revendre à l'entrepreneur ensuite ! (L'affaire a été résolue à l'amiable, mais vous pouvez imaginer que c'est le genre de situation qu'il vaut mieux éviter !)

53. À QUEL MOMENT QUITTER VOTRE EMPLOI ?

ÊTES-VOUS PLUTÔT TÊTE BRÛLÉE OU TÊTE FROIDE ?

Je vous l'ai raconté plus tôt dans ce livre : j'ai quitté mon job salarié un an avant de créer mon entreprise. À l'époque, je ne savais même pas quel serait mon projet. Je savais simplement que je ne supporte jamais de rester dans un environnement qui me déplaît. C'est ce qui fait mon côté « tête brûlée » : je ne supporte pas l'inconfort d'une situation imposée par mon milieu extérieur, et je préfère largement vivre dans un inconfort que j'ai moi-même choisi.

Aujourd'hui, en France, six cadres sur dix pensent à démissionner, dont près de la moitié avouent avoir cette idée en tête « tout le temps[67] ». La vie est trop courte pour passer des journées, des semaines, voire des mois entiers à broyer du noir. Si vous êtes comme moi, alors la réponse est évidente : posez votre démission dès maintenant ! Voilà, une bonne chose de faite, et maintenant on peut passer à la suite.

Je suis bien conscient, cependant, que beaucoup de mes lecteurs sont plus prudents à l'idée de faire le grand saut. Après tout, seulement un quart des Français considèrent le risque comme un stimulant[68]. Je n'oublie pas non plus que quitter votre boulot du jour au lendemain pourrait remettre en cause votre équilibre vie professionnelle/vie personnelle, et avoir de grosses conséquences financières. Permettez-moi donc de vous donner quelques pistes de réflexion pour planifier la transition vers votre vie d'Entrepreneur Libre.

Tout d'abord, sachez que les exemples d'entrepreneurs qui se sont lancés **en parallèle** de leur job salarié sont nombreux. Jeff et Peggy par exemple, ont lancé leur activité autour du yoga en mode « soir et week-ends ». Un de mes clients et amis, Laurent Chenot, auteur du livre *Money Boss*, avait déjà vendu plus d'un million d'euros de produits et services sur le Web avant de quitter son emploi.

18 MOIS POUR RÉUSSIR

Alors, quel est le moment idéal pour quitter votre job et vous consacrer à 100 % à votre entreprise ?

Ma recommandation : pour mettre toutes les chances de votre côté, prévoyez des ressources financières suffisantes pour donner à votre projet un « tremplin » de 18 à 24 mois pour devenir viable. C'est un délai suffisant pour trouver vos premiers clients, faire entrer des ventes et surmonter l'éventuelle saisonnalité ou la longueur du cycle de vente. Donc pour certains, cela veut dire mettre de côté suffisamment d'argent pour pouvoir survivre en mangeant des pâtes tous les jours pendant un an. Pour d'autres, cela veut dire garder votre emploi jusqu'à ce que l'activité commence à rapporter, à temps partiel. Puis passer à mi-temps et y rester jusqu'à ce que l'activité génère au moins la moitié du salaire qu'on vise. Puis faire la transition à plein temps sur votre activité.

FAIRE DURER VOTRE CAPITAL PLUS LONGTEMPS

Dans les deux cas, l'une des clés du succès est de réduire votre coût de la vie au minimum afin de faire durer vos réserves plus longtemps. Si vous faites partie de la « classe moyenne », vous avez un désavantage : nos proches et les médias nous ont habitués à penser à nos dépenses actuelles comme des « charges fixes », et il semble parfois impossible de réduire notre coût de la vie sans nous « sacrifier ».

Si vous êtes dans cette situation – si, en lisant le paragraphe ci-dessus, votre réaction spontanée a été « c'est plus facile à dire qu'à faire », cela vaut le coup de se demander, tout d'abord, s'il existe des personnes dans votre pays qui gagnent moins que vous et dépensent moins que vous : comment font-ils pour vivre ?

Ensuite, j'aimerais partager une ressource concrète : le site de Paul Adeney, alias « Monsieur Money Moustache ». Il s'agit d'un ex-ingénieur qui a trouvé des stratégies passionnantes pour réduire son coût de la vie, tout en augmentant son train de vie – au point de devenir « rentier » tout en vivant sur un budget n'excédant pas 25 000 euros par an pour une famille de trois personnes. Voici tous les détails : http://monsieurmoneymoustache.com/entrepreneurs

PLANIFIEZ LE JOUR OÙ VOUS PARTIREZ

Prévoyez à l'avance ce jour, car il vous servira de motivation. Vous pouvez choisir de vous affubler d'un costume de poussin géant et chanter « au revoir Président » au milieu d'une réunion du conseil d'administration, comme dans la pub du Loto… ou simplement d'organiser un pot de départ avec vos collègues préférés.

Milton Erickson disait souvent : « Un objectif sans date limite, c'est juste un rêve. » Ne tombez pas dans ce piège ! Fixez dès maintenant la date où votre entreprise démarre et celle où vous quittez votre job (ce n'est pas forcément la même date).

Dans tous les cas, je vous recommande de penser à l'avance à la façon dont vous voulez vivre cette transition, pour en faire un souvenir positif plein de gratitude – et ce même si vous quittez justement votre job dans une ambiance tendue.

Je lance mon entreprise le ....

Je quitte mon emploi actuel le ....

Le jour de mon départ, je vais fêter de la façon suivante :

....

....

....

54. PARLONS ARGENT ! TROUVER LE FINANCEMENT ADAPTÉ À VOTRE SITUATION

Pour rédiger ce livre, j'ai effectué un sondage de plusieurs centaines de personnes intéressées par la création de leur entreprise. L'une des interrogations les plus douloureuses pour ces entrepreneurs en herbe est : « Comment et où trouver un financement ? »

Cette question s'avère bloquante pour beaucoup de porteurs de projet. Pourtant, en observant leurs projets de plus près je me suis aperçu que, dans de nombreux cas, un financement extérieur n'est pas indispensable. Dans les situations où un financement est crucial pour le lancement du projet, il existe souvent des possibilités de financement assez simples auxquelles l'entrepreneur n'avait pas pensé. J'aimerais par conséquent vous suggérer quelques options et recommandations, et parler aussi de la possibilité de s'autofinancer.

QUEL CAPITAL DE DÉPART FAUT-IL ?

Il ne faut ni sous-estimer ni surestimer le besoin d'investissement initial, ni le besoin futur de fonds de roulement de votre entreprise. Par exemple, le blogueur professionnel et auteur à succès Olivier Roland explique que lors du démarrage de sa première entreprise, il avait sous-estimé le besoin de financement, et que cela avait mis en péril la pérennité de l'entreprise.

D'un autre côté, trop d'entrepreneurs en herbe restent bloqués par l'idée qu'il leur faut un financement avant de se lancer, alors qu'il existe souvent des solutions pour contourner ce besoin de trésorerie.

CONTOURNER LA QUESTION

La première question à se poser, c'est « puis-je faire SANS ? ». Sans capital de départ, comment faire le lancement de mon activité tout de même ? Le cofondateur de Skype, Jonas Kjellberg, appelle cette stratégie **innover avec des zéros**.

L'idée est simple : moins une entreprise coûte cher à gérer, plus elle est rentable. Elle est également plus « légère » – nécessite moins de capital financier et humain, est plus agile, et a donc un avantage concurrentiel immense.

> **La plupart des entrepreneurs cherchent à « réduire » leurs coûts. C'est l'approche conventionnelle – qui garantit que ces coûts restent présents dans votre activité. Une économie de quelques pour cent n'est pas suffisante. Si vous vous posez plutôt la question : « comment faire pour que ce coût soit de ZÉRO ? », vous libérez une créativité qui rendra votre entreprise infiniment plus rentable.**

COMMENT INNOVER AVEC DES ZÉROS

Voici la stratégie à appliquer pour exploiter ce principe de Jonas Kjellberg :

1. Identifier et lister les dépenses et investissements typiques d'une entreprise classique dans votre secteur. Trier la liste par ordre décroissant de coût financier.
2. En commençant par les coûts les plus importants, chercher comment *éliminer* totalement ce coût.

- **Est-il possible d'éliminer ce poste de dépense complètement ?** Quand Kjellberg a constaté qu'il était personnellement frustré de ses interactions téléphoniques avec les services après-vente de beaucoup d'entreprises informatiques, il a pris une décision radicale : Skype n'aurait pas de service client par téléphone[69]. Paradoxalement, il est impossible d'appeler Skype ! Quand on sait que les salaires nécessaires pour gérer une équipe de SAV téléphonique coûtent environ 6 à 12 dollars par appel[70], l'entreprise économise des millions de dollars chaque année grâce à cette décision.

- **Est-il possible de faire supporter ce coût par vos prestataires ou partenaires ?** Par exemple, AirBnB a démarré en louant des chambres et appartements (comme un hôtel), mais a un coût de « maintenance et nettoyage » d'exactement zéro. Ce coût repose entièrement sur les épaules du propriétaire du logement (qui le répercute en général sur le locataire).
- **Est-il possible de faire supporter ce coût par vos clients ?** Au lancement de Skype, Jonas et son équipe n'avaient pas les fonds nécessaires pour entrer en concurrence avec les grosses entreprises de télécommunications. Il fallait une quantité astronomique de serveurs informatiques pour gérer des millions d'appels par an (et, aujourd'hui, plus de 100 millions d'appels par jour[71]). Jonas a trouvé une échappatoire : puisque beaucoup d'utilisateurs de Skype ont le logiciel ouvert sur leur ordinateur 24 heures sur 24, pourquoi ne pas utiliser la puissance de **leur** processeur quand ils n'utilisent pas l'ordinateur ? Ainsi, Skype dispose de millions de mini serveurs informatiques « gratuits » à travers le monde.

LOYER ZÉRO

Pour le lancement de mon école de danse, cette réflexion m'a amené à éliminer le plus gros coût pour une école de danse : le loyer ou le prêt pour un local. J'ai cherché, dès le premier jour, à obtenir un local gratuit.

Je suis allé démarcher deux bars qui venaient d'ouvrir, un bar latino et un bar à ambiance espagnole. Le bar espagnol a gentiment décliné ma proposition. Le bar latino m'a dit « oui, OK, pourquoi pas mercredi prochain », mais quand je suis arrivé avec mes amis le premier mercredi où je voulais démarrer les cours, nous avons trouvé la porte fermée. J'ai amené toute la petite troupe au bar espagnol et dit au barman/propriétaire : « J'ai une quinzaine de clients qui voudraient prendre un cours de salsa et prendre un verre ; vous êtes partant ou non ? »

Le barman a jeté un œil à son bar vide, un regard au groupe amassé devant la porte, et répondu : « Banco. » Pendant trois ans, j'ai développé mes cours de danse dans ce bar (qui, initialement, n'avait pas du tout prévu d'être un bar à salsa) et inscrit jusqu'à 150 élèves à cette école de danse un peu spéciale. Le barman était ravi d'accueillir autant de clients du mardi au jeudi avec zéro marketing – et de mon côté, j'avais démarré l'activité avec un capital de zéro euro.

QUELLES ENTREPRISES PEUT-ON DÉMARRER SI L'ON NE SOUHAITE NI INVESTIR DE SA POCHE NI FAIRE APPEL À UN FINANCEMENT EXTÉRIEUR ?

C'est important de le mentionner : certains secteurs d'activité permettent d'éviter complètement le problème du financement.

Dans l'univers des services, c'est le cas pour les activités de services dématérialisés. En la matière, l'infopreneuriat (vente de « produits d'information » comme des livres numériques, ou des formations en *e-learning* via Internet) arrive en tête du classement. Le seul investissement initial nécessaire est dans la création de votre compétence. Ensuite, vous pouvez utiliser le plan de lancement présenté dans ce livre pour vous faire connaître auprès de vos premiers clients ciblés, souvent sans même avoir besoin de posséder un site Internet.

Il existe également des activités « tangibles » (comme mon école de salsa), qu'on peut lancer sans capital initial avec l'innovation par les zéros, ainsi que des activités de vente de produits physiques. Le *dropshipping* en est un exemple : c'est une stratégie vous permettant d'être revendeur d'un produit, avec un « flux tendu » qui vous permet de n'avoir aucun stock. Vous prenez d'abord la commande des clients, et vous la transmettez ensuite à un fournisseur qui livre directement le client. Comme vous ne payez le fournisseur qu'après avoir encaissé le client, votre dépense initiale est nulle.

SI VOTRE ACTIVITÉ NÉCESSITE TOUT DE MÊME DU CAPITAL, OÙ LE TROUVER ?

Une fois que vous avez innové avec des zéros sur le maximum de postes de dépense, comment faire pour le reste ?

Je vous ai recommandé précédemment d'avoir les fonds nécessaires pour financer 18 à 24 mois d'activité, et pour certains modèles d'affaires, cela représente une somme substantielle. Voici quelques possibilités pour rassembler cette somme.

1. Le client d'abord !

Évaluez tout d'abord si vous pouvez rassembler cette somme en ayant recours à votre clientèle. Gagner l'argent avant de le dépenser : c'est une application de la seconde Loi de l'Argent dont je parle au chapitre 79 (voir p. 386).

L'option la plus simple pour cela est le financement participatif (*crowdsourcing* en anglais). De nombreux sites comme Ulule et Kisskissbankbank proposent ce service, encadré par la loi française depuis 2014, et qui vous permet de demander à des personnes de s'engager financièrement (vous définissez les montants visés) en échange d'une contrepartie (en général les premiers exemplaires de votre produit). Si le projet est entièrement financé – c'est-à-dire si la campagne permet de récolter assez de fonds pour dépasser l'objectif global que vous aviez fixé – alors les investisseurs sont débités du montant sur lequel ils se sont engagés. Sinon, chacun récupère son argent. En France, un organisme appelé l'ORIAS met à disposition une liste de tous ces intermédiaires en financement participatif[72].

Ce type de plateforme peut être un excellent outil pour « prévendre » vos produits tout en récoltant la somme nécessaire pour acheter matériel, équipements, matières premières. Le risque est limité aussi bien de votre côté que de celui des « investisseurs » ; dans ma recommandation, ces investisseurs sont donc en fait vos premiers clients – ils ne possèdent pas de parts dans l'entreprise. La seule chose qui leur est due est le produit qu'ils ont commandé.

J'ai suivi cette approche quand j'ai voulu autoéditer mon premier livre papier, à une époque où les services modernes d'impression à la demande n'étaient pas aussi connus : j'ai réussi à motiver 700 personnes à investir pour précommander le livre à la fin 2009, et j'ai utilisé ces fonds pour payer le graphiste, l'imprimeur et tous les frais nécessaires au lancement du livre en mars 2010.

2. Les fournisseurs

Vous constaterez que mon approche jusqu'ici est similaire à celle de l'innovation par les zéros – on réfléchit d'abord à des moyens qui permettent de limiter notre risque et notre engagement financier pour que l'activité reste « légère » sur vos épaules.

En usant de votre charme, il est parfois possible de convaincre vos fournisseurs de ne vous facturer qu'**après** la réussite du lancement de votre produit ou service. Avec ce délai de paiement, vous repoussez dans le temps le risque financier, mais surtout vous le repoussez après le moment crucial où les fonds seront disponibles.

Quand un de mes anciens élèves de salsa a décidé de vendre un cours de salsa en ligne, il n'avait pas le niveau nécessaire pour enseigner la formation lui-même, et pas les fonds nécessaires pour rémunérer le professeur reconnu qui pourrait enseigner la formation. Au lieu de chercher un financement extérieur pour ce capital, il a réussi à négocier l'accord suivant : le professeur serait payé une somme assez importante – mais seulement quand le produit serait mis en vente. Le professeur a donc accepté de toucher 100 % du chiffre d'affaires généré par les premières ventes, jusqu'à atteindre sa rémunération fixée dans leur contrat. Par la suite, tous les revenus supplémentaires dégagés par l'activité reviendraient à l'entrepreneur, ainsi que la propriété intellectuelle sur la formation. Dans cet exemple, c'est le fournisseur (mon collègue professeur) qui a en fait avancé le « capital initial » en acceptant de ne pas être payé.

3. Les proches

Proposer à des membres de votre famille et à des amis d'investir dans le lancement de votre activité est une option à manipuler avec précaution. Il est moins douloureux émotionnellement d'avoir une conversation difficile avec un investisseur quand celui-ci est une banque, une institution ou un inconnu, que lorsqu'il s'agit d'un membre de la famille.

Cette option porte deux noms courants : l'expression anglaise « *love money* », ou celle des « 3 C » : Cousins, Copains, et… Cinglés !

Vos proches peuvent faire un don, un prêt d'argent (dans ce cas, mettez **toujours** en place un contrat écrit), ou un investissement en capital. Cette dernière option fait d'eux des associés ou actionnaires, donc je vous invite à relire le chapitre 48 (voir p. 248) de ce livre, qui explique qui choisir comme associés et comment encadrer cette association.

4. L'État et les institutions

Crédits ou réduction d'impôts, prêts à taux zéro, prêts à remboursement différé, bourses pour les investissements, financements de prestations de service… Les options de financement par les organismes d'État ou par de grosses institutions privées sont étonnamment nombreuses.

Ces possibilités changent régulièrement et ne sont pas les mêmes dans tous les pays, c'est pourquoi nous avons mis en place une liste de ressources, triée par pays, dans les bonus de ce livre.

RESSOURCE EN COMPLÉMENT DU LIVRE

Il existe aujourd'hui tellement de possibilités de financement qu'il serait impossible de faire une liste exhaustive. Cependant, je vous ai mis à disposition de nombreuses références à qui vous adresser pour obtenir du capital dans votre pays d'implantation :

www.ProfessionEntrepreneurLibre.com/financement

5. L'huile de coude

Si, malgré toutes ces solutions, vous n'avez pas encore réuni les fonds initiaux nécessaires, la dernière solution est la même que pour la distribution de l'Étude de Marché Express : c'est l'huile de coude !

Votre situation ne changera jamais en vous contentant de vous plaindre de ne pas avoir de financement (et personne ne veut prêter ou donner de l'argent à celui qui commence son argumentaire par « personne ne veut me prêter ou donner de l'argent ! »)

Le dernier recours disponible est donc de vous armer de votre Business Plan Express, et faire la tournée des événements de *networking*, rencontres pour investisseurs, enchaîner toutes les agences bancaires de votre région, parler de votre projet avec les participants dans des colloques, conférences, séminaires, bref – faire feu de tout bois pour déclencher le premier « oui » qui en enclenchera d'autres. Après tout, quelle est l'alternative ? Relisez votre exercice « ma vie si je ne me lance pas… » si vous avez besoin d'un petit coup de pouce pour votre motivation. Faites-moi confiance : votre détermination finira par payer.

AVIS AUX LECTRICES QUI CHERCHENT À LEVER DES FONDS

Les femmes ont-elles un désavantage face aux hommes ?

Aux États-Unis, où la levée de fonds est un processus très courant et bien rodé, les femmes créent 38 % des entreprises – mais les « jeunes pousses » fondées par des femmes n'attirent que 2,2 % du capital chaque année[73]. Dans les pays francophones, ces chiffres sont plus difficiles à trouver, à l'exception du secteur des nouvelles technologies : en France, les *start-up* technologiques menées par des femmes ne représentent que 6,6 % des levées de fonds[74].

Comment s'explique cet écart gigantesque ? Solange Arnaud, la fondatrice de la *start-up* Medoucine, suggère que « les femmes sont très pragmatiques, terre-à-terre et ont plus de mal à se survendre. Ceci explique peut-être qu'en phase d'amorçage, où beaucoup de choses sont fondées sur la capacité du fondateur à créer et vendre du rêve, les femmes lèvent moins que les hommes »[75].

Une explication scientifique de ce déséquilibre

La chercheuse et créatrice d'entreprise Dana Kanze a suggéré une thèse différente dans sa présentation à la conférence TEDx[76] : après cinq années à la tête de la société Blue Lion Labs, elle a remarqué que les investisseurs potentiels lui posaient des questions différentes de celles posées à son associé. Cette constatation l'a amenée à étudier la théorie des « focus régulateurs » du professeur Tory Higgins, qui différencie deux modes de communication :

- d'un côté, les personnes motivées par la **promotion** ont une communication qui accentue les notions de gains, d'accomplissement, d'espoir de victoire, et d'avancement vers des objectifs ;
- de l'autre côté, les personnes motivées par la **prévention** concentrent leur attention et leur communication sur la sécurité et la responsabilité, et visent à éviter les pertes et maintenir le *statu quo.*

En menant une étude approfondie sur les enregistrements des présentations de 189 entrepreneurs auprès de 140 investisseurs, Dana a constaté que les femmes ne présentent pas leurs projets d'une façon significativement différente des hommes. Le sexe de l'investisseur potentiel ne semble pas non plus avoir un impact sur sa communication lors de l'échange, ni sur sa décision finale. Pourtant, sur l'échantillon observé, les entrepreneurs de sexe masculin ont levé en moyenne cinq fois plus de fonds que les femmes.

Puisque les projets sont présentés de façon similaire, d'où provient la différence ? Les chercheurs ont montré qu'une divergence notable survient lors des sessions de questions/réponses qui s'ensuivent entre entrepreneurs et investisseurs. Quel que soit le sexe de l'investisseur, 67 % des questions posées aux hommes portaient sur la **promotion**, par exemple « Combien de clients comptez-vous acquérir cette année ? ».

À l'opposé, 66 % des questions posées aux femmes concernaient la **prévention**[77] : « Que pensez-vous faire pour fidéliser vos clients actuels ? »

En reproduisant le phénomène avec des présentations de *start-up* fictives face à de vrais investisseurs, l'équipe de Dana Kanze a montré que les entrepreneurs à qui l'on pose principalement des questions de **promotion** récupèrent entre 2 à 7 fois plus de fonds que ceux à qui l'on pose des questions de prévention. Les investisseurs (hommes et femmes) observés lors de l'expérience ne semblent pas pratiquer une discrimination volontaire ; ils utilisent cependant inconsciemment des questions qui ne donnent pas à leurs interlocutrices la chance de défendre le potentiel de croissance rapide de leur activité.

Pour retourner la situation en votre faveur et récolter 14 fois plus de fonds

Heureusement, les résultats de l'étude ne s'arrêtent pas sur ce tableau déprimant. Les chercheurs ont également posé la question : que se passe-t-il si vous ne vous laissez pas faire ?

Après tout, rien ne vous empêche de retourner les questions à votre avantage – en donnant une réponse autour de la **promotion** même lorsque la question concerne la **prévention**. Par exemple, en répondant : « Notre entreprise est dans un marché tellement grand, et avec une croissance si rapide, qu'il est certain que d'autres entrepreneurs en herbe tenteront de suivre nos pas d'ici peu. C'est pourquoi nous gardons notre attention sur le développement rapide de notre part de marché en nous appuyant sur les atouts que je vous ai présentés. »

Il s'avère que cette stratégie rapporte gros. Les entrepreneurs qui fournissent systématiquement des réponses de **promotion** pour continuer à parler de croissance, développement, gains (même si la question qui leur est posée parle seulement de prévention) lèvent 14 fois plus de fonds que ceux qui se laissent enfermer sur le sujet de la prévention[78].

Vous savez donc ce qu'il vous reste à faire (et ce conseil n'est pas limité aux femmes) ! Quand vous parlez de votre projet à un investisseur, gardez le contrôle de la conversation pour que le sujet principal reste vos perspectives de croissance (car c'est ce que l'investisseur recherche avant tout). Afin de vous aider à préparer vos réponses, je vous ai préparé, parmi les bonus du livre, un « pense-bête » avec des modèles de réponse à donner aux investisseurs. Utilisez ce document comme ressource pour vous entraîner, seul ou avec une personne de votre entourage.

RESSOURCE EN COMPLÉMENT DU LIVRE

Utilisez ce document « pense-bête » pour vous préparer aux questions inévitables que vous poseront les investisseurs : **www.ProfessionEntrepreneurLibre.com/leverdesfonds**

55. QUELLE MÉTHODE POUR COMMERCIALISER VOS PREMIERS PRODUITS OU SERVICES ?

POUR ALLER VITE ET LOIN, VOYAGEONS LÉGER

De façon récurrente dans cet ouvrage, je vous ai conseillé de démarrer avec le minimum de coûts, d'obligations, de démarches administratives. Bref, de démarrer léger pour démarrer vite, et être assez agile pour changer légèrement de direction en répondant aux demandes du marché.

Quand vous trouvez vos premiers clients, faites de même pour conclure ces ventes en limitant votre risque et vos coûts. Trois méthodes en particulier permettent d'atteindre cet objectif.

La « vente à sec »

Dans *La Semaine de 4 heures*, l'auteur américain Tim Ferriss parle de la stratégie du *dry selling* (mot pour mot, la « vente à sec »). L'idée est de valider, même quand on n'a pas encore le produit ou service en main, que les clients sont réellement décidés à acheter ce produit. Il s'agit donc d'aller jusqu'à la vente (avoir le chèque en main, ou envoyer les clients sur votre bouton de paiement en ligne) et, après que la vente a eu lieu, dire aux clients « désolé, ceci est juste un test marketing, le produit n'est pas encore disponible, mais ne vous inquiétez pas, vous ne serez pas débité. »

C'est une manœuvre un peu risquée sur le plan juridique (vous venez de conclure un contrat et vous déclarez après coup que ce n'était pas du sérieux) ; cependant, vous pouvez atténuer ce souci si vous n'encaissez pas le paiement et ne permettez pas au client d'aller jusqu'au bout de sa commande (pour les paiements en ligne, la plupart des plateformes vous permettent d'activer un « mode de test » ou un « mode bac à sable » qui ne débite pas le client et ne garde aucune trace des coordonnées de paiement). Vous pouvez également dédommager ce client éconduit en lui offrant le produit (ou une réduction) quand il sera prêt. Dans tous les cas, cette stratégie permet au moins d'avoir un argument solide quand vous êtes face à une banque ou à des investisseurs : vous avez déjà des clients prêts à frapper à la porte, il ne reste qu'à ouvrir l'usine !

L'achat/revente en flux tendu

Dans le chapitre 75 (voir p. 362), j'explique que « l'Offre » et « le Produit » sont deux ressources distinctes. Mettre au clair votre offre et en faire une « Offre Irrésistible » est une étape indispensable pour garantir votre succès. Par chance, il est possible de mettre au point l'offre même quand on n'a pas le produit en main.

Vous pouvez, au début, vous positionner en **revendeur** d'un produit ou service existant. Par exemple, Trey Lewellen, un jeune entrepreneur qui souhaitait vendre des produits destinés aux chasseurs, n'avait pas les fonds nécessaires pour créer les mallettes et coffrets qu'il avait en tête, et pas assez de capital pour contacter un fabricant et mettre des produits en stock.

Trey a donc commencé par vendre un « kit » similaire à celui qu'il comptait fabriquer à terme – et dès qu'il recevait une commande sur son site Internet, il fonçait au magasin de sport le plus proche, passait à la caisse avec les produits similaires à ceux qu'il comptait vendre dans son propre kit, et expédiait cette commande[79]. Après plusieurs mois à procéder de cette façon, il avait rassemblé un petit pécule lui permettant de se lancer dans sa propre fabrication (ce qui allait s'avérer beaucoup plus rentable que d'acheter les produits de concurrents au prix grand public pour les revendre). Mais surtout, il avait affiné le message de vente sur le site pendant plusieurs mois, et était sûr de faire mouche.

La voie royale : la prévente

Parmi les trois options possibles, ma solution préférée est celle-ci : prévendre vos produits à vos premiers clients en leur expliquant qu'ils bénéficient d'une offre spéciale en tant que « pionniers » et que le produit ou service qu'ils recevront sera co-créé avec leur aide pour répondre parfaitement à leurs besoins.

S'il s'agit d'un service numérique, vous pouvez faire ces préventes en ligne sous la forme de web-conférences ou « webinaires » (web-séminaires). C'est ce que je recommande à tous mes clients formateurs, coachs, ou infopreneurs : organisez des webinaires où vous donnez des conseils, de l'information de qualité, et où vous finissez par la proposition de votre offre d'accompagnement. Indiquez clairement que la formation ou le programme de coaching commence « le mois suivant » et se fait sous la forme de séances en direct – en webinaire également. De cette façon, si votre premier webinaire de vente fait un flop, vous ne vous êtes engagé à rien. Vous n'avez encore rien créé du produit, donc vous pouvez repousser sa date de création en attendant d'avoir le premier client signé. En attendant, vous pouvez affiner le message de vente de votre prochain webinaire pour le rendre plus convaincant, et recommencer jusqu'à faire mouche.

Vous pouvez également adopter cette stratégie pour la vente de produits tangibles ; c'est similaire au principe du financement participatif dont je parle au chapitre précédent.

NE TRAVAILLEZ PAS SEUL DANS VOTRE COIN

Ryan Holiday, s'adressant aux artistes, leur recommande[80] : « Débutez votre œuvre devant un public. Un livre devrait être un article avant d'être un livre, et une conversation entre amis avant d'être un article. »

De la même façon, après avoir fait votre Étude de Marché Express, et avant de présenter le produit aux clients, je recommande d'étrenner un peu votre message. Parlez-en quand on vous demande « que fais-tu dans la vie ? » Répétez à l'avance votre présentation de vente devant des proches qui jouent le rôle de cobayes.

Par exemple, Maryse Lehoux, la professeure de yoga québécoise dont je raconte l'histoire dans *Le Secret des Entrepreneurs Libres*, a lancé sa première offre haut de gamme en proposant à des proches de l'aider à s'entraîner à présenter son produit. La première personne qui a assisté à cette présentation d'essai a été tellement convaincue… qu'elle a payé tout de suite les 8 000 dollars pour participer au premier voyage organisé par Maryse !

56.
À LA RECHERCHE DES PREMIERS CLIENTS : LA COURSE AUX PREMIÈRES VENTES

Yvan Keyna a parcouru énormément de chemin depuis ses années lycée. Littéralement, en traversant l'océan pour poursuivre ses études puis en revenant à la Réunion. Intérieurement, en exorcisant ses démons par le sport. Puisqu'il a fréquenté, et parfois travaillé gratuitement pour la plupart des salles de sport de l'île en combinant sa passion de l'exercice physique avec celle de la photo, il lui vient l'idée que ces professionnels seraient les annonceurs idéaux pour un magazine.

Grâce à ses contacts, il pourrait lancer son activité de façon rentable dès le premier jour : les salles de remise en forme serviraient de réseau de distribution avec une capacité de 50 000 lecteurs, et le magazine pourrait fournir un contenu de grande qualité, gratuitement, et se financer grâce aux premiers annonceurs.

Il ne manque qu'un petit détail dans ce plan : Yvan ne connaît rien à la vente et est complètement bloqué à l'idée d'aller démarcher des clients. Quand il prend sa voiture pour aller rencontrer des annonceurs potentiels, il reste parfois garé devant le bâtiment plusieurs heures d'affilée à essayer de se motiver pour sortir du véhicule et appuyer sur la sonnette. Ne parlons même pas du téléphone, qu'il n'ose pas non plus décrocher.

C'est à cette période que j'ai fait la rencontre d'Yvan, via une de mes formations – il a fait le choix insolite de rejoindre un atelier où j'enseignais le Lancement Orchestré*, et où la majorité des participants avaient ou comptaient lancer une activité sur Internet. Yvan faisait un peu figure d'exception dans cette promotion d'élèves, mais il était assidu – et déterminé à adapter ce qu'il apprenait à sa situation. Pour Yvan, il n'y a pas de plan B. Le magazine doit réussir.

APPUYER SUR LES BONS LEVIERS

Ce qui a transformé le monologue intérieur d'Yvan, c'est de découvrir le concept des « leviers émotionnels » : nous avons tous un petit nombre d'émotions qui déclenchent ou augmentent l'envie d'acheter un produit ou service. Le chercheur et auteur Robert Cialdini en définit sept dans son livre, *Influence – la psychologie de la persuasion*** : Réciprocité, Engagement et cohérence, Autorité, Preuve Sociale, Rareté, Appréciation, Contraste.

Yvan décide d'utiliser ceux-ci, et les autres leviers enseignés dans la formation, pour changer d'approche. Il se munit d'un classeur à pochettes transparentes, y insère une maquette de couverture, des feuilles numérotées qui représentent le placement des articles et des publicités, et se présente avec ce « prototype » de magazine chez les annonceurs.

TROUVER LE BON AVATAR

L'un après l'autre, tous ses proches, amis, et contacts dans le milieu déclinent sa proposition de devenir annonceurs.

---

* À l'heure où j'écris ces lignes, je ne dispense plus cet atelier. Pour découvrir le principe du Lancement Orchestré, consultez le chapitre 58, p. 289 – et pour approfondir, je recommande le livre de Jeff Walker, *Launch: An Internet Millionaire's Secret Formula to Sell Almost Anything Online, Build a Business You Love, and Live the Life of Your Dreams*, Morgan James Publishing, 2014.

** Du moins, c'est ainsi que le titre original du livre devrait être traduit. Comme nous sommes en France, avec une culture réfractaire à la notion d'influence, le titre de la version française est un poil plus alarmiste : *Influence & manipulation : Comprendre et maîtriser les mécanismes et les techniques de persuasion.*

Déçu de ce manque d'intérêt de la part de son réseau, Yvan ne lâche pas l'affaire pour autant : il commence à démarcher des professionnels et des responsables de grandes marques.

Face à ces chefs d'entreprise qui ont l'habitude de se faire démarcher par des commerciaux aguerris, Yvan ne fait guère le poids : il a encore sa démarche et son accoutrement de jeune sportif, ses cheveux longs. Le seul argument qui joue en sa faveur est son sourire enthousiaste. C'est d'ailleurs cet enthousiasme qui lui vaut la peine d'entendre, pour la première fois :

« Yvan, ton projet ne m'intéresse pas. Mais je prends pitié parce que moi aussi j'ai été jeune. Je vais te suivre sur ton projet. »

Cet annonceur fait même à Yvan un cadeau bien plus rentable que le chèque pour un emplacement publicitaire. Il ajoute : « C'est normal que tu sois convaincu puisque c'est ton projet, mais tu oublies de préciser pourquoi **moi**, ça devrait m'intéresser ? », puis il propose à Yvan de rester installé dans son bureau et lui fait écouter le CD audio « Les excuses ça suffit » du docteur Wayne Dyer.

Ce déclic permet à Yvan de continuer sur sa lancée : après le premier annonceur, il est infiniment plus facile de trouver le deuxième. En quatre semaines, Yvan Keyna récolte 17 000 euros de fonds de la part de ses annonceurs – et comme il lui en faut 12 000 pour lancer l'impression et la distribution du premier magazine, c'est officiel : son entreprise est lancée !

METTRE TOUTES LES CHANCES DE VOTRE CÔTÉ

Je vous disais au début de ce livre que vos premiers clients n'achètent pas votre produit, ils achètent votre enthousiasme. Cela a été le cas pour Yvan, qui a eu la chance d'être encouragé – après de multiples échecs – par un client qui lui a fait confiance et l'a même pris sous son aile pour l'aider.

Rien ne vous oblige à essuyer autant de rejets qu'Yvan ; vous pouvez mettre toutes les chances de votre côté avec deux stratégies qu'il ne connaissait pas à l'époque. L'une de ces stratégies est l'Offre Irrésistible, que je vous présenterai en détail à l'Acte V (voir p. 299).

L'autre stratégie est… de faire une première impression positive, qui incite à écouter votre proposition jusqu'au bout sans vous dire un « non » automatique. J'ai demandé à Myriam Hoffmann, experte du conseil en image et auteure de multiples livres à ce sujet, de vous présenter quelques clés simples pour soigner votre apparence et réussir la première impression.

57. LE LOOK À ADOPTER POUR DÉCROCHER LA VENTE : « DONNER À VOIR CE QU'ON DONNE À ENTENDRE »

par Myriam Hoffmann, conseillère en image et auteure du livre *Relooking Thérapie*[81]

Comme dans toute relation à l'autre, le paraître joue un rôle fondamental au niveau de votre communication. Une image bien gérée vous aidera à atteindre vos objectifs, mais il importe qu'elle vous corresponde et soit honnête. Le but est de donner à voir ce qu'on donne à entendre – autrement dit, ne jamais adopter une attitude en contradiction avec ses propos.

Pour positionner votre image à la hauteur de vos compétences et faire en sorte que votre non verbal soit aussi porteur que votre verbal, suivez plutôt la règle des 3 A au niveau de votre look : Assuré, Adéquat, et Attractif.

ASSURÉ

Maîtrisez ce qui vous flatte. Cela passe par une connaissance approfondie de votre individualité et par un choix judicieux de vêtements reflétant fidèlement l'unicité de votre personnalité et de votre style (couleurs, coupes, matières, etc.).

Optez pour la meilleure qualité que votre bourse vous permette, pour vos vêtements comme pour vos accessoires : lorsque vous achetez des vêtements et des accessoires pour le professionnel, ne perdez jamais de vue que vous êtes en train d'investir dans votre succès futur.

Dépensez plus pour les pièces que vous êtes susceptible de porter le plus souvent.

ADÉQUAT

Outre vos caractéristiques physiques, prenez en considération l'environnement professionnel : votre culture d'entreprise, ainsi que les valeurs de votre client. Posez-vous 5 questions avant de choisir votre tenue : Le POURQUOI de la rencontre ? QUI vais-je voir ? OÙ ce rendez-vous aura-t-il lieu ? QUAND : à quel moment de la journée a lieu la rencontre ? Et le TEMPS qu'il fait.

Familiarisez-vous par ailleurs avec le langage des couleurs : si votre position ou certaines circonstances vous obligent à projeter une image formelle empreinte d'autorité et de puissance, optez pour les couleurs les plus sombres et les plus neutres de votre direction.

Associez-les à vos couleurs les plus claires, pour créer le maximum de contraste en clair-obscur. Inversement, si votre but est de paraître plus accessible et plus abordable, vos teintes les plus mates et les plus claires vous aideront à créer la bonne impression.

ATTRACTIF

En bref, vous devez paraître au meilleur de vous-même – comme si vous vous prépariez pour un rendez-vous galant, le côté sexy et séducteur en moins.

Présentez une image soignée, rigoureuse et nette. Votre hygiène personnelle aussi bien que vestimentaire est cruciale.

58.
OFFRE ET DEMANDE : LES CLÉS POUR QUE LES CLIENTS SE BOUSCULENT AU PORTILLON DÈS L'OUVERTURE DE VOTRE BOUTIQUE

Vendre n'est pas qu'une question d'offre et de demande. Il ne suffit pas d'avoir un produit et un prix attractif… Il faut aussi maîtriser l'art de la vente et du marketing !

L'IMPORTANCE CRUCIALE DU PREMIER JOUR

Que vous ayez décidé d'ouvrir une boutique de quartier, créer un site Internet, ou de lancer un logiciel ou un livre, tout se joue au démarrage. Il faut frapper fort pour obtenir rapidement un afflux de clients, et déclencher le fameux « bouche-à-oreille ». Si vous faites un démarrage pépère, si vous n'avez pas de file d'attente devant votre porte le premier jour, vous allez devoir fournir un effort surhumain pour surmonter cette inertie. C'est un peu comme rater son départ dans le jeu vidéo *Mario Kart* : dans les premières secondes de la course, tout le monde part en trombe, et vous n'avez pas intérêt à rater votre grand moment et piétiner sur place. Le retard n'est jamais impossible à rattraper, mais il est douloureux.

QUEL OUTIL POUR FAIRE UN DÉMARRAGE EN TROMBE ?

La stratégie la plus efficace pour que votre activité décolle dès le premier jour est le **Lancement Orchestré**. Il s'agit de créer un événement pendant une à quatre semaines qui concentre l'attention de votre marché sur votre produit ou service et permet de générer un fort volume de ventes au démarrage de l'activité.

Le résultat typique d'un Lancement Orchestré est de réaliser l'équivalent d'une année de chiffre d'affaires en l'espace d'une semaine. Comment est-ce possible ? Voici le secret : **créer l'anticipation avant le jour J.**

METTRE LE TEMPS DE VOTRE CÔTÉ

Je vous ai dit au chapitre 34 (voir p. 164) que vous devez « faire du temps votre allié ». Si votre grande journée d'ouverture n'a pas encore eu lieu, et qu'il reste quelques jours, semaines, ou mois, avant que vos premiers clients n'aient la chance d'accéder au produit/service que vous comptez vendre… c'est parfait !

La meilleure action que vous puissiez engager dès maintenant, c'est de faire un **Coup de Semonce** : annoncer dès maintenant votre concept en cours de préparation, avec une date de lancement approximative. L'intervalle de temps entre le Coup de Semonce et le lancement lui-même vous permet de recueillir les coordonnées de personnes intéressées, de les sonder sur leurs besoins et de construire des ressources qui seront indispensables pour avoir un succès fulgurant le jour J. J'annonce par exemple mes projets de livre près de deux ans à l'avance, parce que cela me permet de recueillir les questionnements des lecteurs potentiels, de « planter un drapeau » sur le concept et de créer un groupe grandissant de personnes qui sont impatientes de pouvoir se procurer l'ouvrage*.

* Vous pouvez suivre la chronologie du Lancement Orchestré de mon livre actuel, depuis le Coup de Semonce jusqu'au lancement, sur cette page : www.EntrepreneurLibre.com/lancement-livre

COMMENT EXÉCUTER UN LANCEMENT ORCHESTRÉ

L'inventeur de la stratégie du Lancement Orchestré est un conférencier et auteur du nom de Jeff Walker. Jeff, que je considère comme un mentor, est un gaillard sportif mais introverti de 60 ans qui a inventé cette stratégie quand il voulait générer les premières ventes sur son site Web en 1996. Trop timide pour oser faire ouvertement une proposition de vente du jour au lendemain, Jeff était tout de même extrêmement motivé pour que ce projet soit un succès. Après plusieurs années à être père au foyer et à laisser sa femme Mary gagner le pain quotidien pour leur famille, Jeff sentait bien qu'il était temps qu'il prenne une partie de la responsabilité financière dans son couple.

Puisqu'il devait faire en sorte de convaincre des clients en n'ayant aucun talent de vendeur, Jeff a adopté une attitude qui allait révolutionner le monde de la vente sur Internet. Il a commencé à publier des contenus gratuits de grande valeur. N'ayant pas de diplôme ou de contacts bien placés dans le secteur de la finance, il n'avait que cette option pour renforcer sa relation avec ses lecteurs, prouver son expertise, et rappeler régulièrement la date prévue pour le lancement de son offre (une newsletter payante destinée aux investisseurs des marchés financiers).

À l'issue de cette première séquence de « prélancement », il avait amassé suffisamment de lecteurs et d'intérêt pour générer ses premiers 1 650 dollars en ligne dès le premier jour ! Ce premier essai lui a permis de faire un second lancement, a généré 34 000 dollars en une semaine – davantage que le plus gros salaire qu'il avait jamais gagné en un an – et permis à sa femme de quitter son travail. Depuis, Jeff a réalisé des dizaines de millions de dollars de ventes en ligne, et il explique ce modèle du Lancement Orchestré – qu'il continue d'appliquer chaque année – dans son livre de référence, *Launch*[82].

Je vous recommande vivement le livre de Jeff Walker pour découvrir les moindres détails de la stratégie du Lancement Orchestré et planifier le vôtre. Dans l'immédiat, voici les clés pour un lancement réussi :

1. **Créer l'anticipation AVANT le jour J.** Je l'ai déjà dit, mais cela mérite d'être répété. Notre but est d'avoir une longue file

d'attente devant les portes du magasin le jour de l'ouverture. Pour cela, il faut communiquer en amont et faire votre Coup de Semonce dès maintenant. Je vous donne un modèle au chapitre 66, « Obtenir des résultats significatifs avec une petite liste de contacts » (voir p. 325).

2. **S'assurer de savoir exactement à qui l'on s'adresse et ce qui les intéresse.** Vous obtenez ces informations grâce à l'Étude de Marché Express.
3. **Faire une promesse captivante pour obtenir les coordonnées des prospects intéressés – et la tenir.** Il s'agit maintenant de proposer des contenus qui seront passionnants pour ces prospects : des informations, conseils, échantillons et vidéos « en coulisse » dont le but n'est pas de vous mettre en avant, mais de partager des leçons et idées qui seront utiles à votre client. Oui, ce conseil vaut même si vous ouvrez un restaurant ou une bijouterie. Quand j'ai interviewé Nathalie Simon, dernière fabricante de perles artisanales en France, elle m'a expliqué comment cette stratégie lui a permis de renforcer le lien avec sa clientèle grâce à des contenus mettant en valeur l'histoire derrière un collier de perles*.
4. **Maintenir l'intérêt des prospects avec une séquence de communications régulières.** Que votre lancement s'étale sur une semaine ou sur un an, il est important de rester présent à l'esprit des personnes qui vous ont communiqué leur intérêt. Prévoyez entre quatre et dix « épisodes » dans votre séquence de lancement pour conserver l'intérêt et susciter l'interaction avec votre public – dites-vous que vous « faites campagne » et qu'il ne faudrait pas être oublié avant le jour J.
5. **Faire une *Offre Irrésistible*.** Vos premiers clients doivent bénéficier d'une offre tellement alléchante, qu'il faudrait être fou pour la refuser ! Je développe ce concept au chapitre 75 (voir p. 362).
6. **Faire appel aux leviers émotionnels, et en particulier, le jour J, susciter l'urgence et la rareté.** Si vous réussissez votre lancement, vous aurez une foule de clients qui se bousculera au portillon quand vous mettrez enfin le produit ou service en vente. La notion de foule, cependant, est relative : si vous louez le Stade de France pour votre premier événement, vous

* Cette étude de cas, où Nathalie montre chaque étape de son Lancement Orchestré, est disponible sur le site qui contient tous vos bonus en complément du livre.

risquez de donner une impression de grand vide, même si 1 000 personnes s'étaient précipitées pour acheter leur place. Je recommande de fixer des objectifs ambitieux mais réalistes pour le premier jour, afin de créer la sensation de rareté qui amènera davantage de monde par la suite. Pourquoi les gens font-ils la queue toute la nuit devant un Apple Store pour acheter le nouveau gadget dès le jour de sa sortie ? Parce que la marque sait prévoir tout juste assez de stocks pour satisfaire tous ceux qui ont fait la queue pendant la nuit, en n'ayant toutefois pas un stock **illimité** – qui rendrait cette file d'attente inutile.

IL Y A DEUX FAÇONS D'OUVRIR BOUTIQUE. ELLES SONT AUSSI DIFFÉRENTES QUE LE JOUR ET LA NUIT. SOIT VOUS PASSEZ CETTE JOURNÉE D'OUVERTURE DERRIÈRE LA VITRINE À ATTENDRE EN VAIN L'ARRIVÉE DES PREMIERS CLIENTS. SOIT VOUS FAITES EN SORTE QUE LES CLIENTS PASSENT LEUR NUIT À CAMPER DEVANT LA BOUTIQUE POUR ATTENDRE L'OUVERTURE LE JOUR J. IL NE TIENT QU'À VOUS DE CHOISIR QUI DOIT ATTENDRE QUI.

59.
IL FAUT DES MOIS DE TRAVAIL POUR RÉUSSIR DU JOUR AU LENDEMAIN – C'EST NORMAL !

Aurélien Amacker n'en croit pas ses yeux. Il vient de fermer la page Web de vente de son produit. À 1 000 euros de panier moyen par client, la dernière et 515e vente vient d'entrer il y a quelques minutes, juste avant l'heure limite de minuit. Au total, il a vendu 500 000 euros de produits en l'espace de deux semaines de Lancement Orchestré (une semaine si l'on ne compte que la période d'ouverture des ventes).

Au cours des jours qui suivent, la surprise et la joie de ce résultat époustouflant sont un peu atténuées par deux autres surprises : d'un côté, le nombre d'e-mails qu'il faut traiter quand on accueille d'un coup 515 clients, et de l'autre côté le nombre de personnes qui lui font le commentaire qu'il est « hyper chanceux d'avoir réussi comme cela du jour au lendemain ».

Quand Aurélien fait le bilan cependant, il a du mal à comprendre ce genre de commentaires :

- cela fait deux ans qu'il poste assidûment des contenus de qualité sur son blog et interagit avec son audience ;
- il est allé au contact de dizaines, peut-être de centaines de blogueurs et web-entrepreneurs francophones, pour tisser des liens et connaître les ficelles du métier ;
- il a interviewé des experts et publié les interviews sur son blog, mais aussi posé des questions en « hors antenne » pour entretenir la relation et accéder à leurs secrets d'industrie ;

- il a fait appel à un consultant extrêmement cher payé pour réaliser son Lancement Orchestré ;
- il a sondé ses abonnés de multiples fois pour comprendre leurs besoins et peaufiner son produit ;
- il a testé l'offre en web-conférence (à différents tarifs) et coaché des premiers clients pour leur donner des succès rapides et obtenir des témoignages ;
- il est parti au Brésil tourner ses vidéos et fait appel à une équipe de professionnels pour le tournage, ainsi qu'au meilleur en France, un certain David Jay, pour faire le montage des vidéos en question ;
- il a entretenu la relation avec plusieurs centaines (!) d'affiliés, dont plus d'une cinquantaine de partenaires de premier plan qui ont contribué au succès de ce lancement.

Et après tous ces efforts, tout le monde est quand même surpris de ce succès « fulgurant », et de son ascension « du jour au lendemain ». Que veulent-ils de plus ?

> **« Quand les gens observent de l'extérieur un événement époustouflant, ils ne comprennent pas ce que vivent ceux qui sont impliqués à l'intérieur. C'est comme si vous observiez un œuf : rien ne se passe pendant un temps incroyablement long. Puis d'un seul coup, hop, la coquille se fend et un poussin sort de l'œuf. Vous pourriez titrer dans les journaux : "Waouh ! Ce leader visionnaire a transformé d'un seul coup un œuf en poussin !" Pourtant, du point de vue du poussin lui-même, la sortie de l'œuf n'est qu'une petite étape dans une longue série d'étapes, invisibles pour les observateurs extérieurs… Quand ces spectateurs et commentateurs vous demandent "quel est le moment soudain, la révélation, qui vous a fait réussir du jour au lendemain ?", ils ne se rendent pas compte que la question est absurde.[83] »**
>
> **– Jim Collins, auteur de *De la performance à l'Excellence (Good to Great) : Devenir une entreprise leader*[84]**

LES GENS NE VOIENT PAS QUE VOUS AVEZ TRAVAILLÉ DES MOIS, VOIRE DES ANNÉES, POUR FINALEMENT RÉUSSIR « DU JOUR AU LENDEMAIN ». ILS NE VOIENT PAS NON PLUS QUE, « LE LENDEMAIN », VOUS VOUS ÊTES REMIS AU BOULOT AU LIEU DE VOUS REPOSER SUR VOS LAURIERS.

MES ACTIONS

- ☐ J'ai décidé que mon entreprise ne sera officiellement lancée que lorsque j'aurai décroché les premières ventes !

- ☐ J'ai choisi la date à laquelle je veux quitter mon emploi actuel.

- ☐ J'ai trouvé le mode de financement qui me convient le plus.

- ☐ J'ai compris l'importance de la première impression, et adopté un look qui correspond à ma clientèle.

- ☐ J'ai commencé à planifier le Lancement Orchestré de mon activité !

Acte 5

COMMENT DÉMARRER AUJOURD'HUI AVEC LES RESSOURCES QUE VOUS AVEZ DÉJÀ

60.
PERSONNE NE PART DE ZÉRO : SEPT RESSOURCES PRÉCIEUSES QUE VOUS POSSÉDEZ À VOTRE INSU

Dans tous les séminaires que j'organise pour les entrepreneurs, une question revient immanquablement au moins une fois. Une participante, électrisée par l'ambiance et les conseils partagés par les intervenants, prend le micro et demande : « Sébastien, moi aussi j'ai un projet entrepreneurial. Mais je pars de zéro. Je n'ai pas les moyens financiers ou le réseau de toutes ces personnes qui viennent de raconter leur histoire. Comment puis-je faire pour réussir sachant que je démarre avec **rien** ? »

LA BONNE NOUVELLE

Même si vous avez l'impression de partir de zéro, avec votre motivation pour seul outil, j'ai une excellente nouvelle pour vous : vous avez des ressources, beaucoup plus que vous ne pensez, et je vais vous montrer comment les exploiter. Personne ne part de zéro.

Permettez-moi de le répéter :

PERSONNE NE PART DE ZÉRO !

DÉFINITION DE L'ENTREPRENEUR

Voici en quelques mots ma définition de « l'entrepreneur* » :

> **L'entrepreneur est la personne inventive qui utilise ses ressources existantes pour créer de nouvelles ressources.**

Dans cette définition, l'entrepreneuriat n'est pas un calvaire, mais plutôt un jeu – il consiste à observer les cartes qu'on a en main et jouer ces cartes de façon à obtenir d'autres cartes de plus en plus fortes.

Chacune des cartes que vous avez en main (et je vais vous prouver que vous en avez déjà pas mal !) correspond à l'une des sept Ressources Entrepreneuriales.

LES SEPT RESSOURCES ENTREPRENEURIALES

Voici les sept ressources que tout entrepreneur doit chercher à maximiser pour développer son activité :

- Compétence
- Relations
- Notoriété
- Liste
- Produit
- Offre
- Argent.

Chaque ressource sert de tremplin pour en acquérir et développer d'autres ; et c'est ce que je vais vous expliquer dans les chapitres suivants !

---

* On rapporte souvent que le président américain George W. Bush aurait déclaré à Tony Blair « *The problem with the French is that they do not have a word for Entrepreneur* » (Le problème des Français, c'est que leur langue n'a même pas de mot pour dire « Entrepreneur »). Pourtant, l'économiste français Jean-Baptiste Say a été le premier à articuler clairement le sens du mot entrepreneur en 1803, définition que j'ai actualisée ici. Selon Say, l'utilité d'un entrepreneur dans le monde est : d'appliquer ses connaissances à un but pratique et utiliser ses connaissances pour prendre des risques calculés avec un produit qui répond à une demande.

61.
UN EXERCICE SIMPLE POUR DÉMONTRER VOTRE COMPÉTENCE AUX CLIENTS SCEPTIQUES

L'une des ressources les plus faciles à acquérir, dans n'importe quel secteur d'activité, c'est la compétence. Pour la transformer en avantage concurrentiel, il ne suffit cependant pas d'avoir un diplôme ou une certification. Ce qu'il vous faut, c'est une **Compétence Démontrable**.

Quand vous êtes face à un client sceptique qui s'interroge sur la crédibilité de votre offre, le facteur qui va emporter sa confiance est votre capacité à prouver que votre produit ou service peut accomplir le « miracle » que ce client recherche. J'appelle cela une « démonstration de force ». Ma carrière de coach en séduction a été propulsée par mes premières apparitions à la télévision – pas vraiment à cause de l'audience supplémentaire que cela m'a permis de toucher, même si je ne m'en plains pas. Non, si j'ai connu un vif succès suite à mes apparitions télévisées, c'est parce que mes apparitions sur le plateau de *Sacrée Laurence* sur M6, ou celui de *Toute une histoire* sur France 2, ou encore l'émission *Reportages* sur TF1, ont été à chaque fois une opportunité de démontrer ma compétence sur le sujet de la séduction face à un public ébahi. Quand on me suit en caméra cachée en train de coacher un jeune homme timide, et que ce jeune homme prend le numéro d'une jolie inconnue dans la rue à la fin de la séquence, l'impact sur le client potentiel qui regarde l'émission est immédiat. Cet impact est encore renforcé quand le journaliste explique en conclusion du reportage que le jeune homme en question est encore en couple avec cette jeune femme plusieurs mois plus tard.

Le secret de mon succès rapide avec le coaching en séduction n'est pas le fait *d'être passé à la TV.* Le secret, c'est que j'ai utilisé cet enregistrement vidéo dans toutes mes séquences de vente pour proposer mon coaching, mes livres et mes DVD. Je tenais là une parfaite démonstration de force qui permettait de convaincre les plus sceptiques en quelques minutes.

COMMENT CRÉER VOTRE DÉMONSTRATION DE FORCE

Le meilleur moyen de prouver votre compétence est de créer votre propre légende. Cette « légende personnelle » comporte deux éléments. D'un côté, ce que j'appelle la Légende du Shaman : démontrer que vous êtes capable, d'un claquement de doigts, de résoudre le problème pressant de vos clients.

D'un autre côté, vous devez aussi concevoir votre Légende du Héros : devenir un personnage aux proportions épiques, disposant de super pouvoirs qui vont inspirer vos clients et vous démarquer de vos concurrents.

La Légende du Shaman

La priorité, comme toujours, c'est le client. La première branche de votre légende personnelle est de prouver que vous pouvez résoudre ses difficultés. Voici les questions à vous poser, en vous aidant des réponses de l'Étude de Marché Express :

1. À quel client je m'adresse ? (Ici, décrivez en détail votre avatar.)
2. Qu'est-ce qui empêche cette personne de dormir la nuit ? Quels sont ses problèmes et frustrations ?
3. La Légende du Shaman : Qu'aimerais-je que mes clients racontent à mon sujet une fois que j'ai « guéri » ces difficultés ?
4. Qu'ai-je fait pour prouver que je mérite la réputation que je viens de décrire ci-dessus ?
5. Comment pourrais-je reproduire cette démonstration de façon publique, pour faire voir à tous ce dont je suis capable pour aider mes clients ?
6. Comment puis-je ajouter du « panache » à ma démonstration ?

Pour vous aider à clarifier vos réponses, je vous ai donné deux exemples sur les pages suivantes, ainsi qu'un tableau à remplir pour créer votre propre légende.

La Légende du Héros

Pour devenir mémorable aux yeux de vos clients et vous distinguer de vos concurrents, il est important d'avoir une personnalité unique dans vos communications. C'est ce personnage qu'on va construire en posant les questions suivantes :

1. À quel client je m'adresse ? (ici, décrivez en détail votre avatar)
2. Quelles sont ses aspirations ? Qu'est-ce qui fait rêver cette personne sans trop y croire ?
3. La Légende du Héros : Qu'est-ce que j'aimerais que mes clients disent à mon sujet, et qui montre que je les inspire ?
4. Qu'ai-je fait pour prouver que je mérite la réputation que je viens de décrire ci-dessus ?
5. Comment pourrais-je permettre au client d'être une « petite souris » qui m'observe lors de l'application de ce super pouvoir ?
6. Comment puis-je ajouter du « panache » à ma démonstration ?

Avez-vous besoin de voir un exemple concret d'application de cet exercice ? Je vous en inclus deux, dans un instant, mais tout d'abord j'aimerais vous expliquer comment faire si jamais vous n'êtes pas vous-même un expert qui dispose d'une Compétence Démontrable.

ACCÉDER À DES COMPÉTENCES QUE VOUS NE POSSÉDEZ PAS ENCORE

Je vous ai dit qu'avec l'Étude Métier vous alliez interviewer des professionnels du secteur où vous souhaitez vous lancer afin de recueillir de précieuses informations.

De la même façon, vous pouvez accéder à l'expertise de personnes bien plus réputées ou expérimentées que vous, afin de renforcer votre compétence perçue par vos clients.

C'est ce qu'a choisi de faire David, l'orthophoniste. En faisant intervenir des orthophonistes qui ont consacré une grande partie de leur carrière à une spécialisation bien précise, il est en mesure de créer un contenu d'une richesse inégalable. Isabelle Eyoum, une de ces expertes, est simplement une orthophoniste qui a eu de multiples occasions de traiter des patients atteints de maladies génétiques rares. Elle a ensuite commencé à avoir une réputation dans le traitement de ces cas particuliers, ce qui fait qu'on lui a confié d'autres cas similaires, et ainsi de suite. Cet effet naturel de concentration de la compétence s'appelle l'Effet Matthieu (voir encadré ci-dessous), et c'est ce qui explique que des experts peuvent accumuler une compétence extrêmement pointue en peu de temps dès qu'ils acquièrent la réputation d'une expertise spécialisée.

C'est d'ailleurs comme cela que j'ai fait la connaissance de David : client d'une de mes formations, il m'a envoyé par la Poste un de ses produits – un DVD sur *La Déglutition chez les patients atteints de maladies neurodégénératives.* Bien que ce ne soit pas particulièrement un sujet qui m'intéresse (!), j'ai quand même lancé le DVD par curiosité. Et, parce que le contenu est enseigné par une experte absolument passionnée dont les vidéos mettent en valeur la Compétence Démontrable, le tout avec un montage dynamique effectué selon la Méthode VIP-See de David… je me suis surpris à le regarder jusqu'au bout. Les clientes orthophonistes de David s'arrachent donc ce DVD, et les autres de la série, alors que David n'est pas l'expert sur ces vidéos !

L'EFFET MATTHIEU

Ce phénomène, prouvé en économie et en épistémologie (la science qui étudie les sciences), doit son nom à la phrase de l'Évangile selon saint Matthieu : « Car on donnera à celui qui a, et il sera dans l'abondance, mais à celui qui n'a pas on ôtera même ce qu'il a. »

Vous pouvez bénéficier de cet effet en vous rendant disponible pour conseiller ou aider vos clients potentiels. Plus votre expertise est visible, plus vous avez d'occasions de la pratiquer et de l'approfondir – et plus vos clients seront prêts à investir pour cette expertise.

Par exemple, j'organise deux fois par an un atelier gratuit sur Internet ; en deux semaines, je réponds parfois à plus de

→

3 000 questions d'entrepreneurs ! Comme beaucoup d'entre eux me tiennent au courant de leurs résultats par la suite, cette démarche me permet de continuer de renforcer mon expertise sur des cas concrets – et donc d'attirer encore plus de questions et interactions avec des milliers d'autres entrepreneurs/clients potentiels.

EXEMPLE : COACHING EN SÉDUCTION

À quel client je m'adresse ?
Deux prospects :
- un jeune cadre ayant consacré sa jeunesse à ses études et un peu perdu face aux femmes ;
- un divorcé ayant vécu une relation longue sans avoir beaucoup d'expérience avec les femmes et un peu décontenancé en se « remettant sur le marché ».

Frustration : Qu'est-ce qui l'empêche de dormir la nuit ?	Aspiration : Qu'est-ce qui le fait rêver sans trop y croire ?
Peur de rester seul. Ne sait pas quoi dire quand il voit une femme qui lui plaît.	Avoir la conversation facile, s'amuser quand il discute avec n'importe qui en toutes circonstances.
La légende du Shaman : Qu'est-ce que j'aimerais qu'il dise à mon sujet ?	La légende du Héros : Qu'est-ce que j'aimerais qu'il dise à mon sujet ?
Que ma méthode lui a donné le courage de se lancer. Que c'était beaucoup plus facile qu'il ne le pensait, et qu'il a trouvé une copine.	Que c'est inspirant de voir qu'un gars comme moi a autant de succès avec les femmes, alors que je ne suis ni riche, ni célèbre, ni particulièrement beau.

Qu'ai-je fait pour prouver que je mérite cette réputation ?	Qu'ai-je fait pour prouver que je mérite cette réputation ?
Lors des ateliers de séduction où je cache mes clients dans la rue et en bar/boîte de nuit.	En abordant moi-même plus de 1 000 inconnues en l'espace d'un an. En continuant de faire de nombreuses rencontres en soirée salsa.
Comment pourrais-je reproduire cette démonstration de façon publique ?	Comment pourrais-je permettre au client d'être une « petite souris » qui m'observe lors de l'application de ce super pouvoir ?
En lui montrant comment je coache un homme timide choisi au hasard (pas un acteur, mais bien un type « normal » auquel on peut s'identifier).	En lui permettant d'être virtuellement « présent » pendant mes conversations avec de jolies femmes (me filmer en caméra cachée).
Comment puis-je ajouter du « panache » à ma démonstration ?	Comment puis-je ajouter du « panache » à ma démonstration ?
En faisant ce coaching à la volée, en direct sur un plateau de télévision, sans avoir de temps de préparation.	Je pourrais varier les lieux et situations pour montrer que ma méthode fonctionne aussi bien dans le métro, qu'en boîte de nuit, dans la rue, sur la plage, etc.

À VOTRE TOUR !

À quel client je m'adresse ?	
Frustration : Qu'est-ce qui l'empêche de dormir la nuit ?	Aspiration : Qu'est-ce qui le fait rêver sans trop y croire ?
La légende du Shaman : Qu'est-ce que j'aimerais qu'il dise à mon sujet ?	La légende du Héros : Qu'est-ce que j'aimerais qu'il dise à mon sujet ?
Qu'ai-je fait pour prouver que je mérite cette réputation ?	Qu'ai-je fait pour prouver que je mérite cette réputation ?
Comment pourrais-je reproduire cette démonstration de façon publique ?	Comment pourrais-je permettre au client d'être une « petite souris » qui m'observe lors de l'application de ce super pouvoir ?
Comment puis-je ajouter du « panache » à ma démonstration ?	Comment puis-je ajouter du « panache » à ma démonstration ?

62. INSPIRER CONFIANCE QUAND ON EST DIFFÉRENT

Malgré votre compétence, vos clients et investisseurs peuvent instinctivement avoir une réaction de recul si vous êtes « différent » :

- Si vous êtes différent *d'eux* et qu'ils ont du mal à créer une connexion personnelle avec vous. Par exemple parce que, comme David Laroche à ses débuts, vous leur semblez très jeune. Ou si, comme Bill O'Hanlon, vous êtes trop vieux. Ou encore, il faut l'admettre, dans le cas où vous n'êtes pas originaire de la même culture ou du même milieu social qu'eux.
- Si vous êtes différent *de leurs fournisseurs ou prestataires habituels*, vous aurez le même problème. Olivier Destin raconte comment, quand il est allé aborder la marque Honda lors d'un salon de la moto pour leur proposer de devenir concessionnaire de leur marque sur la région parisienne, on l'a initialement regardé de haut en le voyant débarquer avec son pantalon *baggy*, sa barbe de trois jours et sa casquette. Mais quand il a sorti de son sac les documents prouvant qu'il avait l'accord de la banque et un crédit-bail sur un espace commercial de 500 m^2 à proposer, cette première impression de « jeune délinquant » s'est vite effacée et la marque a flairé l'opportunité. Aujourd'hui, le magasin d'Olivier génère 12 millions d'euros de chiffre d'affaires annuel. Et il porte toujours des pantalons *baggy* et une casquette.

UNE QUESTION D'EXPÉRIENCE ?

J'ai moi-même dû trouver des pistes pour compenser les *a priori* des personnes qui me trouvaient trop jeune. Dans l'Acte I, je vous racontais qu'un journaliste m'a un jour demandé : « Comment justifiez-vous de donner des conseils de vie et de séduction à des personnes qui ont le double de votre âge et de votre expérience ? »

Sans le savoir, il venait par la formulation de sa question, de me fournir la réponse que j'avais toujours eu du mal à synthétiser. Voici en substance ce que je lui ai répondu :

> **Ce n'est pas parce que quelqu'un a le double de notre âge, qu'il a le double de notre expérience. La plupart des gens n'ont pas réellement « 30 ans d'expérience » dans un domaine. Ils ont juste une année d'expérience, qu'ils ont répétée 30 fois. Ce que j'apporte à mes clients, c'est une solution qu'ils n'auraient jamais trouvée, même s'ils continuaient sur la même voie pendant 30 ans de plus.**

En l'occurrence, avant que le fil des événements me pousse à me lancer en tant que « coach en séduction », j'avais moi-même été un grand timide, qui a vaincu sa timidité en abordant plus de 1 000 inconnues en un an. Mille ! Savez-vous combien un homme célibataire aborde d'inconnues qui lui plaisent, en moyenne, chaque année ? S'il est sociable, a des amis qui le présentent, participe à toutes les pendaisons de crémaillère et anniversaires qui surviennent, il peut espérer faire 10 rencontres spontanées dans une bonne année*.

En me lançant dans le coaching en séduction à l'âge de 21 ans, j'avais déjà plus de 100 ans d'expérience d'avance sur les personnes timides que mon coaching allait décoincer.

QUATRE MÉTHODES POUR EN METTRE PLEIN LES YEUX

La seule stratégie efficace pour faire oublier qu'on est trop jeune, trop vieux, trop noir, trop blanc, trop diplômé, pas assez qualifié, etc. c'est de prouver, sans l'ombre d'un doute, qu'on est brillant.

* Pour rappel, nous parlons d'une époque où n'existait pas la possibilité de contacter des célibataires de sa région en faisant un *swipe* sur son téléphone portable. Mais même avec les outils d'aujourd'hui, rares sont les personnes susceptibles de faire 1 000 rencontres en face-à-face dans l'année, même en *swipant* furieusement 24 heures sur 24.

Méthode 1 : Gagner ses galons

Quand l'auteur Ryan Holiday, encore adolescent, envisageait de prolonger ses études pour avoir un diplôme plus valorisant et augmenter ses chances de décrocher un emploi, son mentor Robert Greene lui a déconseillé ce choix en lui disant en substance : « Je peux t'embaucher, moi, pour travailler dès maintenant à mes côtés sur mon prochain best-seller, et tu feras tout de suite le métier que tu veux vraiment faire dans la vie. Ou alors tu peux continuer à perdre ton temps sur les bancs de l'Université en espérant que plus tard, avec ton diplôme, quelqu'un te donnera la chance de faire ce que je te propose de faire maintenant. Fais ton choix. »

Avoir la réputation d'être « l'arme secrète » d'un capitaine d'industrie ou d'un leader dans n'importe quel domaine, c'est un atout imbattable quand vous vous mettez à votre compte. Après avoir aidé Robert Greene à finaliser et lancer *Les 48 Lois du Pouvoir*[85], qui est devenu un best-seller international, Ryan Holiday s'est catapulté à la tête de la direction marketing de la marque textile American Apparel (plus de 500 millions de dollars de ventes annuelles à l'époque). Aujourd'hui Ryan a lancé sa propre activité indépendante, BrassCheck, et est lui-même un auteur à succès, avec des centaines de milliers de livres vendus dans 17 langues[86].

Les opportunités de gagner vos galons sont partout si vous savez ouvrir l'œil. Certains vont jusqu'à travailler gratuitement pendant un temps pour créer la relation et prouver leur valeur. J'ai conseillé cette stratégie à plusieurs personnes par le passé. Le but était de mettre un pied dans la porte, sur des secteurs où il aurait été difficile d'obtenir une réponse à une candidature spontanée. Jusqu'ici, ces personnes ont **toujours** obtenu une réponse – aucun chef d'entreprise ne peut voir passer un e-mail intitulé « Je travaillerai pour vous gratuitement » sans lui accorder son attention. C'est la stratégie qu'a suivie Bill O'Hanlon – en décrochant un poste de jardinier chez Milton Erickson, qui a changé sa vie en un an.

Attention, il ne s'agit pas de travailler gratuitement jusqu'à la fin des temps ! Une courte période d'essai suffit à faire vos preuves pour basculer par la suite sur une rémunération *à la performance* (sans plafond maximal)… en gardant à l'esprit que vous ne faites cela que pour un temps fixé à l'avance, pour acquérir de l'expérience et repartir avec la recommandation de votre mentor.

Un instant… Si ce mentor/leader sait qu'on ne fait qu'un passage éclair d'un an ou deux dans son entreprise, pour acquérir de l'expérience et voler de nos propres ailes ensuite, quel intérêt a-t-il à accepter ? Pour mon précédent livre *Le Secret des Entrepreneurs Libres*, j'ai interviewé le célèbre entrepreneur français Thierry Marx, chef étoilé, chevalier de la Légion d'honneur, et fervent défenseur de la formation des jeunes. Il a un point de vue tranché sur la question :

> **« On me demande souvent : mais que se passe-t-il si tu les formes, et qu'ils s'en vont ?… Mais la vraie question est plutôt : et si je ne les formais pas, et qu'ils restent ? »**
> **– Thierry Marx**

Quand vous apportez votre fraîcheur, votre dynamisme, votre énergie, vous faites un cadeau infiniment plus précieux à cette entreprise que vous ne pensez. Croyez-moi : votre mentor gagne au change ; et s'il a une once de bon sens, il sautera sur l'opportunité.

Un tout dernier point, car je ne veux pas que cette section soit trop longue. Si vous vous contentez d'envoyer un e-mail « Je travaillerai pour vous gratuitement » avec votre nom, e-mail et CV, vous risquez d'essuyer un refus. Une approche trop « copier/coller » ne montre pas la valeur que vous allez apporter[87]. Pour mettre toutes les chances de votre côté, vérifiez que votre proposition est en **alignement** avec les projets de cette entreprise. (Je donne une méthode pour cela au chapitre 67 sur les Partenariats Stratégiques, voir p. 329.)

Méthode 2 : L'outsider

Au lieu de chercher à porter le badge d'une école de pensée particulière, vous préférerez peut-être incarner la rupture. Si vos arguments sont solides, cela permet immédiatement de transformer votre différence en force. Vous êtes super jeune ? Justement, vous êtes le génie précoce qui a été le premier à découvrir cette nouvelle façon de faire. Vous venez d'un autre pays et parlez avec un accent ? C'est justement cette différence culturelle qui vous donne une perspective nouvelle.

Je disais souvent à mes clients de coaching en séduction que dans un bar, les deux hommes les plus attirants étaient, à niveau égal, (1) celui qui connaît tout le monde, qui est le meilleur ami du DJ et est au centre de toutes les conversations (il est visiblement **la** personne à connaître), et à l'autre opposé, (2) celui qui est le nouveau venu, l'homme exotique, mystérieux, qui pique la curiosité en apportant quelque chose de nouveau et en cassant la monotonie des mêmes visages. Entre les deux, point de salut.

La méthode de l'outsider consiste donc à chercher activement ce qui **manque** ou ce qui **ne va pas** sur votre secteur, et proposer une solution qui rompt avec les usages. En 2010, quand j'ai lancé mes premières formations *e-learning* pour les entrepreneurs, j'ai fait une analyse en profondeur du marché de la formation marketing en France. J'y ai trouvé deux grands pôles : d'un côté, les formations « institutionnelles » proposées par des organismes publics, ou des énormes sociétés qui ciblaient les employés de grosses entreprises. Ces formations étaient souvent enseignées par des profils d'universitaires n'ayant jamais été confrontés au lancement d'une entreprise ou au marketing de leur propre produit. Et de l'autre côté, des *e-books* et des « modules en vidéo » assez bas de gamme, vendus pour une poignée d'euros (le produit le plus cher sur ce marché coûtait 297 euros) et toujours axés sur des « trucs et astuces pour arrondir les fins de mois ». J'ai tout de suite vu une opportunité de positionnement, **la formation en stratégie**, que personne ne semblait exploiter. Je disais ceci dans ma vidéo de lancement :

> **« Tout ce que j'ai trouvé en revenant en France, c'est la Fac, le CNAM, les écoles de commerce… ou d'un autre côté, des formations sous forme d'e-book à 17 euros qui vous apprennent comment devenir riche : en vendant à votre tour un e-book à 17 euros. C'est vrai, des formations de qualité, il y en a quelques-unes, mais elles sont techniques. On vous propose de référencer un site dans Google. Ou créer un blog. Ou faire du MLM. Ou vendre sur eBay. Rien de tout ça ne vous aidera si vous n'avez pas une stratégie marketing. Vous pouvez devenir un expert en "tactiques", avoir les meilleurs "trucs", mais si vous n'apprenez pas les bases, vous finirez le bec dans l'eau. (…) Le secteur de la formation marketing a besoin d'apprendre à dire les choses simplement. J'ai donc décidé de partager avec vous les fondations d'une stratégie marketing réussie. »**

Méthode 3 : Le mur de témoignages

Les gens s'intéressent plus à eux-mêmes qu'à vous. S'ils ont suffisamment confiance dans les résultats qu'ils pourront atteindre grâce à votre aide, vos petits « défauts » seront vite oubliés.

Je vous disais plus haut que la première méthode est de faire vos preuves chez un mentor... mais pourquoi ne pas faire vos preuves en appliquant directement vos compétences pour des clients ?

Rien ne vous empêche de fournir vos premières prestations (ou même vos premiers produits) gratuitement – à condition de fixer dès le départ une limite : vous faites cela pour obtenir vos dix premiers témoignages de clients satisfaits, et ensuite hop, vous basculez sur un tarif qui reflète votre vraie valeur.

Encore mieux – vous pouvez faire payer les premiers clients... et leur faire payer **plus cher** que le tarif que vous comptez facturer sur le long terme (après tout, ils ont accès à votre attention complète et à un niveau de soins que vous ne serez peut-être plus en mesure d'offrir quand vous aurez des milliers d'acheteurs à gérer). C'est possible avec la stratégie de l'Écrémage, et je vous l'explique au chapitre 41 (voir p. 208).

Il suffit d'un nombre relativement petit de clients pour montrer que votre travail est sérieux. Aujourd'hui, je suis en mesure de dire « ... et depuis 2010 j'ai accompagné plus de 10 000 clients entrepreneurs... », mais pas besoin d'un chiffre aussi immense pour en imposer – ni même d'avoir autant de **clients**. La quatrième de couverture de la première édition du livre de Céline Alvarez, *Les lois naturelles de l'enfant*[88] indiquait simplement que « plus d'un millier d'enseignants de maternelle s'inspirent déjà de Céline Alvarez ». Dès que vous avez quelques centaines d'inscrits à votre liste de prospects, vous pouvez utiliser cette même formulation.

Méthode 4 : La Compétence Démontrable

Rien ne vous oblige à être la star de votre marketing. En mettant l'accent sur l'efficacité infaillible de votre produit, service ou méthode, vous créez une mystique puissante qui rend la vente beaucoup plus facile. Seulement, clamer sur les toits que votre produit est incroyablement efficace ne suffit pas : encore faut-il le prouver.

- **Vous pouvez mettre en avant les experts qui sont à l'origine du produit.** C'est le choix qu'a fait David Guigue, quand il s'est rendu compte que sa propre compétence d'orthophoniste ne serait pas assez pointue pour créer un contenu de formation captivant pour ses collègues. Il avait inventé une méthode originale de rééducation de l'empan intentionnel de mémoire auditive, mais n'avait pas la confiance nécessaire pour en parler (le fameux syndrome de l'imposteur). David a donc préféré faire appel à des expertes comme Roxanne Lemaire pour enseigner les stratégies qu'elle a développées sur plusieurs décennies d'expérience pour résoudre des problèmes aussi épineux que la rééducation de la déglutition fonctionnelle. La compétence des experts intervenant sur les DVD de formation de David était tellement pointue et recherchée, qu'il lui suffisait de mettre en ligne une poignée d'extraits du coffret de six DVD pour réussir à vendre les disques en masse.
- **Vous pouvez mettre en avant un individu lambda, et les résultats qu'il a obtenus une fois exposé à la méthode ou au produit.** En créant mes propres DVD de « Cours de Séduction », j'ai vite réalisé que l'intérêt majeur du coaching que je proposais était son côté pratique. Lors de mes ateliers, j'accompagnais les clients dans la rue, dans des bars, en boîte de nuit, pour faire des rencontres et appliquer la méthode que je leur avais expliquée en salle de conférence. Comme c'est cette expérience que mes clients s'arrachaient à prix d'or, j'ai retranscrit cela sur les DVD en filmant des séquences de caméra cachée – et en faisant l'effort de montrer autant que possible mes *clients timides* abordant avec succès des jeunes femmes grâce à ma méthode, plutôt que de me filmer moi-même.
- **Vous pouvez prouver l'effet de votre méthode, produit ou service sur vous-même en montrant la transformation en partant de zéro.** Paradoxalement, c'est une façon efficace de faire ses preuves quand on est trop jeune ou pas assez reconnu : au lieu de se positionner comme expert, on fait le chemin de débutant à expert sous les yeux des clients. Un des sites Web les plus visités du monde francophone en matière de photographie est le blog **apprendre-la-photo.fr** de Laurent Breillat. En démarrant son blog avec les conseils d'Olivier Roland, Laurent n'a jamais eu la prétention de parler à ses lecteurs en expert blasé. Au contraire de cette approche M. Je-Sais-Tout, voici comment

il a créé la confiance avec un lectorat qui compte aujourd'hui 175 000 personnes[89] :

> **« Je m'appelle Laurent Breillat, et la photographie a été pour moi une véritable révélation quand j'ai acquis mon premier appareil. J'ai commencé ce blog sans être un professionnel de la photo, en souhaitant partager avec vous ma progression en tant que photographe, tant sur le plan technique qu'artistique. Depuis j'ai formé des milliers de photographes amateurs grâce à mes formations (...) »**

Notez l'emploi de la méthode 4 (Compétence Démontrable avec sa progression personnelle), suivie de la méthode 3 (« j'ai formé des milliers de photographes ») !

63. DEVENIR LE PROCHAIN XAVIER NIEL

Pour David Laroche, il n'était pas question de passer par un long apprentissage dans l'ombre d'un mentor dans le but d'inspirer un jour confiance à ses premiers clients. Porté par sa passion du développement personnel, il voulait tout de suite commencer à changer des vies.

David s'est donc lancé simultanément dans la méthode 3 (aider autant de clients que possible avec ses premières conférences gratuites) et la méthode 4 : être son propre cobaye en sortant de sa zone de confort, en se lançant dans un défi fou, et en partageant chaque étape du voyage avec son audience.

Il s'arme d'une feuille vierge et se lance le défi de trouver « 40 raisons pour lesquelles ma jeunesse est un atout pour mes clients ». Une fois cette liste établie, il se produit un phénomène étrange : non seulement David a acquis une solide confiance en lui, mais il commence à rencontrer des clients qui viennent à lui *parce qu'il est jeune.*

Son activité prend son essor, et David réalise que cela ne lui plaît pas énormément de se présenter comme « coach en développement personnel ». Au lieu de parler de ce qu'il **est**, il choisit de présenter ce qu'il **fait**, et la valeur qu'il apporte : « J'interviewe, étudie et accompagne des champions qui sont au sommet de ce qu'ils font. J'utilise ces secrets pour aider les personnes qui veulent vivre la vie qui les inspire à atteindre leurs objectifs plus vite qu'ils ne l'imaginent possible. »

Pour réaliser cette vision et dépasser ses limites, David se lance le défi fou d'aller interviewer des leaders du monde du développement personnel aux États-Unis (alors qu'il ne parle pas anglais).

Fort de cette nouvelle confiance en lui, il décroche une invitation du célèbre coach américain Tony Robbins pour lui rendre visite à Chicago. Pour cela, il lui faut augmenter son plafond d'autorisation bancaire. Ayant compris que sa jeunesse doit être présentée comme une force et non comme une faiblesse, David va voir sa banquière et lui demande :

> **« Si vous étiez certaine d'avoir devant vous un jeune Xavier Niel, et qu'il vous demandait d'augmenter son plafond bancaire, que feriez-vous ? »**

Suite à ce rendez-vous, la banquière acquiesce enfin pour augmenter les plafonds d'autorisation de David – alors qu'il avait eu droit à de multiples refus depuis deux ans. Présenter sa jeunesse comme une force – voilà une stratégie que David compte bien utiliser dorénavant !

64. LA MEILLEURE RÉPONSE À LA QUESTION « QUE FAITES-VOUS DANS LA VIE ? »

La première Ressource Entrepreneuriale, votre Compétence Démontrable, permet d'inspirer confiance quel que soit votre âge ou l'ancienneté de votre entreprise. La seconde ressource à votre disposition, ce sont vos Relations. Je distingue trois types de relations qui peuvent être utiles pour votre lancement d'activité :

1. Le niveau le plus évident, auquel vous avez sans doute déjà pensé, c'est : « Y a-t-il des **clients potentiels** parmi les personnes que je connais ? » Comme votre Étude de Marché Express permet de répondre à cette question, je ne vais pas la développer plus en détail ici.
2. Le second niveau, qui est bien plus puissant, c'est celui des **apporteurs d'affaires**. Parmi vos connaissances, y a-t-il des personnes qui ont elles-mêmes un réseau développé de clients potentiels ? Vous connaissez peut-être un blogueur qui publie sur la thématique du produit que vous pensez vendre, ou alors vous êtes client d'une boutique dont la clientèle serait idéale pour votre propre produit complémentaire au leur. Dans les prochains chapitres, je vais vous expliquer comment mobiliser ces apporteurs d'affaires avec l'approche du **Partenariat stratégique**.
3. Vous disposez aussi d'un troisième type de réseau, que très peu d'entrepreneurs savent exploiter – et qui peut s'avérer une véritable mine d'or. Par opposition au réseau **fort** de liens que vous avez avec votre famille et vos amis, celui-ci comprend toutes les personnes avec qui vous avez un lien intermittent

(ce sont parfois de simples **connaissances**). Richard Koch, auteur célèbre pour son livre *Le Principe 80/20*, appelle cela votre **Réseau faible**[90].

LE PIÈGE DU RÉSEAU FAIBLE

Voici une anecdote qui illustre pourquoi si peu d'entrepreneurs exploitent leur Réseau faible à sa juste valeur.

Quelques années après avoir lancé mon entreprise de coaching en séduction (qui communiquait exclusivement sur Internet pour trouver des clients), je commençais à avoir une compétence solide en manière de marketing sur Internet.

Lors de vacances en Guadeloupe, une de mes tantes est passée me rendre visite, en m'annonçant joyeusement qu'elle avait un client pour moi ! Surpris, je lui ai demandé de qui il s'agissait et quel était le besoin de ce client. Sa réponse : « Tu travailles bien dans Internet, les ordinateurs, tout ça ? En fait c'est mon voisin ; son PC est en panne et je lui ai dit que c'était ton métier ! »

Voilà pourquoi nous avons tendance à négliger notre Réseau faible : si vous pensez que vos proches et toutes vos connaissances comprennent ce que vous faites… vous vous mettez le doigt dans l'œil !

POUR RÉPONDRE À LA QUESTION « QUE FAIS-TU DANS LA VIE »

Ce que j'ai découvert dans cette expérience cocasse, c'est que les gens ont du mal à comprendre l'activité de notre entreprise quand on la leur explique en une phrase ou deux, simplement avec l'intitulé.

- Je suis coach en séduction.
- J'enseigne la Rueda de Bachata.
- Je publie une newsletter sur l'éducation.

À l'opposé, ces mêmes personnes comprennent beaucoup mieux notre activité si l'on répond… par une question ! Après tout, on se moque un peu de **ce que vous faites**. Ce qui est important, c'est

qui vous aidez, **quel problème** vous résolvez et **quel bénéfice** vous apportez à ces clients. Quand vous arrivez à communiquer cela en quelques mots, c'est beaucoup plus facile pour votre entourage de répéter ce message et de vous recommander.

Pour générer des clients et du bouche-à-oreille à partir des rencontres que vous faites naturellement, formulez donc ainsi :

> **Tu connais sûrement quelqu'un qui [descriptif de votre client idéal et de son problème] ? Eh bien j'aide ces personnes à atteindre [tel objectif]. J'ai une [méthode/solution/offre de services/gamme de produits] qui résout ce problème en [indicateur de temps], et j'ai monté une entreprise pour apporter cela à mes clients.**

Reprenons notre exemple du coaching en séduction. J'ai commencé à dire :
« On connaît tous au moins quelqu'un, un gars célibataire, chic type. Quelqu'un de bien, avec une bonne situation dans la vie, qui a en théorie tout pour plaire. Mais il a beaucoup **d'amies** qui ne deviennent jamais des **petites amies***. Ses amies lui demandent "Pourquoi es-tu célibataire ?" Et sa réponse est "Si ça te préoccupe tant que ça, sors avec moi !" Eh bien tu vois, je coache ces personnes pour leur permettre de vaincre leur timidité et rencontrer l'âme sœur. J'ai développé une méthode appelée la Méthode Prince, qui est déposée à l'INPI, et qui m'a permis d'accompagner plus de 3 500 clients dans cette démarche. »

Quand j'ai commencé à présenter mon activité comme cela, j'ai remarqué un phénomène étrange :

- mes interlocutrices pensaient toujours à au moins un homme de leur entourage (frère, fils, collègue, meilleur ami) à qui elles voulaient recommander ou offrir mon livre dans la foulée ;

* Si vous vous étonnez que ma description soit si spécifique (le client décrit est *un homme*, qui recherche à être en couple avec *une femme*), souvenez-vous de l'importance de bien définir un avatar. 91 % des visiteurs du site Drague.TV étaient des *hommes* ; et sur les 4 049 premiers commentaires et questions reçus sur le blog, le nombre de demandes d'aide pour des rencontres du même sexe était d'exactement… zéro.

- mes interlocuteurs venaient souvent me parler en privé plus tard dans la soirée pour me demander des conseils ou des détails sur les ateliers.

RENTABILISER VOTRE RÉSEAU

Vous pouvez dès maintenant faire une petite action qui va instantanément faciliter le lancement de votre activité en vous constituant votre première liste de prospects.

C'est la stratégie du Coup de Semonce, et j'aimerais vous en donner un exemple concret, ainsi qu'un modèle à utiliser pour mobiliser votre Réseau faible et vous amener vos premiers clients.

65. COMMENT SE FAIRE CONNAÎTRE QUAND ON NE MAÎTRISE PAS LES OUTILS DU WEB

Pour donner toutes ses chances à son nouveau projet de vie, Jeanne ne peut pas rester au Burundi. Les partis politiques de l'ethnie hutu dénoncent le scrutin qui donne une majorité écrasante au parti du président au pouvoir. Des émeutes éclatent. Le pays semble au bord de la guerre civile, donc elle prend le chemin du retour vers l'Europe. Il lui faudra vivre dans un logement social, mais c'est bien secondaire par rapport à la sécurité de son fils !

Animée d'une énergie nouvelle, Jeanne se plonge avec ferveur dans les formations et fait des études de programmation neurolinguistique, de communication, de *leadership*. Dans une conférence médicale, elle met enfin les mots sur son burn-out, l'épuisement professionnel et sur ses causes. Elle découvre que le sentiment de ne pas être à sa place dans son travail incite le corps à produire un surplus d'une hormone, l'adrénaline, à chaque situation stressante. Cette hormone, indispensable pour réagir à une situation d'urgence, n'est pas faite pour circuler dans le corps en permanence. Si le stress est chronique, l'excès prolongé d'adrénaline fatigue le cerveau et de nombreuses autres fonctions du corps, et entraîne des conséquences graves sur la santé.

STRUCTURER SON MESSAGE POUR LANCER UNE CARRIÈRE

Il faut à Jeanne des financements pour se former. Pour les obtenir, elle s'inscrit à Pôle Emploi. Elle doit faire la meilleure utilisation possible de ses ressources et de son temps – car à son retour en Europe, son médecin lui a diagnostiqué un cancer du sein. Jeanne refuse le traitement chimique qui lui est proposé ; elle est déterminée à ce que rien ne gâche son élan.

Quand je fais sa rencontre via ma formation, financée par un organisme d'aide à la création d'entreprise, Jeanne a la concentration d'un rayon laser. Néanmoins, certains obstacles lui semblent un peu trop difficiles à franchir simultanément.

Dans la formation, elle a appris à formuler l'offre qu'elle souhaite apporter, et à renforcer son histoire par des arguments solides pour faire cette proposition. Cependant, sa difficulté est technique : les cours qu'elle a suivis l'ont amenée à créer des scripts dans le but de tourner des vidéos et démarrer une activité sur Internet… mais Jeanne n'a pas de site Web, pas de prospects, pas les connaissances techniques ou les moyens d'embaucher un webmaster ou faire de la publicité.

En dernier recours, elle fait appel à une ressource qu'elle n'avait pas osé mobiliser auparavant : son réseau professionnel. Jeanne contacte un de ses anciens collègues et lui demande s'il peut faire suivre sa proposition à son équipe de collaborateurs. Après un instant de silence, l'ex-collègue lui fait part de ses doutes : « J'adorerais t'aider, mais tu comprends bien que ça ferait un peu bizarre pour tous ces gens qui te connaissent comme ex-**manager de projets**, si tu débarques du jour au lendemain dans leur boîte e-mail en t'autoproclamant *coach en performance au travail* ou *conférencière sur le thème du burn-out* ! »

Face à ce scepticisme, Jeanne propose un compromis : au lieu de faire une offre commerciale, elle va proposer des contenus informatifs qui lui permettront de faire valoir son expertise dans un premier temps. Elle fera ses propositions d'accompagnement plus tard. Le collègue accepte et lui demande de rédiger un message d'accroche qu'il pourra faire suivre aux personnes intéressées.

66. OBTENIR DES RÉSULTATS SIGNIFICATIFS AVEC UNE PETITE LISTE DE CONTACTS

LE COUP DE SEMONCE

Si vous ne l'avez pas encore fait au moment de l'Étude de Marché Express, c'est le moment d'activer tout votre réseau de connaissances pour :

- déterminer qui est un prospect potentiel ;
- découvrir si certains de vos contacts sont des « apporteurs d'affaires » potentiels ;
- démarrer le bouche-à-oreille.

Si vous avez déjà fait le tour de vos contacts pour diffuser votre Étude de Marché Express, sachez que vous pouvez à nouveau contacter tout un chacun, maintenant que vous avez affiné votre réflexion !

Voici en quoi va consister votre Coup de Semonce : vous envoyez un message personnel à chacun (vous pouvez copier/coller le même message pour tous, et simplement personnaliser l'introduction du message avant de cliquer « envoyer »). Dans ce message, vous indiquez que vous lancez un nouveau projet ; vous expliquez à qui ce projet s'adresse, et ce que vous avez à apporter ; et vous demandez si votre interlocuteur accepte d'être ajouté à « votre petite liste de destinataires » pour la liste d'information que vous comptez lancer. (Je reviendrai dans un instant sur l'intérêt et le fonctionnement d'une liste d'adresses de prospects.)

UN MOYEN EFFICACE DE DÉTECTER LES PERSONNES QUALIFIÉES ET INTÉRESSÉES

Quand j'ai lancé un nouveau site pour aider un de mes mentors à faire connaître ses conseils au public francophone, ma première action a été de recourir au Coup de Semonce. J'ai fait le tour de tous mes contacts qui me semblaient potentiellement intéressés par la thématique de la « retraite anticipée », et je leur ai fait parvenir le message visible sur l'image suivante.

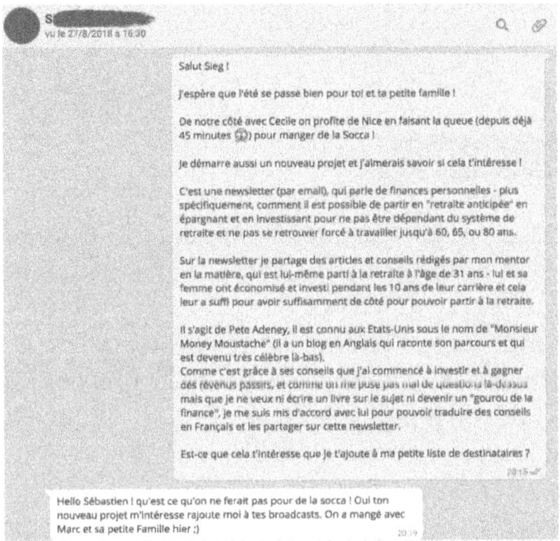
S[redacted]
vu le 27/8/2018 à 16:30

Salut Sieg !

J'espère que l'été se passe bien pour toi et ta petite famille !

De notre côté avec Cecile on profite de Nice en faisant la queue (depuis déjà 45 minutes 😱) pour manger de la Socca !

Je démarre aussi un nouveau projet et j'aimerais savoir si cela t'intéresse !

C'est une newsletter (par email), qui parle de finances personnelles - plus spécifiquement, comment il est possible de partir en "retraite anticipée" en épargnant et en investissant pour ne pas être dépendant du système de retraite et ne pas se retrouver forcé à travailler jusqu'à 60, 65, ou 80 ans.

Sur la newsletter je partage des articles et conseils rédigés par mon mentor en la matière, qui est lui-même parti à la retraite à l'âge de 31 ans - lui et sa femme ont économisé et investi pendant les 10 ans de leur carrière et cela leur a suffi pour avoir suffisamment de côté pour pouvoir partir à la retraite.

Il s'agit de Pete Adeney, il est connu aux États-Unis sous le nom de "Monsieur Money Moustache" (il a un blog en Anglais qui raconte son parcours et qui est devenu très célèbre là-bas).
Comme c'est grâce à ses conseils que j'ai commencé à investir et à gagner des revenus passifs, et comme on me pose pas mal de questions là-dessus mais que je ne veux ni écrire un livre sur le sujet ni devenir un "gourou de la finance", je me suis mis d'accord avec lui pour pouvoir traduire des conseils en Français et les partager sur cette newsletter.

Est-ce que cela t'intéresse que je t'ajoute à ma petite liste de destinataires ?

Hello Sébastien ! qu'est ce qu'on ne ferait pas pour de la socca ! Oui ton nouveau projet m'intéresse rajoute moi à tes broadcasts. On a mangé avec Marc et sa petite Famille hier ;)

En quelques jours, plusieurs dizaines de personnes faisaient donc partie de cette nouvelle newsletter, et en quelques semaines j'avais plus de 500 inscrits, sans dépenser un centime en publicité. Simplement en invitant mes contacts, et en mettant un « P.-S. » à la fin de chaque newsletter qui précise :

> P.-S. Si tu apprécies le contenu du blog, partage-le !
> Une des valeurs du Moustachisme c'est de partager l'abondance !
> Tu peux faire suivre à tes ami(e)s ce lien pour qu'ils découvrent la newsletter.
> C'est sans douleur, sans conservateurs, surtout sans publicité :
> https://monsieurmoneymoustache.com/liberte-financiere

Ma femme Cécile a fait bien mieux. Lors du lancement de son blog *L'École de mes rêves* (qui, initialement, devait servir de prélude au lancement d'une école deux ans plus tard), elle a fait parvenir un message similaire à ses amies et collègues et recueilli 34 abonnées en deux jours. Un an plus tard, sa liste de diffusion comptait plus de 1 000 abonnés (aujourd'hui plus de 3 000), tout cela grâce à ce petit groupe initial issu de son Réseau faible.

COMMENT JEANNE A ACTIVÉ SON RÉSEAU FAIBLE

Comprenant que le meilleur moyen d'accéder à des clients potentiels est de montrer sa nouvelle expertise, Jeanne décide de recontacter son ex-collègue en lui fournissant du contenu de valeur qui apporte un début de solution aux problèmes du burn-out.

Une petite difficulté la freine cependant depuis plusieurs semaines : elle n'est pas du tout à l'aise en vidéo. Les scripts sont faits, mais à chaque fois qu'elle tente de se filmer pour dérouler ce script face à l'objectif, elle bloque. Son fils, voyant les premières images, lui fait clairement comprendre : « Tu ne peux pas montrer ça aux gens ! »

Comme Jeanne a touché son premier ordinateur à presque 40 ans, en entrant à la Commission Européenne, elle n'est pas plus à l'aise pour faire le montage des vidéos, ou – pire – tenter d'organiser une web-conférence.

Elle choisit donc une solution radicale : celle de la simplicité. Au lieu de s'acharner à vouloir créer des vidéos, Jeanne clique « Exporter… » sur le document Microsoft Word contenant son script, et enregistre simplement une version écrite de sept pages, au format PDF et l'intitule « Comment une hormone que vous produisez à votre insu peut ruiner votre carrière et votre santé ». Elle transmet ce document à son ancien collègue en lui demandant s'il veut bien le faire suivre.

La stratégie paie : en quelques jours, des centaines de personnes travaillant dans ces bureaux s'échangent le document, lisent le livret PDF, et en redemandent. Le décès récent d'une des membres de l'équipe (dont plus d'une personne pense que son cancer était causé par le stress) crée une sensation d'urgence et l'envie de solutions.

Elle récidive avec un second livret, puis un troisième, à chaque fois pleins de conseils pratiques. Lorsque les lecteurs demandent à en savoir plus, elle propose à la direction d'organiser une conférence ; et ils acceptent ! Jeanne n'a pas la compétence technique pour organiser un webinaire ou une web-conférence destinée à vendre son produit, qu'à cela ne tienne ! Elle prend le train à la gare d'Amiens pour se rendre à Bruxelles, survoltée et pleine d'espoir, et présente sa première conférence.

IL EST POSSIBLE DE TRANSFORMER UN CONTACT EN UNE LISTE DE 10 000 CONTACTS

Il n'est pas inhabituel de découvrir au sein de votre réseau une personne qui peut d'un coup vous ouvrir l'accès, comme pour Jeanne, à 100 prospects potentiels d'un coup. Il est même possible d'obtenir accès à plus de 10 000 contacts à partir d'un seul apporteur d'affaires ! C'est ce que nous allons voir ensemble maintenant : comment trouver ces apporteurs d'affaires, et créer votre premier Partenariat Stratégique.

67. OÙ TROUVER DES PARTENAIRES HEUREUX DE FAIRE VOTRE PROMOTION... GRATUITEMENT !

Supposons que vous n'ayez pas trouvé, parmi votre Réseau faible, de partenaires ayant une audience importante parmi votre clientèle cible. Que faire pour trouver des partenaires supplémentaires ?

COMMENT TROUVER LES PARTENAIRES

Le partenaire stratégique idéal est un chef d'entreprise qui voit défiler toute la journée des clients qui correspondent parfaitement à votre avatar – ce sont donc les clients de rêve pour votre entreprise. Cette entreprise a déjà une relation de confiance avec ses clients, donc si elle fait la promotion de votre produit ou service, les clients seront tout de suite beaucoup plus intéressés que si vous alliez démarcher un prospect « froid » par vous-même.

En lisant ceci, votre réaction instinctive est peut-être : « OK, mais dans ce cas, pourquoi est-ce que cette entreprise accepterait de faire ma promotion, vu que mes produits/services vont être concurrents de ce qu'ils proposent ? »

Vous avez bien raison de poser cette question ! Évidemment, on ne va pas proposer de partenariat à un concurrent direct, mais plutôt à une entreprise dont le produit est complémentaire. Et voici comment trouver ces entreprises dont le produit est complémentaire au vôtre :

> **Un produit/service est complémentaire au vôtre, si le client en a besoin juste avant, pendant, ou juste après l'utilisation de votre produit.**

Mais ce n'est pas tout ! Saviez-vous qu'il existe aussi des entreprises qui voient passer votre client idéal dans leur magasin tous les jours... et qui essaient activement de s'en débarrasser ? Je ne plaisante pas : ces entreprises seraient réjouies d'envoyer ces clients chez vous et de ne plus jamais avoir à leur adresser la parole. Pourquoi donc ? Tout simplement parce que quelques fois, un client est « trop débutant » ou « trop avancé » pour le produit que nous vendons.

Permettez-moi de vous montrer un exemple.

SUR LES CHAPEAUX DE ROUES

Une auto-école un peu spéciale

Un de mes amis, Jason Friedman, a fondé à ses débuts une auto-école d'un genre un peu particulier. Imaginez un peu le décor : un parking gigantesque de 80 000 places transformé en parcours d'obstacles digne d'un film de James Bond : d'immenses murs en carton-pâte, des zones de dérapage et bien d'autres pièges conçus pour vous faire perdre le contrôle de votre véhicule. Chez Drive-Safer LLC, on enseigne des « techniques de conduites avancées ». Le but n'est pas de faire les cascades que vous voyez dans les films, mais plutôt de vous en sortir si un fou du volant perd le contrôle juste devant vous sur l'autoroute.

Par contre, si vous voulez juste passer un simple permis B pour conduire votre Citroën d'occasion, ou faire votre conduite accompagnée pour fêter votre seizième anniversaire... les gentils instructeurs de DriveSafer n'ont strictement rien à vous proposer. Vous n'êtes pas leur client idéal... Ni même un client possible ! Ils n'enseignent tout simplement pas le permis « normal ».

Jason a eu l'idée de cette école spécialisée quand il a découvert que la formation en auto-école classique se limite au Code de la route, quelques cours rapides sur l'utilisation des pédales et le temps minimal de conduite réelle. Autrement dit, en auto-école, on enseigne « comment faire quand tout se passe comme prévu », alors que les accidents routiers représentent la première cause de mortalité chez les jeunes. Ce laxisme représentait une opportunité en or pour Jason : monter une école qui enseigne comment faire quand les choses tournent mal. Après avoir recruté une équipe d'anciens cascadeurs de profession, Jason a positionné ses cours de conduite comme une formation de haut niveau. Chez DriveSafer, les cours théoriques sur le comportement des véhicules alternent avec la mise en pratique en situation difficile : conduire en envoyant des SMS et faire face à un dérapage soudain, devoir éviter un obstacle à 60 km/h quand on conduit le long d'un mur.

Malheureusement, la société de Jason était quand même listée dans les Pages Jaunes comme une « auto-école ». Cela leur causait deux problèmes : premièrement, comment faire pour attirer tous les conducteurs « avancés » (ayant déjà le permis) qui avaient besoin de leurs leçons... et deuxièmement, comment faire pour repousser tous les « M. Tout-le-Monde » qui n'arrêtaient pas de leur passer des coups de fil pour inscrire leur fille de 17 ans aux cours de code – et leur faisaient donc perdre du temps, sachant que ce n'est pas leur clientèle ?

Gagner de l'argent grâce... aux concurrents

Puis, après quelques années de ce dilemme, Jason a eu une idée : si, de son côté, il avait 80 % de M. Tout-le-Monde au téléphone et 20 % de clients voulant leurs cours « avancés »... peut-être que les autres auto-écoles du coin avaient aussi le même problème ? Après tout, pour une auto-école « lambda », les 80 % de M. Tout-le-Monde sont l'avatar parfait, mais cette auto-école ne sait en général pas quoi faire du client qui veut apprendre à freiner, sans perte de contrôle, sur une plaque de verglas tout en évitant des obstacles des deux côtés ! Même leurs moniteurs ne sauraient pas le faire, encore moins l'enseigner.

Jason a donc immédiatement saisi un carnet pour y griffonner un plan d'action « partenariats ». Après avoir briefé toute son équipe, c'était parti pour la mise en pratique. L'équipe de DriveSafer a commencé à contacter toutes les auto-écoles du coin. Leur proposition : « Nous avons des dizaines de personnes qui nous contactent chaque semaine pour passer le permis de conduire. Est-ce que vous accepteriez qu'on les envoie chez vous ? Ah, et en échange, si vous recevez des appels de personnes ayant besoin de cours avancés, pouvez-vous leur parler de nous, svp ? »

En moins de 18 mois, la petite entreprise de Jason Friedman dépassait le million de dollars de chiffre d'affaires.

CHAQUE FOIS
QUE VOUS DÉSESPÉREZ
DE TROUVER DE NOUVEAUX
CLIENTS, DITES-VOUS
QU'IL Y A QUELQUE PART
UNE ENTREPRISE QUI
CHERCHE EN CE MOMENT
MÊME À REFILER DES
CLIENTS À UNE BOÎTE
COMME LA VÔTRE.

POURQUOI TRÈS PEU D'ENTREPRENEURS EXPLOITENT CETTE OPPORTUNITÉ

Avez-vous saisi la différence subtile, mais cruciale, entre cet axe « débutant/avancé » et l'axe « avant/après » ? On pourrait penser, tout naturellement, qu'un client qui est trop « débutant » pour utiliser votre produit, va bientôt être en mesure de le faire, et ensuite devenir plus avancé… Comme si une progression linéaire de débutant à avancé était normale et systématique.

Il n'en est rien. Pensez à mon école de danse latine. Très très peu de mes clients avaient commencé par prendre un « cours d'initiation latino » à la piscine de l'aquagym avant de décider d'approfondir. De la même façon, très peu de mes élèves de salsa sont allés s'inscrire à une formation certifiante pour devenir professeurs ou chorégraphes. En réalité, votre monitrice d'aquagym serait bien incapable de vous apprendre la salsa (et serait donc ravie de recommander un « vrai » prof) ; et les écoles professionnalisantes seraient bien embêtées si vous vouliez juste un cours de salsa normal (et seraient donc ravies de recommander un « simple » prof).

Du coup pour mon école de danse, l'analyse serait la suivante :

	Plus avancé ↑ Les écoles certifiantes proposant un monitorat ou diplôme de professeur	
← Avant Les Bureaux d'élèves des écoles d'ingénieur locales ; les Comités d'Entreprise des SSII locales	Même niveau En même temps Les magasins de chaussures de danse « spécial salsa » pour femmes	Après → Le bar dans lequel je donne les cours, et où les gens restent danser
	← Plus débutant Les salles de sport proposant ou non une « initiation latino »	

Pour cette réflexion, je vous recommande donc de vous demander quels sont les prospects « trop débutants », avec un besoin trop basique, qui ne seront jamais clients chez vous parce que leur besoin est et restera toujours trop basique pour votre produit. D'un autre côté, quelles sont les personnes qui sont déjà trop « pointues », trop avancées, ou avec un besoin trop complexe pour vous acheter quoi que ce soit ?

À VOTRE TOUR !

Prenez quelques instants pour faire cet exercice ! C'est sans doute un des exercices de réflexion les plus rentables pour récupérer un flux continu de prospects qui ne vous coûte pas un centime en publicité.

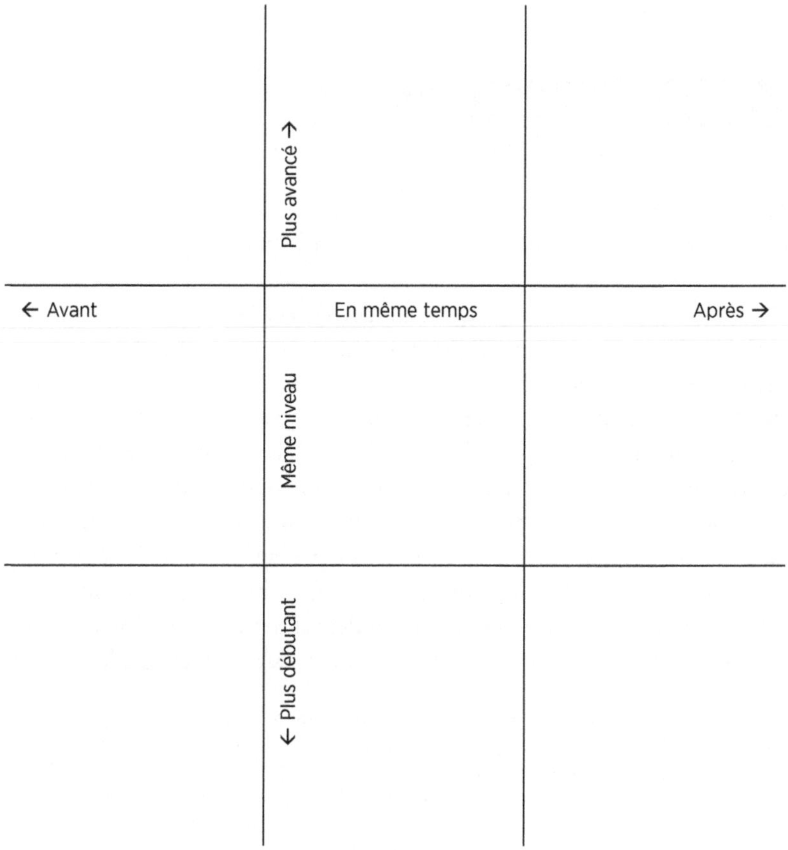

68.
LES ARGUMENTS POUR CONVAINCRE UNE ENTREPRISE ÉTABLIE DE VOUS PROMOUVOIR AUPRÈS DE SES CLIENTS

SI VOTRE PARTENAIRE POTENTIEL A UNE ACTIVITÉ EN LIGNE

Tous les web-entrepreneurs à succès lisent les commentaires sur leur blog ou leur canal de communication principal. Tous*.

C'est une opportunité en or, car la lecture de ces commentaires est souvent décevante. La plupart des sites reçoivent peu de commentaires – c'est la « loi des 1 % »[91] : seulement 1 % des visiteurs d'un site Internet vont suivre l'appel à l'action principal du site et s'impliquer. Par exemple, sur Wikipédia, 1 % seulement des visiteurs de Wikipédia créent un compte pour pouvoir modifier les pages de l'encyclopédie. Parmi ceux-là, seulement 1 % sont à l'origine de plus des trois quarts des contenus postés sur le site. Il en va de même sur les sites ou blogs informatifs. De plus, les rares commentaires postés sont souvent d'une qualité déprimante. Voici à quoi ressemblent la majorité des commentaires sur une chaîne YouTube

* À titre d'exemple, je fais partie des extrémistes de la « diète médiatique » : je ne possède pas de télévision, ne lis pas les journaux, n'écoute pas la radio. Je ne lis pas mes e-mails (j'ai dépassé récemment les 2 millions d'e-mails non lus). Mon téléphone est tout le temps en « mode avion ». Je ne travaille qu'un jour par semaine, et même ce jour-là mon Skype est en mode « ne pas déranger ». Malgré toute cette isolation (volontaire !), je prends tout de même le temps de lire les commentaires sous mes vidéos, sur mon blog, et dans la communauté des Entrepreneurs Libres.

ou une page Facebook à succès (ces captures d'écran sont des commentaires réels postés par des internautes sous une vidéo de conseils en création d'entreprise).

Frédéric [redacted] le leurre ultralibéral, le culte du succès personnel, qui n'est que l'art de couillonner son prochain comme soi-même se terminera bien plus mal et bien plus vite que le leurre collectiviste.
J'aime · Répondre · Contacter · 22 h

J[redacted] Tchip j'en peux plus de voir ce gars. Qu'il arrête avec ses nattes au moins, ça le rendra plus supportable
J'aime · Répondre · Contacter · 1 · 22 septembre, 19:11

Abd[redacted] Est ce un crime de combattre les sionistes criminels qui tuent des enfant meher Khan était un criminel d'extrême droite
J'aime · Répondre · Contacter · 17 août, 18:56

Au milieu de cette qualité littéraire impressionnante, pensez-vous qu'il sera difficile de vous démarquer ?

Comment entrer en contact avec un « influenceur »

1. Poster un commentaire intelligent, réfléchi, qui montre qu'on a lu/écouté, et qui apporte de la valeur.
2. Revenir au bout d'une semaine et vérifier si l'auteur de l'article, du blog ou de la vidéo vous a répondu. Si oui, passer à l'étape 4.
3. Poster un second commentaire, sous un autre article ou une autre vidéo – à nouveau un commentaire intelligent, réfléchi, qui montre qu'on a lu/écouté, et qui apporte de la valeur.
4. Au bout d'une semaine, revenir utiliser le formulaire de contact ou l'adresse e-mail affichée sur le site, ou envoyer un message privé via le réseau social qu'utilise cet influenceur.

À ce stade, vous n'êtes plus un inconnu parmi la foule. Une des meilleures stratégies pour entrer en contact consiste à proposer une courte interview, comme le faisait Aurélien Amacker. Cela apporte de la valeur à l'interviewé (l'occasion de partager son savoir et éventuellement toucher une plus large audience) et surtout cela vous donne l'opportunité d'être à l'écoute de ses projets, besoins, défis.

Le secret pour un partenariat réussi : l'alignement

Si vous avez mené votre petite enquête (en lisant les articles, en regardant les vidéos récentes ou en écoutant leur podcast), et si vous êtes à l'écoute lors de la première conversation, vous pouvez découvrir un angle d'approche idéal pour votre proposition de partenariat.

Reprenez simplement la liste des sept Ressources Entrepreneuriales (Compétence, Relations, Notoriété, Liste, Offre, Produit, Argent) et déterminez laquelle votre partenaire potentiel cherche actuellement à développer. Cela vous indiquera les termes idéaux à proposer pour votre partenariat. Vous trouverez à la fin de cet Acte V une grille de solutions concrètes pour obtenir la ressource que vous voulez en échange de celles dont vous disposez.

SI VOTRE PARTENAIRE POTENTIEL A UNE ACTIVITÉ « TRADITIONNELLE »

Les boutiques et magasins ont l'habitude depuis des décennies d'accepter de poser sur leur comptoir-caisse, ou dans leur vitrine, des prospectus ou posters pour d'autres entreprises, en demandant parfois que ce soit réciproque. Vous n'aurez donc pas de difficultés à obtenir ce type d'échange. Je recommande d'essayer de pousser un peu plus loin : pourriez-vous proposer un cadeau de grande valeur pour les clients de cette boutique ? En fournissant au propriétaire de la boutique l'argumentaire tout prêt sous la forme d'une petite carte cadeau (à insérer dans le sac des clients lors d'un achat, ou dans le kit de bienvenue lors d'une inscription), vous lui facilitez la vie et vous ajoutez de la valeur à son offre. Vincent, un de mes clients basé dans l'Ouest de la France, est préparateur sportif et voulait proposer des prestations spécialisées pour les golfeurs. Il a créé une série de vidéos de conseils destinés aux golfeurs (enseignant des techniques pour un meilleur équilibre et un meilleur maintien), et proposé au golf de sa ville d'offrir ces vidéos à leurs membres. Ce partenariat gagnant-gagnant a simultanément augmenté la valeur perçue d'un abonnement golf, et permis à Vincent d'entrer en contact avec de nombreux clients potentiels.

Attention : ce n'est pas parce qu'on vous a dit oui pour lancer le partenariat, que la mise en place se fera sans incident. La flemme des employés, l'oubli pur et simple de votre carte ou prospectus, la force des habitudes... sont autant de raisons qui peuvent faire passer cette belle idée à la trappe. La qualité de votre suivi va donc être primordiale. Je conseille de repasser dans ce magasin partenaire au bout de deux jours, une semaine, trois semaines, deux mois, et six mois. À chaque fois, vous vous renseignez sur les retours des clients, vous renouvelez le stock de cartes de visites ou invitations, vous vérifiez qu'elles sont bien distribuées comme prévu, et vous renforcez la relation avec le personnel, la gérante, l'assistant-manager. La fréquence, c'est la clé de la romance ! Si l'on vous voit juste une fois en magasin pour proposer votre prospectus et que vous ne revenez plus jamais, ce partenariat ne fera pas long feu.

LA QUESTION ÉPINEUSE DES CONTRATS

Bien entendu, cet ouvrage n'est pas consacré à du conseil juridique, mais la question des contrats revient très souvent quand on parle de partenariats. Faut-il obligatoirement encadrer vos partenariats par des contrats ? Faire appel à un avocat ? Voici donc un principe simple pour éclairer votre lanterne :

> **En affaires, ne concluez des accords qu'avec des personnes à qui vous pourriez faire confiance sur une simple poignée de main... Et une fois que vous avez trouvé ces personnes, ne faites jamais confiance à leur poignée de main – conservez toujours un écrit.**

Autrement dit : si vous concluez un accord quelconque avec un partenaire, un client, un fournisseur, et que vous ressentez au contact de cette personne qu'un contrat est indispensable car vous avez une réaction instinctive de méfiance... laissez tomber et passez votre chemin. Aucun contrat ne suffira à vous protéger d'une partie adverse mal intentionnée.

Dans le même temps, vous ne devriez pas conclure des accords purement verbaux. Un accord verbal est certes considéré en France comme un contrat, et c'est le cas également en Belgique[92], au Québec[93] et dans la plupart des pays. Cependant, il n'est pas nécessaire de recourir nécessairement à un avocat – un simple e-mail récapitulatif suffit à rappeler les termes de votre accord et à éviter les disputes, plusieurs années plus tard, entre deux personnes qui sont toutes deux de bonne foi mais n'ont qu'une mémoire partielle de la discussion. En France, comme dans de nombreux autres pays, l'e-mail peut servir de preuve en cas de désaccord commercial, surtout entre professionnels[94]. Dégainer un contrat de 20 pages ou dépenser une fortune en frais juridiques pour se mettre d'accord sur une distribution de prospectus ou l'envoi d'une newsletter promotionnelle ? Cela risque de faire peur plutôt que d'aider votre cause.

69. COMBIEN DE PARTENAIRES FAUT-IL CONTACTER POUR QUE LE SUCCÈS SOIT GARANTI ?

Cette technique m'a permis de trouver 400 partenaires pour le lancement de mon activité. Sur ces 400 qui avaient un accord de principe, 100 ont effectivement fait la promotion, et 40 ont généré au moins 2 000 euros de chiffre d'affaires. Les cinq meilleurs m'ont généré chacun plusieurs dizaines de milliers d'euros de chiffre d'affaires, et c'est ce qui m'a permis de faire plus d'un demi-million d'euros de chiffre d'affaires total sur la première année.

Vous comprenez donc que c'est une histoire de chiffres. Il y a un entonnoir :

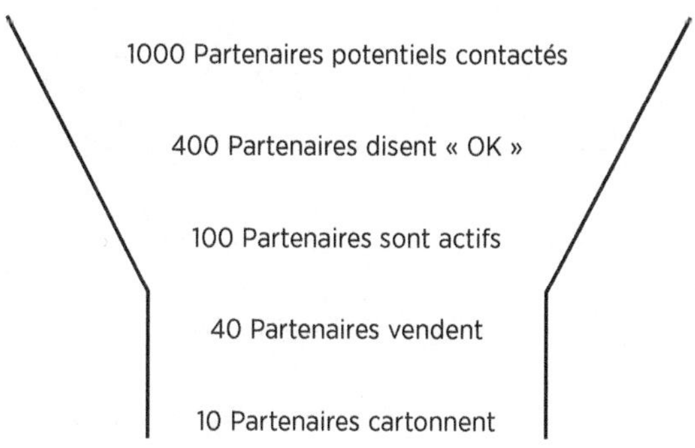

Pour générer des sommes importantes avec les partenariats, vous devez contacter beaucoup de partenaires afin de trouver les 1 % qui seront hyper rentables.

Si votre activité est un commerce de proximité, vos chiffres seront probablement bien meilleurs : il vous suffira peut-être de contacter 20 partenaires potentiels pour en avoir 10 qui disent « OK », cinq actifs, deux qui vous amènent des clients en bon nombre. Dans tous les cas, vous ne pouvez pas vous arrêter à un ou deux essais.

Donc, après avoir fait l'exercice directement dans la matrice pour trouver vos premiers partenaires, ne vous arrêtez pas en si bon chemin ! Continuez la session de remue-méninges et essayez de trouver au moins 10 partenaires pertinents, et si possible 30. C'est parti :

1. ....

2. ....

3. ....

4. ....

5. ....

6. ....

7. ....

8. ....

9. ....

10. ....

11. ....

12. ....

13. ....

14. ....

15. ....

16. ....

17. ....

18. ....

19. ....

20. ....

21. ....

22. ....

23. ....

24. ....

25. ....

26. ....

27. ....

28. ....

29. ....

30. ....

70. DEVENIR UNE RÉFÉRENCE – ET RENDRE VOTRE ENTREPRISE CÉLÈBRE

Je vous disais précédemment que les plateaux télévisés et reportages dont j'ai bénéficié dès les premières années de mon activité, m'ont énormément aidé à crédibiliser mon offre – après tout, le « coaching en séduction » était une profession nouvelle et plutôt apte à faire sourire qu'à vendre.

Mon entreprise a fait l'objet d'émissions, interviews, pleines pages, et mentions sur TF1, M6, France 2, Europe 1, RTL, RMC, France Culture, mais aussi *Paris Match*, *Le Parisien*, *20 Minutes*, ou encore *Charlie Hebdo*… ainsi que beaucoup d'autres petites chaînes TV, radios, et publications. Cela m'a permis de toucher des millions de personnes – auxquelles il faut ajouter les 8 millions de vues de mes différentes chaînes YouTube.

Comment ai-je obtenu cette couverture médiatique ?

LE SECRET DE LA NOTORIÉTÉ

La Notoriété est la troisième Ressource Entrepreneuriale que vous devez acquérir. Il s'agit tout simplement d'être reconnu, dans votre secteur d'activité, comme un expert ou leader d'opinion. Vous pouvez acquérir cette notoriété via deux supports :

- Dans les médias destinés au grand public (télévision, radio, journaux, et sites généralistes à grande audience) via des reportages, interviews, chroniques *à votre sujet*.
- Sur des médias spécialisés de votre secteur, via des articles invités, chroniques et éditos **que vous avez rédigés**.

Chacune des approches a ses avantages et sa stratégie propre, et je conseille de combiner les deux.

SE FAIRE CONNAÎTRE DANS LA PRESSE TRADITIONNELLE

Il y a deux écoles opposées concernant le contact avec les journalistes de la presse traditionnelle. Les deux écoles sont d'accord sur le fait que les journalistes sont toujours à l'affût de bonnes histoires à raconter à leur audience et qu'il est plutôt facile d'attirer leur attention si vous avez un concept intéressant (une Compétence Démontrable) à mettre sur la table.

L'approche la plus couramment recommandée privilégie une approche directe et individuelle – il suffirait d'ouvrir un compte Twitter, suivre et « re-tweeter » des journalistes précis qui interviennent dans les publications que vous suivez, et tenter de démarrer une conversation personnelle avec chacun d'entre eux.

L'autre école privilégie une stratégie de masse : contacter simultanément un grand nombre de journalistes inscrits sur des listes de diffusion, et tout miser sur un « appât » suffisamment attractif pour qu'au moins un reporter morde à l'hameçon.

Parce qu'il est facile de perdre un temps fou à « tweeter » sans fin et sans résultat, je recommande la seconde approche. Il existe de nombreux services qui vous permettent d'entrer en contact d'un coup avec plusieurs centaines, voire milliers de journalistes, et de leur envoyer un document simple d'une page : un **communiqué de presse**. Le titre de votre communiqué doit être percutant et faire mouche, car personne n'ouvrira un communiqué intitulé « découvrez notre nouveau magasin de meubles à Saint-Herblain ! ».

Faites un reportage... sur vous-même

Ce qu'il faut comprendre, c'est qu'un communiqué de presse réussi est en fait un article *à votre sujet*, rédigé à la troisième personne, et suffisamment neutre et argumenté pour qu'un journaliste puisse le copier/coller tel quel dans son magazine. Notre ébéniste devrait donc plutôt rédiger un communiqué de presse similaire à un potentiel article – par exemple, « Un atelier de Saint-Herblain utilise l'intelligence artificielle pour concevoir le meuble idéal ». C'est déjà beaucoup plus intéressant et dans l'air du temps (à l'heure où j'écris ces lignes), car beaucoup de journalistes cherchent des angles d'approche liés à l'intelligence artificielle.

Cette stratégie du communiqué de presse est précieuse, comme le montre l'exemple de Jean Sommer, coach vocal pour la prise de parole en public. J'ai accompagné Jean pour réaliser son communiqué, car sa Compétence Démontrable méritait de toucher un plus vaste public – et en quelques jours il a décroché une avalanche d'articles, chroniques et reportages sur France Culture, *L'Express*, *Challenges*, *Top Santé*, TF1, *Le Monde*, France Inter, mais également de nombreux blogs (y compris les blogs de journaux comme *L'express*). Il a décroché de gros contrats avec des personnalités en vue et sa liste de prospects a atteint 3 500 nouveaux inscrits en quelques mois à peine. Avec une grande générosité, Jean a accepté de partager avec mes clients et lecteurs son communiqué ! Vous pouvez le télécharger sur le site des bonus du livre.

RESSOURCE EN COMPLÉMENT DU LIVRE

Téléchargez dès maintenant cet exemple de communiqué de presse afin de vous en inspirer pour développer votre propre notoriété dans les médias :
www.ProfessionEntrepreneurLibre.com/communique

PRÉSENTER VOTRE EXPERTISE DANS LES MÉDIAS SPÉCIALISÉS

Pour les médias spécialisés dans votre thématique (au format traditionnel, mais aussi les blogs et *newsletters* en ligne), je recommande une approche légèrement différente. Au lieu d'espérer un article à votre sujet, je vous conseille plutôt de leur proposer du contenu rédigé par vos soins.

Beaucoup de blogs acceptent des « articles invités », c'est-à-dire des articles écrits par des experts qui fournissent le contenu gratuitement, en échange de la visibilité que leur apporte le blog en question. Cette stratégie est excellente à la fois pour démarrer votre activité en attirant vos premiers prospects, mais aussi pour vous positionner en tant qu'expert.

Quand Matthieu Deloison, informaticien et employé de la SNCF, a voulu lancer son activité et ses formations dédiées aux programmeurs de jeux en ActionScript – un produit avec un public extrêmement ciblé, il a adopté cette stratégie. En proposant des articles invités avec un contenu détaillé de grande valeur à un site leader du monde du développement informatique, il a touché des centaines de lecteurs dès le départ (alors que le même article, posté sur son blog fraîchement créé, n'aurait touché qu'une poignée de personnes). De plus, à la fin de l'article, le site partenaire a autorisé Matthieu à indiquer « si vous voulez télécharger les codes sources des exemples cités dans l'article, cliquez ici » et à pointer ce lien vers une page d'inscription sur le site de Matthieu, Programmation-Facile.com. Le résultat ? 300 inscrits en quelques jours, et un démarrage en trombe qui a permis à Matthieu d'amorcer le virage vers une nouvelle carrière d'entrepreneur.

Construisez aussi votre port d'attache

Poster du contenu sur des plateformes plus connues que la vôtre permet de se faire une notoriété plus rapidement. Cependant, je vous conseille également de créer votre propre blog sur lequel vous ferez connaître votre expertise (nous y reviendrons dans un instant, car ces contenus vous permettront également de toucher davantage de prospects).

OÙ TROUVER LE CONTENU POUR VOS ARTICLES ?

Rappelez-vous, au chapitre 37 sur l'Étude Métier (voir p. 192), nous avions interviewé des experts ? Il est temps de vous servir de leurs interviews et de votre compréhension désormais plus riche des enjeux du métier, pour créer des contenus.

Je vous citais plus tôt l'exemple du blog démarré par ma femme Cécile en prévision du potentiel lancement d'une école alternative. Dans les deux premières années de ce projet, Cécile a visité de nombreuses écoles aux pédagogies variées et écrit suite à ces visites et entrevues des articles détaillés. Par exemple, quand elle a entendu parler de la pédagogie Reggio Emilia, sur laquelle il existait très peu de ressources en ligne, elle a visité une école et eu une conversation approfondie avec ses fondateurs au sujet de leur expérience de création (dans l'esprit de l'Étude Métier). Par la suite, elle a rassemblé des informations supplémentaires sur cette pédagogie et rédigé un article de fond, qui ne contient pas toute leur conversation sur le lancement d'école[95].

Vous pouvez de cette façon faire d'une pierre trois coups :

1. avoir un motif valide pour proposer un entretien à des entrepreneurs déjà en activité sur votre secteur ;
2. obtenir les informations dont vous avez besoin pour comprendre le métier ;
3. créer un contenu de grande valeur que vous pouvez publier par la suite et qui vous permet simultanément de tenir parole sur le point 1 et de commencer à faire vos preuves.

71. TRANSFORMER VOTRE ORDINATEUR EN DISTRIBUTEUR DE BILLETS

Maintenant que David Guigue a les fonds nécessaires, il s'empresse de faire presser ses DVD pour expédier un produit de qualité professionnelle à toutes ses clientes.

David n'a pas oublié qu'il lui reste un as dans sa manche : le patron de la maison d'édition du syndicat des orthophonistes lui avait promis de l'aider à se lancer, en lui communiquant la liste des cabinets qui ont passé commande de son premier DVD. Comme le produit est enfin prêt, que le tarif et le message sont enfin choisis, il n'y a plus aucune excuse pour « procrastiner » ce coup de fil.

Quand David appelle la maison d'édition, il a les mains moites et serre le vieux combiné téléphonique avec tellement de force qu'il entend le plastique craquer. Et si le patron n'est plus en poste ? Ou s'il a juste oublié sa promesse ?

L'anxiété de David ne dure pas longtemps : non seulement son interlocuteur se souvient de lui et est ravi d'avoir des nouvelles… mais il est bien décidé à l'aider ! Au lieu de se limiter à lui donner la liste des anciens acheteurs, il fait parvenir à David le Graal : un listing complet des cabinets d'orthophonistes qui reçoivent les publications de la maison d'édition. 15 000 adresses !* En ouvrant le fichier Excel, David passe à deux doigts de s'évanouir.

OPTIMISER, OPTIMISER, OPTIMISER

Comme il s'agit d'adresses postales (ce qui représente un coût d'envoi important), David décide d'y aller à tâtons pour être sûr de présenter sa proposition sous le meilleur angle à ses collègues. Pendant neuf mois, il envoie ses courriers par série de 200, et fait des « **split-tests** » : il expédie à 100 personnes une version A de sa lettre, et à cent autres personnes une version B. À la fin de la semaine, il compare les ventes générées par la version A et la version B, et conserve la meilleure des deux. La semaine suivante, il recommence en créant une nouvelle version C, qui affronte le gagnant de la semaine précédente (qu'on appelle désormais « **le contrôle** ») dans un nouveau *split-test*.

Avec cette approche darwiniste du marketing, David passe en neuf mois de 6 % de « **taux de conversion** » (six achats pour 100 lettres expédiées), à 14 %. Il fait tout cela les soirs et week-ends, et s'est même procuré une machine plieuse-inséreuse pour gagner du temps sur ses publipostages.

LE GRAAL – SI L'ON SAIT S'EN SERVIR

Même si la tentation est forte, David sait qu'il ne peut pas se jeter sur l'opportunité de contacter toute cette liste d'orthophonistes sans être bien préparé. C'est pourquoi il a fait autant de tests – mais à la dernière minute, un dernier doute lui vient à l'esprit : « Une liste de prospects qualifiés, ça vaut de l'or… mais si je continue à envoyer

* Attention : ceci n'est possible que parce qu'il s'agit d'un listing de professionnels et d'entreprises. La loi européenne ne permettrait pas le transfert d'une liste de particuliers (pour des raisons évidentes de traitement des données personnelles et de respect de la vie privée). Que faire donc si vous avez un partenaire qui vous propose de vous confier la liste de ses abonnés ou de ses acheteurs pour promouvoir votre produit ? S'il s'agit de particuliers, la seule solution est de demander à cette entreprise ou association partenaire de faire eux-mêmes la promotion de votre produit ou service, en leur nom – et que le lien pointe vers votre « page de capture » où les personnes intéressées vous donnent explicitement la permission de les contacter. Je vous en reparle dans les chapitres suivants.

les mailings par la poste, je vais devoir débourser 15 000 euros à chaque envoi ! Il doit bien y avoir un moyen de récupérer les adresses e-mail de toutes ces personnes ! »

Au lieu d'envoyer sa lettre de vente telle quelle (avec un appel à l'action pour payer et acheter les DVD), David la transforme donc en **page de capture**. L'appel à l'action est d'aller sur un site spécial et d'y indiquer son adresse e-mail, pour avoir accès à une série de vidéos issues des DVD.

Trois semaines après l'envoi du courrier, 3 500 orthophonistes (sur les 15 000 cabinets contactés) se sont inscrites pour recevoir la série de vidéos. C'est cette liste hyper réactive de 3 500 personnes que David utilise pour faire son premier Lancement Orchestré.

Nous sommes en juin 2008. David propose son coffret DVD au prix optimal (97 euros), et ajoute même une option pour précommander les deux prochains coffrets (sur les thématiques choisies par le sondage). Faute de temps – à cause de son cabinet ! –, David est à la veille de vacances en famille en Corse quand il ouvre les ventes pour cette nouvelle offre et l'annonce à sa liste d'abonnées e-mail. Sa femme ne lui dit rien cette fois-ci, mais il est clair qu'il faudra **très vite** trouver une solution pour passer moins de temps sur le cabinet et faire la transition vers cette nouvelle activité, afin de retrouver du temps libre.

La solution se présente sous la forme d'un coup de fil paniqué de sa comptable : pendant les vacances en Corse de la famille Guigue, les DVD ont fait un tabac. Ce premier lancement a généré 90 000 euros en 15 jours ! C'est un pourcentage trop important du chiffre d'affaires du cabinet : pour être en règle avec les impôts, David doit absolument créer une entreprise de formation continue dédiée à ses vidéos, ou alors il faut tout arrêter.

72.
LA STRATÉGIE QUI A MULTIPLIÉ MES VENTES PAR DIX

Parmi toutes les Ressources Entrepreneuriales, la « Liste » (de prospects et de clients) est celle que vous devez chérir par-dessus tout.

Pourquoi ?

- Parce que cela va multiplier vos ventes. Moins de 1 % des visiteurs de votre site ou boutique va passer commande lors du premier contact. En récupérant les coordonnées de toutes ces personnes et en faisant un suivi dans le temps, vous ferez 10 fois plus de ventes que si vous comptez sur le premier contact uniquement.
- Parce que pour lancer un nouveau produit, il n'y a rien de tel que de disposer d'une base de personnes convaincues qui vous connaissent et désirent déjà ce que vous avez à proposer.
- Parce que vous ne devez pas être dépendant d'une plateforme publicitaire ou d'un réseau social pour communiquer avec vos clients. Si vous êtes dépendant de Facebook ou d'une autre plateforme pour votre marketing, alors vous êtes à leur merci quand ils changent les règles. Ma page Facebook avait davantage de « fans » qui voyaient mes publications quand j'en avais 15 000 que maintenant – j'ai aujourd'hui 185 000 abonnés – parce que Facebook a simplement changé les règles et décidé de ne plus mettre en avant le contenu des pages. Personne ne voit mes nouvelles vidéos si je ne mets pas de budget publicitaire. Cela fait partie d'un cycle naturel que

vivent tous les réseaux sociaux*, et vous allez être confronté à ce problème si vous n'avez pas un moyen **direct** d'interagir avec vos clients sans être otage d'un tiers.

ÊTES-VOUS AMNÉSIQUE ? CELA COÛTE CHER

Si vous n'entretenez pas une relation régulière avec la liste de vos anciens clients et de toutes les personnes qui se sont montrées intéressées par vos produits, vous devez repartir à zéro chaque année pour les retrouver et vous comptez sur la chance. Noah Kagan, qui était l'un des tout premiers employés de Facebook et a quitté le géant du Web pour démarrer l'entreprise à succès AppSumo.com, appelle cela le « marketing amnésique » :

- Vous avez des clients satisfaits qui aimeraient racheter un produit/service, mais ils ont perdu votre carte de visite ou l'adresse de votre site Web, et n'ont donc pas de moyen de vous retrouver.
- De votre côté, vous n'avez pas gardé contact avec eux, donc impossible de savoir qu'ils sont prêts à faire un second achat.
- Vous avez aussi des prospects qui n'ont pas encore acheté, car ils avaient besoin d'un petit temps de réflexion pour se décider… Mais, là encore, vous avez « oublié » qui ils sont (car vous n'avez pas leurs coordonnées pour les recontacter), du coup ils oublient aussi qui vous êtes, et finissent par acheter chez un concurrent.

MIEUX QUE DES BILLETS DE BANQUE

J'aimerais vous dire que chaque personne dans votre liste de prospects est comme un billet de banque dans votre portefeuille, mais ce n'est pas tout à fait exact. Voyez-vous, chaque abonné à ma newsletter me rapporte en moyenne environ 10 euros par an. Est-ce que cela veut dire qu'acquérir un nouvel abonné est similaire à mettre un billet de 10 euros dans ma poche ? Pas tout à fait. Car un prospect inscrit à ma liste ne me rapporte pas **10 euros**… Il me rapporte dix

* Ce phénomène est analysé de façon détaillée dans mon article « Pourquoi mes pubs Facebook ne marchent plus ? 7 bouleversements qui vont affecter votre entreprise », https://entrepreneurlibre.com/predictions

euros **par an**. Sachant que la durée moyenne d'abonnement est très longue (j'ai des milliers d'inscrits qui suivent mes *newsletters* depuis que j'ai commencé à les publier il y a neuf ans !), ma liste est donc une ressource infiniment précieuse, car – même si je n'avais aucun nouveau prospect pendant plusieurs années – les anciens inscrits continuent chaque année de m'acheter des produits et services.

COMMENT DÉMARRER ET FAIRE CROÎTRE VOTRE LISTE ?

La première étape à suivre dès maintenant est de vous abonner à un logiciel de gestion de la relation client. Vous pouvez utiliser un outil de *CRM* (*Customer Relationship Management*) spécialisé pour votre profession. Il existe par exemple des CRM spécialistes de la gestion de clientèle pour les salons d'esthétique, qui vont automatiquement faciliter la gestion des rendez-vous, l'envoi des *newsletters*, et même l'envoi d'une offre spéciale pour l'anniversaire des clients.

Une autre option – la plus simple et celle que je recommande – est d'utiliser un **Contacticiel** (aussi appelé autorépondeur), c'est-à-dire un logiciel tout simple qui permet de gérer les contacts avec vos clients et prospects en envoyant des *newsletters*... ou en programmant des séquences d'e-mail à l'avance. L'outil que j'utilise et recommande est www.contacticiel.com.

Pour que des personnes ciblées s'inscrivent à votre liste de contacts, vous avez plusieurs possibilités :

- Tout d'abord, recueillir l'autorisation des personnes qui remplissent votre Étude de Marché Express pour pouvoir leur envoyer des informations dans le futur – afin de pouvoir les inscrire dans votre liste. Nous en avons déjà discuté au chapitre 31 (voir p. 143), avec les questions pour votre Étude de Marché Express.
- Ensuite, quand vous faites votre Coup de Semonce, demander l'autorisation des personnes intéressées pour les ajouter à votre liste de diffusion.
- Par la suite, pour élargir votre liste au-delà de votre réseau immédiat, il vous faudra proposer un contenu de qualité en échange de l'inscription à votre liste. Vous pouvez utiliser les résultats de l'Étude de Marché Express pour orienter la création de ce cadeau. Dans un premier temps, je recommande de

créer un contenu qui enseigne les enjeux du choix d'un bon produit/prestataire dans votre thématique. Lors d'une journée consulting avec Henry Vélin, constructeur de maisons à armature métallique, Henry m'a listé toute une série d'informations que toute personne devrait connaître avant de faire construire sa maison. Je lui ai recommandé de regrouper ces informations dans un document, et quelques jours plus tard, il avait un mini guide, *11 Informations indispensables à connaître avant de construire une maison en Guadeloupe*. Avec un titre pareil, il n'est pas difficile de convaincre un couple qui envisage la construction de donner ses coordonnées pour recevoir le document et la lettre d'information… puis de laisser le contacticiel prendre le relais avec une série de messages automatisés proposant un rendez-vous en agence.

DES STRATÉGIES POUR AUTOMATISER LES RELANCES

Une fois que vous avez décidé de collecter de façon systématique les coordonnées de vos prospects, il est important de ne pas laisser moisir cette liste dans un tiroir ou un fichier tableur !

Les outils modernes permettent de programmer toute une séquence de messages pour convertir ces prospects en clients. J'en dis davantage dans mon autre livre, *Le Secret des Entrepreneurs Libres*. Mais je n'écris pas ce livre pour vous obliger à en acheter un autre ! Dans les bonus du livre que vous avez entre les mains, vous trouverez un chapitre audio issu de mon autre ouvrage, pour approfondir ce sujet gratuitement.

RESSOURCE EN COMPLÉMENT DU LIVRE

Quelle stratégie utiliser pour automatiser les relances de vos prospects qualifiés ? C'est ce que j'explique dans cet extrait de mon précédent livre audio, que vous pouvez écouter gratuitement ici :
www.ProfessionEntrepreneurLibre.com/sequence

73. DONNER POUR MIEUX RECEVOIR

LES AVANTAGES DE LA GÉNÉROSITÉ

La générosité est apparemment la meilleure stratégie de marketing au monde pour se créer une audience – et une liste – de clients potentiels. C'est ce que se dit Peggy Tournigand en observant les résultats du défi un peu fou qu'elle et son compagnon Jeff viennent de mettre en ligne.

Un peu plus tôt, ils ont pris la décision d'arrêter d'essayer de vendre des retraites de yoga. La stratégie consistant à dépenser leur capital en publicités Facebook pour espérer obtenir des inscriptions était trop risquée et trop peu rentable. Le couple a alors réfléchi aux objections qui revenaient le plus souvent quand leur public parisien entend parler du yoga : « C'est compliqué tout ça. » « J'adorerais, mais je n'ai pas le temps. » « Je ne suis pas assez souple. » « Les cours sont trop chers ! »

Pour s'adapter à la clientèle et faire disparaître ces *a priori*, ils créent un premier programme en ligne, promettant de « gérer le stress » grâce au yoga – en insistant davantage sur la promesse de soulagement que sur la méthode, ce qui soulève moins d'objections. Le programme connaît un certain succès, mais il faut un peu de temps avant l'étincelle de génie.

« Et si on créait un mini cours de yoga entièrement gratuit, qui aurait suffisamment de valeur pour être vendu ? Le tout en restant suffisamment simple et accessible pour que personne n'ait d'excuse pour ne pas essayer ? »

Sitôt dit, sitôt fait : Peggy tourne 15 vidéos de démonstration très courtes. Chaque vidéo est simple, pragmatique, et enseigne une unique posture tout en y retrouvant le petit grain de folie de Peggy. Il se trouve qu'en matière de yoga, ce sont souvent les postures les plus simples qui font le plus de bien quand on est débutant.

Dès que les vidéos sont créées, Peggy met en ligne une publication qui annonce le premier « Défi Yoga ». En quelques semaines au mois d'août, leur défi touche plus de 130 000 personnes ! Les vidéos et les e-mails du défi correspondent parfaitement à l'audience féminine visée – et dès qu'elles constatent les bénéfices de cette courte pratique quotidienne, les participantes font suivre le lien d'inscription gratuit à leurs amies, leur mère, leurs filles.

UNE STRATÉGIE GÉNÉREUSE... ET RENTABLE

Maintenant que leur liste de clientes potentielles croît à une vitesse exponentielle, Peggy et Jeff n'ont plus qu'à transformer l'essai. À la fin du défi, ils organisent une session en direct en web-conférence, et y proposent un programme d'approfondissement, « J'apprends le yoga en 10 leçons ».

Ce nouveau modèle est un énorme succès ! Désormais, au lieu de créer des publicités destinées à vendre leurs produits, Peggy et Jeff mettent en avant leurs contenus gratuits. Cela leur permet de faire découvrir le yoga à des centaines de milliers de personnes, et de créer une relation avant de faire la moindre sollicitation commerciale. Suite à ce premier succès, une idée commence à germer. Pourquoi se limiter au yoga ? Pourraient-ils partager avec leur audience grandissante les conseils d'autres experts ? Cela leur permettrait de faire d'une pierre deux coups. D'un côté, créer des contenus de grande qualité pour leurs abonnés ; car Peggy s'est découvert une passion pour les webinaires, le **direct** et l'interaction avec le public lui plaît beaucoup, et elle trouve intéressant de faire intervenir des invités. De l'autre côté, nouer des partenariats avec d'autres experts leur permettrait de générer des commissions quand ces autres experts proposent leurs produits. Peggy et Jeff connaissent par exemple David, un très jeune coach au parcours inspirant, qui pourrait proposer des stratégies pour activer le pouvoir de la gratitude. Ou encore Myriam, une conseillère en image suisse qui travaille en binôme avec un jeune entrepreneur réunionnais ; elle pourrait donner à leur public féminin des clés pour se sentir belle et désirable au quotidien.

Pour faire l'essai de cette idée qui leur permettrait d'apporter davantage de valeur à davantage de personnes, Peggy et Jeff décident d'élargir le cadre de leur activité. Ils fondent l'Académie du développement personnel.

74.
LE MODÈLE D'AFFAIRES : AVANT DE METTRE UN PRODUIT SUR LE MARCHÉ, POSEZ-VOUS CETTE QUESTION

Tout au long de ce livre, j'ai utilisé l'expression « votre produit ou service », et dans de nombreux cas, j'ai simplement utilisé le raccourci « votre produit »... pourtant, il existe d'autres possibilités que de proposer à la vente un objet matériel ou une prestation de services !

Dans cette section consacrée à la cinquième Ressource Entrepreneuriale – le Produit, j'aimerais donc élargir un peu vos horizons. Pour choisir ce que vous allez vendre, vous devez décider de votre modèle d'affaires !

LES CINQ PRINCIPAUX MODÈLES D'AFFAIRES

Dans son excellent guide pratique *Business Model Nouvelle Génération*, Alexander Osterwalder identifie neuf composantes d'un modèle d'affaires : le Segment clients à qui vous vous adressez, la Relation clients que vous choisissez de construire, les Canaux de distribution qui permettent de vous faire connaître, votre Proposition de valeur, les Ressources clés de votre entreprise, ses Activités clés, ses Partenaires clés, ses Coûts et ses Revenus. L'exercice est très intéressant et je le recommande pour affiner votre réflexion (et éventuellement l'inclure dans votre Plan d'Affaires à présenter à d'éventuels investisseurs).

Les possibilités de combinaison entre ces neuf composantes peuvent sembler illimitées – et pourtant, elles se combinent en seulement cinq modèles d'affaires principaux :

1. **Prestataire** : Vous vendez une prestation de service à vos clients.
2. **Fournisseur** : Vous vendez et livrez un produit (la frontière est parfois ténue entre les deux, par exemple dans le cas d'un service de formation présenté sous la forme de vidéos numériques).
3. **Apporteur d'affaires** : Ici, vous recommandez ou vendez le produit ou service d'un tiers en échange d'une commission. Ce modèle d'affaires inclut les systèmes d'affiliation d'un côté, mais aussi la revente sous forme de « marketing de réseau/multiniveaux/MLM » (du moins son côté vente de produits, et non le côté recrutement de filleuls).
4. **Média** : Dans ce modèle d'affaires, vous fournissez des produits, des services et des contenus gratuitement ou à prix coûtant. Les personnes qui sont attirées par cette offre gratuite deviennent une audience dont vous vendez l'accès à des annonceurs. (C'est le modèle d'affaires de Facebook et du moteur de recherche de Google.)
5. **Plateforme** : Ce modèle d'affaires – que beaucoup de porteurs de projet sont tentés d'adopter – est le plus difficile de la liste. Il consiste à avoir plusieurs profils de clients qu'on met en relation, et à encaisser un forfait ou une commission sur cette mise en relation. C'est le modèle d'affaires d'Airbnb (qui met en relation un propriétaire et un locataire), du Bon Coin (qui met en relation un vendeur et un acheteur), ou encore de Match.com ou son partenaire européen Meetic (qui mettent en relation deux célibataires).

Ce dernier modèle d'affaires est le plus difficile, car il nécessite de recruter suffisamment de clients des deux profils, simultanément, pour intéresser le public de l'autre profil. Si Airbnb n'arrive plus à attirer de propriétaires, les locataires vont cesser d'utiliser le site pour trouver des biens à louer, et *vice versa*. Si Match.com est déserté par les femmes, les hommes n'y resteront pas longtemps. Le lancement d'une plateforme nécessite donc un investissement publicitaire immense, et je déconseille donc ce modèle dans la plupart des cas.

RESSOURCE EN COMPLÉMENT DU LIVRE

En complément à ce livre, j'ai réalisé un chapitre bonus sur « Les trois modèles d'affaires à éviter comme la peste ! » :
www.ProfessionEntrepreneurLibre.com/businessmodel
Vérifiez dès maintenant que le vôtre n'en fait pas partie !

SI VOUS AVEZ PLUSIEURS PRODUITS : LA MÉTHODE YIN/YANG

Si votre catalogue compte plusieurs produits, services, ou même plusieurs modèles d'affaires, vous pouvez créer une synergie entre ces divers produits en les assemblant dans un **curriculum** – une progression logique qui incite les clients d'un produit à acheter le second, puis le troisième.

Ma stratégie la plus efficace en la matière est la méthode Yin/Yang : comme ces deux symboles de la philosophie chinoise, vos produits doivent être inséparables et imbriqués (le côté Yin inclut une petite goutte de Yang et *vice versa*). Ainsi, dans chacun de mes produits de formation j'inclus des bonus issus de mes autres formations. Cela permet à mes clients de découvrir des idées complémentaires à la formation qu'ils ont achetée (un ajout de valeur qui fidélise la clientèle), et simultanément, d'introduire la notion qu'il existe ce second produit qui peut les intéresser.

75.
HUIT MOTS À PRONONCER POUR CRÉER UNE OFFRE IRRÉSISTIBLE

Le concept que je vais partager dans ce chapitre, si vous l'appliquez, va vous permettre de vendre vos produits et services plus vite et plus facilement que les commerciaux les plus aguerris – même si vous n'avez pas l'ADN d'un vendeur.

Après avoir prêché contre le conformisme au long de toutes ces pages, vous ne pensiez quand même pas que j'allais vous laisser improviser la première offre banale qui vous vient à l'esprit ?

Non, non, non – si l'on a fait tous ces efforts pour déterminer un marché, une idée, un avatar, un produit ou service, un tarif, un plan d'affaires… ce n'est pas pour se retrouver face à un client potentiel, lui déballer votre proposition, et entendre « je vais y réfléchir ». Nous voulons entendre un OUI ferme et enthousiaste – presque à tous les coups ! Pour cela, il faut faire une « Offre Irrésistible ».

QU'EST-CE QU'UNE OFFRE ?

Vous êtes peut-être confus à ce stade : puisqu'on a déjà choisi un produit ou service à proposer, il n'y a plus grand-chose à dire sur votre « offre », non ? Permettez-moi une clarification : **l'Offre** et le **Produit** sont deux concepts bien différents.

L'offre, c'est la présentation au client de quatre éléments :

1. **Expliquer au client *la chose* qu'on va lui livrer.** L'offre n'est pas le produit ou service à proprement parler, c'est avant tout la **présentation** et la description du produit ou du service.

C'est aussi la présentation des compléments (bonus) que le client va recevoir en cadeau s'il se décide maintenant.

2. **Détailler *comment* on va livrer le produit ou service.** Je peux vendre à mes clients la même machine à laver industrielle que la boutique d'en face (on a le même **produit**), mais si ma boutique a le produit en stock disponible immédiatement, et que la boutique d'en face doit passer commande au fournisseur chinois avec un délai de réception de trois semaines, nous n'avons pas la même **offre**. De même, si le client doit venir lui-même chercher le produit dans ma boutique, alors que celle d'en face propose la livraison sur site, nous n'avons pas la même **offre**.
3. **Préciser de façon limpide *combien* le client va devoir payer.** Nous avons déjà choisi le tarif pour votre produit au chapitre 41 (voir p. 208), donc pas besoin de m'y attarder ici.
4. **Il faut également indiquer *comment* on lui demande de le payer.** Cela inclut : le **moyen** de paiement (espèces, virement, chèque, prélèvement européen SEPA, transfert de cryptomonnaie) ; le **délai** de paiement (paiement comptant à l'avance, paiement le jour de livraison de la prestation ou du produit, ou les options de paiement différé que je déconseille vivement comme le paiement à 30 jours fin de mois) ; et les **modalités** de paiement (faut-il payer la somme intégralement à la commande, ou peut-on étaler le paiement avec un acompte et des mensualités). Ce dernier point inclut aussi les offres d'essai et les garanties du type « satisfait ou remboursé », ou même « résultat ou remboursé ».

POURQUOI NOTRE OFFRE DOIT ÊTRE « IRRÉSISTIBLE »

Les clients auxquels vous vous adressez sont des êtres humains – et ont les mêmes difficultés que tous les êtres humains de notre époque. Ils sont stressés, pressés, ils sont désabusés, on leur a menti et fait de belles promesses par le passé qui se sont révélées trompeuses. Ils n'ont pas le temps d'analyser en détail ce que vous proposez. Ils n'en ont pas envie.

Résumons le problème ainsi :

> **Le client est une personne plus intelligente qu'on ne le pense… mais qui n'a pas envie d'avoir à le montrer.**

Autrement dit : si votre message de vente est trop compliqué, ou s'il faut faire trop d'efforts pour se convaincre d'acheter, le client passera son chemin.

Le problème est que les entrepreneurs en herbe ont énormément de mal à se détacher de leur point de vue pour adopter celui de leur client. Vous êtes plein d'enthousiasme pour cette solution formidable que vous avez découverte ou inventée, et vous pensez à tort que (1) vous pouvez susciter le même enthousiasme chez quelqu'un d'autre (c'est en général faux), et que (2) vous devez faire une offre « juste » ou « équitable », que toute personne rationnelle pourra étudier et accepter.

Tant que vous restez dans cette bulle, vous allez laisser filer client après client, sans jamais comprendre pourquoi ils vous répondent « oui, pourquoi pas, je vais réfléchir »… et ne reviennent jamais !

RAMPER À GENOUX SUR DU VERRE PILÉ

Voici une métaphore qui servira de test pour savoir si votre offre est irrésistible.

Imaginez Homer Simpson, assis dans son canapé face à la télévision. Une bière tiède dans une main, la télécommande dans l'autre. C'est votre prospect.

Atteint d'une crise d'ennui pendant la pause publicité, il pose à regret sa bière sur le rebord du canapé. En surfant sur les réseaux sociaux d'un air désabusé sur son smartphone, Homer tombe au hasard d'un clic sur le descriptif de votre offre.

C'est le moment fatidique. Dites-moi, l'offre que vous comptez proposer est-elle suffisamment puissante pour convaincre ce prospect apathique :

- de continuer à lire jusqu'au bout, et de couper le son de la télévision pour se concentrer sur ce que vous avez à proposer ;

- d'ignorer la bière qui vient de se renverser sur le sol quand il a pris la télécommande pour couper le son, parce qu'il est complètement absorbé par votre proposition ;
- de décider d'acheter ;
- de s'extirper de ce confortable canapé, se lever, chercher sa carte bancaire ;
- quand il se rend compte que la carte bancaire est restée au boulot, de décider qu'il ne veut pas attendre le lendemain pour passer commande ;
- de prendre son chéquier, indiquer ses coordonnées sur papier libre, retrouver une enveloppe dans un placard ;
- d'enfiler son anorak, annoncer à sa femme qu'il revient ;
- de sortir de chez lui à travers un vent glacial qui souffle une neige piquante dans les yeux ;
- de persévérer quand la voiture ne démarre pas, et partir *à pied* pour mettre le courrier à la boîte aux lettres dès ce soir, pour qu'il parte à la levée du matin !

Je ne veux pas vous entendre me répondre « Mais Sébastien, cet exemple ne marche pas, car aujourd'hui l'on peut tout acheter d'un clic ! Et puis dans ma région il ne neige pas ! »... ce n'est pas la question !

La question est – comment faire pour vaincre l'apathie de nos clients, qui sont bombardés d'offres et de messages publicitaires, qui sont sceptiques, qui manquent d'énergie après une dure journée de boulot... et tant que vous n'aurez pas résolu ce problème, vous aurez du mal à faire décoller votre activité.

Une autre façon de formuler ce petit exercice est cette petite phrase que j'utilise parfois dans mon script de vente (téléphonique, en face-à-face, ou par écrit) quand je propose un atelier ou séminaire :

> **Voici pourquoi vous devez absolument participer à cet événement, même s'il vous faut ramper sur du verre pilé ou franchir des barbelés pour être présent le jour J : [...]**

La barre est haute, non ? Comment avoir une telle confiance dans votre offre, afin de ne plus jamais laisser de prospects indifférents ? Il vous reste un peu de travail à faire. Voyons comment.

LE PRINCIPE 4X/2X

Selon l'auteur et inventeur Marc Joyner, le premier critère pour créer une Offre Irrésistible est de s'assurer qu'on prouve au client qu'il aura un retour sur investissement (financier ou émotionnel) élevé.

Comment créer ce « retour sur investissement » si votre produit ou service n'est pas directement lié à la Bourse ou à l'immobilier ? C'est là qu'intervient le Principe 4x/2x.

> **Principe 4x/2x : Si vous donnez à vos clients quatre fois plus de valeur que le prix que vous facturez, vous pouvez vous permettre de facturer deux fois plus cher que les concurrents.**

Imaginons que vous faites vos courses au supermarché. Laquelle de ces offres préférez-vous :

- un sac de riz qui coûte un euro ;
- ou un sac de riz qui coûte deux euros ?

Hmm... je ne vous ai pas donné tous les éléments pour vous décider. Que diriez-vous si je vous demandais de choisir entre :

- un sac de riz **pesant un kilo** qui coûte un euro ;
- ou un sac de riz **contenant huit kilos de riz**, vendu pour deux euros ?

Dans ce nouvel exemple, la réponse est facile car à qualité égale, le rapport quantité/prix est **quatre fois** plus avantageux en achetant la seconde offre. Elle va donc presque toujours l'emporter quand on la compare à la première.

De la même façon, vous devez offrir à vos clients au minimum quatre fois plus de valeur que le prix que vous facturez. Si votre Étude de Marché Express a indiqué un prix optimal de 100 euros, cela veut dire que votre offre doit donner au client au minimum 400 euros de valeur. Si vous voulez faire une offre vraiment absolument irrésistible, vous pouvez même multiplier par huit : offrir au client 800 euros de valeur, et ne facturer « que » 100 euros.

Les huit mots magiques à prononcer avant d'annoncer votre prix : « La valeur totale de mon offre est de … » À côté de cette valeur, votre prix semblera minuscule – et la vente sera d'autant plus facile !

TROIS OPTIONS POUR CRÉER UNE OFFRE IRRÉSISTIBLE

Évidemment, l'exemple du sac du riz n'est pas forcément tenable dans la plupart des entreprises. Vous n'êtes peut-être pas en mesure d'ajouter huit fois plus **de votre produit** dans l'offre, car cela tuerait vos marges. Si vous vendez un service, par exemple des heures de coaching, vous ne pouvez pas vous permettre de vendre huit heures de coaching pour le prix d'une !

Alors, comment créer cette valeur et cette Offre Irrésistible sans s'appuyer sur la solution de facilité de casser les prix ?

Au cours des années, j'ai accueilli des milliers d'élèves dans mes formations. Au fil du temps et des situations différentes, j'ai enseigné jusqu'à neuf techniques différentes pour booster une Offre Irrésistible. Après toute cette expérience de formation, j'ai retenu pour vous les trois solutions qui sont les plus simples à comprendre et à appliquer dès maintenant

Première méthode : ajouter de l'information

Voici une méthode très peu coûteuse pour augmenter la valeur perçue de votre offre : ajoutez-y des produits d'information. Ces produits peuvent être créés avec très peu de moyens techniques et peuvent être livrés via Internet. Vous pouvez par exemple créer un « séminaire audio » simplement en enregistrant des conseils avec l'application dictaphone sur votre téléphone intelligent, ou créer un « livret informatique », un « guide pratique », ou un « manuel explicatif » en ouvrant le traitement de texte de votre ordinateur et en exportant un fichier PDF imprimable.

Si vous n'êtes pas vous-même expert, vous pouvez à nouveau interviewer un expert en visioconférence Skype, au téléphone ou en face-à-face, et en extraire une vidéo, un fichier audio, et des fiches récapitulatives. Par exemple, le blogueur Olivier Vaunois a démarré son blog les-supers-parents.com avec les conseils d'Olivier Roland. Sur son blog, il propose plusieurs produits et services d'accompagnement pour une parentalité consciente et respectueuse – et ces programmes contiennent de nombreux contenus créés en partenariat avec l'experte Isabelle Filliozat. Ce partenariat permet à l'experte de toucher un public plus large, et à Olivier de disposer d'un contenu à la qualité indiscutable de la part d'une référence reconnue dans son domaine.

Deuxième méthode : Aller chercher des bonus chez une entreprise tierce.

Cela va peut-être vous surprendre, mais nombreuses sont les entreprises qui seraient prêtes à vous **offrir** des exemplaires gratuits de leur produit ou service pour l'inclure dans votre offre.

Pourquoi une entreprise vous proposerait-elle des produits gratuitement ? Prenons un exemple du quotidien pour comprendre le phénomène. Quand vous allez chez Sephora et que vous faites l'achat d'un parfum, avez-vous remarqué que la vendeuse vous met généreusement dans votre sac des échantillons de parfums **d'autres marques** ? Ça peut sembler contre-intuitif. Pourquoi Calvin Klein dépenserait-il une fortune pour faire produire des millions d'échantillons, et les offrir à des personnes qui achètent des produits de son concurrent Hugo Boss ? Vous commencez peut-être à deviner la réponse : notre ami Calvin sait pertinemment qu'« un acheteur est un acheteur », et que cela coûte moins cher de s'adresser à un client qui a déjà prouvé son intention et sa capacité d'achat.

De la même façon, j'ai régulièrement négocié des produits gratuits (comme des livres, CD, ou licences de logiciels) pour mes clients auprès de sociétés qui comprennent bien que l'inclusion de leurs produits dans mes offres leur permet de se faire connaître à un public qualifié. Vous pouvez en faire de même !

Troisième méthode : Séparer les raisons secondaires d'achat dans des bonus.

En analysant votre Étude de Marché Express, vous allez découvrir des problématiques plus importantes que d'autres. Peut-être allez-vous remarquer que 80 % des commentaires mentionnent que ces prospects veulent votre formation à la loi RGPD pour se protéger des risques juridiques… mais que 45 % des commentaires indiquent également chercher à obtenir une certification pour mieux vendre leurs services.

Dans ce cas, au lieu d'essayer de faire entrer ces deux promesses distinctes dans la présentation d'un unique produit ou service, vous devriez les séparer :

- votre produit principal, par exemple une formation vendue 1 000 euros, fait la promesse de se protéger du risque juridique…
- et vous proposez gracieusement en **bonus** un produit complémentaire (la certification) et un service (la formation pour mieux vendre ses services une fois qu'on est certifié). Cette certification a une valeur de, disons 500 euros, et la formation a une valeur de 500 euros également. Voilà, vous venez de doubler la **valeur perçue** de votre offre en lui donnant simultanément une plus grande clarté.

Et une méthode bonus : offrir en cadeau la séquence de vente d'un autre produit

Si vous créez une brochure informative, une web-conférence, ou un autre support de vente qui présente un autre de vos produits, vous pouvez l'inclure dans le packaging du premier produit.

C'est une technique assez pointue que j'explique dans ma formation « Comment gagner 100 000 euros net par an avec votre entreprise », une formation que je présente sous la forme de web-conférence… dont je vous offre l'accès avec les bonus de ce livre !*:

* Bien entendu, j'applique ici exactement le conseil que je viens de vous donner… En offrant cette séance de formation avec mon livre, je sais qu'un petit pourcentage de lecteurs choisiront d'aller plus loin dans leur parcours de formation avec moi. Même si ce n'est pas votre cas, je vous invite à suivre et analyser le contenu de cette web-conférence, car vous me verrez y appliquer tous les conseils de ce chapitre sur l'Offre Irrésistible.

RESSOURCE EN COMPLÉMENT DU LIVRE

Accédez à ma webconférence de formation « Comment gagner 100 000 euros net par an avec votre entreprise » :
www.ProfessionEntrepreneurLibre.com/webconference
C'est l'occasion d'échanger en direct avec mon équipe et moi, profitez-en !

COMMENT PRÉSENTER L'OFFRE IRRÉSISTIBLE

Vous vous souvenez des trois premières questions ouvertes de votre Étude de Marché Express ? Passez en revue les réponses que vous avez reçues pour trouver les mots justes à employer :

- Dans les réponses à la première question, vous trouverez l'expression de la douleur rencontrée par vos prospects. En projetant cette douleur sur une perspective de plusieurs années et dans tous les domaines de leur vie, vous pouvez vous faire une idée du **coût d'inaction** – un coût financier, personnel, et émotionnel, que vous pouvez présenter dans votre message commercial pour attirer l'attention de vos clients sur l'importance de ce que vous avez à leur communiquer.
- Dans les réponses à la seconde question, vous trouverez les mots précis pour décrire leurs objectifs. En projetant cette vision d'une vie différente sur une perspective de plusieurs années et dans tous les domaines de leur vie, vous aurez cette fois-ci une idée précise du **retour sur investissement** – financier, personnel, émotionnel – que vous pouvez apporter.
- Les réponses à la question « baguette magique » vous apprendront quelle est la solution de rêve aux yeux de vos prospects – cela vous permettra de créer des comparaisons positives avec votre produit. Par exemple, si mon étude de marché en préparant ce livre disait que mes prospects adoreraient avoir « un expert pour regarder par-dessus leur épaule et les aider à faire les bons choix dans la création de leur entreprise », je ne peux pas leur donner cela dans le produit – le livre n'est pas assez cher ! Mais je peux dire : « Dans ce livre, vous trouverez mes conseils basés sur mon expérience d'accompagnement de plus de 10 000 clients entrepreneurs ; et vous aurez aussi

accès à une communauté privée pour échanger et poser vos questions ! **C'est comme si vous aviez** un expert – toute une communauté d'experts ! – pour regarder par-dessus votre épaule et vous aider à faire les bons choix dans votre création d'entreprise. »

CAS PARTICULIER : L'OFFRE IRRÉSISTIBLE POUR UNE BOUTIQUE, UN MAGASIN OU UN RESTAURANT

Avant de clore ce chapitre sur la création d'Offres Irrésistibles, je me dois de mentionner que si vous avez un point de vente, une boutique ou un magasin, vous devriez avoir **plusieurs** offres irrésistibles à la suite. Selon Dan Kennedy, auteur et référence en matière de marketing direct, il faut trois visites à vos locaux pour qu'un client soit désormais un « habitué ». La meilleure façon de s'assurer qu'un client vienne trois fois sur place est de faire une offre à chaque fois pour le pousser à revenir. Pour une laverie automatique, cela pourrait donner :

1. Une offre absolument irrésistible dans le journal et sur vos prospectus : Pour tout nouveau client, nous vous offrons un lavage gratuit jusqu'à 8 kg de linge sur présentation de ce coupon !
2. Quand le client est sur place (c'est sa première visite), on prend ses coordonnées pour l'ajouter à notre liste, et en lui remettant son jeton, on lui fait tout de suite une nouvelle offre : la prochaine fois que vous revenez pour un lavage, votre séchage est gratuit !
3. Lorsque ce client revient bénéficier de notre nouvelle offre (déjà deux visites, on y est presque !), c'est le moment de lui proposer un abonnement ou prépaiement : « En prenant la carte, vous économisez : plus besoin d'acheter de la lessive, on vous la fournit ! »

Voilà, c'est gagné, maintenant nous savons qu'il reviendra au moins une troisième fois. Maintenant que notre client est abonné ou a pris une carte prépayée, il ne reste plus qu'à envoyer un petit message par e-mail quand son abonnement expire pour lui proposer de le renouveler !

DEUX CHOSES À RETENIR
AU SUJETS DES CLIENTS :
1. ILS SONT PLUS
INTELLIGENTS
QU'ON NE LE PENSE.
2. ILS N'ONT AUCUNE
ENVIE D'AVOIR
À LE PROUVER.

76. RÉUSSIR SANS AVOIR UNE GROSSE MISE DE DÉPART

Démarrer sans avoir les poches profondes, c'est parfois un atout ! Cela nous pousse à redécouvrir nos ressources existantes, nous dépasser et trouver une solution inventive.

Pour Jeanne, par exemple, il aura suffi d'un seul contact bien placé pour relayer son message à des centaines de collègues au sein de la même institution.

Elle se rend donc à Bruxelles pour rencontrer 97 de ces personnes ; beaucoup d'entre elles sont d'anciens collègues. La conférence a lieu dans le bâtiment où elle travaillait autrefois. C'est une sensation à la fois terrifiante et excitante de revenir sur ce qu'elle voit comme « les lieux du crime », là où elle a vécu son burn-out. Elle savoure aussi la consécration d'être reconnue comme experte dans sa nouvelle orientation et de pouvoir partager ce qu'elle a appris. Son diplôme de pharmacienne l'avait laissée impuissante face à l'épuisement professionnel, mais cette expérience personnelle lui donne une influence bien plus forte que n'importe quel diplôme.

Si nos émotions sont une boussole qui nous dit si nous sommes à la bonne place, alors la plupart des gens ont besoin d'un GPS pour se redécouvrir. Jeanne a trouvé le sien. La conférence, calquée sur la structure qu'elle avait à l'origine conçue pour son premier webinaire, se déroule à merveille. L'émotion est à son comble quand elle présente enfin à ses anciens collègues la véritable raison pour laquelle elle a démissionné quelques années plus tôt.

Après deux heures devant cette centaine de personnes, il est temps de présenter son offre. Jeanne propose d'organiser une formation sur deux jours pour le groupe. Les participants ne peuvent pas décider, mais le Directeur des ressources humaines est présent et ne peut pas ignorer que tout le monde est motivé.

Après le départ des collègues, parce que le bien-être de son équipe est important à ses yeux et qu'il est ravi de trouver enfin une solution pratique, le DRH demande à Jeanne son tarif. C'est la toute première fois qu'elle propose d'organiser ainsi une formation « intra-entreprise », mais Jeanne sait qu'il faut proposer une Offre Irrésistible. Les premiers clients qu'elle a pris en coaching privé lui ont payé jusqu'à 800 euros – sans bénéficier de deux jours d'immersion. Elle annonce sans ciller que son tarif standard pour le séminaire serait de 1 500 à 2 000 euros par client. Cependant, pour ce groupe, elle pourrait faire un tarif réduit – 30 000 euros pour le groupe entier.

Pendant un instant qui semble durer une éternité, le DRH réfléchit à sa proposition. Puis formule sa réponse : « Parfait, je signe où ? »

Jeanne met plusieurs secondes à réaliser. Elle vient, en une vente, d'assurer la sécurité de sa famille pour une année entière !

MAINTENANT, PLUS D'EXCUSES !

Si Jeanne a démarré son activité avec seulement deux ressources (sa Compétence, et une Relation ; pas de Notoriété, pas de Liste, pas d'Offre, pas de Produit, et encore moins d'Argent)... alors vous n'avez pas d'excuse valable pour rester bloqué, n'est-ce pas ?

Sur la page suivante, je vous ai inséré un tableau qui explique comment acquérir les ressources qui vous manquent peut-être, en utilisant celles que vous avez déjà. Par où allez-vous commencer ? Choisissez la ressource qui vous semble la plus facile à acquérir en partant de votre situation actuelle, et tirez-en un plan d'action dès maintenant !

Je veux... **J'ai...**	**Relations**	**Notoriété**	**Compétence**	
Relations		J'interviewe une personne reconnue dans ma thématique et diffuse cette interview à mon réseau de contacts.	Je reçois une séance gratuite d'un expert en échange d'une présentation de ses services à mon réseau.	
Notoriété	Je profite de ma notoriété pour être invité d'honneur à des événements et nouer de nouveaux contacts dans ma thématique.		Je mets en avant l'expertise d'un partenaire en échange d'une séance gratuite avec lui.	
Compétence	Je vais à des événements et j'offre mes services pour aider des partenaires potentiels.	J'offre mon expertise à une personne célèbre dans ma thématique et lui propose de me mettre en avant.		
Produit	Je vais à des événements et je propose un de mes produits pour compléter l'offre des partenaires potentiels.	Un partenaire reconnu parraine publiquement mon produit et peut le vendre à son tour.	J'offre mon produit à un expert en échange d'une séance gratuite avec lui.	
Offre	Un partenaire diffuse mon offre auprès de son réseau de partenaires et peut utiliser cette offre à son tour.	Un partenaire reconnu me soutient publiquement et peut utiliser mon offre.	Je vends les compétences d'un partenaire via mon offre.	
Liste	Je fais la promotion d'un partenaire sur ma liste en échange d'une invitation à une rencontre networking privée sur son réseau.	J'interviewe une personne reconnue et diffuse cette interview sur ma liste. Elle pourra capturer les prospects intéressés.	Je contacte un expert, l'interviewe et diffuse cette interview sur ma liste.	
Argent	J'achète ma place à un séminaire reconnu.	Je paie une personne reconnue pour faire une interview avec moi.	J'achète les services d'un partenaire.	

	Produit	Offre	Liste	Argent
	Je présente le produit d'un partenaire à mon réseau en échange d'un partenariat pour vendre / utiliser ce produit.	Je présente l'offre d'un partenaire potentiel à mon réseau pour qu'il en fasse la promotion, en échange d'un partenariat.	Je présente à mon réseau des partenaires une personne ayant une grosse liste sur laquelle elle fera ma promotion.	J'organise une rencontre payante avec mon réseau.
	Je parraine le produit d'un partenaire dans ma thématique en échange d'un partenariat pour vendre / utiliser ce produit.	Je soutiens l'offre d'un partenaire potentiel en échange de la possibilité d'utiliser cette offre.	Je me fais interviewer. Cette interview est diffusée sur une grosse liste de prospects que je capture.	Je me fais payer pour une interview.
	Je propose à un partenaire qu'il m'interviewe en bonus pour compléter son produit et je peux utiliser / vendre ce produit.	Je vends mes compétences en utilisant l'offre d'un partenaire.	Je me fais interviewer en échange de la diffusion de cette interview sur une liste de prospects et de leur capture.	Je vends mes services.
		Un partenaire vend mon produit à l'aide de son offre.	J'offre en bonus gratuit un extrait de mon produit à diffuser sur la liste d'un partenaire en échange de la capture des prospects.	Je vends mon produit.
	Je vends le produit d'un partenaire grâce à mon offre.		Je diffuse mon offre sur la liste d'un partenaire et capture les prospects intéressés.	Je gagne des commissions sur l'utilisation de mon offre.
	Je diffuse le produit d'un partenaire sur ma liste. Il capture les prospects intéressés.	Je diffuse l'offre d'un partenaire sur ma liste. Il capture les prospects intéressés.		Je vends l'envoi d'un ou plusieurs emails sur ma liste de prospects ciblés.
	J'achète un produit avec une licence qui me permet de le vendre à mon tour.	Je gagne des commissions sur l'utilisation de mon offre.	Je paie un partenaire pour envoyer des emails sur sa liste et capture les personnes intéressées.	

77.
MA PETITE ENTREPRISE NE CONNAÎT PAS LA CRISE

Waouh, quelle aventure !

Vous avez découvert toutes les ressources à votre disposition, et comment les utiliser à bon escient pour en obtenir de nouvelles.

L'avenir s'annonce radieux pour votre entreprise !

Cependant, vous savez comme moi qu'il y aura des difficultés à traverser sur votre parcours. Pour vous aider à les surmonter, j'aimerais vous raconter quelques-uns des moments difficiles traversés par les entrepreneurs que vous suivez depuis le début de ce livre.

Souvenez-vous : ils n'ont pas tous réussi dans leurs projets. Vous allez découvrir le triste destin de l'un de ces entrepreneurs : son histoire permet d'illustrer quels pièges sont susceptibles de faire couler une jeune entreprise pourtant bien lancée – et comment les éviter.

MES ACTIONS

- ❑ J'ai protégé mes idées.
- ❑ J'ai planifié le jour de ma libération.
- ❑ J'ai calculé le capital de départ dont j'aurai besoin.
- ❑ J'ai choisi un mode de financement.
- ❑ J'ai posé la date du Lancement Orchestré de mon offre.
- ❑ J'ai créé une Offre Irrésistible.
- ❑ Je suis capable de décrire en quelques mots ma Légende du Shaman et ma Légende du Héros.
- ❑ J'ai activé mon Réseau faible avec le message Coup de Semonce pour dénicher mes premiers clients.
- ❑ J'ai cherché 30 partenaires stratégiques potentiels.
- ❑ J'ai téléchargé les modèles de Communiqué de Presse.
- ❑ J'ai souscrit à un Contacticiel pour gérer à un seul endroit ma relation avec mes clients potentiels.
- ❑ J'ai choisi mon modèle d'affaires.
- ❑ J'ai fait la liste des Ressources Entrepreneuriales dont je dispose et j'ai découvert comment compléter mes ressources avant mon lancement.

Acte 6

ÇA Y EST, VOUS AVEZ LANCÉ VOTRE ENTREPRISE ! QUE PEUT-IL VOUS ARRIVER DE PIRE ?

78. LE PREMIER RÉFLEXE QUAND L'ACTIVITÉ COMMENCE À DÉCOLLER

Après l'euphorie des premiers jours vient la dure confrontation avec la réalité. Cette section du livre aborde un certain nombre d'embûches pour vous permettre de vous y préparer.

Pour une jeune entreprise, ces dangers sont souvent liés au flux de trésorerie. Traitons donc cette question épineuse pour vous éviter le syndrome classique de l'entrepreneur fauché.

« POURQUOI D'AUTRES Y ARRIVENT, ET PAS MOI ? »

Un an après le lancement de son magazine, l'activité d'Yvan a le vent en poupe. Il fait entrer 17 000 euros de chiffre d'affaires à chaque parution du magazine, ce qui lui permet non seulement de bien gagner sa vie, mais aussi de rémunérer ses graphistes, ses rédacteurs, et même sa compagne qui supervise la création éditoriale.

À l'été 2013, il reçoit un e-mail sur la newsletter de « Sébastien Le Marketeur Français », qui l'informe de l'organisation d'un atelier exceptionnel à Nantes. Comme Sébastien a cessé d'organiser des formations présentielles pour faire le tour du monde avec sa femme, Yvan se dit que c'est une occasion à ne pas rater. Après tout, « on est la moyenne des six personnes qu'on fréquente le plus souvent », et à la Réunion il ne connaît pas beaucoup d'entrepreneurs qui l'inspirent à penser plus grand. Il remplit son dossier d'inscription, paie sa place, et saute dans un avion.

Sur place, Yvan prend une claque. Le petit groupe rassemblé dans un élégant hôtel de Nantes a en effet une mentalité à laquelle Yvan n'a jamais été habitué. Un des participants est devenu millionnaire grâce au « MLM » (marketing de réseau) ; un autre est directeur général dans une société qu'il a fait passer de 1,6 million à 10 millions de chiffre d'affaires annuel. Une des femmes présentes vend un programme par abonnement à huit euros par mois – et elle fait un bénéfice annuel net qui est supérieur au chiffre d'affaires TTC d'Yvan ! Les deux personnes dans lesquelles Yvan se reconnaît le plus au début sont Maryse, professeure de yoga québécoise, et Éric, professeur de chant, qui semblent tous deux en être dans la même phase de questionnement que lui.

À la fin de la première journée cependant, Maryse a décidé de créer une nouvelle offre – un voyage en Inde, le *Yoga des Chakras* – facturée cent fois plus cher que ses offres précédentes. Éric a fait de même et repensé sa stratégie pour créer des offres destinées aux artistes professionnels qui lui permettront de diviser par cinq son temps de travail et gagner davantage.

À côté d'entrepreneurs qui agissent avec une vision aussi ambitieuse, Yvan se sent minuscule. Il se dit que ses problèmes actuels sont de **petits** problèmes. Quand il passe ses journées à livrer lui-même ses cartons de magazines, c'est tout autant de temps qu'il ne passe pas à voir grand, à affiner sa stratégie, à développer l'entreprise. Il se dit que gagner 3 000 euros par mois, ce n'est pas assez. Face aux résultats d'autres entrepreneurs, ce revenu lui semble maintenant ridicule. Il faut changer d'échelle et passer au niveau supérieur, peu importent les sacrifices nécessaires !

CHANGER D'ÉCHELLE

À son retour sur l'île de la Réunion, Yvan décide de faire le grand saut : il doit se libérer du temps pour penser à la stratégie de l'entreprise, donc il lui faut embaucher du personnel pour le remplacer sur les tâches opérationnelles.

Le jeune entrepreneur recrute six commerciaux *freelance* (des indépendants, payés à la commission). Il accroche bien avec chacune de ces personnes lors des entretiens de recrutement. On sent que ce sont des gens bien : ils sont humbles et à l'écoute – pas le genre d'extravertis aux dents longues à qui Yvan craignait d'avoir affaire en recrutant pour ces postes de vente.

Afin de se soulager des responsabilités qui lui bloquent la majeure partie de son emploi du temps, Yvan fait appel à Mélissa*, une jeune femme dynamique qui lui avait donné un sacré coup de main sur des livraisons difficiles. Elle est motivée et comprend bien l'esprit du magazine, donc Yvan lui confie les rênes de l'activité pendant qu'il réfléchit aux perspectives de développement.

Le magazine ne peut pas financer ces embauches en l'état actuel ; il faudrait davantage d'annonceurs. Yvan décide donc de doubler le nombre de pages. Avec 64 pages au lieu de 32, les commerciaux pourront générer davantage de chiffre d'affaires. Cela devrait couvrir sans problème l'augmentation des coûts fixes sur ces nouvelles éditions : rédaction des contenus supplémentaires, impression et livraison vont désormais coûter 50 % plus cher.

Comme il y aura davantage d'annonceurs, le magazine devrait aussi générer plus de trésorerie réelle – car plusieurs des annonceurs actuels sont en retard sur leurs paiements, et Yvan n'est pas du genre à faire la chasse aux mauvais payeurs.

Puisque le magazine avance avec cette nouvelle équipe, Yvan a maintenant assez de temps pour développer de nouveaux projets. Il se lance dans la création de *Ma Body Transformation*, un programme en ligne en vidéo pour aider les femmes dans leur perte de poids. Il n'y a pas vraiment de synergie directe avec le magazine – les ressources d'une activité n'aident pas forcément l'autre à se développer – mais comme le secteur d'activité est le même, Yvan y voit une certaine cohérence et une possibilité d'aider davantage de personnes. Au vu du succès presque immédiat qu'il a eu avec le magazine, cette nouvelle activité ne peut que réussir s'il y met la même énergie !

* Le prénom a été changé.

Le plus important, c'est de garder les yeux fixés sur cette nouvelle vision ambitieuse pour l'entreprise. Si l'on est passionné et qu'on fournit un produit de qualité, l'argent suivra.

C'est ce qu'Yvan Keyna se répète chaque soir pour se rassurer en éteignant son ordinateur, mais il n'arrive pas à étouffer complètement les doutes sur sa nouvelle stratégie.

79. LES QUATRE LOIS DE L'ARGENT

Selon une étude de l'institut d'analyse CB Insights, la raison principale pour laquelle les « jeunes pousses » ferment boutique est le manque d'argent : soit parce que le marché pour le produit n'existe pas (et l'entreprise n'arrive pas à générer du chiffre d'affaires entrant), ce qui représente 42 % des fermetures, soit parce que les dépenses sont plus rapides que les entrées d'argent, et l'entreprise arrive au bout de ses réserves (29 % des fermetures)[96].

La plupart de ces problèmes financiers peuvent être évités. Tout d'abord, vous pouvez éviter le problème de l'absence de marché en réalisant votre Étude de Marché Express ; mais ce n'est pas tout. Pour vous assurer que les finances de l'entreprise soient saines, et que l'activité soit prospère et rentable, vous devez respecter les quatre lois de l'argent.

1. La loi du Qui : Tu te paieras en premier.
2. La loi du Combien : Tu seras rentable dès le premier jour et jusqu'au dernier.
3. La loi du Quand : Tu gagneras l'argent avant de le dépenser.
4. La loi du Pourquoi : Tu utiliseras l'argent pour acheter ta liberté et non ton amour-propre.

1. Tu te paieras en premier

Même si la liberté financière n'est pas votre raison première d'entreprendre, il faut bien avouer que ce serait dommage de passer les dix prochaines années à trimer dur dans votre entreprise, et réaliser qu'au bout de cette décennie le curseur de votre compte en banque n'a pas bougé. Encore pire, ce serait un peu déprimant de fournir tous ces efforts pour découvrir 10 ans plus tard que vous êtes **plus pauvre** après avoir lancé votre entreprise qu'avant, n'est-ce pas ?

Cela n'empêche pas des milliers d'entrepreneurs chaque année de tomber dans le piège de travailler sans se payer de salaire, et de vivre dans l'incertitude.

La Première Loi de l'Argent dit que **vous devez vous payer en premier.** Beaucoup de gens vous diront que pour un chef d'entreprise, en particulier dans les premières années, il est « difficile » de se dégager un salaire régulier, parce que les entrées d'argent sont « trop imprévisibles ».

Vous avez deux possibilités : accepter cette attitude conformiste et pessimiste… ou décider qu'il en sera autrement pour vous.

Si vous décidez dès maintenant d'une somme raisonnable, mais **fixe**, que l'entreprise vous paiera tous les mois, alors vous obtiendrez une sensation de solidité qui n'a pas de prix – même si votre salaire de départ est seulement d'un euro symbolique par mois.

Attention – je ne dis pas de simplement vous faire un virement automatique de 10 000 euros par mois vers votre compte bancaire, et d'espérer que l'Univers se débrouillera pour faire entrer des ventes et financer ce salaire royal ! Ce que je dis, c'est que toute entreprise peut payer **quelque chose** de façon fixe à son dirigeant (pour peu que les tarifs de vos produits vous permettent de faire un minimum de marge. Sinon, il faut revoir votre politique de prix !).

Il est également préférable de se payer une somme fixe, même minime, que de piocher dans les comptes de l'entreprise à chaque fois que le besoin s'en fait sentir. (J'en profite d'ailleurs pour insister sur le fait que vos comptes et ceux de l'entreprise doivent être séparés, même si vous êtes travailleur indépendant, entrepreneur individuel, ou tout autre équivalent où la forme juridique de l'entreprise n'est pas dissociée de votre personne. Dans votre esprit, les deux entités doivent être bien distinctes – et les deux comptes bancaires aussi.)

2. Tu seras rentable dès le premier jour et jusqu'au dernier

Le fait que l'entreprise vous rémunère pour votre travail ne suffit pas à en faire une entreprise rentable. Si vous vous contentez d'être payé pour votre travail, alors vous n'êtes pas devenu votre propre patron – vous êtes en fait devenu votre propre **employé**.

Une entreprise rentable est une entreprise qui génère des **bénéfices**. Un bénéfice, dans ma définition, est un résultat financier positif (votre chiffre d'affaires est supérieur à vos charges) qui est également présent en trésorerie sur les comptes de l'entreprise… et peut être reversé en espèces sonnantes et trébuchantes dans vos mains sous la forme de dividendes. La différence entre ce paiement et votre rémunération mensuelle au fil de l'année, est énorme. Quand vous touchez des dividendes, l'entreprise ne rémunère pas votre travail. Elle vous rémunère pour avoir eu le courage de risquer votre capital de départ. Vous n'êtes pas le « patron » tant que vous ne touchez pas de dividendes.

Malheureusement, le bénéfice annoncé par les experts comptables est souvent bien théorique (« Comment ça ? J'ai fait 100 000 euros de bénéfice ? Waouh, c'est génial ! Mais du coup, ils sont où, parce qu'en trésorerie je n'ai rien… et vous me dites qu'en plus je dois payer des impôts sur ces 100 000 euros que je n'ai pas ? »).

L'auteur Mike Michalowicz recommande dans son livre *Profit First*[97] une approche différente : décider dès le début de l'année du bénéfice qu'on compte réaliser d'ici la fin de l'année. Si vous réalisez un chiffre d'affaires annuel d'environ 100 000 euros, et que vous estimez pouvoir réaliser un bénéfice net de 10 000 euros, alors la meilleure façon de garantir ce bénéfice est simplement de prélever 10 centimes sur chaque euro qui entre. Logique, non ? Dans la pratique, la plupart des entreprises peuvent démarrer en mettant de côté 5 % du chiffre d'affaires chaque semaine (et absolument toutes les entreprises peuvent se permettre de mettre de côté au minimum un petit 1 % symbolique). L'important est de mettre cet argent sur un compte *à part* afin de lui permettre de s'accumuler et constituer petit à petit une cagnotte que vous pourrez vous payer sous la forme de dividendes (et non pas utiliser à la première occasion pour payer des factures, *cf.* le point suivant !)

Quand vient le moment de votre bilan comptable annuel, vos bénéfices sont donc bien réels. Vous pouvez payer avec le sourire vos impôts sur ce bénéfice (quand j'envoie un courrier ou un chèque au Trésor public, je commence souvent ma correspondance par la salutation « Cher Trésor, … »). Surtout, ne tombez pas dans le piège du conseil ridicule donné par beaucoup de comptables : augmenter les charges de l'entreprise (et donc dépenser vos bénéfices !) afin de réduire vos impôts. Mieux vaut donner à l'État un pourcentage de votre énorme bénéfice, que de ne pas avoir de bénéfice du tout !

Cette règle implique aussi que vous ne pouvez pas céder au complexe de Midas* : parce que l'entreprise se développe bien et a un avenir prometteur, beaucoup de créateurs ont soudain la sensation qu'ils ont le « toucher magique » et que tous les projets qu'ils lancent se transforment en or. C'est particulièrement le cas si vous avez eu la chance de réussir dès votre premier projet d'entreprise. La conséquence est un excès de confiance et l'envie irrépressible de démarrer de nouveaux projets – au lieu de développer l'entreprise que vous avez déjà et de la rendre rentable.

3. Tu gagneras l'argent avant de le dépenser

En janvier 2009, quand je me demandais s'il me serait un jour possible de franchir le cap des 100 000 euros de chiffre d'affaires annuel, j'ai demandé à un de mes mentors s'il avait un conseil ou une ressource à me recommander. Sa réponse a été immédiate : « Lis le livre *Les Secrets de l'Esprit Millionnaire* de T. Harv Eker[98]. » Non seulement ce livre a changé ma vie (et mon entreprise a atteint 190 000 euros de chiffre d'affaires en 2009), mais j'ai retenu un concept qui explique à merveille pourquoi beaucoup d'entrepreneurs ne deviennent jamais libres financièrement :

> **« Chaque individu est programmé pour avoir un "thermostat financier". De la même manière qu'il est impossible de changer durablement la température d'une pièce sans changer le réglage du thermostat, vous ne pouvez changer votre niveau de succès financier qu'en réinitialisant votre thermostat financier. »**
>
> **– T. Harv Eker**

* Le nom de ce comportement vient bien sûr de la légende du roi Midas, qui transformait tout ce qu'il touchait en or. Le phénomène psychologique qui cause cette impression que « tout vous réussit » est en réalité l'effet Dunning-Kruger, un biais cognitif prouvé par de nombreuses expériences, qui dit que « les personnes les moins qualifiées dans un domaine surestiment toujours leur compétence ».

Dès les phases de préparation du lancement de votre entreprise, votre subconscient va être tenté de dépenser – à l'avance – l'argent que vous imaginez gagner avec votre activité. Les raisons sembleront toujours légitimes :

- vous avez besoin de cartes de visite au cas où vous rencontreriez des clients potentiels ;
- vous devez en imposer face à vos partenaires, donc louer une berline Uber est plus approprié que d'arriver en bus ;
- il vous faut bien un local pour installer vos bureaux et des meubles pour ce local !
- etc.

Voici ce que vous devez faire pour éviter cette spirale financière sans fin : prendre l'engagement de ne jamais faire de « chèque en bois », réel ou métaphorique. N'achetez rien à crédit, ne faites aucune dépense que vous pouvez remettre au lendemain.

Il est d'autant plus facile d'être frugal si vous respectez les Première et Deuxième Lois, parce qu'une fois que vous avez retranché votre salaire et vos profits, le budget restant pour les dépenses opérationnelles est plus restreint.

Quelques conseils pour vous assurer de respecter cette règle essentielle :

- Utilisez des comptes en banque comme support de la répartition de votre budget. Mon entreprise a ainsi plusieurs comptes en banque : un compte Recettes pour les entrées d'argent, dont les montants sont redirigés par virement chaque semaine vers les autres comptes – Profit ; Rémunération du gérant ; Taxes et impôts ; Masse salariale ; Budget publicitaire ; Dépenses opérationnelles. En confinant nos dépenses au montant disponible sur le compte « Dépenses opérationnelles », nous nous forçons à une discipline financière qui évite bien des difficultés.
- Faites-vous payer comptant et en avance de la livraison, **y compris** si vous avez une activité de service. Sortez du conformisme qui consisterait à simplement « s'aligner » sur les autres graphistes, consultants ou traducteurs qui se font payer à la livraison ou à « 30 jours fin de mois ».
- De l'autre côté de l'équation, négociez des paiements différés pour les sorties d'argent. Négociez avec vos fournisseurs de les payer à « 30 jours fin de mois ». Si le fournisseur propose

déjà 30 jours fin de mois, proposez 45 ou 60 jours. Retenez ceci : vous n'avez rien à perdre dans cette conversation. Et si jamais le fournisseur refuse d'être flexible, faites jouer la concurrence. Nous vivons dans un monde d'abondance où rien ne vous oblige à utiliser CE fournisseur spécifique*.

4. Tu utiliseras l'argent pour acheter ta liberté et non ton amour-propre

Quand on développe une entreprise pour satisfaire notre amour-propre, on joue à un jeu qui a de multiples issues perdantes (faillite, endettement, burn-out) et zéro issue gagnante.

Fixez vos objectifs financiers sans vous préoccuper des autres. Trop de gens vivent une vie qui ne leur plaît pas pour impressionner des gens qui ne leur plaisent pas.

J'ai rencontré au fil des années plus d'un entrepreneur qui voyait le succès de son entreprise comme un indicateur de son statut dans la société. Ces personnes ne sont jamais tranquilles – il suffit qu'un entrepreneur avec « une plus grosse » activité entre dans la pièce, et ils se sentent rabaissés. Mon ami Stu McLaren m'a dit un jour que ce besoin d'en faire plus pour se sentir important vient d'un besoin inconscient de faire ses preuves face à ses parents. Si c'est vrai, c'est triste. Il est fort probable que vos parents ne liront jamais le bilan comptable annuel de votre entreprise, et vous ne gagnerez probablement pas leur respect en vous effondrant d'un burn-out ou en vivant une vie malheureuse.

Un des pièges les plus fréquents est de mesurer le succès d'une entreprise à son nombre de collaborateurs. Cela entraîne un comportement dangereux : résoudre tous les problèmes par un recrutement. Kevin Naiken, ex-directeur de club sportif et responsable régional de la franchise Les Mills, est maintenant consultant et formateur. Quand il accompagne des clubs de fitness, un des premiers conseils que Kevin donne à ses clients est de plafonner leur masse salariale

* Je vois déjà d'ici les commentaires de certains lecteurs : « Mais Sébastien, tu nous dis de ne pas accepter d'être payé après livraison de la prestation ; et juste après tu nous dis de demander à nos fournisseurs d'accepter des paiements différés ? » La réponse est : oui, vous avez bien lu.

à un pourcentage fixe de leur chiffre d'affaires. Pour un club de sport, le ratio maximal est selon lui de 35 %.

L'un des plus gros dangers (et cela vaut pour tous les types d'entreprise) est de vouloir projeter que notre activité devienne une « grosse entreprise » parce qu'on recrute à tour de bras. Au contraire, vous devriez viser l'activité la plus légère possible – afin d'être rentable et pérenne.

Ne vous mesurez pas à des personnes qui n'ont pas les mêmes objectifs que vous… et ne cherchez pas non plus à adopter les méthodes que ces personnes utilisent pour mesurer leur succès (nombre d'employés, de fans, de vues, de produits en stock…). Vivez votre vie et gérez votre entreprise à votre façon.

Si vous suivez mes vidéos sur Internet, vous serez peut-être surpris que contrairement à mes collègues « millionnaires d'Internet », je n'affiche pas particulièrement de signes extérieurs de richesse. Je ne conduis pas de voiture de sport – quand on me taquine à ce sujet, je plaisante parfois que « conduire soi-même, cela fait trop prolétaire ! », mais la vraie raison est que les voitures ne m'intéressent pas (au point de ne jamais avoir passé le permis de conduire). Je ne passe pas mes journées à poster des photos et vidéos sur Instagram pour montrer que ma vie est géniale – parce que je suis trop occupé à en profiter pour avoir le temps de la documenter. Enfin, et surtout, mon principal signe de richesse, c'est que l'argent que je gagne grâce à mes entreprises me permet de ne travailler qu'un jour par semaine, vivre selon mes propres règles et passer le reste de mon temps à lire, jouer avec ma fille, voyager avec ma femme, et être libre du jugement et du regard des autres.

> **Si l'herbe est plus verte chez le voisin, c'est parce qu'il arrose sa pelouse, au lieu de passer son temps à regarder chez les autres.**

LES 4 LOIS DE L'ARGENT

QUI ? TU TE PAIERAS EN PREMIER.

QUAND ? TU GAGNERAS L'ARGENT AVANT DE LE DÉPENSER.

COMBIEN ? TU SERAS RENTABLE DES LE PREMIER JOUR ET JUSQU'AU DERNIER.

POURQUOI ? TU UTILISERAS L'ARGENT POUR ACHETER TA LIBERTÉ ET NON TON AMOUR-PROPRE.

80. PERSÉVÉRER OU CHANGER DE DIRECTION ? LE MOMENT DE DÉCISION

Un an après avoir pris la décision de « changer d'échelle », Yvan commence à se rendre compte de ses erreurs.

Ses commerciaux sont des personnes très sympathiques, mais n'ont pas la force de conviction ou la fermeté nécessaire pour conclure la vente et revenir avec des contrats signés. Cela fait donc plusieurs mois que les revenus publicitaires du magazine sont en déclin.

À la tête de l'équipe, Mélissa fait sincèrement du mieux qu'elle peut… mais cela ne suffit pas. Yvan a appris *sur le tas* toutes les compétences nécessaires au lancement d'un magazine, car il n'avait aucune alternative. Il est difficile pour la jeune femme de faire preuve de la même détermination et d'endosser autant de casquettes que le fondateur de l'entreprise – si elle en était capable, elle aurait monté sa propre entreprise. Soutenir l'équipe commerciale (alors qu'elle n'a pas de formation de vente), organiser les événements, encadrer la rédaction, faire le suivi des finances… même si elle se donne à fond, Yvan voit bien que c'est trop de poids sur les épaules de Mélissa.

Pendant ce temps, le magazine continue de sortir, avec ses 64 pages… les coûts de l'entreprise ont explosé et les entrées d'argent n'ont pas suivi. Dépenser davantage avant de gagner davantage n'était pas la meilleure idée qui soit.

Bien entendu, les paiements en retard ont continué de s'accumuler, car Mélissa est trop occupée pour faire le suivi, et la politique de l'autruche appliquée par Yvan n'a pas particulièrement incité les mauvais payeurs à régulariser leur situation. Le magazine *Respire !* continue donc de publier, en dizaines de milliers d'exemplaires, des publicités pour lesquelles l'entreprise n'a pas encaissé un centime.

LA BONNE NOUVELLE...

Quand le comptable d'Yvan Keyna lui présente le bilan annuel des comptes de l'entreprise, Yvan en a le souffle coupé. Après un tel enchaînement de difficultés, le bilan devrait afficher un résultat déficitaire, n'est-ce pas ? Yvan l'a anticipé et s'est préparé mentalement à la mauvaise nouvelle.

Tout au contraire, le comptable lui annonce une excellente nouvelle : l'entreprise a un résultat d'exploitation positif, et fait d'ailleurs 30 000 euros de bénéfice de plus que l'année précédente. Afin d'éviter de payer trop d'impôts sur ce bénéfice, Yvan suit le conseil du comptable, et engage tout de suite les dépenses qu'il avait prévues pour le début d'année suivante.

... ET LA MAUVAISE NOUVELLE

Quelques mois se sont écoulés depuis le rendez-vous enthousiaste avec l'expert-comptable.

Yvan est assis au premier rang au séminaire de Max – un des entrepreneurs qui participait au même atelier que lui l'année précédente, et qui a lancé une entreprise de coaching, formations et séminaires en psychologie de la réussite. Depuis l'atelier, Max a dépassé le million d'euros de chiffre d'affaires, et des milliers de personnes assistent à ses séminaires à Paris. Ce n'est pas le seul succès fulgurant auquel Yvan a assisté : un petit groupe s'est formé suite à l'atelier de Nantes, et ce groupe « d'agisseurs » qui se réunit régulièrement s'est élargi avec d'autres entrepreneurs inspirants comme la conseillère en image Myriam Hoffmann. Quand Yvan voit la réussite de Max et des autres membres de leur groupe, il réalise que sa vie ne va pas dans la bonne direction.

Un an plus tôt, il rêvait que le magazine se développe en dehors de la Réunion et génère un jour des tirages à un million d'exemplaires.

Au lieu d'être présent et impliqué pour exécuter cette vision, il s'est laissé distraire par le lancement d'un autre concept – et *Ma Body Transformation* n'a pas connu le succès prévu. Même s'il a maintenant une parfaite maîtrise de l'outil informatique et des stratégies de marketing, Yvan s'autosabote. Il a du mal à se mettre en avant en tant que coach et aurait préféré rester un « homme de l'ombre ».

Au lieu de l'abondance financière qu'il vivait l'année précédente, il en est à se demander comment payer les factures et mettre du pain sur la table le mois suivant. En effet, en accumulant les charges pour dépenser les bénéfices (virtuels) de l'entreprise, il se retrouve maintenant endetté envers les impôts, avec plus de 30 000 euros de paiements en retard qu'il a peu de chances d'encaisser, et sans voie de sortie. Il pourrait porter encore le magazine sur ses épaules pendant un temps, mais sa santé en pâtirait, et il ne voit aucune solution viable sur le long terme. L'issue lui semble inévitable.

Cette fois, le retour à la Réunion n'est pas joyeux. Yvan Keyna convoque les membres de son équipe, et leur annonce sa décision : *Respire !*, c'est fini. Après la surprise initiale, ses collaborateurs se résignent. La décision d'Yvan est sans appel.

Quelle suite donner à sa vie ? Yvan n'en a aucune idée. Il n'a pas de plan B.

81. ESCROQUERIE OU VRAIE PROPOSITION ?

Lors de sa négociation avec la banque, qui lui a permis d'assouplir les conditions financières de ses comptes d'entreprise et de lancer son activité de coaching, David Laroche a appris une leçon importante. Il ne peut pas compter sur les autres pour voir son potentiel : il n'appartient qu'à lui d'en faire la preuve. Au cours des mois qui suivent, son enthousiasme ne cesse d'augmenter – son chiffre d'affaires également.

Non seulement le jeune homme peut rapidement vivre de son activité de coach, mais il choisit d'utiliser cette abondance financière pour vivre selon ses propres règles. David met à exécution son projet de voyager aux États-Unis et d'interviewer des personnalités inspirantes.

Il ne maîtrise pas l'anglais, donc les premières interviews ne sont pas sans difficultés. Lors de son entretien avec Seth Godin, auteur référence connu pour son humour, il n'arrive pas à suivre le fil des réponses de son interlocuteur… et essaie donc de ponctuer l'interview de petits rires en espérant les faire au bon moment. (Cette technique ne fonctionne pas, et Seth ne semble pas apprécier du tout.)

DÉPASSER SES LIMITES

Aucun obstacle n'arrive à étouffer la passion de David. Il fait son maximum pour progresser le plus vite possible, et continue d'enchaîner les rencontres et interviews avec les idoles qui l'ont inspiré : Les Brown, Brian Tracy, Deepak Chopra, David Allen, Mark Victor Hansen, Darren Hardy…

Sa vie prend une autre dimension quand il écoute Barrie Osborne (producteur de la trilogie du *Seigneur des Anneaux*, de *Matrix*, et de *Gatsby le Magnifique*) lui raconter son parcours et les difficultés qu'il a traversées pour réaliser ces films. À ce stade, David pensait que les entrepreneurs à succès sont ceux qui évitent les problèmes. L'interview lui fait réaliser que les plus gros succès sont en fait ceux qu'on obtient en surmontant les pires difficultés. Ce message a quelque chose d'apaisant, il se le répète dans le but de ne jamais l'oublier et de s'en servir pour surmonter ses propres galères.

À mesure qu'il publie les vidéos de ces interviews (y compris celle de Seth, dont il a réussi à récupérer une minute et sept secondes de contenu exploitable), son audience se développe. Beaucoup de personnes se reconnaissent dans le message inspirant qu'il communique dans ses vidéos. Sa jeunesse est maintenant un atout qui le différencie des autres coachs. Il attire même une clientèle d'entreprises et d'investisseurs qui sont prêts à payer des sommes très importantes, car ces montants représentent peu par rapport au retour sur investissement que ces clients attendent avec les conseils de David. Il se demande s'il ne devrait pas cibler davantage cet avatar, car son site attire aussi beaucoup de personnes nourries à la télévision, qui comprennent parfois mal le développement personnel et ne correspondent pas toujours à son message.

LA PROPOSITION INATTENDUE

Chaque année, les passages sur scène de David Laroche attirent de plus en plus de participants – il passe maintenant 140 jours par an à intervenir en entreprise, en conférence, en séminaire. Ses vidéos sont déjà vues par plus de 20 millions de personnes. Il continue de chercher des moyens de toucher plus de monde et d'apporter encore plus de valeur.

Un matin, il reçoit un e-mail d'une grande chaîne nationale de télévision française. La chaîne prépare un reportage sur le monde du coaching, et lui demande s'il accepterait d'être filmé et d'accueillir une équipe de tournage sur l'un de ses séminaires. Cette émission touche en moyenne trois millions de téléspectateurs. Cela semble être l'occasion rêvée d'acquérir plus de notoriété et ainsi faire connaître à ces millions de personnes le message central du coaching : « Il est possible de vivre une vie meilleure. »

Pourtant, David a la sensation que quelque chose cloche dans cette proposition. L'émission en question a la réputation de viser la polémique, en s'attardant principalement ou exclusivement sur les aspects financiers de chaque sujet traité. De plus, il croit comprendre que le reportage se porte sur de nombreux coachs à la fois et l'angle d'approche annoncé ne lui semble pas clair. David décline la proposition et propose plutôt une interview sur une émission en direct, où il pourrait être la seule personne sur le plateau pour parler de son coaching et défendre son point de vue. Dans le cas contraire, il accepte de participer mais demande un droit de regard sur la façon dont son intervention est traitée. Sa contre-proposition est déclinée par la chaîne, et David en reste là.

« L'ÉMISSION »

Au fil des années, l'anglais de David s'est suffisamment amélioré pour lui permettre de partir vivre à l'étranger. Quand il n'est pas en séminaire, il partage son temps entre un appartement à Londres et des studios de tournage en Californie.

Il est 13 heures, pendant un de ses tournages à Los Angeles, quand il remarque que le technicien de l'autre côté de la caméra ne cesse de regarder son téléphone portable, et a l'air effaré. Quand David insiste pour savoir ce qui se passe, son collaborateur lui avoue : « Je crois qu'il se passe quelque chose en France, je ne voulais pas interrompre ta vidéo, mais tu devrais regarder. » David se saisit de son téléphone et découvre un tsunami de messages de ses amis. Chacun de ses messages lui demande s'il a vu « l'émission ».

LES MARCHANDS DE BONHEUR

À 13 heures en Californie, il est en effet 22 heures en France. Trois millions de téléspectateurs viennent d'assister à une émission dont le titre racoleur pose une question provocante : « Les professionnels qui proposent d'aider à atteindre une vie meilleure représentent-ils une escroquerie ou un véritable engagement ? »

Dès la première minute, le reportage (qui est également accessible sur Internet et fait le tour des réseaux sociaux) annonce la couleur. « Ils sont coachs et vous font miroiter une nouvelle vie [...] ces experts en développement personnel veulent-ils votre bien ou votre argent ? »

David n'en croit pas ses yeux. Pendant quelques instants, il se laisse aller à espérer que ce reportage présentera les deux côtés de la question. Les premières images sont filmées dans les locaux et au séminaire d'un autre coach, qui a accepté d'accueillir les journalistes. Malgré les commentaires sceptiques de la *voix off*, ce coach parvient quand même à placer son message, qui atténue le ton de plus en plus négatif du reportage. À la 27e minute cependant, la température monte... « David Laroche a déjà coaché plus de 25 000 clients. Il a refusé à deux reprises nos demandes de tournage. Pourquoi ? Nous avons voulu comprendre. »

Le reportage continue avec une caméra cachée tournée, à l'insu de David, lors d'un de ses séminaires. La voix de la journaliste commente les images en soulignant continûment l'angle financier. Le séminaire coûte cher ; la chambre d'hôtel n'est pas incluse ; le repas n'est pas offert ; la proposition d'un accompagnement en direct avec David a un tarif exorbitant. Quand on le voit expliquer que sa motivation à se lever le matin c'est de penser aux clients qu'il a aidés, exemples à l'appui, la **voix off** précise qu'il dit tout cela pour « se vanter », avant de revenir à la question de l'argent.

On interviewe ensuite un homme dans la quarantaine qui explique faire partie d'un programme d'accompagnement au long terme, au tarif de 35 000 euros, que David envisagerait de faire passer à 70 000 euros. David saute au plafond, car la prise de parole de ce client lui apparaît tronquée. Il reconnaît le quadragénaire en question – un avocat et investisseur, qui avec les conseils de David a doublé son chiffre d'affaires en six mois ! La mise en scène provocatrice du montage télévisé lui semble insinuer que ce type d'accompagnement très cher, conçu pour attirer sa clientèle entreprise, est proposé à tous les clients avec des « techniques commerciales agressives ». Après les sept minutes de matraquage de ce reportage à charge contre son entreprise, David n'est pas surpris d'avoir reçu autant de messages affolés.

Sur les réseaux sociaux, c'est le tollé général. Après tout, l'émission ne se contente pas de présenter le coaching comme une exploitation des personnes faibles, elle fait aussi l'amalgame avec les vendeurs de faux diamants et les voyants-médiums, en filmant – à la suite et sous le même intitulé d'émission – des personnes victimes de ces types d'arnaques.

JETER L'ÉPONGE ?

C'est une des journées les plus sombres de la vie de David Laroche. Sa compagne Julie, qui l'a soutenu depuis le début de sa carrière, même quand lui-même avait du mal à y croire, lui répète un message simple : « Tout va bien. » Elle sait qu'il trouvera une voie pour en ressortir grandi. David, lui, n'en est pas si sûr.

Si son message peut être aussi distordu, malgré près de 1 000 vidéos gratuites mises en ligne, est-ce que cela vaut la peine de continuer ? Quand un média national disposant d'une audience de plusieurs millions de personnes dit au pays tout entier que vous « poussez vos clients à la ruine », est-il possible de se relever ? Et pourquoi essayer de se relever, de toute façon ? Ne devrait-il pas faire autre chose de sa vie et sortir du feu des projecteurs ?

82. SI VOUS TRAVERSEZ LE DÉSERT, CONTINUEZ DE MARCHER !

J'écris ce chapitre pour que vous puissiez y revenir quand vous traversez une situation de crise. Croyez-en mon expérience : quand on est dans cette situation, on se sent bloqué. L'émotion et l'angoisse paralysent toute réflexion, on a littéralement un poids sur la poitrine qui nous empêche physiquement de respirer. Alors réfléchir et changer une situation qui nous paraît hors de notre contrôle, c'est impossible à envisager !

Malheureusement, la réalité est que vous ÊTES en danger. Si vous laissez le danger vous paralyser, la situation ne va qu'empirer.

Si vous lisez attentivement ce qui suit, et que vous appliquez cette méthode, avec la grille de réflexion en fin de chapitre, vous améliorerez vos chances de vous en sortir.

L'OCCASION DE S'ALLÉGER

La « traversée du désert » n'est pas qu'un moment négatif : en nous remettant en question, nous apprenons aussi à nous alléger des chaînes qui nous limitent. Dans ces situations, il est crucial de savoir appeler à l'aide et s'entourer de mentors pouvant nous aiguiller dans la meilleure direction.

COMMENT S'EN SORTIR

Selon Bill O'Hanlon, il y a quatre domaines dans notre vie où nous avons des « fuites » qui nous coûtent cher :

- **L'argent.** Un « thermostat » inconscient mal réglé nous amène à laisser l'argent filer entre nos doigts aussi vite (parfois plus vite) qu'il n'est arrivé.
- **Le temps.** Il est d'autant plus précieux pour un entrepreneur, pourtant il est facile de se laisser emporter dans des activités qui n'auront aucun impact sur la survie ou le développement de notre entreprise à long terme.
- **L'attention.** Lorsque vous vous dites « aujourd'hui je rédige mon message de vente », ou « ce matin j'édite mes factures client pour qu'on puisse me payer », mais que vous vous retrouvez soudain sur votre smartphone en train de faire défiler votre flux Instagram, ou sur votre ordinateur à cliquer de lien en lien sur Wikipédia…
- **L'énergie.** Chacune de nos habitudes a pour conséquence de renforcer ou de drainer notre énergie – et par facilité, nous laissons souvent les premières dicter le déroulement de notre journée.

Ayant fait ce constat, Bill en a déduit une stratégie simple pour avoir davantage de chacune de ces richesses : davantage d'argent, de temps, de capacité d'attention, et d'énergie.

Dans un premier temps, il faut « boucher les trous » – éliminer les fuites ; et ce n'est que dans un second temps qu'on peut chercher à ajouter des richesses supplémentaires.

Quand vous traversez une période de crise, c'est signe qu'il est temps de boucher les trous. Il est temps d'apprendre à mieux vous connaître et d'éliminer les causes du problème (les fuites d'argent, de temps, d'attention et d'énergie), avant de chercher à régler les symptômes.

ÉLIMINER LES FUITES

Tant que votre seau est percé, vous n'aurez jamais « assez ». Vous chercherez toujours à avoir plus d'argent, plus de temps, plus d'attention (de la part des autres), plus d'énergie… et vos efforts se solderont toujours par un échec.

Quand Bill fait le bilan de sa vie jusque-là, il fait deux listes.

- **Quels sont les activités, les personnes et les événements qui remplissent mon seau :**
  - Qu'est-ce qui me rapporte le plus d'argent ?
  - Qu'est-ce qui me libère le plus de temps ?
  - Qu'est-ce qui me permet de libérer mon attention afin d'être disponible pour ce qui compte vraiment ?
  - Qu'est-ce qui me donne de l'énergie ?

- **Quels sont les activités, les personnes et les événements qui vident mon seau :**
  - Qu'est-ce qui me coûte le plus d'argent ?
  - Qu'est-ce qui absorbe le plus de mon temps sans m'apporter de valeur ?
  - Qu'est-ce qui accapare mon attention (en continu ou en interrompant ma concentration de façon aléatoire) ?
  - Qu'est-ce qui pompe mon énergie ?

En comparant ces deux listes, il en déduit une *Not-To-Do-List* : une liste des activités à ne plus pratiquer, des personnes à éviter, des événements à ne plus suivre.

Il se débarrasse ensuite de tous les objets accumulés dans sa maison et son bureau au fil de sa carrière : livres, cassettes vidéos, documents, souvenirs… Bill numérise tout et se débarrasse de tout ce qui prend de la place et qui peut être stocké sur un disque dur. Cela lui prend deux ans (il a tourné énormément de vidéos en plusieurs décennies !) mais à la fin du processus, il a enfin plus d'espace chez lui. Surtout, sa clarté mentale et sa productivité prennent un sacré coup de fouet.

UNE FOIS QUE LE SEAU EST RÉPARÉ, ON PEUT LE REMPLIR

Quand vous avez éliminé toutes les fuites, vous pouvez commencer à chercher à ajouter à nouveau de la valeur dans votre vie :

- ajouter de l'argent, mais en étant attentif à ne pas nuire à votre temps, ce qui implique de créer des revenus passifs ;
- ajouter du temps libre, sans pour autant nuire à vos revenus, ce qui implique d'augmenter votre efficacité commerciale ;
- renforcer votre capacité d'attention, ce qui est possible en ayant des habitudes saines quand vous occupez votre temps ;
- augmenter votre énergie, ce qui nécessite de ne remplir votre vie qu'avec des activités qui correspondent à votre Feu Sacré.

Des étoiles dans les yeux

Pour s'assurer de tirer le maximum de sa vie et se donner un nouveau départ même dans les moments difficiles, Bill utilise une méthode de son invention, START[99] :

1. **Scruter** notre vie pour s'assurer d'avoir une liste aussi complète que possible des activités, personnes et événements qui « remplissent le seau ».
2. **Trier** ces activités par ordre de priorité. Il trouve toujours cet exercice très difficile – ce n'est pas pour rien qu'il croit dans la « thérapie des possibles ». Pour Bill, tout est possible, il adore toutes les opportunités ! Cependant, les échecs du passé lui ont appris l'importance de simplifier sa vie, donc il fait religieusement cet exercice de tri.
3. **Automatiser** – utiliser des outils informatiques, une planification astucieuse de l'agenda, et d'autres techniques pour faire en sorte que ces activités et ces personnes qui ont une influence positive restent dans sa vie.
4. **Résoudre les problèmes et enregistrer les solutions.** Si des obstacles vous empêchent d'augmenter la présence de ces activités et personnes dans votre vie, il n'y a pas d'autre option que de résoudre ce problème ! Baisser les bras et reprendre les mauvaises habitudes de la *Not-To-Do-List* n'est pas une option. (Pour ne jamais avoir à résoudre le même problème deux fois, Bill se déplace toujours avec un dictaphone pour

s'enregistrer des mémos vocaux, et avec une tablette où il peut prendre des notes dans Evernote.)

5. **Tailler dans la liste** pour ne conserver que le plus important. Même si votre liste ne comporte que des activités ou des personnes qui vous apportent de l'argent, du temps libre ou de l'énergie, certains des éléments de votre liste ont un impact démesuré, comparés à d'autres. Quand vous commencez cette démarche (une fois que vous avez bouché les trous), il n'y a pas vraiment de sens à consacrer beaucoup de votre temps à des activités qui n'ont qu'un impact marginal sur votre vie, alors que d'autres ont un impact majeur.

La fin de la servitude

Ce n'est qu'après avoir fait ce tri et revu ses priorités que Bill arrive enfin à faire décoller sa carrière en ligne. Il passe de 9 000 dollars sur son premier lancement, à 25 000 dollars sur le lancement suivant, puis 68 000 dollars.

Après ce Lancement Orchestré, Bill a un soudain moment de clarté : le revenu de sa petite entreprise en ligne lui permet enfin d'arrêter de programmer de nouvelles conférences. Il lui reste encore à s'acquitter de presque deux ans de conférences sur lesquelles il est déjà engagé, mais comme ces événements font partie des activités qui **vident** son seau d'énergie, il ne prend plus aucun engagement.

L'esprit maintenant libre, Bill retourne à un séminaire de Jeff Walker. Au bar, à la fin de la journée de séminaire, il rencontre David Jay, un vidéaste français plein d'humour qui partage avec lui des astuces pour rendre ses vidéos plus captivantes et efficaces. En appliquant ces techniques combinées à celles de Jeff, c'est une petite révolution : son lancement suivant réalise 134 000 dollars, et le suivant 180 000 dollars.

Bill rembourse enfin toutes ses dettes et commence à rembourser le prêt de sa maison de façon anticipée. Il fait le calcul : à raison de deux ou trois lancements de ce type par an, il se peut bien qu'il atteigne enfin une somme d'argent suffisante… pour ne plus avoir à travailler **du tout**, et pouvoir enfin se lancer dans son rêve d'adolescent : reprendre sa guitare et devenir chanteur.

À QUELQUE CHOSE MALHEUR EST BON !

Avant de chercher des solutions techniques, financières ou juridiques aux difficultés que vous traversez, prenez un instant pour faire les deux exercices de Bill O'Hanlon. Vous y gagnerez une grande clarté pour faire des choix qui seront en accord avec vos véritables besoins, et non des choix dictés par la pression de la situation.

À quelque chose malheur est bon : cette difficulté que vous traversez, vous n'êtes ni le premier ni le dernier à la rencontrer. Cela veut dire que dans votre tourment se cache aussi une opportunité (souvenez-vous de notre discussion autour du Moment Désespéré, chapitre 22, voir p. 86). Une fois que vous aurez trouvé la solution, soyez certain que d'autres personnes voudront la connaître aussi. Votre situation actuelle, et la solution que vous allez trouver, seront une inspiration pour d'autres !

83. « TON SEUL PROBLÈME, C'EST DE CROIRE QUE TU AS UN PROBLÈME »

Après quelques jours de réflexion suite à l'émission télévisée qui l'a descendu en flèche, David Laroche décide que la mission de son entreprise est trop importante à ses yeux pour arrêter. Il se souvient de l'adolescent dépressif et suicidaire qu'il était à l'âge de 15 ans ; du parcours qu'il a dû suivre, à coups de livres et DVD, pour prendre confiance en lui ; de sa transformation quand il a découvert le développement personnel. Il se souvient également de la leçon apprise avec Barrie Osborne :

> **Les plus gros succès sont ceux que l'on obtient en surmontant les pires difficultés.**

La critique, même la plus déformée, est une opportunité de grandir. Tout d'abord, David est obligé de se rendre à l'évidence : il a un problème de communication. Ses influences américaines lui ont peut-être fait oublier certains tabous et certaines croyances limitantes que son public francophone peut avoir avec l'argent. Les commentaires outrés de centaines de téléspectateurs sur les réseaux sociaux tournent en grande majorité autour de la question financière. Il lui faut visiblement repenser ses méthodes de vente et sa façon de présenter ses tarifs.

Il a vécu une des attaques les plus violentes de sa vie. S'il arrive à s'en relever, et en tirer des leçons pour avancer, son message d'intégrité sera encore plus fort. Combien de personnes n'osent pas se lancer, par peur d'être critiquées ? David sent que s'il arrêtait tout, ce ne serait pas seulement une défaite pour lui, mais aussi pour les personnes qui ont cru dans son message de persévérance. Il décide que cette expérience doit être une leçon pour lui-même – et pour ceux qui voudront encore l'écouter :

> **Ton seul problème, c'est de croire que tu as un problème. Dès que tu acceptes qu'une situation est un problème, tu en as un. Il ne peut t'arriver aucune difficulté qui ne cache également une opportunité.**

UN NOUVEAU PUBLIC

En lisant les messages que les internautes ne cessent de lui faire parvenir par e-mail et sur tous ses comptes de réseaux sociaux, David a également un déclic. Il se rend compte que beaucoup de ces inconnus qui lui envoient insultes et menaces suite à l'émission, n'auraient jamais été des clients potentiels pour son activité. Les personnes emplies de colère qui croient aveuglément à ce que leur a dit leur poste de télévision et n'ont pas pris une petite minute pour regarder ses vidéos et se faire leur avis – correspondent-elles à son avatar ?

Tout en continuant de réfléchir et d'avancer sur la question de fond améliorer sa façon de communiquer et de vendre, partager son message avec plus de pédagogie, David décide aussi d'agir pour cibler son message sur un public plus précis.

Dorénavant, il ciblera de façon plus franche l'avatar « entrepreneur », libre penseur, ambitieux, qu'il affectionne plus particulièrement. (Il remarque au passage que les messages qu'il reçoit de la part de chefs d'entreprise ou de porteurs de projet sont majoritairement des messages de soutien.)

Un an plus tard, David fait salle comble sur son séminaire destiné aux entrepreneurs : 500 participants, davantage que n'importe quelle année précédente. Bizarrement, l'émission a fait fuir énormément de personnes qui ne correspondaient pas à son offre – mais a attiré davantage de ce public dynamique qu'il cherche à aider.

DIRE « C'EST TROP DUR »,
C'EST À LA PORTÉE
DE N'IMPORTE QUI.
SI VOUS ÊTES LE PREMIER
À DIRE « OK, JE M'EN
OCCUPE ! », TOUTES LES
PORTES S'OUVRIRONT
POUR VOUS.

MES ACTIONS

- ❑ J'ai découvert les quatre lois de l'argent.

- ❑ La rançon du succès : j'ai appris les quatre réactions à adopter si l'on attaque mon entreprise.

- ❑ J'ai fait face aux croyances limitantes qui peuvent stopper mon projet en plein vol.

- ❑ J'ai appliqué la méthode START pour ne pas tomber dans une routine qui sape ma rentabilité et mon énergie.

Acte 7

COMMENT TROUVER LA FORCE D'ALLER TOUJOURS DE L'AVANT

84. POURQUOI TANT DE PERSONNES VEULENT DEVENIR « ENTREPRENEUR LIBRE »

Quand je demande aux participants de mes séminaires ce que la liberté veut dire pour eux, leurs réponses sont souvent un peu confuses. La liberté, tout le monde a une idée de ce que c'est, mais souvent on a du mal à le formuler.

Alors voici une définition simple :

> **Être libre, c'est faire ce qu'on veut.**

Ça pourrait même paraître trop simple ou évident, alors permettez-moi deux précisions.

POUR CEUX QUI RÊVENT DE FAIRE LE « TOUR DU MONDE »...

Premièrement, il y a une différence entre FAIRE ce qu'on veut, ou « pouvoir faire » ce qu'on veut.

Cécile et moi sommes rentrés de notre premier tour du monde en 2013 (où nous avons vécu et dansé au Brésil, en Argentine, en Afrique du Sud, en Inde, en Thaïlande, en Australie et aux États-Unis, plus une myriade d'autres escales). La réaction de beaucoup de nos couples d'amis était :

« C'est vraiment formidable de voyager comme ça pendant six mois ou un an, et vivre pleinement d'autres perspectives, d'autres cultures ! J'aimerais tellement **pouvoir faire** cela un jour ! »

Si c'est aussi votre réaction, alors je vous arrête tout de suite. J'ai une bonne et une mauvaise nouvelle.

La bonne nouvelle, c'est que vous **pouvez** déjà le faire !

- Faire le tour du monde, ça ne coûte pas si cher (notre budget était de 4 000 euros TTC chacun pour acheter tous les vols internationaux de notre voyage).
- Vivre à l'étranger, ça coûte souvent moins cher que de vivre à domicile (notre budget logement et nourriture a baissé pendant le voyage).
- Et trouver le temps pour le faire, c'est réalisable également, même pour un fonctionnaire (ma femme a fait une demande de « mi-temps annualisé » qui a été acceptée, lui permettant de voyager six mois par an tout en étant payée la moitié de son salaire pendant toute l'année) ou pour un entrepreneur (j'ai réorganisé mon entreprise pour pouvoir travailler à distance et gérer la boîte en un jour par semaine).
- Et si vous me dites « Hé Sébastien, 4 000 euros ce n'est pas donné » alors permettez-moi de vous demander : « Avez-vous une voiture ? Une télé grand écran ? » Je n'ai jamais possédé ni l'un ni l'autre, et cela représente une économie de temps et d'argent suffisante pour me permettre de vivre mon rêve, même si je ne gagnais pas autant d'argent qu'aujourd'hui.

Alors, si vous acceptez l'idée que vous **pouvez** le faire, quel est le problème ? C'est là qu'intervient la « mauvaise » nouvelle :

> **Être libre, ce n'est pas pouvoir, c'est faire.**

Pour être libres, nous devons faire preuve d'intention et de détermination, et mettre en application nos idées. Vous avez déjà en mains toutes les ressources dont vous avez besoin.

La même leçon s'applique à toutes les situations de votre vie d'entrepreneur :

- Si vous voulez changer de clients et vous adresser à des clients plus fortunés, qui ne vont pas négocier vos prix à la baisse toutes les deux minutes, vous **pouvez**.
- Si vous voulez rebondir après vous être fait attaquer, dénigrer ou diffamer par des concurrents ou par les médias, et que vous voulez prouver la qualité de vos produits et services sans vous laisser démonter, vous **pouvez**.
- Si vous voulez sauver une société dont les finances sont moribondes, ou en lancer une nouvelle pour renaître de vos cendres tel le Phénix en ayant appris de vos erreurs, vous **pouvez**.

Vous avez un potentiel immense et la seule chose qui vous empêche de le réaliser, c'est la décision de passer à l'action. Cependant, faites attention, il ne suffit pas de « foncer » aveuglément pour être libre – car toutes les directions ne se valent pas. J'explique :

POURQUOI, EN FAISANT CE DONT ON A ENVIE, ON FINIT SOUVENT ALCOOLIQUE, DROGUÉ, FAUCHÉ, OU EN BURN-OUT

Quand je dis qu'être libre, c'est faire ce qu'on veut, il y a une deuxième confusion possible. Parce qu'il y a une différence énorme entre faire ce qu'on VEUT, et faire ce dont « on a envie ».

Avant que vous me disiez que je coupe les cheveux en quatre, permettez-moi d'illustrer avec quelques exemples du quotidien :

- Si je réponds à un sondage et que vous me demandez quel genre de physique je **veux** et quel programme sportif je **veux** suivre, je vous répondrai sans ciller que je veux être en grande forme, avoir un cardio irréprochable, faire de l'exercice physique cinq jours par semaine, et y inclure des sports d'extérieur, de la musculation et des exercices de souplesse. Tout un programme ! Si vous me demandez à quel moment de la journée je **veux** faire tout cela, je vous répondrai : dès le petit matin, comme ça ma journée démarre sur les chapeaux de roues !
- Si vous avez le malheur de mettre un réveil sur ma table de chevet et le faire sonner à cinq heures du matin (et que vous vous tenez suffisamment hors de portée pour que je ne puisse

pas vous le balancer à la tête par réflexe quand il sonne), et que vous me demandez « De quoi as-tu le plus **envie** en ce moment Sébastien ? », je grognerai évidemment : « De me rendormir et d'oublier cette idée stupide d'aller faire du sport à une heure pareille ! »

- Si nous discutons dans un séminaire et que vous me demandez quel type d'alimentation je **veux** pour moi et ma famille, je vous répondrai tout naturellement que nous ne voulons pas manger de produits transformés, pas de sucreries ni de grignotage, pas de soda ni rien qui contienne du sirop d'amidon de maïs modifié, et qu'on tient à manger surtout des fruits et légumes.
- Si nous sommes ensemble au carnaval de Pointe-à-Pitre, après une journée ensoleillée à suivre les défilés, et qu'un vendeur de rue m'accoste pour me demander ce qui me **fait envie**. Ma réponse sera instantanément : je meurs d'envie de vous prendre 12 churros avec double dose de Nutella, un paquet de beignets de carnaval, et bien sûr une grande bouteille d'Ordinaire* !

VOTRE CERVEAU VOUS MENT

La recherche moderne en neuropsychologie indique que la partie de notre cerveau qui gère les envies et les désirs à court terme, n'est pas la même que celle qui gère l'évaluation de notre satisfaction – et leurs critères ne sont pas non plus les mêmes. En d'autres termes : quand vous mourez **d'envie** de faire, avoir, ou manger quelque chose, il est quasiment certain que vous n'aurez pas la satisfaction escomptée une fois que votre envie est exaucée.

Le seul moyen d'avoir du succès et d'être heureux, c'est de se connaître suffisamment pour dire : « Là tout de suite, je meurs d'envie de prendre le soda et les churros, mais je sais que je le regretterai instantanément en étant ballonné et nauséeux, et en plus, que cette **envie** m'éloignera de ce que je **veux** vraiment : être en forme et en bonne santé. »

* Un soda industriel « traditionnel » aux Antilles : boisson gazeuse extrêmement sucrée et aromatisée à l'anis.

SOUVENEZ-VOUS DE LA PERSONNE QUE VOUS VOULEZ DEVENIR

On peut suivre exactement le même raisonnement pour que notre entreprise prospère. Quand un quidam dénigre vos produits et attaque votre intégrité sur son blog ou dans les médias, vous pouvez céder à votre **envie** d'exploser de rage, inonder sa boîte e-mail d'insultes (ou, pire, les publier en réponse à son commentaire public sur TripAdvisor, ce qui vous nuira encore davantage). Ou alors vous pouvez vous rappeler que vous **voulez** être un leader d'opinion, un exemple pour votre communauté et vos clients, et dans ce cas vous allez réagir comme l'a fait David Laroche.

Quelles que soient les difficultés et les tentations auxquelles vous êtes confronté pendant votre parcours, souvenez-vous des raisons pour lesquelles vous avez choisi de vous mettre à votre compte. Quand vous connaissez vos raisons d'entreprendre et que vous les gardez présentes à l'esprit en permanence, votre détermination est à toute épreuve. L'une des meilleures stratégies pour garder cette détermination est de placer un poster ou un cadre photo bien visible dans votre espace de travail avec votre vision d'avenir. Il peut s'agir d'un collage de photos (aussi appelé tableau de visualisation ou *vision board*), ou d'une liste de vos valeurs (j'appelle cela mon *Mantra* et je l'ai incluse à la fin de ce livre), ou encore tout simplement de la description de votre vie d'entrepreneur libre, que vous avez faite au chapitre 9, voir p. 38.

ÊTRE LIBRE,

CE N'EST PAS POUVOIR,

C'EST FAIRE.

85. DEVENIR UNE INSPIRATION POUR VOS CLIENTS ET VOS PROCHES

Un an après le Lancement Orchestré qui l'a forcé à créer une société dédiée à son projet de DVD, David Guigue fait le bilan : cette nouvelle société, appelée Orthoformation, a généré 144 000 euros de chiffre d'affaires.

David a de nombreuses idées pour continuer de faire croître cette nouvelle activité, mais il commence déjà à entrevoir un horizon encore plus ambitieux. Si sa méthode de montage « VIP-See », qu'il a déposée à l'INPI, marche aussi bien pour la formation des orthophonistes, elle devrait fonctionner tout aussi bien dans toutes sortes d'entreprises et de secteurs d'activité !

PRÉPARER LA TRANSITION

Après avoir appris à dire « non » et osé faire des vagues, il faut maintenant qu'il franchisse un nouveau pas : pour transmettre son savoir et sa méthode, David doit passer de l'autre côté de la caméra. Il installe un mini studio de tournage dans le cagibi à côté de son bureau*, et s'essaie à faire des vidéos dont il est lui-même le présentateur.

---

* Si vous avez peur de vous mettre face à la caméra parce que vous n'avez pas accès à un studio et à du matériel professionnel, David a partagé avec moi une vidéo « dans les coulisses » où l'on peut voir le studio qu'il s'est créé dans son cagibi en « système D » avec du scotch, de la moquette verte, et un caméscope pas cher – et où il a tourné des vidéos qui ont rapporté des centaines de milliers d'euros. Vous pouvez voir la vidéo sur le site des bonus du livre : www.ProfessionEntrepreneurLibre.com/studio

Jusqu'ici, le succès commercial de ses DVD est dû à la simple répétition de la même tactique, encore et encore. Pour avoir plus d'une corde à son arc, David s'inscrit à de nombreuses formations marketing. Nous sommes en 2009 et malgré ses recherches, il ne trouve pas vraiment d'offre francophone pour une formation globale sur la stratégie – le marché est encombré de petits *e-books* peu professionnels, de trucs et astuces techniques, et de formateurs qui n'ont eux-mêmes jamais eu d'entreprise pour tester leurs propres conseils avant de lancer leur formation. David se forme donc en anglais, en achetant DVD et formations numériques auprès des formateurs américains qui semblent avoir des années d'avance : Eben Pagan, Frank Kern, Jeff Walker.

Après quelques mois de ce régime, David constate quelque chose d'étrange : dans les enregistrements de tous ces séminaires, on retrouve à chaque fois un jeune homme qui profite de toutes les occasions pour poser des questions. À l'accent prononcé de ce jeune marketeur, il ne fait aucun doute que… c'est un Français ! Orthoformation n'est donc pas la seule entreprise en France à appliquer tous ces conseils de marketing direct prodigués par les leaders outre-Atlantique ! En parcourant religieusement la liste des membres de la plus récente formation de Frank Kern, David découvre le nom de ce jeune marketeur – Sébastien Night – et entre en contact en achetant la formation que vient de lancer Sébastien, « Séduire le Client ».

PROUVER LES RÉSULTATS DE LA MÉTHODE

Quand j'ai connu David, il venait de rejoindre ma formation et m'avait envoyé un de ses DVD (je vous ai raconté cela au chapitre 61, voir p. 302). Il était clair que David avait en main un produit potentiel vraiment unique (sa méthode de montage VIP-See) et il était visiblement animé par l'envie d'aider et de partager.

Lorsqu'il m'a acheté un consulting d'un an à la fin 2010, l'un des trois conseils les plus importants que je lui ai donné était donc de faire la démonstration de sa méthode dans une vidéo de contenu non publicitaire. Cette vidéo serait le Coup de Semonce qui permettrait à des milliers de personnes de découvrir son expertise, d'être reconnaissantes pour les informations partagées, et d'être convaincues d'avance de la valeur des services que David pourrait proposer à l'avenir.

Le deuxième conseil parmi les trois plus importants que je lui ai donnés pour ce nouveau départ a été de mettre sa méthode à l'épreuve. C'est bien beau de dire qu'on a un produit formidable qui augmente la concentration des prospects et a donc le potentiel d'augmenter les conversions (apprentissages, commentaires et ventes). Encore faut-il pouvoir le prouver. David s'est prêté à l'exercice. En novembre 2010, quand je préparais le lancement au grand public d'une nouvelle session de formation, nous avons réalisé un test à grande échelle dans le plus grand secret.

- La moitié des personnes qui ont participé à ce Lancement Orchestré ont reçu une séquence de trois livrets PDF informatifs sur une période d'une semaine, avant l'ouverture des ventes.
- L'autre moitié de ce groupe a reçu une série de trois vidéos, tournées et montées avec la méthode de David. Le texte des vidéos était exactement, au mot et à la virgule près, le même que celui des livrets PDF.

Il nous a fallu une quantité de travail incroyable pour exécuter ce test, avec des milliers d'inscrits sur le lancement, de façon à ce qu'aucune des personnes de l'un ou l'autre groupe ne découvre le pot aux roses (ce qui aurait ruiné le test). Sans compter le fait que mes partenaires, qui promouvaient le lancement à leurs audiences respectives, devaient absolument tout ignorer de l'existence de ce test (pour éviter toute gaffe dans leurs communications). Si j'avais su à l'avance tout le travail que cela allait nécessiter, je n'aurais peut-être pas lancé l'idée !

Deux semaines plus tard, cependant, nous avions la réponse à notre question. Après avoir généré plus de 150 000 euros de ventes, cette campagne avait fourni assez de données pour tirer une conclusion claire : les vidéos montées par David avaient généré 30 % de conversions en plus, sans rien changer au texte du message, à l'offre, ou au contenu des e-mails.

LE DÉBUT D'UNE RÉVOLUTION

Au lieu de proposer un produit à vendre, nous avons donc d'abord scripté une vidéo dans laquelle David expliquerait les quatre tendances majeures qui allaient balayer le Web, selon lui, dans les années à venir – et comment les entrepreneurs astucieux pouvaient en profiter. La vidéo était bien sûr montée avec la méthode VIP-See, à la fois pour conserver l'attention des spectateurs d'un bout à l'autre, et aussi pour faire démonstration de son style unique – du jamais vu auparavant sur le Web.

Nous avons nommé cette publication : « Les quatre étapes de la Révolution Vidéo », et j'ai annoncé cette vidéo sur ma newsletter le 1er janvier 2011. Quelques heures après sa mise en ligne, plus de 1 000 entrepreneurs et chefs d'entreprise s'étaient inscrits sur le site de David pour voir la vidéo et en savoir plus sur ce qu'il avait à proposer*.

LE POINT BLOQUANT...

Je vous ai dit que j'avais donné à David trois conseils cruciaux pour faire la transition de son personnage « de l'ombre » en orthophonie, vers le statut de leader d'opinion du monde entrepreneurial… Le premier conseil était la publication d'une vidéo « Coup de Semonce » ; le second conseil était de prouver, chiffres à l'appui, l'efficacité de la méthode. Quel était le troisième conseil ?

Une des inquiétudes qui freinait David était tout simplement son nom. Il avait peur de créer de la confusion en lançant une nouvelle activité avec un personnage de « marketeur », qui ne collerait pas à la façon de communiquer du public premier d'Orthoformation. (Les orthophonistes ne voient pas le marketing d'un très bon œil !)

---

* Vous pouvez voir cette vidéo ici : www.ProfessionEntrepreneurLibre.com/revolution Les quatre prédictions de David dans la vidéo étaient : 1. Le débordement vers le « grand public » de contenus qui jusqu'ici restaient cantonnés à Internet ; 2. La fusion du contenu et du marketing ; 3. L'avènement des WebTV, c'est-à-dire des blogs vidéo, qui s'imposeront face aux blogs classiques ; 4. L'attraction magnétique de l'attention du marché, autour d'un petit nombre d'entrepreneurs ambitieux qui utiliseront des campagnes de Lancement Orchestré en vidéo… Des prédictions qui, depuis 2011, se sont toutes réalisées !

Comment faire donc pour toucher d'un côté les orthophonistes et de l'autre côté les entrepreneurs, sans que les deux mondes ne se mélangent et se rejettent ?

« C'est bien simple, David ! lui ai-je répondu, il te suffit d'avoir un nom différent associé à chacune de ces deux activités ! Tu prends un nom de plume, après tout ce n'est pas si rare que ça dans notre secteur*. Tu continues de communiquer avec tes collègues orthophonistes en tant que David Guigue, comme ça elles peuvent vérifier que ton cabinet existe bien et que tu es bien un confrère qui les comprend. Et pour ta nouvelle activité, tu gardes juste l'initiale : tu seras désormais David G., ou encore mieux…

… David Jay ! »

* Les personnes concernées se reconnaîtront. Tout le monde connaît ton vrai nom, Patrice !

86. ENTREPRENDRE : LA PLUS BELLE AVENTURE DU MONDE !

Que de rebondissements depuis le début de ce livre et de notre aventure ensemble !

Cher lecteur, j'espère que vous avez profité des nombreuses ressources fournies avec ce livre pour passer à l'action.

Quand nous découvrons le monde fascinant de la création d'entreprise, il est trop facile de tomber dans la boulimie d'informations. Nous achetons un livre, puis un autre, puis dix autres. Nous cliquons « s'abonner » sur une, puis 10 chaînes YouTube et 20 *newsletters* pour créateurs d'entreprise. Et au final, nous nous laissons submerger par cette masse d'informations (souvent contradictoires). Le résultat est une grosse indigestion… et pas beaucoup d'action.

Je l'ai dit et répété au travers de ces pages : votre ennemi n° 1 est le conformisme. En deuxième place sur le podium figure le perfectionnisme (qui n'est après tout qu'un masque pour la procrastination).

Si je pouvais revenir 10 ans en arrière pour discuter avec mon jeune *alter ego*, je ne commencerais pas par lui donner techniques et conseils pour mieux vendre ses produits et gérer sa SARL… Au contraire, je prendrais plutôt le temps de discuter de ses objectifs. Le but d'être simplement « mon propre patron » m'a beaucoup motivé au début, mais ce n'est pas cet objectif qui m'a rendu réellement libre.

Je suis convaincu que si vous appréciez l'aventure d'entreprendre en elle-même, vous en ressortirez grandi – quelles que soient les difficultés sur votre chemin.

Devenir votre propre patron, c'est le seul moyen de devenir libre, prendre votre destin en main et vivre la vie dont vous rêvez.

Je vous ai raconté les bévues, les interrogations, les erreurs de ma phase de démarrage (et je pourrais vous en citer bien d'autres !). J'espère que vous avez compris l'importance de ne pas baisser les bras, et de s'entourer de personnes qui vous comprennent et vous soutiennent.

Formez votre « équipe », créez votre entourage de « supporters ». Participez à des événements pour entrepreneurs et créateurs d'entreprise. Enrôlez votre meilleur ami, votre belle-sœur, votre voisin de palier. Parlez avec passion de vos projets à qui veut entendre, jusqu'à trouver des personnes assez folles pour tendre l'oreille et vous faire des suggestions constructives. Prêtez-leur votre exemplaire de ce livre (mais pas tout de suite, il vous reste une poignée de pages à lire), ou, encore mieux : offrez-leur un exemplaire !

Quoi qu'il arrive, même si vous n'avez personne dans votre entourage immédiat qui comprenne ou soutienne votre projet… Ne. Baissez. Pas. Les. Bras. Gardez le sourire, gardez la tête haute et tirez parti de la communauté des lecteurs du livre. Mon traitement de texte me dit que j'ai déjà indiqué le lien du site réservé aux lecteurs – 18 fois – mais ce n'est pas beaucoup vu l'épaisseur de ce livre ! Je me permets de vous le rappeler, parce qu'être encouragé par un entourage de personnes dynamiques sera un facteur crucial de votre succès : ProfessionEntrepreneurLibre.com/communaute. Nous vous attendons !

87. ÉPILOGUE. AU-DELÀ DES RÊVES LES PLUS FOUS

« Papa, quand est-ce qu'on part en vacances ? »

Daniel sourit en repensant à cette question anodine de son fils, car il s'apprête à surprendre le garçon avec une nouvelle qui va lui faire ouvrir grands les yeux.

Beaucoup d'eau a coulé sous les ponts depuis cette matinée fatidique où le jeune père a pris la résolution de changer de vie. Face à l'absence d'opportunités autour de lui à Anvers, Daniel n'avait pas d'autre choix que de chercher plus loin. En rétrospective, cette décision est la meilleure qu'il ait prise de sa vie.

ENTREPRENDRE, C'EST CHOISIR SES PROBLÈMES SOI-MÊME

Le monde est plein d'opportunités pour celui qui est à l'écoute. À la fin des années 1980, Daniel avait passé du temps au Rwanda et y avait organisé des ateliers culturels lors de ses études de lettres. Quand il réfléchit à lancer son activité indépendante pour ne pas rester balayeur de rue toute sa vie, Daniel entrevoit la possibilité de créer une activité d'achat et revente d'un produit en grande demande dans ce pays : le maïs. Le Rwanda est un pays aux infrastructures fragiles qui importe cinq fois plus de produits qu'il n'en exporte[100]. Les produits alimentaires – et en particulier les céréales – représentent une partie importante du besoin de la nation rwandaise.

En faisant feu de tout bois avec ses revenus précaires, Daniel parvient à réunir à grand mal la somme de 3 000 euros qu'il investit dans la récolte de grains secs en Uganda, qu'il destine à la revente au Rwanda. À la fin de la saison de récolte trois mois plus tard, son investissement s'est transformé en 5 000 euros – un retour sur investissement de 66 %.

Ce premier succès lui fait prendre confiance, car le calcul est vite fait : s'il avait investi 30 000 euros, il aurait maintenant 50 000 euros en poche – et avec ce bénéfice de 20 000 euros, sa famille pourrait vivre dans des conditions bien meilleures. L'impact positif va également au-delà de son foyer : sur le terrain, les 3 000 euros investis par Daniel ont servi à payer un ouvrier pour la récolte, un prestataire local pour la gestion et la vente du stock, et des paysans. La somme semble dérisoire en Europe, mais pendant un trimestre, une dizaine de personnes ont pu vivre de cette activité encore à l'état embryonnaire.

Daniel réalise qu'il peut gagner sa vie de façon indépendante et contribuer à faire vivre des personnes qui ont également des familles à nourrir – il n'en faut pas plus pour renforcer sa détermination. Aucune excuse n'est acceptable pour baisser les bras.

Il use de tous ses pouvoirs de persuasion et convainc un groupe d'amis d'investir avec lui dans la mesure de leurs moyens. Un mois plus tard, Daniel a rassemblé les 20 000 euros nécessaires pour la seconde phase de son projet (quelques mois auparavant, il n'aurait jamais pensé cela possible). Il y ajoute les 5 000 euros issus de sa première expérience. Ce pot commun représente une somme si importante qu'il a quelques sueurs au front en signant les contrats. C'est fait, la somme est investie. Daniel Tuyizere est officiellement un entrepreneur.

PERSÉVÉRER *JUSQU'À CE QUE* ÇA MARCHE, ET NON *TANT QUE* ÇA MARCHE

D'une saison de récolte sur l'autre, la petite entreprise d'import de maïs sec a continué de se développer. Quatre ans plus tard, il a deux associés avec lui dans la structure et l'activité s'est diversifiée pour mettre en place une usine de transformation des produits agricoles. Le chiffre d'affaires de l'entreprise a dépassé les 300 000 euros.

Ce succès lui a enfin permis de parler à cœur ouvert à son fils Guy, désormais assez grand pour entendre la vérité : « Autrefois, je cherchais des excuses parce que je me sentais coincé financièrement, mais c'est fini. Avec ce que je fais en Afrique, non seulement une vingtaine de personnes ont trouvé du travail, mais en plus je n'ai plus de difficultés à vous emmener en voyage. Nous partons ensemble au mois d'août au Canada. »

En prenant la parole à l'un de mes séminaires, Daniel m'a confié que sa plus grande fierté est d'être enfin le père qu'il rêvait d'être. Il a surmonté les obstacles, prouvé à tous de quoi il était capable, créé des emplois et partagé son histoire pour motiver d'autres personnes à faire face à leurs difficultés ; mais le plus important est de pouvoir regarder son fils dans les yeux et l'encourager par l'exemple à vivre ses propres rêves.

88.
QUE SONT-ILS DEVENUS ?

Les entrepreneurs dont vous avez découvert le parcours au long de ce livre ont continué leur petit bonhomme de chemin depuis. Voyons où ils en sont aujourd'hui – en commençant par Yvan, que nous avons vu prendre une décision poignante à l'Acte VI.

YVAN KEYNA

Après avoir pris la décision de mettre la clé sous la porte, Yvan Keyna a traversé une phase très difficile. Il m'a confié, « Je me suis retrouvé dans une situation où je m'étais donné à 100 % pour lancer le magazine *Respire !*, et je n'ai pas réussi à atteindre mes objectifs. Alors, j'ai décidé de me donner à cent pour cent *à ne rien faire* ».

À cette époque, Yvan n'a pas d'argent pour faire les courses, pas d'essence pour sa voiture, et est trop fier pour appeler à l'aide. Il survit parce que sa mère lui apporte chaque semaine un cageot de fruits et légumes du marché. Ses journées sont consacrées au sport, à un repas unique le midi. Maryse, la professeure de yoga de l'atelier nantais, a développé Diva Yoga, un site de vidéos de yoga et méditation*. Yvan démarre la pratique de la méditation et y consacre des heures.

Il choisit de vivre pleinement l'expérience d'avoir tout perdu. De lâcher prise. D'accepter d'avoir vécu un échec total. Sa philosophie est la suivante :

---

* J'ai réalisé une étude de cas au sujet de Maryse Lehoux, où elle explique comment elle touche aujourd'hui plus de 30 000 personnes à travers le monde via son activité automatisée Diva Yoga : http://ProfessionEntrepreneurLibre.com/maryse

> **« Si j'arrive à être heureux maintenant que je n'ai plus rien, l'abondance reviendra et je saurai mieux l'apprécier. »**

Au bout de quelque temps, il est contacté par Myriam Hoffmann, la conseillère en image qu'il avait rencontrée via le groupe des « Agisseurs ». Puisqu'Yvan a acquis de solides compétences en marketing et en technique de vente sur le Web avec son projet *Ma Body Transformation*, peut-être pourraient-ils collaborer, car c'est précisément le savoir-faire technique qui manque à Myriam pour faire la transition de son activité vers le Web ?

Comme il a beaucoup d'affection et de respect pour Myriam, et parce que ce projet lui permet d'aider une experte en restant l'homme de l'ombre, Yvan accepte.

Quelque temps plus tard, Myriam est si satisfaite de leur collaboration qu'elle le met en relation avec un autre entrepreneur, Christophe, qui a développé un concept prometteur mais cherche lui aussi de l'aide pour implémenter ses idées. Christophe, ancien trapéziste professionnel ayant réussi dans le marketing relationnel, semble être un type passionnant, alors Yvan accepte de lui parler.

Entre les deux hommes, le courant passe instantanément. Ils ont énormément en commun : un profond désir de contribution, une éthique de travail basée sur le même principe – il n'y a pas de plan B, on donne tout ce qu'on a.

Depuis quatre ans, Yvan Keyna et Christophe Thamri sont à la tête de la société qu'ils ont montée ensemble, qui permet à Christophe d'accompagner des milliers de personnes grâce aux leçons tirées de son parcours… et permet à Yvan d'être l'homme de l'ombre en mettant ses compétences au service d'un projet qui l'enthousiasme. J'ai été le premier informé quand, moins d'un an après le lancement, Yvan et son associé ont dépassé le chiffre d'affaires que générait autrefois le magazine *Respire!* – et depuis, l'entreprise continue de se développer.

La date de publication de cet ouvrage coïncide avec l'anniversaire des 40 ans d'Yvan Keyna. Il vit maintenant à l'île Maurice dans une superbe maison avec piscine, à cinq minutes de la mer. Il vit aujourd'hui dans une abondance qu'il n'aurait pas pu imaginer à 18 ans (ni même à 38), mais si vous lui demandez ce qui le rend le plus fier, il vous dira que c'est la sensation d'être utile et de pouvoir aider des milliers de personnes via ses compétences et son entreprise.

DAVID LAROCHE

David continue sa carrière de conférencier à l'international. Il vit maintenant à Dubaï et propose ses services aussi bien en français qu'en anglais. Le petit plaisir de ses matinées est de ne pas avoir de réveil, se lever quand il le souhaite, faire de la natation.

Chaque année, il se repose une question qu'il a apprise de Darren Hardy, le fondateur de *SUCCESS Magazine*, lors de ses premières interviews : « Qu'est-ce que j'arrête cette année ? »

Cette question lui permet de se concentrer sur les produits et les clients qui lui créent le plus de plaisir dans son travail – et, de façon générale, ce sont aussi ceux qui lui rapportent le plus. Quand il repense à cette expérience difficile du reportage à charge contre son entreprise, il philosophe : « Je ressens en fait de la gratitude pour cette émission, car grâce à elle j'ai grandi en tant qu'homme. »

On le sent aujourd'hui plus affirmé, plus confiant, meilleur communiquant. Il fait également davantage d'efforts pour mesurer les résultats concrets de transformation de ses clients, et recueillir leurs témoignages.

Cette année, pour l'anniversaire de ses 30 ans, sa compagne Julie lui a fait un cadeau qui lui a mis les larmes aux yeux. Elle a contacté en secret 70 de ses clients, et leur a demandé s'ils accepteraient de faire une vidéo pour raconter comment leur vie a changé grâce à David. Julie a ensuite récupéré ces 70 vidéos et les a compilées en un montage de 45 minutes où s'enchaînent ces messages émouvants : *j'ai fait le tour du monde, j'ai doublé mon chiffre d'affaires, j'ai perdu 30 kilos, j'ai arrêté de fumer…* Depuis, chaque fois que David a besoin de retrouver une motivation d'enfer, il regarde à nouveau cette vidéo. À l'âge de 30 ans, David Laroche a déjà accompli beaucoup et aidé beaucoup de monde – et ne compte pas s'arrêter en si bon chemin. Comme il le dit lui-même, « Cela ne fait que 10 ans que j'ai démarré. Imaginez combien de personnes je pourrai aider d'ici à mes 40 ans ! »

PEGGY TOURNIGAND

L'Académie du développement personnel fondée par Peggy et Jeff connaît un vif succès depuis quatre ans. Plus de 600 000 personnes se sont inscrites sur leur site pour avoir accès à des web-conférences hebdomadaires où Peggy et Jeff alternent leurs sessions de conseils avec celles d'experts invités.

Ils ont ensuite lancé le Soleil de l'Énergie, un programme de formation qui intègre leurs apprentissages du Yoga, de l'EFT et bien d'autres pratiques de travail sur soi. De ce cycle de formation est né un livre, *Je rayonne jour après jour*[101], écrit en collaboration avec une de leurs élèves.

Aujourd'hui Peggy est plus rayonnante que jamais, et son plus grand plaisir est toujours d'accueillir des personnes pour leur toute première séance de yoga.

JEANNE MUVIRA

Jeanne, après avoir signé son premier contrat, en a enchaîné six autres au sein de la même organisation – réalisant ainsi 210 000 euros de chiffre d'affaires dans sa première année. Aujourd'hui, elle continue de « dissiper le brouillard » pour des centaines de travailleurs à travers ses conférences et ses vidéos. Elle a commencé à mettre en place une séquence automatisée « Toboggan », basée sur les mêmes contenus que ses trois PDF, pour vendre via Internet de façon automatisée. Son fils, qui a maintenant 23 ans, a été inspiré par l'évolution de sa mère et y trouve du courage pour se lancer dans une carrière de chanteur-danseur et faire son premier album – que sa mère l'aide à financer. Jeanne pense que les parents ont une influence énorme sur l'avenir de leurs enfants, et veut leur transmettre ce message en trois mots : « Libérez vos enfants. »

DAVID GUIGUE/JAY

En 2011, David a réalisé le Lancement Orchestré de sa première formation destinée aux entrepreneurs, La Révolution Vidéo. Il s'agissait initialement d'un atelier dans une salle de formation à Cambrai. Seulement, les 25 places de l'atelier (à 2 000 euros l'unité) se sont écoulées en six heures lors de ce lancement ! Il a donc mis à disposition une version numérique de cette formation quelque temps plus tard, qui a connu un succès encore quatre fois supérieur.

Aujourd'hui, David gère en parallèle ses deux activités : les produits qu'il expédie chaque mois à sa clientèle d'orthophonistes, et les services de formation qu'il dispense via Internet aux entrepreneurs. Il intervient en tant que consultant sur beaucoup de campagnes majeures de marketing en vidéo en francophonie. Ce qui lui plaît le plus dans son travail, c'est de créer une communauté pour ses clients (même quand il vend une formation numérique, David fait en sorte de réunir sa clientèle aussi régulièrement que possible à Paris ou Lille). En parlant des deux publics distincts auxquels s'adresse son activité, il résume sa vie d'entrepreneur en ces termes : « Quand on se donne à fond et qu'on a des clients bienveillants, tout se passe bien, et la vie est facile. C'est dingue non ? »

David est aujourd'hui plein de santé et d'énergie et semble être un homme bien différent de celui dont j'ai dressé le portrait dans les premiers chapitres de ce livre. Il a toujours son pied-à-terre à Cambrai, mais est récemment tombé amoureux du Mexique, où il a pris une préréservation à durée illimitée dans un luxueux hôtel qui jouxte la jungle et les plages de sable fin. Quand il est sur place, il se lève à six heures du matin, médite pendant une heure, fait du sport, puis travaille entre trois et quatre heures après le petit déjeuner. Sa journée de travail ainsi terminée, il consacre le reste de son temps à visiter les parcs naturels avec sa compagne.

BILL O'HANLON

Après le lancement de ses premiers programmes en ligne, Bill O'Hanlon est temporairement tombé dans le piège du « toujours plus ». Son plan de supprimer progressivement tous ses déplacements professionnels a fonctionné à merveille – il a créé et lancé une formation par mois, pendant un an, avant que son amie Ruth le rappelle à la raison. Du coup, il se retrouvait à nouveau à travailler en permanence – devant son ordinateur cette fois. « Bill, ça ne sert à rien de passer au numérique, si tu te contentes d'y ramener tes vieilles habitudes de travail et de surmenage ! Concentre-toi sur **un seul** projet ! »

Ruth Buczynski est le genre de personne à qui l'on ne dit pas « non ». Pour réduire la voilure, Bill décide de se concentrer sur ses deux formations qui ont rapporté le plus, et qui lui donnent le plus de plaisir : un cours approfondi sur l'hypnothérapie, bien sûr, mais aussi une formation innovante pour aider les apprentis écrivains à être publiés (Bill a lui-même plus de 30 livres à son actif). En n'ayant que deux produits, il pourrait se contenter de faire deux promotions marketing par an, ce qui lui libérerait la majeure partie de son temps.

Le 12 février 2015, en discutant avec Bill pour le conseiller sur le nouveau Lancement Orchestré de sa formation pour les écrivains, je sentais bien que ce lancement était important pour lui. J'étais loin de me douter de la raison : après avoir réalisé 212 000 dollars de ventes en une semaine sur ce lancement (avec un profit de 133 000 dollars), Bill a franchi un cap. Il a envoyé le dernier paiement de remboursement pour sa maison en Californie. Il lui restait ensuite suffisamment d'argent, avec les inscriptions à venir pour son autre formation en mai, pour « tirer sa révérence » pendant un an.

C'est ainsi que Bill vit en Entrepreneur Libre depuis : chaque année, il fait une campagne de lancement (d'une semaine) en février, et présente sa formation tout au long du mois de mars. Les vidéos de formation sont déjà en ligne, son seul engagement est une vidéoconférence d'une heure chaque semaine pour coacher le groupe de participants. Une autre campagne en mai et il présente les web-conférences de coaching (toujours une heure par semaine) en juin. En janvier, avril, juillet, août, septembre, octobre, novembre, décembre, Bill est à la retraite. Il dort huit heures par nuit, fait de l'exercice physique, lit un livre par jour, joue de la guitare, et vit avec sa fiancée – qui décline en riant toute discussion au sujet du mariage, car il a selon elle « de mauvaises habitudes de mariage ».

Quand on demande à l'ex-conférencier les raisons de ce changement de vie radical, il répond :

« Maintenant que j'ai suffisamment d'argent, je ne veux plus **aucune** activité professionnelle dans mon agenda. Je ne travaille que lorsque cela me plaît. Je vais au cinéma, je passe du temps avec mes amis, et surtout, je passe dix jours par mois à Nashville, Tennessee. C'est la capitale de la musique country. Dix jours par mois, je suis en studio sur la terre d'Elvis Presley, de Johnny Cash et de Bob Dylan, et je vis mon rêve de devenir musicien. Entre janvier et mars cette année, j'ai déjà écrit 37 chansons – davantage que pendant les 40 ans de carrière où le temps me manquait pour prendre ma guitare ! Un jour, je serai célèbre pour mes chansons ! Je me sens plus jeune que jamais et j'ai tout le temps devant moi. »

AURÉLIEN AMACKER

Après quatre ans d'accompagnement de ses clients blogueurs, et la parution d'un livre à succès, *Je gagne ma vie avec mon blog*[102], Aurélien a choisi de changer entièrement le cap de son activité. Il connaît bien le modèle de Bill O'Hanlon pour trouver une activité qui nous passionne, et y a même consacré une vidéo sur sa chaîne YouTube. Depuis le début, il sait que son parcours a été rendu possible par le Cadeau Inespéré d'avoir osé aller à la rencontre des meilleurs de son secteur, et d'avoir la compétence technique nécessaire pour appliquer leurs conseils à son propre blog. Cependant, beaucoup de ses clients n'ont pas cette expertise technique et les outils disponibles pour les entrepreneurs du Web sont souvent difficiles d'accès, chers, et en anglais. Aurélien a de plus en plus de mal à recommander à son audience les solutions existantes. Il a commencé en 2013 à proposer une solution d'hébergement et de maintenance de blogs pour ses clients en se basant sur le logiciel Wordpress, mais cela n'est pas suffisant pour donner une solution complète clé en main à ses clients.

Fin 2014, Aurélien saute le pas : il investit 20 000 euros pour faire développer à partir de zéro sa propre plateforme. S'ensuit une année d'apprentissage, de tests, et parfois de difficultés avec ses développeurs dans plusieurs pays ; comme Aurélien voyage sans cesse, son entreprise est virtuelle et son équipe est répartie aux quatre coins du globe. Il ne lâche pas l'affaire, car sa femme et lui ont le projet d'avoir un enfant et Aurélien veut basculer sur cette nouvelle activité pour augmenter la sécurité financière de sa famille. Au bout de cette année d'efforts, il migre ses propres activités sur la version bêta de sa plateforme, pour recevoir les commentaires de ses clients et faire la démonstration des capacités de sa solution… et en 2016, le lancement de « Systeme.io » est un succès retentissant.

À l'heure où j'écris ces lignes, Systeme.io est devenue l'application leader sur le marché des infopreneurs en termes de nombre de clients. Ce logiciel, qui permet de lancer et vendre des formations en ligne, est proposé en mode « SaaS » (*Software as a Service* : les clients louent le logiciel via un abonnement sans engagement). Cela permet aujourd'hui à Aurélien d'avoir un revenu récurrent via son activité, sans être dépendant de campagnes marketing ponctuelles. L'entreprise vient de dépasser le cap des 110 000 euros de ventes mensuelles[103] grâce au modèle d'affaires de l'abonnement récurrent, ce qui permet à Aurélien de se sentir serein pour l'avenir.

KIERAN

Dans le chapitre 47 « Fait vaut mieux que parfait » (voir p. 240), je vous ai parlé de Kieran, mon ancien maître de stage, avec qui nous avions fondé une société qui n'a jamais démarré. Douze ans plus tard, j'ai fait une petite recherche sur LinkedIn pour savoir où il en est – et, sans surprise, Kieran occupe toujours un job salarié, dans la même branche qu'en 2006. Je ne serais pas surpris non plus d'apprendre qu'au fil des années il a eu de nombreuses idées et de nombreux projets – mais qu'aucun n'a vu le jour parce qu'il lui restait à chaque fois « encore quelques détails à peaufiner » avant de se lancer.

RUBEN

D'un autre côté, il faut aussi rendre à César ce qui est à César : j'ai aussi retrouvé la trace de Ruben, le jeune ingénieur du chapitre 34 (voir p. 164), qui semblait condamné à se répéter éternellement « encore une année de plus avant de me lancer ! » Il s'avère qu'il s'est effectivement jeté à l'eau, deux ans après mon départ de Unilog, et aujourd'hui Ruben est encore à la tête de cette entreprise, dont les innovations ont été plébiscitées à de multiples reprises dans les médias.

Comme quoi – il n'est jamais trop tard pour se lancer !

89. BIENVENUE PARMI NOUS : LE MANIFESTE DES ENTREPRENEURS LIBRES

Nous sommes un groupe d'illuminés, de créatifs, d'enthousiastes, qui avons la folie de vouloir être libres et de faire rayonner notre optimisme autour de nous.

Nous sommes nés en France, en Belgique, au Québec, en Suisse, en Côte d'Ivoire, aux Antilles, au Cameroun, au Sénégal, au Maroc, en Algérie, en Tunisie, ou dans l'un des innombrables autres pays que compte notre belle planète. Mais nous ne sommes pas enchaînés à un lieu géographique.

Nous avons usé les bancs du lycée ou de l'Université, feuilleté d'ennuyeux manuels, tenté de décrocher d'impressionnants diplômes lourds d'un prestige poussiéreux. Nous avons essayé pendant un temps de jouer le jeu du système. Mais nous ne sommes pas enchaînés à un métier ou une voie toute tracée.

Nous vivons dans un monde d'abondance, et nous savons que plus nous apportons de valeur au monde, plus nous sommes récompensés. Nous considérons l'argent comme une métaphore de la valeur que nous avons apportée et un outil pour réaliser nos rêves. Mais nous ne nous enchaînons pas à un job pour l'obtenir.

Nous avons ce que d'autres qualifieraient de super pouvoir : la capacité d'imaginer une vie différente du *statu quo*, et le courage de faire des choix difficiles pour réaliser cette vision.

Nous faisons un peu peur. Ceux qui nous voient poursuivre notre rêve ont du mal à nous prendre au sérieux. Ils commencent souvent par nous critiquer, nous tourner en dérision, tenter de nous décourager. Mais secrètement, ils nous envient. Ce n'est pas grave. Un jour, quand notre rêve sera devenu réalité, ils ne manqueront pas de venir nous demander conseil.

Nous ne sommes pas nés avec un don particulier, mais nous savons endosser de multiples casquettes quand c'est nécessaire. Nous sommes tour à tour créateurs, vendeurs, recruteurs, formateurs, comptables, marketeurs, vidéastes, designers, investisseurs, et bien souvent improvisateurs. Nous avons sauvé la mise de justesse, à la dernière minute et avec une solution faite de bouts de ficelle, tellement de fois que vous n'y croiriez pas si on vous le racontait.

Nous avons sué sang et eau et nous n'avons jamais lâché prise, même ensevelis sous la paperasse et assommés de taxes et d'impôts. Nous étions au téléphone avec des clients quand vous preniez l'apéro ; en train de nous arracher les cheveux sur notre boutique en ligne pendant vos repas en famille. Nous avons supporté les interminables rendez-vous chez le banquier ; les nuits d'insomnie à chercher l'idée de produit qui ferait un carton ; la déception quand ce produit a immédiatement été plagié par un concurrent qui cassait les prix. Nous avons eu plus d'une fois la tentation de lâcher prise, mais notre besoin de liberté a toujours été le plus fort.

Quand vous nous voyez aujourd'hui en vacances avec nos enfants, paresseusement allongés sur une plage au bout du monde pendant que notre entreprise nous enrichit en « pilote automatique », vous ne voyez pas ces trois, cinq, dix années où nous avons trimé sans compter. Mais peu importe ce que vous pensez : nous savons que nous méritons chaque centime gagné, et c'est tout ce qui compte.

Nous sommes tous différents. Certains d'entre nous adorent le luxe et roulent des mécaniques dans des bolides qui font tourner toutes les têtes, d'autres préfèrent s'enrichir discrètement en mettant leur famille à l'abri du besoin. Certains jouent les globe-trotteurs et ont autant de visas à leur passeport que d'histoires à raconter, d'autres se contentent d'un bon livre au coin du feu dans leur chalet de montagne.

Ce qui nous unit, c'est que nous vivons la vie que NOUS avons choisie.

Nous sommes un peu fous.

Nous sommes partout.

Nous sommes inarrêtables.

Nous sommes les Entrepreneurs Libres !

MES ACTIONS

- ❑ J'ai défini mon Projet-Rêve.
- ❑ J'ai choisi ma stratégie de « fin de partie ».
- ❑ J'ai reçu mes accès pour l'atelier gratuit qui m'aidera à devenir Entrepreneur Libre !

POUR ALLER PLUS LOIN...

POUR QUE JE VOUS AIDE PERSONNELLEMENT

PARTICIPEZ À L'ATELIER VIA INTERNET !

En complément à ce livre, je vous offre une formation accessible via Internet, où vous allez découvrir comment automatiser vos ventes, vous libérer du temps et devenir un Entrepreneur Libre !

Non seulement vous pourrez suivre mes conseils en vidéo, mais vous pourrez également me poser vos questions, interagir sur le site privé de formation avec moi et mon équipe, et échanger avec nous lors d'une web-conférence.

Cette page centralise également toutes les ressources qui vous sont offertes au long du livre (études de cas, outils pratiques et quiz).

Tout ceci est accessible ici :

www.ProfessionEntrepreneurLibre.com/bonus

JE VOUS AIDE À CONSTRUIRE VOTRE « MACHINE À VENDRE »

Eh oui, c'est ma fameuse formation !

Si vous souhaitez un accompagnement personnalisé, pour construire votre « Machine à Vendre » avec mon aide, je vous invite vivement à rejoindre ma formation « La Machine à Vendre » ! J'ouvre les portes de cette formation au public une fois par an. Vous pouvez obtenir tous les détails sur la prochaine date d'ouverture, le programme détaillé de la formation et les conditions d'inscription, en nous contactant par e-mail :

sebastien@professionentrepreneurlibre.com
ou par téléphone : 0(033) 6 44 60 94 44.

J'espère avoir l'occasion de travailler avec vous, pour faire de vous un Entrepreneur Libre !

– Sébastien

CHAPITRE BONUS

SI VOUS AVEZ APPRÉCIÉ *PROFESSION : ENTREPRENEUR LIBRE*, DÉCOUVREZ CET AUTRE LIVRE DU MÊME AUTEUR...

Maintenant que votre entreprise est lancée, comment faire pour fidéliser vos clients ? Comment faire en sorte que les ventes s'enchaînent, de façon automatique, afin de vivre pleinement votre nouvelle vie d'Entrepreneur Libre ?

C'est ce que Sébastien Night explique en détail, avec des exemples d'entrepreneurs dans 25 secteurs d'activités différents, dans *Le Secret des Entrepreneurs Libres**, Éditions ToutChange, ISBN 978-2-953514667.

Ce guide pratique dévoile :

- Pourquoi et comment vous devez vous « cloner » pour faire exploser vos ventes et vos revenus, tout en réduisant votre temps de travail !
- Comment différencier votre offre et rendre vos concurrents « hors sujet » en créant une Offre Irrésistible pour vos clients !
- Le secret qui transforme vos clients en « fans » qui achètent encore et encore – et qui vous recommandent autour d'eux !
- Pourquoi et comment vous devez repousser certains clients, pour vous libérer du temps, diminuer votre stress et multiplier votre bénéfice !
- Et bien d'autres méthodes et ressources pour vivre en Entrepreneur Libre !
- Chaque section du livre est complétée par des ressources en ligne, et des études de cas détaillées avec des entrepreneurs qui ont utilisé avec succès les conseils de Sébastien.

* Pour se procurer le livre : www.LeSecretDesEntrepreneursLibres.com

NOTRE CADEAU POUR VOUS

Sur les prochaines pages, découvrez un extrait du premier chapitre !

L'HISTOIRE DE DEUX ENTREPRENEURS…

Imaginez une pièce sombre. Une atmosphère pesante. Le silence absolu.

Dans cette pièce, un bureau, et à ce bureau, un homme au front plissé par une intense réflexion qui ne se rend même pas compte qu'il a mâchonné son stylo jusqu'à l'aplatir.

Il y a quelques semaines, Larry a eu une idée brillante, qui l'a poussé à monter son entreprise.

Le marché du « faux diamant », c'est-à-dire des pierres synthétiques en oxyde de zirconium, commençait tout juste à se développer et à faire la une de la presse spécialisée.

Larry a vite entrevu une opportunité énorme de combiner cette technologie avec la technique de vente la plus efficace qu'il connaisse : utiliser le marketing direct (via de la publicité dans les journaux et magazines) pour vendre au grand public ces superbes pierres à un prix imbattable.

Malheureusement, ils sont deux à avoir eu exactement la même idée, exactement au même moment. Et ils s'adressent exactement au même public.

Son concurrent, Tom, est un marketeur extrêmement doué qui a déjà réalisé des publicités à grand succès pour ses produits. Larry, par contre, ne sait pas rédiger des lettres de vente percutantes et se retrouve donc au pied du mur : il faut changer d'approche… ou mettre la clé sous la porte.

Comment se démarquer rapidement de son concurrent ? Et surtout, que faire pour assurer la pérennité de son entreprise ?

UNE LEÇON D'UN GRAND MAÎTRE

Entre 2011 et 2016, j'ai animé divers « MasterMind », des groupes de réflexion entre entrepreneurs qui ont pour vocation d'échanger sur les projets respectifs de chacun, de s'entraider, et de partager des conseils et des stratégies marketing de pointe. Lors d'une rencontre au printemps 2016, nous avons eu l'honneur d'accueillir Jay Abraham – une des légendes du marketing moderne. Cet entrepreneur américain aux cheveux grisonnants a, au fil de sa carrière, accompagné plus de 10 000 entreprises dans 400 secteurs différents, et a popularisé dans le monde le concept de l'USP – *Unique Selling Proposition*, la « Proposition Unique de Vente ».

Au cours de cette rencontre, Jay a prodigué à chacun ses conseils spécifiques pour développer l'entreprise de chacun. Mais avant de donner le moindre conseil, Jay a insisté sur l'importance de tirer leçon de l'histoire de Larry et Tom, deux entrepreneurs qu'il connaît bien et dont il a suivi le parcours de près. Cette histoire illustre à la perfection les concepts que nous allons découvrir ensemble au fil de ce livre.

DEUX STRATÉGIES BIEN DIFFÉRENTES

Pour se lancer, Tom avait rédigé une page complète de texte publicitaire pour faire la présentation de sa nouvelle entreprise, la Beverly Hills Diamond Company. Le produit qu'il vendait dans cette publicité était une pierre de 1 carat, vendue pour 39 dollars américains (soit un tarif imbattable en comparaison avec le prix du diamant de même taille).

La publicité de Tom fut publiée dans un quotidien américain, le *Los Angeles Times,* qui factura à Tom la somme de 30 000 dollars pour la publier en pleine page. Le chiffre d'affaires généré par cette première publicité ? 42 000 dollars.

La marge réalisée par Tom peut sembler alléchante, mais n'oublions pas qu'il fallait aussi produire et livrer les diamants aux acheteurs ! Le coût total pour Tom (publicité et autres charges comprises) s'élevait donc à 39 000 dollars, ce qui faisait un bénéfice final de 3 000 dollars.

Je vous l'ai dit, Larry, le deuxième entrepreneur, partait avec un handicap : il n'était pas un champion en matière de rédaction publicitaire.

La société de Larry, qui portait le nom de Van Pliss & Tissany, fit paraître une publicité dans le même quotidien, pour un produit similaire.

Mais le résultat fut totalement différent…

La publicité de Larry lui coûtait le même prix – 30 000 dollars pour une pleine page. Mais elle n'amena pas autant de clients – seulement 28 000 dollars de ventes, car Larry n'était pas aussi expert en rédaction que Tom. Dès le départ, Larry avait donc perdu 2 000 dollars.

Mais ce n'est pas tout : contrairement à Tom qui avait réduit les coûts au maximum, en expédiant ses pierres dans une petite boîte en carton bon marché pour économiser sur les frais d'expédition… Larry, lui, expédiait ses diamants synthétiques dans des boîtes à bijoux haut de gamme, elles-mêmes insérées dans un sac en velours et accompagnées d'une lettre de remerciement au nouveau client. Autrement dit, ce premier essai était encore bien plus déficitaire à cause de tous ces coûts supplémentaires !

Mais Larry n'avait pas de raison de s'inquiéter, car dès le départ, il avait en tête une stratégie à long terme. Pour Larry, il ne s'agissait pas de remporter un sprint, d'être le plus rapide à conclure la transaction, mais plutôt de s'imposer en créant une relation de confiance avec ses clients et en exécutant une stratégie supérieure, même si les « tactiques » de vente étaient moins efficaces que celles de la concurrence.

Donc voici le trait de génie qui a fait toute la différence pour Larry : avec chaque pierre synthétique, il joignait une lettre avec le message que vous pouvez lire à la page suivante. Cette lettre de bienvenue servait à la fois à entretenir la relation avec les nouveaux clients… et à proposer une Offre Irrésistible (sur laquelle Larry pourrait générer un bénéfice nettement supérieur).

QU'EST-IL ADVENU DE CES DEUX ENTREPRENEURS ?

Parlons chiffres un instant, et comparons les résultats de nos deux entrepreneurs :

Je vous ai dit que Tom avait réalisé 3 000 dollars de pur bénéfice – soit 10 % de Retour sur Investissement sur ses 30 000 investis. Tom, habitué à des profits plus sexy sur ses campagnes marketing, laissa promptement tomber et ferma la société dans la foulée.

D'un autre côté, Larry avait perdu 2 000 dollars dès le début...

Mais la différence fondamentale, c'est que Larry a conservé du début à la fin une approche stratégique, en posant les fondations d'un succès à long terme. Il prenait le temps d'éduquer ses clients à la valeur de ses produits*, et leur faisait une Offre Irrésistible. Avec quel résultat ? Cette stratégie lui a permis d'empocher 25 millions de dollars la première année de son activité !

S'il y a une leçon à retenir de l'histoire de Tom et Larry, c'est la suivante : la réussite de votre entreprise n'est pas un sprint ! C'est un marathon, une course de longue haleine ; pour la gagner, il est indispensable d'avoir une stratégie marketing qui fera de vos clients des fans. Et c'est l'objet de ce livre !

L'OFFRE IRRÉSISTIBLE QU'ENVOYAIT LARRY À CHAQUE ACHAT D'UN NOUVEAU CLIENT

MERCI D'AVOIR ACHETÉ CETTE PIERRE PRÉCIEUSE VAN PLISS ET TISSANY.

Quand vous ôtez cette pierre de son magnifique écrin, vous allez tout de suite remarquer que sa brillance étincelante est encore plus merveilleuse que nous ne l'avions promis. Vous allez aussi remarquer que la pierre est d'une taille inférieure à ce que vous pensiez — mais

→

* La stratégie *d'éduquer les clients pour vendre* est une des pierres d'angle du « marketing bienveillant » que je vous présenterai dans les chapitres suivants.

c'est la nature du diamant Van Pliss. Afin d'obtenir cette brillance extraordinaire, notre pierre est plus dense, ce qui la rend 25 % plus petite que l'on s'y attendrait.

Cependant, cette brillance plaît tellement à nos clients, que beaucoup d'entre eux s'offrent dans la foulée des pierres supplémentaires dans les tailles supérieures, 5 ou 10 carats, qu'ils font ensuite sertir sur des bijoux.

Parce que nous avons constaté ce phénomène si souvent, nous avons serti certaines de nos plus belles pierres de 5 et 10 carats sur des bagues, colliers, boucles d'oreilles, et bracelets en or 14 et 18 carats, et vous les trouverez dans le catalogue joint à ce courrier. Et, ce qui est encore plus important : puisque nous avons un tel volume de demandes, nous fabriquons notre joaillerie nous-mêmes, ce qui nous permet de réduire de 50 % le prix par rapport à une bijouterie classique.

Nous aimerions donc vous donner l'opportunité de monter en gamme : non seulement nous avons inclus avec ce courrier une enveloppe prépayée UPS, mais nous doublons aussi votre capacité de crédit. De plus, **votre achat est sans engagement jusqu'à ce que vous ayez eu le bijou en votre possession pendant 30 jours entiers**. Si votre famille et vos amis ne vous font pas de compliments sur la beauté de votre nouvelle parure, ou si vous constatez qu'un bijoutier vous propose la même pièce pour moins cher, alors vous pouvez nous renvoyer ce bijou et la pierre qui y est sertie, et nous vous remboursons à 100 %, sans poser de questions !

À VOUS DE JOUER

Prenez quelques instants pour réfléchir à comment adapter la stratégie de Larry à votre activité :

1. Sur quel support pourriez-vous envoyer un message de bienvenue personnalisé à vos nouveaux clients ?
   - ❑ E-mail
   - ❑ Courrier postal
   - ❑ Insert glissé dans l'emballage
   - ❑ Appel téléphonique
   - ❑ SMS

- ❑ Page de remerciement
- ❑ Site privé pour les acheteurs
- ❑ ....

2. Y a-t-il des détails au sujet de votre produit qu'un client non averti ne saurait pas remarquer de lui-même, et que vous aimeriez souligner dans ce message de bienvenue ?

....

....

....

3. Y a-t-il, à l'inverse, un détail qui peut susciter une réaction de surprise négative de la part du client, mais qui a une justification logique que vous devez lui présenter ? Par exemple, le courrier de Larry mentionne explicitement que la taille relativement petite de la pierre est due à sa densité supérieure à la normale, ce qui la rend également plus brillante.

....

....

....

4. Quelle Offre Irrésistible pouvez-vous faire dans la foulée pour inciter le client satisfait à passer commande à nouveau ? Mieux vaut être proactif, plutôt que d'attendre qu'il revienne de lui-même, ce qui vous fait courir le risque que le client se laisse distraire entre-temps par le chant des sirènes chez un concurrent.

....

....

....

Vos réponses à ces questions sont précieuses, car elles vous serviront dans la seconde partie de ce livre à créer une expérience unique pour vos clients.

LISEZ LA SUITE DU LIVRE :
LE SECRET DES ENTREPRENEURS LIBRES

Dans ce livre vous découvrirez les conseils qui ont permis à des centaines d'entrepreneurs de développer une activité rentable en un temps record, tout en se créant une vie plus libre et sereine.

Le livre présente pour cela un système marketing simple, qui produit des ventes 24 heures sur 24, 7 jours sur 7 : www.LeSecretDesEntrepreneursLibres.com

QUI EST SÉBASTIEN NIGHT ?

Sébastien est consultant en marketing et stratégie d'entreprise. Il partage ses conseils via ses livres et vidéos à plus de 300 000 entrepreneurs en France, Belgique, Suisse, Québec, et dans les autres pays francophones.

Sébastien a d'abord été connu pour le succès de ses deux précédentes entreprises :

- une école de danse latine basée à Nantes ;
- et un des premiers centres de coaching amoureux pour les célibataires – qui lui a valu des reportages et interviews sur TF1, M6, France 2, Europe 1, RTL, RMC, France Culture, mais aussi des articles en pleine page dans *Paris Match*, *Le Parisien*, *20 Minutes*, ou encore *Charlie Hebdo*.

En 2010, Sébastien a fondé le Mouvement des Entrepreneurs Libres, un centre de formation qui aide les porteurs de projet et les chefs de TPE/PME (déjà plus de 10 000 clients dans 35 pays) à devenir des Entrepreneurs Libres – grâce à des stratégies marketing permettant d'automatiser leurs ventes et de se libérer du temps.

Quand il ne danse pas autour du monde avec sa femme Cécile, Sébastien gère son entreprise à distance, entre Nice, la Guadeloupe et les États-Unis. À la naissance de sa fille Alice, il a automatisé l'entreprise et recruté une équipe de choc afin de ne travailler qu'un jour par semaine (le jeudi) et de consacrer son temps libre à sa femme, à sa fille, et à ses passions.

DÉCOUVREZ LES VIDÉOS DE SÉBASTIEN SUR YOUTUBE

Chaque lundi, Sébastien partage les « **Lectures de l'Entrepreneur Libre** » : des pépites tirées des 500 meilleurs livres d'entrepreneuriat et de développement personnel qu'il a lus ces 10 dernières années.

Chaque jeudi, il publie les « **Rituels de l'Entrepreneur Libre** » : des habitudes faciles à adopter et à l'efficacité prouvée scientifiquement pour devenir riche, libre et heureux – en quelques minutes par jour !

Chaque vendredi, sa série « **#DejaVendredi** » permet de le suivre dans ses aventures à travers le monde ; et de faire le point pour être encouragé par la communauté : comment avez-vous avancé depuis la semaine dernière ? Et où avez-vous prévu d'en être d'ici la semaine suivante ?

Et enfin, chaque fin de semaine, Sébastien raconte les aventures de « **L'Entrepreneur du Dimanche** » : il dévoile sans langue de bois les difficultés, les échecs et les embûches qu'il a traversés en 10 ans d'entrepreneuriat pour enfin devenir Entrepreneur Libre. Et vous verrez quelles leçons en tirer pour éviter de tomber dans les mêmes pièges !

Découvrez toutes les vidéos ici : http://seduireleclient.com/youtube

REJOIGNEZ LES ENTREPRENEURS LIBRES SUR FACEBOOK

Sébastien publie des conseils, articles et contenus inédits pour vous aider à devenir un Entrepreneur Libre ! C'est également sur la page Facebook que vous pouvez participer aux sessions d'échange en direct (« Le Live »), et suivre les coulisses des tournages et conférences de Sébastien. Rejoignez-nous ici :

http://seduireleclient.com/facebook

CONTACTER SÉBASTIEN NIGHT

Sébastien ne travaille qu'un jour par semaine, ce qui ne lui laisse pas de disponibilité pour sa boîte e-mail ! Il a donc recruté une équipe de choc qui l'accompagne au sein du Mouvement des Entrepreneurs Libres. Cette équipe traite tous les e-mails – et informe Sébastien de tous les témoignages de succès. Si vous voulez partager l'histoire de votre réussite en appliquant les conseils du livre, ou simplement avoir une recommandation de formation ou accompagnement adapté à votre situation, vous pouvez contacter le bureau du Mouvement des Entrepreneurs Libres :

- Par e-mail : sebastien@professionentrepreneurlibre.com
- Par téléphone au 0(033)6 44 60 94 44
- Ou en vidéoconférence, sur le site des bonus réservés aux lecteurs de ce livre !

REMERCIEMENTS

Mes tout premiers remerciements vont à ces entrepreneurs qui ont courageusement accepté que leur histoire soit racontée dans ce livre, en y incluant leurs peurs, leurs difficultés, leurs hésitations. Dans leur ordre d'apparition : Daniel Tuyizere, Aurélien Amacker, Jeanne Muvira, Yvan Keyna, David Guigue, Bill O'Hanlon, David Laroche et Peggy Tournigand, ainsi que tous ceux que j'ai interviewés dans le cadre de l'atelier « Les Secrets des Entrepreneurs Libres » offert en bonus avec le livre. Je vous suis infiniment reconnaissant. Vos témoignages sont précieux et vont inspirer des milliers de vocations entrepreneuriales.

Sans le soutien de ma femme Cécile, ce livre n'existerait pas. J'aurais jeté l'éponge 1 000 fois pendant la rédaction ! Heureusement, Cécile a su me poser les bonnes questions, m'aider à retrouver le courage de persévérer… et parfois m'inciter à supprimer des passages ou des chapitres entiers. Elle m'a aussi aidé à vous garder, vous lecteurs, à l'esprit tout au long de la rédaction pour que ce livre soit aussi complet et aussi passionnant que possible. Merci Cécile, pour cela et bien plus.

Profession : Entrepreneur Libre ne porterait pas ce nom sans l'aide de Barbara Astruc, qui m'a incité à faire un sondage auprès de mon audience (lequel a dévoilé que ma propre idée originale de titre, *Pour les fous qui veulent lancer leur entreprise*, était la plus mauvaise des six possibilités proposées !). Je remercie aussi l'équipe des Éditions Alisio pour leur implication dans le projet, notamment Émilie Lerebours, Alice Bercker, Katharina Loix et mon relecteur Yannis Chevalier. Merci à Karine Bailly de Robien de m'avoir fait confiance, et de son accueil chaleureux parmi les auteurs des Éditions Alisio. Merci à Olivier Roland, directeur de collection, pour ses encouragements et conseils.

J'adresse également un remerciement chaleureux à toute l'équipe du Mouvement des Entrepreneurs Libres : Annick Magbi, Marc Murcia, Nirina Rakotondrabary, Vanessa Ratsimbarison, Ludovic Tisné-Grimaud et Karim Zanoune, ainsi que notre toute jeune recrue Miya Hadda qui m'ont soutenu tout au long de ce projet pour que ce livre puisse un jour parvenir entre vos mains. Merci à Steve Anthony qui m'a été d'une grande aide pour synthétiser en un tableau les nombreuses façons d'utiliser chaque Ressource Entrepreneuriale pour en obtenir d'autres.

De même, je joins à mes remerciements toute l'équipe des « Ambassadeurs », trop nombreux pour les nommer ici. Ils m'ont fait confiance en acceptant d'être les premiers à consulter et commenter cet ouvrage lors de sa prépublication. En une semaine, j'ai reçu plus de 3 000 suggestions sur le manuscrit dont plus de 1 500 ont été intégrées à la version finale. (Cette semaine-là n'a pas été de tout repos !) Grâce à leur implication, le livre que vous tenez entre les mains est 1 500 fois meilleur que ma première ébauche.

Je remercie également Steven Pressfield (auteur de *Nobody Wants To Read Your Sh*t*), Ryan Holiday (*The Perennial Seller*) et Blake Snyder (l'excellent *Save The Cat!*), dont les méthodes d'écriture ont été une inspiration constante pour mêler la narration et les conseils et rendre ce livre aussi facile à lire que possible. *Me-freekin'-ow!*

Et enfin, merci à vous, lecteur, de vous être lancé dans l'aventure qui fera de vous un Entrepreneur Libre… une aventure qui commence en appliquant les conseils du livre dès aujourd'hui !

Note : Toutes les histoires sont racontées comme elles se sont produites ou comme elles m'ont été rapportées. J'ai parfois changé les noms et détails permettant d'identifier certaines personnes afin de protéger leur anonymat ou la confidentialité de notre travail ensemble.

RESSOURCES ET BONUS EN COMPLÉMENT DE CE LIVRE

En complément de ce livre, je vous offre une formation accessible via Internet, dans laquelle vous allez découvrir comment lancer votre entreprise, automatiser vos ventes, et devenir un Entrepreneur Libre !

J'organise, une à deux fois par an seulement, un « atelier en vidéo » pour mes abonnés et pour les lecteurs de mes livres. Lors du dernier atelier, plus de 16 000 entrepreneurs originaires d'une vingtaine de pays ont participé à l'atelier via Internet !

Et parce que vous avez ce livre en main, cette formation vous est offerte.

Non seulement vous pourrez suivre mes conseils en vidéo, mais vous pourrez également me poser vos questions, interagir sur le site privé de formation avec moi et mon équipe, et échanger avec nous lors d'une web-conférence.

Cette page centralise également toutes les ressources qui vous sont offertes au long du livre (études de cas, outils pratiques et quiz).

Tout ceci est accessible ici :

www.ProfessionEntrepreneurLibre.com/bonus

Ou en scannant ce QR code :

BIBLIOGRAPHIE, NOTES ET RÉFÉRENCES

1. Insee, « Auto-entrepreneurs immatriculés en 2010 : cinq ans après, moins d'un quart sont encore actifs », *Insee Première* n° 1666, septembre 2017.

2. « Le Protégé Effect » : A. Murphy Paul, « *The Protégé Effect: Why Teaching Someone Else is the Best Way to Learn* », *Time magazine*, novembre 2011.

3. C. Chase *et al.*, « *Teachable Agents and the Protégé Effect: Increasing the Effort Towards Learning* », *Journal of Science Education and Technology*, vol. 18, n.4, août 2009.

4. Sondage OpinionWay pour l'Union des Auto-Entrepreneurs, mené à l'occasion de la 23e édition du salon des entrepreneurs.

5. G. R. Stephenson, « *Cultural Acquisition of a Specific Learned Response Among Rhesus Monkeys* », *Progress in Primatology*, p. 279-288, 1967.

6. S. Laurent, « La vie d'un entrepreneur est-elle "plus dure que celle d'un salarié" ? », *Le Monde*, janvier 2016.

7. Statuts et revenus des entrepreneurs, indépendants et dirigeants salariés d'entreprise recensés par l'Insee en 2015 : T. Morin *et al.*, « Indépendants et dirigeants salariés d'entreprise : un tiers de femmes », Insee, juillet 2015.

8. Insee, étude sur les salaires de 2015 parue dans les « Tableaux de l'économie française – Édition 2018 », février 2018.

9. Si votre ménage gagne plus de 8 850 euros net par mois, vous figurez parmi les 1 % de revenus les plus élevés en France : « Les revenus et le patrimoine des ménages », Insee, juin 2018.

10. M-C. Renault, « Les petits patrons travaillent en moyenne 58 heures par semaine », *Le Figaro*, juin 2015.

11. « Enquête sur le temps de travail », Insee, 2011.

12. Bercy Infos, « Qui sont les créateurs d'entreprise en France ? », economie.gouv.fr, novembre 2016.

13. J.F. Herbst et C.L. Forrest, « Facteur d'influence de la relation entre les ventes, les représentants de la marque et les consommateurs et étude de l'impact de cette relation sur le volume des ventes au sein de Coca-Cola dans la région de Cape Town », *Journal of Business Management*, 2008.

14. T. Ferriss, *La Semaine de 4 heures*, Pearson, 2010.

15. V. Robin *et al.*, *Your Money or Your Life*, Penguin Books, 2008.

16. D. Eagleman, *Incognito : Les vies secrètes du cerveau*, chapitre « La vie après la monarchie », Marabout, 2015.

17. G. Keller, *Passez à l'essentiel ! Comment réussir tout ce que vous entreprenez : la méthode THE ONE THING*, Pearson (France), 2013.

18. G. McKeown, *L'Essentialisme : Faire moins mais mieux ! L'art d'être réellement efficace*, Éditions Contre-dires, 2018.

19. M. Lecomte, « Six entreprises sur dix encore actives cinq ans après leur création », Insee, mai 2017.

20. S. Laurent, « La vie d'un entrepreneur est-elle "plus dure que celle d'un salarié" ? », *op. cit.*

21. « 1er baromètre de la Santé des Dirigeants : résultats », Malakoff Médéric Humanis.

22. A. Kleon, *Voler comme un artiste, 10 secrets bien gardés sur la créativité*, Les éditions de l'Homme, 2014.

23. C. Aucagos, « Pourquoi j'ai quitté l'Éducation Nationale », blog L'École de Mes Rêves, 2015.

24. A. Zuzunaga, diagramme de Venn publié en 2011 sur le site Cosmograma, repris dans le livre de B. Vilaseca, *¿Qué harías si no tuvieras miedo?*, Conecta, 2013.

25. S. Boultif, « La thyroïde de Hashimoto, une hypothyroïdie méconnue », Doctissimo, mars 2019.

26. L. Quillet, « Pourquoi les femmes sont-elles plus touchées par le burn-out ? », *Le Figaro*, juin 2015.

27. F. De bigault, « Femmes africaines : décisionnaires d'achat, actives, entrepreneures, engagées », Ipsos, mai 2017.

28. T. Ferriss, « *The 3 critical rules of branding* », *The Four-Hour Workweek Blog*, 2018.

29. B. Snyder, « *Save the Cat! Strikes Back: More Trouble for Screenwriter's to Get into… and Out of* », *Save the Cat Press*, janvier 2010. À voir aussi : https://lemarketeurfrancais.com/fausse-bonne-idee/

30. Ackanir, « Je fabrique un TRIANGLE DE PENROSE », YouTube, 1er avril 2019.

31. A. Renou, « La fin du hand spinner : pourquoi la mode est déjà passée », *Le Parisien Étudiant*, octobre 2017.

32. G. Wickman et M C. Winters, *Rocket Fuel*, BenBella Books, 2015.

33. L. Chenot, *Money Boss*, PACA éditions, 2019.

34. Sam OWen, article « *Research Shows Our Subconscious Mind Makes Our Decisions For Us* », blog RelationshipsCoach.co.uk, janvier 2014. A. Bechara *et al.*, « *Deciding Advantageously before Knowing the Advantageous Strategy* », *Science*, 1997.

35. O. Roland, *Tout le monde n'a pas eu la chance de rater ses études*, Éditions Leduc.s, septembre 2016.

36. Maria Wejman, « Pub Facebook : Les 6 erreurs à ne pas commettre », MariaWejman.fr, octobre 2018.

37. https://www.insee.fr/fr/statistiques

38. Guide d'utilisation de l'outil d'aide à la création d'entreprise Odil : https://www.insee.fr/fr/information/1401383

39. https://www.ipsos.com

40. D. Graglia, « Combien de réponses me faut-il pour valider mes statistiques ? Trouvez la taille de votre échantillon », blog fr.surveymonkey.com

41. Alexander Dobronte, « Estimer la taille d'échantillon de votre enquête », blog fr.checkmarket.com, juillet 2015.

42. Alexander Dobronte, *op. cit.*

43. M. Harris, « *Neuroscience Proves: We Buy on Emotion and Justify with Logic – But with a Twist* », *Medium*, mai 2015.

44. B. Till *et al.*, « *Blurred World View: A Study on the Relationship between Television Viewing and the Perception of the Justice System* », *Death Studies*, juin 2016.

45. Un article détaillé sur les causes et les moyens de distribution des « fake news », de la désinformation, et des messages à vocation politique, économique ou religieuse déguisés comme « faits réels » : D. Scheufele *et al.*, « *Science Audiences, Misinformation, and Fake News* », *Proceedings of the National Academy of Sciences*, avril 2019.

46. https://www.etrepaye.fr/s-informer-sur-ses-clients-c1-r11.php

47. O. Duffez, « Parts de marché des moteurs de recherche en mars 2019 (France, USA, monde) », Webrankinfo, mars 2019.

48. Statista, « *Google's Revenue Worldwide from 2002 to 2018* (in Billion U.S. Dollars) », février 2019.

49. E. Cordon, « Les Français cherchent l'amour 2.0 », *La Dépêche*, mars 2018.

50. Chiffres du site verif.com pour le chiffre d'affaires 2002 de l'entreprise CHRYSAL France.

51. Recherche Amazon.fr sur le mot-clé du nom de marque « Chrysal », mars 2019.

52. H. Bolle, « Immobilier : pourquoi les Français restent propriétaires plus longtemps avant de vendre », *Challenges*, décembre 2017.

53. Dera Victory, « Comment entretenir et conserver mon casque ? », *Citycle*, juillet 2016.

54. N. F Huehnergarth, « *As U.S Soda Sales Fizzle, Coca-Cola and PepsiCo Target Developing Nations* », *Forbes*, février 2016.

55. « *Coca-Cola CEO Sees Bright Future for Global Restaurant Industry* », communiqué de Coca Cola Arabia, septembre 2016.

56. J. Tierney, « *What is Nostalgia Good for? Quite a Bit, Research Shows* », *The New York Times*, juillet 2013.

57. J. D. Lasaleta *et al.*, « *Nostalgia Weakens the Desire for Money* », *Journal of Consumer Research*, octobre 2014.

58. V. Froger, « Chèques conseil : comment les obtenir ? », *L'Express*, juin 2008.

59. https://www.cheques-entreprises.be/comment-ca-marche/

60. Lettre à Jean-Baptiste Leroy, 1789.

61. Chiffres Societe.com pour l'année 2014.

62. A. Sheivachman, « *Eventbrite's Planned IPO Reveals Tension in Global Event Marketplace* », Skift, août 2018.

63. S. Night, *Le Secret des Entrepreneurs Libres*, Éditions ToutChange, 2016.

64. L. Brown, *Live Your Dreams*, p. 194, William Morrow Paperbacks, juillet 1994.

65. https://www.entreprises.cci-paris-idf.fr/web/reglementation/contrats-modeles/societes/actes-accomplis-avant-la-signature-des-statuts

66. La loi de Parkinson : « Toute tâche prend tout le temps qu'on lui donne. » Cette expression, initialement appliquée aux administrations dans les travaux de recherche de Parkinson, est maintenant couramment utilisée (depuis son emploi par abus de langage dans le livre de Tim Ferriss, *La Semaine de 4 heures*) à l'échelle de la productivité individuelle. Sa véracité scientifique a été prouvée dans de multiples études, par exemple : L. A. Brannon *et al.*, « *Timeless Demonstrations of Parkinson's First Law* », *Psychonomic Bulletin & Review*, 1999.

67. S. Di Pasquale, « Deux tiers des cadres français envisagent de démissionner », Cadremploi, novembre 2018. À noter que selon la même source, 81 % de ceux qui sautent le pas et démissionnent constatent que le fait de poser sa démission est une source de bien-être général ; et 75 % constatent une amélioration de leur vie personnelle. Ils sont tout autant à avoir vu un impact sur leur rémunération. Pour 73 %, cela leur a permis de booster leur carrière.

68. « Les Français ont-ils l'esprit d'entreprise ? », Ipsos, novembre 2018. 27 % des Français considéraient le risque comme un stimulant (contre 44 % à l'échelle européenne).

69. C. DaFonseca, « *Innovating in Zeroes: Skype Co-Founder finds Lessons in Failure* », *European Investment Conference*, novembre 2017.

70. « *Do Your Customers Want to Telephone You for Service?* », *Forrester*, avril 2010.

71. T. Kuittinen, « *Skype Seems Miles behind WhatsApp on Daily Engagement* », *BGR*, avril 2013.

72. https://www.orias.fr

73. E. Hinchliffe, « *Funding for Female Founders Stalled at 2.2 % of VC Dollars in 2018* », *Fortune magazine*, janvier 2019.

74. S. Rolland, « Femmes dans la tech : le plafond de verre persiste pour les levées de fonds », *La Tribune*, mars 2019.

75. *Ibid.*

76. D. Kanze, « *The Real Reason Female Entrepreneurs Get Less Funding* », TEDxPeachtree, octobre 2017.

77. D. Kanze, « *Entrepreneurs Get Asked Different Questions by VCs – and It Affects How Much Funding They Get* », *Harvard Business Review*, juin 2017.

78. D. Kanze *et al.*, « *We Ask Men to Win and Women Not to Lose: Closing the Gender Gap in Startup Funding* », *Academy of Management Journal*, 2018.

79. R. Brunson, « *Trey's Clickfunnels Story* », YouTube, juillet 2016.

80. R. Holiday, *Perennial Seller*, Profile Books, 2017.

81. M. Hoffmann, *Relooking Thérapie : Je prends soin de mon image, je retrouve confiance en moi !*, In Press, mai 2019.

82. J. Walker, *Launch: An Internet Millionaire's Secret Formula to Sell Almost Anything Online, Build a Business You Love, and Live the Life of Your Dreams,* Morgan James Publishing, 2014.

83. T. Ferriss et J. Collins, *The Tim Ferriss Show*, episode 361.

84. J. Collins, *De la performance à l'excellence (Good to Great) : Devenir une entreprise leader*, Pearson France, 2013.

85. R. Holiday, « *23 Lessons I Learned from Robert Greene On Strategy, Mastery and Power* », *Thought Catalog*, février 2017.

86. R. Holiday, « *6 Reasons Your Book Will Fail* », *Thought Catalog*, janvier 2015.

87. R. Holiday, « *Sorry, Offering to Work for Free is a Really Bad Strategy – But not for the Reasons You Think* », *Thought Catalog*, septembre 2016.

88. C. Alvarez, *Les Lois naturelles de l'enfant*, Les arènes, 2016.

89. L. Breillat, page « À propos », blog *Apprendre la photo*, mai 2019.

90. R. Koch et G. Lockwood, *Superconnect: How the Best Connections in Business and Life Are the Ones You Least Expect*, Abacus, 2011.

91. Page Wikipédia « the 1% rule (Internet culture) », et D. Oberhaus, « *Nearly All of Wikipedia Is Written By Just 1 Percent of Its Editors* », *Vice magazine*, novembre 2017.

92. « Quand exiger un écrit ? », Economie.Fgov.be, janvier 2018.

93. « Les principes de base des contrats », educaloi.qc.ca, novembre 2016.

94. « L'e-mail : moyen de preuve ? », MMA, janvier 2017.

95. C. Aucagos, « Introduction à l'approche pédagogique de Reggio Emilia », *L'École de mes rêves*, juillet 2016 : https://www.lecoledemesreves.com/pedagogie-reggio-emilia/

96. « *The Top 20 Reasons Startups Fail* », *CB Insights*, février 2018.

97. M. Michalowicz, *Profit First: Transform Your Business from a Cash-Eating Monster to a Money-Making Machine*, Portfolio, 2017.

98. T. Harv Eker, *Les Secrets d'un Esprit Millionnaire*, Trésor Caché, 2008.

99. La version originale de l'acronyme (en anglais) est SPARE. Bill développe cette approche dans une interview avec Olivier Roland : « Bill O'Hanlon sur l'art de travailler moins et vivre la bonne vie voire vivre sans travailler ! », YouTube, novembre 2013.

100. « *Rwanda Exports, Imports, and Trade Partners* », The Observatory of Economic Complexity, 2019.

101. P. Tournigand *et al.*, *Je rayonne jour après jour*, Marie-Claire Éditions, 2017.

102. A. Amacker, *Je gagne ma vie avec mon blog: L'aventure qui m'a amené de 0 à plus de 1 million d'euros de ventes sur Internet tout en voyageant aux 4 coins du monde*, Maxima, 2014.

103. A. Amacker, « 100.000 € par mois : check ! ☺ », YouTube, janvier 2019.

TABLE DES MATIÈRES

Avis des lecteurs .... **VII**

Sommaire .... **XI**

POURQUOI EST-IL URGENT DE VOUS LANCER ? .... **XIII**

Prologue
« Papa, quand est-ce qu'on part en vacances ? » .... **XIV**

I. La clé de la liberté .... **XVII**
Vous êtes en bonne compagnie XVIII
En résumé XIX
Avez-vous l'étoffe pour devenir entrepreneur ? XIX

II. Faut-il être fou pour créer une entreprise ? .... **XXI**
L'aventure d'une vie XXI
1. Un message trop important pour être ignoré XXI
2. Pour traverser le désert, mieux vaut avoir un guide qui connaît le désert XXI
3. Quitte à traverser le désert, autant être sûr qu'il y a une oasis au bout XXII
Qui suis-je pour vous donner des conseils ? XXIII
Une parole encourageante au bon moment peut tout changer XXIV
Ma promesse « tout compris » XXIV
Le Mouvement des Entrepreneurs Libres XXV

III. Comment tirer le maximum de ce livre en un minimum de temps .... **XXVII**
Votre engagement XXVIII
Ressources complémentaires XXIX

ACTE I.
ÊTES-VOUS ASSEZ FOU POUR CRÉER VOTRE ENTREPRISE ?.......1

1. Métro, boulot, dodo : le grand malaise.......2
Tramway-Boulot-Dodo.......3
Avance rapide : quatre mois plus tard.......6
La réalité en face.......7
Besoin d'air, on étouffe.......7

2. Comment échapper au conformisme et tracer votre propre voie.......9
Singer les autres ne rend pas heureux.......10

3. Quand on est jeune... et qu'on refuse d'entrer dans la prison dorée.......13

4. Est-ce que cela paie si bien que ça ?.......15
Combien peut-on espérer gagner ?.......15
Ce qu'il faut comprendre.......17
Les risques financiers.......17
Première étape.......18

5. Si vous étiez au bord du burn-out... feriez-vous comme Jeanne ?.......20

6. Pensez-vous entreprendre pour travailler moins ?.......22
La mauvaise nouvelle : la réalité du temps de travail.......22
Quand on regarde le vrai temps de travail en face….......24
Maintenant, la bonne nouvelle.......25
Vous pourrez adapter cet engagement dans les prochains mois.......25

7. Une question de vie ou de mort.......27
Prendre de l'élan.......27
Freiner à temps.......28

8. À quoi ressemblera votre vie si vous ne vous lancez pas.......30
La vérité en face.......30
Pourquoi trois semaines ?.......30
Dix ans de plus au même régime, ça vous mène où ?.......31
Votre travail.......31
Votre épanouissement intellectuel.......32
Votre vie de couple.......32

Votre famille et vos enfants 32
Vos amis 33
Vos loisirs 33
Vos finances 33
Votre santé 34
Et enfin, émotionnellement 35
Dix ans plus tard, en suivant votre lancée :
Que pensez-vous de cet avenir ? 35

9. Ce qui va changer dans votre vie si vous créez une entreprise à succès 38
Quel délai pour devenir Entrepreneur Libre ? 39

10. La valeur n'attend pas le nombre des années 41
Pourquoi devrait-on vous faire confiance ? 42
Hier vous étiez trop jeune, demain vous serez trop vieux 42

11. Peut-on démarrer un business sur le Web à... 59 ans ? 44
Un monde infini de possibilités 45
Le message devait survivre au messager 46
La pire des ironies : réussir… et être malheureux 47
Changer ou mourir 47
Le grand saut 48

12. Peut-on être entrepreneur malgré soi ? 49

13. Avez-vous une mine d'or entre les mains ? 50
Prisonnier du système 51
Les solutions de fortune 52
Le déclic 53
La consécration 54
Le moment de vérité 55
Un choix difficile 56

14. « Sous le pont d'Avignon, on y pend tous les patrons » 57
Le cheminement vers le calme intérieur 57
Du calme intérieur au conflit intérieur 59

15. Avez-vous les épaules assez solides pour devenir chef d'entreprise ? 60
Huit qualités qui font les entrepreneurs à succès 60

La recette........61
1. Liberté de pensée........61
2. Enthousiasme........62
3. Pouvoir de persuasion........62
4. Capacité de concentration........64
… ou Procrastination Productive........65
5. Résilience........65
6. Débrouillardise........66
7. Savoir poser ses « questions bêtes » à des gens brillants...67
8. Aimer les gens et faire preuve de générosité........68
Et le goût du risque dans tout ça ?........69
Comment savoir si vous avez les qualités requises ?
Le quiz........69

16. Soyez réaliste : laissez tomber........70
Pensez à votre santé, aussi…........70
Pour choisir en connaissance de cause........71

17. 79 bonnes raisons de ne jamais créer votre entreprise........72

18. … Et seulement 8 raisons un peu folles pour vous lancer !........77

19. Voulez-vous toujours entreprendre après tout ça ?........78
Dire, ça fait rire…........79

20. OK, donc vous êtes fou…........80

ACTE II.
TROUVER L'IDÉE, COMPRENDRE VOS FUTURS CLIENTS......83

21. Pourquoi est-il si difficile de trouver sa voie........84

22. Dénicher le concept qui cartonne : les quatre questions à se poser....86
Commencez par vous-même........87
1. Le Cadeau Inespéré (Motivation Extrinsèque Positive)..87
2. Le Moment Désespéré (Motivation Extrinsèque Négative)........88
3. Le Plaisir Intempéré (Motivation Intrinsèque Positive)... 88
4. Le Rebelle Exaspéré (Motivation Intrinsèque Négative).. 88
Quelle sera votre grande idée ?........89

Trouver votre idée à succès : exemple de Bill O'Hanlon 90
Trouver votre idée à succès : exercice 91

23. Votre jour le plus sombre peut être votre plus grande opportunité ... 93
Oser affronter ses démons 93
Naissance d'un projet 95

24. Comment repérer les opportunités autour de vous 97
L'opportunisme ne paie pas 97
Cherchez les points d'interrogation et les points d'exclamation 98
Les points d'exclamation 98
Les points d'interrogation 98
Observez vos propres expériences d'achat 99
Mettez votre cerveau en ébullition 100

25. Six façons de détecter les mauvaises idées 101
1. Vous avez peur d'en parler autour de vous 101
2. Vous avez peur qu'on vous pique votre idée 102
La mauvaise nouvelle : tout le monde se moque royalement de votre idée 103
La bonne nouvelle : tout le monde se moque royalement de votre idée 103
3. Vous avez peur qu'en parlant de votre idée, ou en l'exécutant, vous « cassiez la magie » 104
Il ne faut pas hésiter à casser vous-même la magie 105
4. Vous avez peur d'aller trop lentement 106
5. Votre idée manque de logique 107
6. Vous n'avez pas cherché à savoir si l'idée a déjà été exploitée 108
OK, le tri est fait. Combien vous reste-t-il d'idées ? 110

26. La méthode infaillible pour choisir entre plusieurs projets 111
La clé pour découvrir quel projet a le plus de potentiel 111
Comment procéder et comparer les atouts de deux projets potentiels 112
Plan B : Faites parler votre intuition 115
Étape 1 115
Étape 2 115
La force de notre intuition 116
En dernier recours, faites confiance au destin 116

27. Qu'en pensent vos proches ?..120
Le premier obstacle 121

28. Comment réagir aux commentaires et critiques...............................122
La gestion des critiques : Olivier Roland à 18 ans 122
Comment distinguer les bonnes critiques des autres
en 4 étapes 124
La critique est-elle neutre ?..124
La critique est-elle constructive ?...125
La critique est-elle viable ? 125
La matrice des critiques neutres, constructives et viables 126
Cas n° 1 – La critique porte sur des éléments sur lesquels
je n'ai aucune influence, et sur la viabilité même
de mon projet..127
Cas n° 2 – La critique porte sur des éléments sur lesquels
j'ai une influence, et sur la viabilité même de mon projet ...127
Cas n° 3 – La critique porte sur des éléments sur lesquels
j'ai une influence, et n'a pas une influence directe
sur la viabilité de mon projet...128
Cas n° 4 – La critique porte sur des éléments sur lesquels
je n'ai aucune influence, et n'a pas une influence directe
sur la viabilité de mon projet...128
En conclusion 129

29. Aide-toi, le Ciel t'aidera 130
Célèbre dans les rues de Guinée-Conakry 130
La décision qui s'impose..131
Le désespoir au bout du fil 132

30. Faire mouche au premier essai : l'Étude de Marché Express 134
Pourquoi faire une étude de marché ?......................................134
L'Avatar : un outil marketing indispensable.........................135
Utiliser l'avatar..136
Vous aurez beaucoup plus de clients en ciblant beaucoup
moins de personnes 137
L'étude de marché classique..139
L'étude documentaire 140
Pourquoi faire une étude de marché « express » 140

31. Sept questions pour comprendre un acheteur potentiel 143
Question 1 : Savoir comment notre client décrit son rêve ou objectif 143
Question 2 : Comprendre le problème que le client cherche à résoudre 144
Question 3 : La Baguette Magique 145
Question 4 : Recueillir les questions et objections 146
Question 5 : Repérer les solutions alternatives 147
Question 6 : Estimer le budget 147
Quelles tranches de prix proposer ? 148
Astuces 148
Question 7 : Coordonnées et témoignages 149
Quelques autres questions intéressantes (mais pas obligatoires) 149
Quel outil utiliser ? 150

32. Combien de prospects qualifiés faut-il afin de valider votre projet ? 152
La rigueur scientifique… et le raccourci 152
D'accord, Sébastien, alors combien de réponses faut-il absolument obtenir ? 153

33. Sept méthodes pour entrer en contact avec des prospects qualifiés 155
Si vous disposez déjà d'une audience captive 155
Sur quels supports communiquer ? 156
Si vous n'avez pas encore d'audience 157
Première possibilité : Faire appel à votre Réseau faible 157
Exploiter les réseaux existants 159
L'huile de coude 160
Soyez créatif ! 162
Une astuce pour obtenir l'effet « tache d'huile » 162

34. Comment tuer votre projet dans l'œuf 164
C'est l'histoire de deux ingénieurs qui entrent dans une boîte… 164
Les bonnes excuses… 166
Il y a les bonnes excuses, OK, mais aussi pas mal de mauvaises, MAUVAISES excuses 166
Le temps doit être votre allié 168
Pendant que vous faites circuler votre étude… 169

ACTE III.
VALIDER LE PROJET, TÂTER LE TERRAIN, FIXER VOS PRIX 173

35. Vous avez votre idée ? Voici comment confirmer que le marché existe 174
Créer un besoin : mythe ou réalité ? 174
Si l'on ne peut pas créer le besoin, comment savoir s'il existe déjà ? 175
Premier critère pour savoir s'il existe un besoin pour votre produit : la passion 175
L'investissement émotionnel 176
Le besoin pressant 176
La malléabilité 178
Second critère : les moyens. Est-ce que les gens dépensent déjà ? 178
Comment savoir si nos clients ont les moyens 179
Les moyens financiers font partie de l'avatar 180
L'effet Pretty Woman 181
Cas particulier : le couple prescripteur/décideur 181
Troisième critère : le volume 183
Comment savoir si votre marché est suffisamment étendu ? 184
Quatrième critère : le renouvellement 185
La durée de vie de votre client 185
Durée de vie du produit 187
Comment profiter à fond du renouvellement 187
Votre marché remplit-il tous les critères ? 189

36. Gagner son premier euro avant d'avoir créé le moindre produit ou service 190

37. L'étude métier : comment pousser vos concurrents potentiels à vous révéler leurs secrets 192
Un interrogatoire amical 192
Qui interviewer 193
Si vous vous lancez sur le Web 194
Le signal d'alerte 194
Obtenir l'interview 194
Comment réussir l'interview 195
Quelles questions poser ? 196

38. Analysons les résultats de votre étude de marché........................198
Décortiquer les réponses de l'Étude de Marché Express pour comprendre vos clients..198
Traiter les réponses de façon lisible..................................199
Définir l'avatar.. 200
Caractéristiques sociodémographiques........................... 200
Cadre de référence... 200
Repérer les mots et expressions qui feront vibrer la corde sensible...201
Le filon ne s'arrête pas là...202

39. Choisir le nom de votre produit : la méthode ping-pong................203

40. Vos clients vous diront tout ce que vous avez besoin de savoir.......205
Le retour de bâton...206

41. Quel prix facturer pour qu'on vous paie à votre juste valeur ?..........208
Personne ne demande au chirurgien depuis combien de temps il exerce...208
Le long escalier tortueux vers le burn-out...........................209
Commencer par « la crème de la crème » des clients...........210
Professionnalisme, qualité de service, et surtout… rentabilité...211
Il y a moins de concurrence au sommet.............................212
Pourquoi le mythe se perpétue...213
Nocif pour la santé, mais facile à vendre..........................213
Vous pouvez utiliser l'entonnoir de vente avec succès… mais pas maintenant...214
Comment savoir quel tarif facturer à ces personnes ?..........215
L'effet Souk..215
Déduire le prix idéal à partir des réponses du sondage......216
Un exemple...216
Le marché a toujours raison..218

42. La meilleure méthode pour faire taire les briseurs de rêve.............219
Des objectifs chargés d'émotion.......................................219
La surprise..220
Les vacances les plus rentables de sa vie...........................221
Compter sur la chance… ou avoir un plan.........................221

43. Le « Business Plan Express »..222

On va vous aider ... 222
Le Business Plan Express ... 223
Différencier revenu et chiffre d'affaires ... 224
Il suffit de trois lignes dans un tableau pour que tout soit plus clair ... 224
Un document essentiel pour aller de l'avant (et pour obtenir des financements) ... 226

44. Un objectif sans date limite, ce n'est qu'un rêve ... 228
Honneur aux dames ... 229
Le business plan express ... 230

45. Fixer vos objectifs financiers… au centime près ... 231
Comment mériter de gagner plus ... 233

46. Combien de clients vous faudra-t-il pour être rentable ? ... 235
La mort et les impôts ... 235
L'autre côté de la médaille ... 237
Le dernier calcul ... 237
Remplir votre Business Plan Express ... 238

47. « Fait » vaut mieux que ~~parfait~~ ... 240
Guinness As Usual ... 240
L'esprit entrepreneurial est contagieux ... 242
Le début d'une (courte) aventure ... 243
Quatre leçons durement apprises ... 243
Leçon 1 : Fait vaut mieux que parfait ... 243
Leçon 2 : Qui, plutôt que « quoi » ... 245
Leçon 3 : Le Business Model qui tue ... 246
Leçon 4 : Le croque-mitaine est juste un vêtement posé sur une chaise ... 246
Avez-vous prévu de vous lancer à plusieurs ? ... 247

48. Si vous vous lancez avec un ou plusieurs associés ... 248

49. À chacun son expertise ... 252

50. En cas de doute : une question pour vous motiver à aller de l'avant ... 254
L'alternative ... 254

51. Le plus dur est fait, non ? ... 256

ACTE IV.
LANCER L'ACTIVITÉ ET CONVAINCRE LES PREMIERS CLIENTS 259

52. C'est l'heure de la paperasse ! Quand immatriculer votre entreprise ? 260
Ne faites pas tourner le compteur quand vous êtes à l'arrêt . 261
Le black, ça tape et ça fait mal 263
Il y a cependant une démarche à faire dès maintenant 264

53. À quel moment quitter votre emploi ? 265
Êtes-vous plutôt tête brûlée ou tête froide ? 265
18 mois pour réussir 266
Faire durer votre capital plus longtemps 266
Planifiez le jour où vous partirez 267

54. Parlons argent ! Trouver le financement adapté à votre situation 268
Quel capital de départ faut-il ? 268
Contourner la question 269
Comment innover avec des zéros 269
Loyer zéro 270
Quelles entreprises peut-on démarrer si l'on ne souhaite ni investir de sa poche ni faire appel à un financement extérieur ? 271
Si votre activité nécessite tout de même du capital, où le trouver ? 272
1. Le client d'abord ! 272
2. Les fournisseurs 273
3. Les proches 273
4. L'État et les institutions 274
5. L'huile de coude 275
Avis aux lectrices qui cherchent à lever des fonds 275
Les femmes ont-elles un désavantage face aux hommes ? .. 275
Une explication scientifique de ce déséquilibre 276
Pour retourner la situation en votre faveur et récolter 14 fois plus de fonds 277

55. Quelle méthode pour commercialiser vos premiers produits ou services ? 279
Pour aller vite et loin, voyageons léger 279

La « vente à sec » 279
L'achat/revente en flux tendu 280
La voie royale : la prévente 281
Ne travaillez pas seul dans votre coin 281

56. À la recherche des premiers clients : la course aux premières ventes 283
Appuyer sur les bons leviers 284
Trouver le bon avatar 284
Mettre toutes les chances de votre côté 285

57. Le look à adopter pour décrocher la vente : « donner à voir ce qu'on donne à entendre » 287
Assuré 287
Adéquat 288
Attractif 288

58. Offre et demande : les clés pour que les clients se bousculent au portillon dès l'ouverture de votre boutique 289
L'importance cruciale du premier jour 289
Quel outil pour faire un démarrage en trombe ? 290
Mettre le temps de votre côté 290
Comment exécuter un Lancement Orchestré 291

59. Il faut des mois de travail pour réussir du jour au lendemain – c'est normal ! 295

ACTE V. COMMENT DÉMARRER AUJOURD'HUI AVEC LES RESSOURCES QUE VOUS AVEZ DÉJÀ 299

60. Personne ne part de zéro : sept ressources précieuses que vous possédez à votre insu 300
La bonne nouvelle 300
Définition de l'entrepreneur 301
Les sept Ressources Entrepreneuriales 301

61. Un exercice simple pour démontrer votre compétence aux clients sceptiques 302
Comment créer votre Démonstration de Force 303

La Légende du Shaman 303
La Légende du Héros 304
Accéder à des compétences que vous ne possédez pas encore 304
Exemple : Coaching en séduction 306
À votre tour ! 308

62. Inspirer confiance quand on est différent 309
Une question d'expérience ? 309
Quatre méthodes pour en mettre plein les yeux 310
Méthode 1 : Gagner ses galons 311
Méthode 2 : L'outsider 312
Méthode 3 : Le mur de témoignages 314
Méthode 4 : La Compétence Démontrable 314

63. Devenir le prochain Xavier Niel 317

64. La meilleure réponse à la question « Que faites-vous dans la vie ? » 319
Le piège du Réseau faible 320
Pour répondre à la question « que fais-tu dans la vie » 320
Rentabiliser votre réseau 322

65. Comment se faire connaître quand on ne maîtrise pas les outils du Web 323
Structurer son message pour lancer une carrière 323

66. Obtenir des résultats significatifs avec une petite liste de contacts 325
Le Coup de Semonce 325
Un moyen efficace de détecter les personnes qualifiées et intéressées 326
Comment Jeanne a activé son Réseau faible 327
Il est possible de transformer un contact en une liste de 10 000 contacts 328

67. Où trouver des partenaires heureux de faire votre promotion… gratuitement ! 329
Comment trouver les partenaires 329
Sur les chapeaux de roues 330
Une auto-école un peu spéciale 330

Gagner de l'argent grâce… aux concurrents 331
Pourquoi très peu d'entrepreneurs exploitent cette opportunité 334
À votre tour ! 335

68. Les arguments pour convaincre une entreprise établie de vous promouvoir auprès de ses clients 336
Si votre partenaire potentiel a une activité en ligne 336
Comment entrer en contact avec un « influenceur » 337
Le secret pour un partenariat réussi : l'alignement 338
Si votre partenaire potentiel a une activité « traditionnelle » 338
La question épineuse des contrats 339

69. Combien de partenaires faut-il contacter pour que le succès soit garanti ? 341

70. Devenir une référence – et rendre votre entreprise célèbre 344
Le secret de la Notoriété 344
Se faire connaître dans la presse traditionnelle 345
Faites un reportage… sur vous-même 345
Présenter votre expertise dans les médias spécialisés 346
Construisez aussi votre port d'attache 347
Où trouver le contenu pour vos articles ? 347

71. Transformer votre ordinateur en distributeur de billets 349
Optimiser, optimiser, optimiser 350
Le Graal – si l'on sait s'en servir 350

72. La stratégie qui a multiplié mes ventes par dix 352
Êtes-vous amnésique ? Cela coûte cher 353
Mieux que des billets de banque 353
Comment démarrer et faire croître votre liste ? 354
Des stratégies pour automatiser les relances 355

73. Donner pour mieux recevoir 356
Les avantages de la générosité 356
Une stratégie généreuse… et rentable 357

74. Le modèle d'affaires : avant de mettre un produit sur le marché, posez-vous cette question ... 359
Les cinq principaux modèles d'affaires ... 359
Si vous avez plusieurs produits : la méthode Yin/Yang ... 361

75. Huit mots à prononcer pour créer une Offre Irrésistible ... 362
Qu'est-ce qu'une offre ? ... 362
Pourquoi notre offre doit être « irrésistible » ... 363
Ramper à genoux sur du verre pilé ... 364
Le principe 4x/2x ... 366
Trois options pour créer une Offre Irrésistible ... 367
Première méthode : ajouter de l'information ... 367
Deuxième méthode : Aller chercher des bonus chez une entreprise tierce. ... 368
Troisième méthode : Séparer les raisons secondaires d'achat dans des bonus. ... 369
Et une méthode bonus : offrir en cadeau la séquence de vente d'un autre produit ... 369
Comment présenter l'Offre Irrésistible ... 370
Cas particulier : l'Offre Irrésistible pour une boutique, un magasin ou un restaurant ... 371

76. Réussir sans avoir une grosse mise de départ ... 373
Maintenant, plus d'excuses ! ... 375

77. Ma petite entreprise ne connaît pas la crise ... 378

**ACTE VI.
ÇA Y EST, VOUS AVEZ LANCÉ VOTRE ENTREPRISE !
QUE PEUT-IL VOUS ARRIVER DE PIRE ? ... 381**

78. Le premier réflexe quand l'activité commence à décoller ... 382
« Pourquoi d'autres y arrivent, et pas moi ? » ... 382
Changer d'échelle ... 383

79. Les quatre lois de l'argent ... 386
1. Tu te paieras en premier ... 386
2. Tu seras rentable dès le premier jour et jusqu'au dernier ... 387
3. Tu gagneras l'argent avant de le dépenser ... 389

4. Tu utiliseras l'argent pour acheter ta liberté et non ton amour-propre 391

80. Persévérer ou changer de direction ? Le moment de décision 394
La bonne nouvelle 395
… et la mauvaise nouvelle 395

81. Escroquerie ou vraie proposition ? 397
Dépasser ses limites 397
La proposition inattendue 398
« L'émission » 399
Les marchands de bonheur 399
Jeter l'éponge ? 401

82. Si vous traversez le désert, continuez de marcher ! 402
L'occasion de s'alléger 402
Comment s'en sortir 403
Éliminer les fuites 404
Une fois que le seau est réparé, on peut le remplir 405
Des étoiles dans les yeux 405
La fin de la servitude 406
À quelque chose malheur est bon ! 407

83. « Ton seul problème, c'est de croire que tu as un problème » 408
Un nouveau public 409

ACTE VII.
COMMENT TROUVER LA FORCE D'ALLER TOUJOURS DE L'AVANT 413

84. Pourquoi tant de personnes veulent devenir « Entrepreneur Libre » 414
Pour ceux qui rêvent de faire le « tour du monde »… 414
Pourquoi, en faisant ce dont on a envie, on finit souvent alcoolique, drogué, fauché, ou en burn-out 416
Votre cerveau vous ment 417
Souvenez-vous de la personne que vous voulez devenir 418

85. Devenir une inspiration pour vos clients et vos proches 420
Préparer la transition 420

Prouver les résultats de la méthode 421
Le début d'une révolution 423
Le point bloquant… 423

86. Entreprendre : la plus belle aventure du monde ! 425

87. Épilogue. Au-delà des rêves les plus fous 427
Entreprendre, c'est choisir ses problèmes soi-même 427
Persévérer *jusqu'à ce que* ça marche, et non *tant que* ça marche 428

88. Que sont-ils devenus ? 430
Yvan Keyna 430
David Laroche 432
Peggy Tournigand 433
Jeanne Muvira 433
David Guigue/Jay 434
Bill O'Hanlon 434
Aurélien Amacker 436
Kieran 437
Ruben 437

89. Bienvenue parmi nous : Le Manifeste des Entrepreneurs Libres 439

POUR ALLER PLUS LOIN 443

Pour que je vous aide personnellement 444
Participez à l'atelier via Internet ! 444
Je vous aide à construire votre « Machine à Vendre » 444

Chapitre bonus 446
Si vous avez apprécié *Profession : Entrepreneur Libre*, découvrez cet autre livre du même auteur… 446
Notre cadeau pour vous 447

L'histoire de deux entrepreneurs… 448
Une leçon d'un grand maître 449
Deux stratégies bien différentes 449
Qu'est-il advenu de ces deux entrepreneurs ? 451

L'Offre Irrésistible qu'envoyait Larry à chaque achat d'un nouveau client ... 451
À vous de jouer ... 452

Qui est Sébastien Night ? ... 455
Découvrez les vidéos de Sébastien sur YouTube ... 455
Rejoignez les Entrepreneurs libres sur Facebook ... 456
Contacter Sébastien Night ... 457

Remerciements ... 458

Bibliographie, notes et références ... 461

Achevé d'imprimer en août 2019
sur les presses de la Nouvelle Imprimerie Laballery
58500 Clamecy
Dépôt légal : septembre 2019
N° d'impression : 906279
Imprimé en France

La Nouvelle Imprimerie Laballery est titulaire de la marque
Imprim'Vert®